상징 신화 문화

Symbol, Myth, and Culture:
Essays and Lectures of Ernst Cassirer, 1935-1945
edited by Donald Phillip Verene

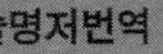

508

상징 신화 문화

에른스트 카시러의 1935-1945년 에세이 및 강의

Symbol, Myth, and Culture
Essays and Lectures of Ernst Cassirer, 1935-1945

에른스트 카시러 지음 | **도널드 필립 붜린** 편 | **심철민** 옮김

차례

머리말 | 7

편자 서문 | 17

문화 철학

1. 철학적 문제로서의 철학의 개념(1935) | 85
2. 문화 철학으로서의 비판적 관념론(1936) | 107

역사 철학

3. 데카르트, 라이프니츠 그리고 비코(1941~1942) | 149
4. 헤겔의 국가론(1942) | 167
5. 역사 철학(1942) | 185

언어와 예술

6. 언어와 예술 I(1942) | 217
7. 언어와 예술 II(1942) | 251
8. 예술의 교육적 가치(1943) | 297

국가의 신화

9. 철학과 정치(1944) | 329

10. 유대교와 현대의 정치적 신화(1944) | 349

11. 현대의 정치적 신화의 기술(1945) | 363

인식과 지각

12. 군(群) 개념과 지각 이론에 관한 고찰(1945) | 401

부록: 카시러의 유고에 관한 설명 | 431

옮긴이 후기 | 439

카시러 전집 목록 | 443

찾아보기 | 451

일러두기

1. 각주에 '*'로 표시된 내용은 옮긴이가 내용 이해를 위해 보충한 것이다.
2. 각주에 아라비아 숫자로 표시된 내용은 모두 편저자의 주(註)이다.
3. 원문에서 이탤릭체로 강조한 부분은 번역문에서 고딕체로 표기하였다.
4. 본문 안의 주(註)는 모두 카시러의 원주이다.

머리말

이 글들은, 1964년 예일 대학교 출판부가 획득하여 지금은 예일의 바이네케 도서관 희귀·수고본 서고에 수장되어 있는 에른스트 카시러의 미간행 문서로부터 가려 뽑은 것이다. 이 미간행 문서에는 '분트, 심리학 I, 라이프치히, 겨울 학기 1892~1893년(Wundt, Psychologie I, Leipzig, Winter Semester 1892~1893)'이라는 제목이 붙은 카시러의 대학생 시절 연구로부터, 카시러가 자신의 논문 「군(群) 개념과 지각 이론(The Concept of Group and the Theory of Perception)」에 대해 수행한 반성, 그리고 그가 사망한 날인 1945년 4월 13일 아침에 쓴 몇 페이지의 서론까지 포함되어 있다.

내가 카시러의 문서를 처음 알게 된 것은 1964년 봄, 찰스 헨델(Charles Hendel)과의 서신 교환을 통해서였다. 우연하게도 이 시기는 예일 대학교 출판부가 이 문서를 입수한 시기와 거의 정확히 부합하고 있다. 그러나 내가 가까스로 그 문서를 볼 기회를 얻었던 것은 1972년 5월이 되고 나서였다. 그즈음 그 문서는 출판부 사무실에서 바이네케 도서관으로 옮겨졌으며, 그 문서에 대한 총 219개에 이르는 작업 목록이 완료된 상태였다. 그러니까 내가 이 문서에 대한 작업을 시작한 것은 지금으로부터 6년 전 이곳을 방문한 무렵이었다.

이들 문서에 대한 나의 작업은 미간행된 수고들을 취급하는 학자의 소임 그 이상의 것이었다. 그것은 카시러의 정신과 소통하는 기회였으며, 한 사상가의 초고를 목격하는 일에 수반되는 경험이었다. 카시러의 여러 간행된 저작들이 모습을 이루고 있는 방식을 보는 것, 다시 말해 어떻게 그와 같은 생각에 도달했는지를 관찰하고 여러 저술의 기획상의 상관관계를 감지하는 것은, 마치 형성 중에 있는 철학적 세계에 들어가는 것과 같다. 이 작업은 나 자신의 카시러 해석과 카시러의 사상 자체의 의의를 이해하는 데 줄곧 상당한 영향을 미쳤다.

이 책에 실을 논문들을 선별함에 있어 나는 카시러의 생애 최후 10년에 집중했다. 이 시기는 카시러의 미발표 저작이 집중해 있는 시기이다. 또한 카시러 사상에 대해 깊은 이해를 필요로 하는 시기이기도 하며, 카시러의 사상이 그를 신칸트학파라고 가정하는 표준적 해석, 즉 그의 사상이 마르부르크 학파의 신칸트주의 인식론을 단순히 발전시킨 것에 불과하다는 견해로는 이해될 수 없는 새로운 방향을 취하고 있었던 시기이기도 하다. 이 시기에 카시러는 칸트적 사상가로서의 모습을 띠고 있긴 하지만, 동시에 이 같은 면모는 칸트의 근본 통찰을, 헤겔을 포함한 근대 철학의 관념론 전체에 의해 발전시키고 또한 문화의 기저로서의 자유와 인간성의 윤리학적 이해에 강력한 관심을 두고 있는 것이었다. 이것이 내가 서문에서 논의한 주된 논지이다.

내가 이 책에 포함시킨 카시러의 논고들은 모두 대학원생을 대상으로 한—종종 그의 철학 동료들도 함께 참석했던—세미나 아니면 학술 콜로키움 강의들을 위해 준비했던 원고들이다. 이 책의 부제인 "에세이 및 강의"라는 문구는 사실상 카시러 자신이 이 책에 수록된 논고 중 몇 편을 출간할 의향이 있었다는 점을 가리킨다. 예컨대 그가 프린스턴 대학교에서 행한 '현대 정치적 신화의 기술(The Technique of Our Modern Political Myths)'이라는 강연에는 편집상의 준비를 위한 지시사항들이 적혀 있고, 다른 원고들 역시 그가 구두 강연 이상의 것을 의도했음을 보여주고 있다. 카시러의「유대교와 현대의 정치적 신화(Judaism and the Modern Political Myths)」라는 논문의 초고 내지 단편은, 이 책에 실린 글들이 대중 일반을 대상으로 한다는 원칙에 대한 하나의 예외이다. 이 논문이 〔이 책에〕 포함된 것은 카시러의 정치적 신화 개념을 이해하는 데 있어 도움을 주기 때문이다. 정치적 신화라는 개념에 관해 카시러의 철학은 지극히 많은 시사를 주고 있지만 그의『국가의 신화(*The Myth of the State*)』의 마지막 장(章)에서는 매우 간명하게 개진되어 있다.

독자들은 그의 몇몇 수고들 중에는 논점이 중복되어 있음을 발견할 것이다. 카시러는 때때로 동일한 인용을 사용하거나 동일한 논점을 주장하기도 한다. 이것은 언어와 예술에 관한 부문의 논고들에서 특히 그러하다. 나는 이 같은 반복을 제거하려는 시도는 하지 않았다. 이 논고들은 카시러에 의해 각각 전체로서 쓰여진 것임을 인지하고, 독자가 인내심을 갖고 전체를 읽는다면, 논문을 축약하기 위해 편자가 빠뜨린 게 어떤 것이었을까를 생각하는 것보다는 한층 득이 되는 바가 있을 것이다. 이러한 방식은 예술에 대한 세 개의 논문에 있어서는 특별한 중요성을 지닌다고 나는 믿는다. 이 세 논문들은 그의『인간에 관하여』의 예술에 대한 장(章), 초기의 논문 「신화적 · 미적 · 이론적 공간」과 더불어 카시러가 이 주제에 관해 논한 내용의 전부이다. 이들 논문은, 상징적 형식에 관한 자신의 이론 속에 예술에 관한 책 하나를 더 포함시키려는 카시러의 계획도 포함해서—그의 이러한 계획에 관해 나는 그의 서신들 중 한 곳에서 인용한 대목을 서문에 언급해 두었다—그가 집필한 모든 것을 나타낸다.

이 책을 구성하는 12편의 논문 중 11편은 영어로 쓰여 있다. 예외는 첫 번째 논문, 즉 스웨덴의 예테보리 대학교에서 행한 교수취임강연으로, 이것은 독일어로 쓰여 있다. 나는 그것을 번역하여 이 책에 실었다. 손으로 쓰인 수고들은 출간에 대비하여 타이핑 원고로 옮겼으며, 그 타이핑 원고를 원문과 한 자 한 자 대조하여 오류를 바로잡았다. 수고가 인쇄될 수 있게끔 준비할 당시 내가 따랐던 원칙은 만약 카시러가 출간을 위해 그 수고들을 준비했다면 필시 그 자신도 그렇게 했을 원고 정리의 일반적 순서의 원칙을 지키는 것이었다.

카시러의 생각을 바꾸어 말하거나 그의 문체를 변경시키는 시도는 일체 하지 않았다. 카시러의 문체는 정확히 영어를 모국어로 하는 사람의 문체라고는 말할 수 없지만, 그의 사상은 언제나 명료하게 표현되어 있다. 나는 원문에 단절이 있거나 순서가 불명료한 경우에 각주를 달아 이를 일러두었다. 여기에 선정한 논문들 각각은 원본 내에서의 본문이라고 생각되는 것을 따르고 있다. 수고들에는 줄을 그어 삭제하고자 했던 행들과 단락들까지 포함되어 있고, 때로는 몇 페이지 전체가 그런 식으로 삭제되어 있다. 나는 카시러의 의도에 따라 그것들을 생략했다. 혹시나 그렇게 해서 중요한 내용이 없어져 버리는 게 아닌가 하고 독자들이 느끼지 않도록, 나는 다음과 같은 점을 지적해두고 싶다. 즉 카시러에 의한 이러한 삭제는 거의 모든 경우 문체상의 이유에서 행해졌다는 사실이다.

카시러는 대체로 이들 구절을 고쳐 썼으며, 그것들을 수고 속에 곧바로 혹은 나중에라도 꼭 포함시켰다.

그러나 카시러는 자신이 인용한 문헌 또는 논문에서 인용한 저작의 출전을 일관성 있게 밝히고 있진 않다. 나는 대부분의 경우 그러한 참고문헌을 각주로 보충하면서 '편자'라는 표시를 해두었다. 참고문헌 중 카시러가 채워 넣었거나 실질적으로 밝히고 있는 것은 그의 이름으로 표시되어 있다. 인용할 때 카시러는 자주 기억에 따라 문장들을 끼워 넣었던 것으로 생각된다. 그 결과 문구들이 잘못 놓여 있거나 생략되어 있는 경우가 종종 보인다. 그리고 인용된 원문에서는 문장들이 실제로 꽤 멀리 떨어져 있는 데 비해, 인용문에선 문장들이 연이어 인용되고 있는 경우도 때때로 있다. 이것들은 문구의 의미가 왜곡되어 있는 경우는 아니며, 구두 발표의 경우에는 일반적으로 용인될 수 있을 것이다. 그러나 인쇄하여 출판할 경우에는 그래서는 안 될 것이므로, 나는 대부분의 경우 카시러가 인용하는 저작과 구절들을 찾아내 원문에 의거하여 카시러의 인용을 확인해 두었다. 나는 그러한 편집상의 관례에 반대가 있으리라고는 생각지 않는다. 그러나 나는 수고가 어떻게 다루어졌는지를 독자에게 전할 의무가 있다고 생각한다. 따라서 카시러에 깊은 관심을 지닌 학자들은 수고 그 자체를 만날 수 있을 것이다.

카시러의 사상을 전혀 모르는 이에게나 부분적으로밖에 알지 못하는 이에게 이 책을 통해 그의 사상에 입문할 수 있게끔 하는 것이 나의 희망이다. 이 책이 전문가에게든 비전문가에게든 읽힐 수 있게끔 하는 것이 나의 의도이다. 대략 125권에 이르는 카시러의 간행 저작들은 1만 1,380페이지에 이른다. 비교해서 말하자면, 이것은 프러시아 아카데미 판의 칸트 저작집의* 페이지 수와 거의 같은 분량이다. 서문과 논문 전체에 걸쳐 편자 주를 붙인 의도는 이처럼 많은 저작들과의 연관성에 독자가 주목할 수 있게끔 하려는 데 있었다. 내가 확실히 해 두고 싶은 것은, 나의 의도는 카시러의 사상 그 자체에 대한 비판적 해석을 내놓기 위해서 서문과 각주를 붙였던 것이 아니라는 점이다. 나는 카시러의 저작에 대해 몇 가지 명확한 해석상의 견해를 가지고 있지만, 그러한 견해를 열려진 가능성으로서, 즉 독자가 카시러의 논문을 스스로의 견지에서, 내가 나 자신의 견지에서 고찰했듯이 고찰하도록 권유하는 것이 나의 의도이다. 카시러의 논문들은 궁극적으로는 있는 모습 그대로 다루어져야 마땅하다. 카시러는 그의 사고에 익숙하지 않은 청중, 많은 경우 미국인들인 청중에 대해 명료하고도 직접적으로 말하고 있으며, 그러한 청중을 위해 그는 짧은 지면에서 자신의 생각이 이해될 수 있기를 희구하고 있기 때문이다.

이 책을 준비하면서 나는 많은 이들의 도움과 격려를 받았고 또 많은 이들의 인내를 얻었다. 감사를 드려야 할 첫 번째 기관은 다름 아닌 예일대학교 출판부이다. 1948년, P. 쉴프(Schilpp)는 '현존 철학자 총서(Library of Living Philosophers)' 중 하나인 카시러의 책—이 책을 준비 중에 카시러가 돌연 죽음을 맞게 되었지만 출간될 수 있었다.**—서문에서, 누군가 카시러의 주요 저작의 영어 번역에 착수할 필요가 있다며 몇몇 출판인에게 주의를 촉구하고 있다. 그 당시는 한 권의 책으로 장정돼 있던 『실체개념과 함수개념(*Substanzbegriff und Funktionsbegriff*)』, 『아인

* 칸트의 여러 전집 판본 중 왕립프로이센 과학아카데미에서 편찬한 전집(*Kant's Gesammelte Schriften*)으로, 흔히 '아카데미 판'으로 불린다. 총 29권으로 저작(1~9권), 서한(10~13권), 수고본 유고(14~23권), 강의(24~29권)로 되어 있다.

** P. 쉴프가 편집한 이 책은 '현존 철학자 총서' 6권으로, 1979년 『에른스트 카시러의 철학(*Philosophy of Ernst Cassirer*)』이라는 이름으로 출간되었다.

슈타인의 상대성이론(*Zur Einsteinschen Relativitätstheorie*)』, 그리고 카시러의 소론(小論) 『언어와 신화(*Sprache und Mythos*)』만이 영역되어 있었다. 카시러의 주요 저작인 『상징형식의 철학(*Die Philosophie der symbolischen Formen*)』 전 3권을 영어로 옮긴 것은 예일 대학교 출판부였는데, 이 출판부는 계속해서 그의 다른 몇몇 저작들의 영역본을 출판했다. 카시러가 미국 체류 기간 동안 영어로 쓴 2권의 주요 저작, 즉 『인간에 관하여』와 『국가의 신화』를 출판한 것도 예일 대학교 출판부였다. 카시러에게 있어 그 출판부가 어떠한 의의를 지녔는가는 카시러 부인이 자신의 전기에서 인용하고 있는 다음과 같은 대목에서 확인할 수 있다. "그와 같은 사람들과 친분을 나눌 수 있는 것은 정말 기쁜 일이다." 카시러의 사상에 관심을 가지는 모든 사람들로부터의 감사가 예일 대학교 출판부와 특히 찰스 헨델(Charles Hendel)로 향하는 것은 당연하다. 찰스 헨델은 카시러의 사상을 영어권 사회가 용이하게 접할 수 있게끔 하기 위해 편집과 번역에 관여해 온 인물 중 하나다. 물론 나는 계속해서 번역이 출간되기를 희망한다. 예를 들어 인식 문제의 역사에 대한 카시러의 기념비적인 저작 가운데 처음 3권은 현재 독일어로 인쇄되어 있지만 영어권의 독자들에게는 아직 가까이 접하기 어려운 채로 남아 있다.*

이 책의 인쇄와 관련, 예일 대학교 철학부의 존 스미스(Johe Smith)에게 감사를 드리지 않을 수 없다. 그는 내가 문서를 보기 위해 처음 학교

---

* 카시러에게 명성을 안겨 준 그의 교수자격 취득논문으로서, 3권으로 된 전체 도서명은 『근대의 철학과 과학에서 인식의 문제(*Das Erkenntnisproblem in der Philosophie und Wissenschaft der neueren Zeit*)』이다. 독일어로는 각각 1906, 1907, 1920년에 베를린에서 출간되었고, 영어 번역은 제3권만이 1950년 예일 대학교 출판부에서 출간되었다. 한편 이 책의 제4권은 1940년 스웨덴에서 완성되었는데, 이 원고는 계속 스웨덴에 보관되어 있다가 그의 작고 이후에야 영어로 번역되어 1950년 첫 출판되었고 독일어로는 1957년에 간행되었다.

를 방문하고 난 이후의 대화에서 이 같은 책을 출판하기를 시사했으며, 일이 진척되는 데 있어 관대한 도움을 베풀어 주었다. 나는 또한 수년에 걸친 이 책의 준비기간 내내 인내를 보여 준 예일 대학교 출판부에 대해 감사하지 않을 수 없다. 그와 동시에 나는 언제나 출판부의 지원을 느끼고 있었다. 아울러 출판부의 제인 아이세이(Jane Isay)로부터는 사의를 표하지 않을 수 없는 특별한 은혜를 입은 셈이다. 그녀는 꽤 오래 전 나눈 대화에서, 수고들에는 카시러의 다른 저작과의 연관점을 지시하는 각주를 붙여야 한다고 나에게 일러주었다. 만약 내가 이 절차를 따르지 않았다면 이 책은 사뭇 다른 것이 되었을 것이다.

나는 또한 런던 바르부르크 연구소의 에른스트 곰브리치(Ernst Gombrich) 경(卿)에게도 감사하고자 한다. 이 책에 수록된 논문들에 대한 나의 관심이 싹튼 최초의 시기에 내가 카시러의 강의 '문화 철학으로서의 비판적 관념론'이 행해진 날짜에 관한 정보를 요청하면서 보낸 편지에 대한 답신에서, 그는 친절하게도 연구소 프로그램의 원본 한 부—제목은 '강의, 과정 및 수업. 1936년 1월~6월' 이라고 되어 있다—를 나에게 보내 주었고 그것과 함께 자신의 소견을 담아 그 강의가 어떠한 연유에서 이루어졌는지를 확실히 밝혀 주었다. P. 쉴프와 나는 남(南)일리노이 대학교 기록보관소에서 오후를 함께 보낸 적이 있는데, 그는 그때 '현존 철학자 총서'에 대한 구상이 피력돼 있는 카시러의 서신들의 사본들을 관대하게도 나에게 제공해 주었다. 이 서신들은, 어떠한 의미에서 예술이 『상징형식의 철학(*Die Philosophie der symbolischen Formen*)』의 원래 계획의 일부를 이루고 있었는지를 이해하는 기초를 마련해 주었다. 나는 헤이즐턴 캠퍼스의 펜실베이니아 주립 대학교 독일어 학부에 재직했던 엘리자베스 보덴슈타인 양에게 그녀가 언어상의 기술적인 도움을 주었던 데 대해 감사하고자 한다.

나는 특별히 존 크로이스(John Krois)에게 감사하고자 하는데, 그는 펜실베이니아 주립 대학교에서 자신의 박사 논문을 완성하는 동안, 그리고 그 후 계속해서 브라운슈바이크 기술 대학교에서 가르치는 동안 이 책에 수록된 논문에 대한 나의 작업을 보조해 주었다. 우리가 카시러를 공동으로 연구하고 있는 동안 크로이스가 나의 사고에 끼친 기여는 이 책에 강력하게 영향을 주었다.

나의 아내 몰리 블랙 붜린(Molly Black Verene)은 직접 수고의 글자를 해독하고 인용 원전을 찾았으며, 수고를 타이핑 글자로 옮겨 놓은 것의 정확성을 검증하는 등 때때로 이 책의 실제적인 공동 편집자 역할을 해 주었다. 그러한 세심한 도움이 계속되지 않았다면 이 책은 태어날 수 없었을 것이다. 나는 마음 깊이 감사하고 있다.

원고를 만들기 위한 기금은 예일 대학교의 '카시러 구좌'로부터 제공되었다. 이 점에 대해 나는 펜실베이니아 주립대학교의 교양학부 연구기금센터에게도 감사를 드린다.

펜실베이니아 주 유니버시티 파크

1978년 3월 8일

도널드 필립 붜린(Donald Phillip Verene)

카시러의 사상 1935~1945

1

이 책에 실린 논문들은 카시러의 만년 10년간의 저작의 일부이다. 이들 논문 가운데 처음 것은 1935년 가을에 스웨덴 예테보리 대학교에서 행해진 그의 취임강연이고, 맨 마지막 논문은 1945년 봄 그가 죽음을 앞둔 시기에 집필하고 있었던 강연의 초고이다. 이처럼 한 사상가의 미발표 논문들과 접할 수 있다는 것은 자주 일어나는 일은 아니다. 더욱이 그러한 미발표 논문의 중요성은 흔히 과대평가되거나 과소평가되는 경향이 있다.

철학에 관한 미발표 논문들로는 두 가지 사례를 들 수 있다. 그 하나는 미국의 철학자 찰스 샌더스 퍼어스*의 유고논문이고, 또 다른 하나는 현상학 운동의 창설자인 에드문트 후설(Edmund Husserl)의 유고 글들이다. 카시러의 유고 논문들은 퍼스 출판 프로젝트나 루뱅의 후설 문서보관소를 생기게 했던 만큼의 분량을 이루고 있는 것은 아니다. 그렇지만 카시러의 유고는, 상징, 문화, 역사, 예술 및 정치적 신화의 본성이나 이들 요소들이 인간성, 자유, 사회를 이해함에 있어 지니는 중요성에 관심을 기울이는 사람들에게 있어 커다란 흥미를 불러일으키는 내용을 담고 있다. 카시러의 유고에서 논하고 있는 것은 이러한 일련의 논제들이며, 거기에 더해 카시러의 지각 이론이 포함되어 있다. 물론 이들 논문은 카시러에 특별한 관심을 기울이는 사람들에게는 현저한 의의를 지니는 것이다.

이들 유고는 비단 논의되는 주제나 그 해명 때문에 그 자체로서 흥미를 일으킬 뿐만 아니라 이 유고가 내놓고 있는 카시러의 상(像) 또한 관심을 불러일으킨다. 카시러가 신칸트학파의 일원으로서 주로 전문적인 인식론상의 문제들에 관심을 기울였고, 아마도 과학철학에 대부분 연구를 집중하면서 관념의 역사와 문화의 역사에도 주의를 기울였던 인물이라는 견해를 갖고서 카시러의 생애 최후 10년간의 저작들과 마주하는 사람은 누구든지 대단히 놀라게 될 것이다. 카시러 사상에 대한 해석을 지배해 왔던 것은 다음과 같은 견해였다. 즉 그는 헤르만 코헨(Hermann Cohen)과 파울 나토르프(Paul Natorp)의 마르부르크 신칸트학파의 전통을 추구했으며, 칸트적인 철학을 인식론과 문화 이해에 적용하는 일에 주의를 기울였다는 것이다. 미국 체류 중 그의 저작들, 『인간에 관하여』(1944)

* 찰스 샌더스 퍼스(Charles Sanders Peirce, 1839~1914). 미국의 철학자이자 논리학자이며 프래그머티즘의 창시자이다.

와 『국가의 신화』(1946)[1]는 매우 광범하게 읽혀졌고 또한 여러 차례 중판을 거듭했으며 서구 및 동양의 거의 모든 주요 언어로 번역되었다. 그러나 이들 저작은 카시러의 사상 속에서 어떤 새로운 방향도 포함하지 않는 한갓 예외적 저작들로서 간주되고 있다. 즉 그것들은 그가 영어권의 독자들을 위해 쓴 일반적 해석의 저작으로서 여겨지고 있다. 어떤 의미에서 이러한 관점은 모두 정당하다.

철학의 역사를 기술한 것들이나 백과전서의 항목, 그리고 짤막한 언급들에서 카시러의 사상을 간략히 서술해 놓은 경우, 그것들은 흔히 이러한 신칸트학파라는 접근을 따르고 있다. 이러한 데에는 그럴 만한 이유가 있다. 왜냐하면 어떤 의미에서 모든 증거는 이 방향을 지시하고 있

1) 카시러 저작의 완전한 출전 안내는 다음을 참조할 것. C. H. 함부르크와 W. M. 솔미츠, 「1946년까지의 카시러 저작 문헌 목록」(Carl H. Hamburg and Walter M. Solmitz, "Bibliography of the Writings of Ernst Cassirer to 1946", in *The Philosophy of Ernst Cassirer*, ed. Paul Arthur Schilpp, Evanston, Ill.: The Library of Living Philosophers, Inc., 1949, 881~910)(연대순으로 배열되어 있음). 또한 R. 클리반스키와 W. 솔미츠, 「카시러의 저작문헌 목록」(Raymond Klibansky and Walter Solmitz, "Bibliography of Ernst Cassirer's Writings", in *Philosophy and History: Essays Presented to Ernst Cassirer*, ed. Raymond Klibansky and H. J. Paton, New York: Harper Torch-books, 1963), 338~353쪽. (주제별로 배열되어 있음). 이 목록은 1936년에 간행된 이 헌정기념 논문집 제1판에 들어 있는 목록을 개정한 것이며, 카시러 저작들의 번역들도 포함하고 있다. R. 나도의 「카시러에 관한 저작 문헌 목록」(Robert Nadeau, "Bibliographie des textes sur Ernst Cassirer", *Revue internationale de Philosophie* 28, 1974), 492~493쪽은 앞의 두 문헌 목록이 생략하고 있는 몇몇 소논문들을 적고 있다. 나도(Nadeau)가 추가한 것 중에 발표되지 않은 것은 체스의 명인 E. 라스커가 모아 간행한 체스에 관한 어록집 『오락을 위한 체스와 혈전을 위한 체스』(Edward Lasker, *Chess for Fun and Chess for Blood*, New York: David Mckay, 1942), 15~18쪽에 대한 카시러의 기고문이다. 카시러의 이 흥미로운 진술을 나에게 알려준 일리노이 주 딕슨의 소크 밸리 컬리지의 D. 러브킨 교수(Professor David Lovekin, Sauk Valley College, Dixon, Illinois)에게 감사를 표한다. 이 책 28쪽의 각주 또한 참조.

기 때문이다. 카시러의 박사 학위 논문(inaugural dissertation)은 20세기가 시작될 무렵 마르부르크에서 쓰였다. 그의 지도교수는 헤르만 코헨으로, 그는 신칸트학파 내에서도 특히 인식론과 과학에 중점을 두고 있는 것으로 알려져 있던 중심 인물이었다.(물론 코헨은 또한 윤리학, 정치학, 종교 및 미학에 관한 저서들도 출간하였다.) 카시러의 최초 업적 대다수는 인식론, 과학철학 그리고 논리학에 관한 것이었다.

인식의 문제에 있어 카시러의 기념비적 연구인 『근대의 철학과 과학에 있어서의 인식의 문제』는 본래 1906년부터 1907년 사이에 2권으로 출간되었던 것으로, 이 책의 의도는 앎에 대한 철학적인 이해가 어떻게 니콜라우스 쿠자누스의 사상으로부터 발전하여 칸트의 철학으로 결실을 맺게 되었는가를 보이는 데 있었다. 이 연구는 후에 새로 2권의 책을 추가하여, 헤겔의 시대와 헤겔의 시대가 끝난 이후의 시대까지 확장되었다. 카시러는 또한 칸트의 많은 저작집 가운데서도 중요하다고 여겨지는 판본의 편집자이기도 했다. 이 판본은 그 최종 권으로서 칸트에 대한 카시러 자신의 책 『칸트의 생애와 학설(*Kants Leben und Lehre*)』(1918)을 포함하고 있다. 그의 체계적인 철학으로서 최초의 독창적인 저작인 『실체개념과 함수개념』(1910)은 논리적 이론과 과학상의 여러 개념의 형성 사이의 상호관계에 대한 이론을 담고 있다. 이 책은 또한 영어로 번역된 최초의 저작이었고(1923), 그가 영어로 책을 쓰기 시작한 1940년대까지는 그의 사상을 영어권에 소개해준 책이기도 했다. 이 모든 사항들은 카시러를 신칸트학파에 속하는 사람으로 해석하는 데 무게를 실어 준다.

카시러의 『상징형식의 철학』은 1920년경에 출간되었고 그의 독창적인 철학의 기초를 이루고 있다. 이 책에서 비록 칸트의 영향이 강력하게 느껴지긴 하지만, 카시러는 상징형식의 철학이 지닌 문제를 철학상의 관념론의 총괄적인 전개의 성과로서 도입하고 있다. 철학상의 관념론의 전개를 그는 데카르트로부터 헤겔에 이르는 근대 철학의 운동으로서 간주하지만, 그 근원은 플라톤의 이데아, 즉 형상(形相, form) 개념에 있다고 생각한다. 그는 자주 인용되곤 하는 한 문장으로 『상징형식의 철학』에 대한 일반적인 서문에서 자신이 의도한 계획을 기술하는 데에 칸트를 이용하고 있다. 카시러는 칸트의 세 비판서 각각이 인간 정신의 서로 다른 측면을 주제로 채택하고 있음을 보이고 난 다음, 자신은 관념론의 기본 원리들을 인간 활동의 여타 다른 영역으로까지 확장하는 것이라고 말한다. "그러므로 이성의 비판은 문화의 비판이 된다."고 그는 말한다.[2] 『상징형식의 철학』은 객관적 인식론에 관한 저작으로서, 이 저작의 1, 2권에서는 언어와 신화의 형식들이 인식의 형식들로서 논해지며, 제3권에서는 언어와 신화의 형식들은 의식의 특수한 기능, 즉 표현기능(Ausdrucksfunktion) 및 묘사기능(Darstellungsfunktion)으로서 이해되고 있다. 이들 기능은 과학적-이론적 인식을 그 발전에 의거해 설명하기 위한 기초가 되고 있는 것이다.

카시러의 저작을 신칸트학파적인 것으로 해석하는 경우에, 이들 저작은 그에 대해 잘 알려진 대로 인식론적 조망을 이용하고 있다고 여겨질 수 있다. 카시러에 대한 이 같은 해석은 역사를 다루었던 그의 저작 『계몽주의 철학(*Die Philosophile der Aufklärung*)』이나 『르네상스의 철학에서의 개체와 우주(*Individuum und Kosmos in der Philosophie der Renaissance*)』를 고려하는 것으로, 물론 이 두 책은 그의 학자적 관심이 확장—이 경우 확장이란 카시러의 신칸트학파적 기반의 확대를 뜻하는 것이지 그 기반으

2) 『상징형식의 철학』 영역본 I, 80쪽.

로부터의 일탈을 뜻하는 것은 아니다—되었던 때인 1930년대에 쓰여졌다. 이 해석이 말하는 것은, 그 이후 카시러의 미국에서의 저작들, 예를 들어 『인간에 관하여』와 같은 저작은 친구들의 종용에 의해 그가 자신의 생각을 미국에서의 새로운 독자들에게 소개하기 위해 시도한 것이라는 점이다. 카시러는 『인간에 관하여』에서, 특정의 문제에 대한 보다 상세한 논의를 구하는 독자에게는 『상징형식의 철학』을 참조하도록 일러두고 있다. 카시러를 여전히 신칸트학파로 보는 견해에 따르면, 『국가의 신화』는 무언가 새로운 방향을 취하고 있는 것으로 보이지만 이 저작은 카시러가 미국 친구들의 요청에 응한 것으로, 20세기 2차 세계대전 중 생(生) 전반을 결정지었던 여러 사건들을 그가 어떻게 이해하고 있는가에 관해 말하려 한 것으로 설명될 수 있다. 나치 체제의 발흥에 의해 독일을 떠났던 유태인 철학자로서 그리고 또한 문화를 연구하는 학자 중 한 사람으로서, 카시러는 시대의 본성에 관한 견해와 성찰을 지니고 있는 것으로 기대되었음직하다.

이 모든 것이 일반적으로 카시러가 신칸트학파의 한 사람이라는 이미지를 만들어 내는 데 기여했다고 나는 생각한다. 사실상 신칸트학파적 해석을 가지고는 카시러의 사상과 그의 저작의 추이 과정을 관통하여 그 전체를 볼 수는 없다. 대체로 그의 사상은 그 근원인 칸트와 마르부르크의 신칸트주의와 간단히 동일시되며, 그렇게 분류되고 이해되고 있다. 카시러는 이런 점의 문제성을 충분히 의식하였고 두 번의 주요한 기회에 걸쳐 자신의 견해를 명확히 표명했다.

1929년 카시러가 스위스의 다보스에서 하이데거와 만났을 때, 그는 자신의 신칸트주의 철학에 관해 하이데거가 공개질의를 던진 것에 답하여 다음과 같이 말했다. "신칸트주의 철학은 기능적인 용어로 생각해야지 어떤 실체화된 내용으로 생각해서는 안 된다. 중요한 것은 그 어떤 학설 체계로서의 철학이 아니라 철학적 물음을 묻는 방식으로서의 철학이다.…… 코헨을 정확히 이해하자면, 우리는 그를 단순히 하나의 인식론자로서가 아니라 역사적으로 바라볼 필요가 있다. 나는 내 사상의 발전을 코헨으로부터 떨어져 나온 아류로 보지 않는다. 자연에 관한 수학적인 과학의 지위는 나에게는 하나의 범례일 뿐 결코 어떤 완전한 철학적 문제를 이루는 것은 아니다."[3] 카시러는 여기서 신칸트학파에 대한 자신의 관계를, 거의 20여 년 전에 『실체개념과 함수개념』에서 설명했던 실체 개념과 기능 개념 간의 구별을 이용하여 설명하고 있다. 이 저작이 신칸트학파의 입장에 충실하고 있다는 것에 코헨 자신도 약간의 의구심을 품고 있었다. 그러나 카시러는 자신의 입장이 함수〔기능〕에 관한 자신의 개념을 기초로 이해되어야 한다고 주장한다. 다시 말해 일군의 근원적 요소들을 변형하고 확장하는 과정을 행할 수 있는 어떤 근원적 지도 원리를 기초로 해서 보여질 수 있어야 한다는 것이다.

카시러가 자신의 신칸트학파적 기원에 대한 답변을 직접 요구받았던 두 번째 계기는, 그의 저작 『현대 물리학에 있어서 결정론과 비결정론(*Determinismus und Indeterminismus in der modern Physik*)』(1936)에서의 과학 해석에 관해서이다. 그가 한 말은, 자신의 철학과 신칸트주의 철학의 일반적인 관계에 대해 이미 그가 하이데거에 대답한 데서 분명하게 간파될 수 있는 긴장을 어느 정도 드러내고 있다. 이 책에 앞서 그가 쓴

3) C. H. 함부르크, 「카시러-하이데거 세미나」(Carl H. Hamburg, "A Cassirer-Heidegger Seminar", *Philosophy and Phenomenological Research* 25 (1964), 213~214쪽. 또한 이 책 「서론」 제4절에서의 카시러와 하이데거에 관한 나의 논의를 참조.

논문 「아인슈타인의 상대성이론」에서 언급한 바와 마찬가지로, 그는 자신의 신칸트주의가 과연 자신이 이끌어 내는 결론을 실제로 허용하는가라는 물음을 요구하고 있다고 말한다. 그가 지적하는 바는, 코헨과 나토르프는 칸트를 한 입장의 창시자로 본 것일 뿐 결코 모든 철학적 문제에 대한 답변을 자신의 저작들에 담고 있는 '고전적 저작가'로서는 보지 않았다는 것이다. 카시러는 자신이 코헨이나 나토르프와 맺는 관계를 이와 동일한 방식으로 보고 있다. 카시러는 이렇게 말한다. "그런 까닭에, 아래 행하는 연구에서 과학의 원리들의 인식론적 검토가 코헨의 『순수인식의 논리』(1902)나 나토르프의 『정밀과학의 논리적 기초』(1910)에서 확립한 것과는 판이한 결과로 나를 이끌었다고 할지라도, 나와 마르부르크학파의 창시자들을 결합시키는 끈들은 느슨해진 것이 아니며 그들에 대한 나의 감사가 줄어드는 것도 아니다."[4)]

2

카시러는 칸트와 칸트 철학에 많은 것을 빚지고 있다. 하지만 그가 그 외 많은 사상가들, 가령 데카르트나 라이프니츠는 물론이고 비코와 헤겔에 의해 영향을 입고 있다는 것 또한 의문의 여지가 없다. 헤르만 코헨이, 카시러의 초기 저작 『실체개념과 함수개념』(1910)에 있어서조차 이미 카시러는 마르부르크의 신칸트학파의 입장에서 이탈했다고 말한 것은 아마도 전적으로 옳은 것이었다. 비록 코헨은 친구들에게 설득되어 그러한 이탈은 없었다고 고쳐 생각하긴 했지만 말이다.[5)] 카시러는 한 명의 신

4) 『현대 물리학에서의 결정론과 비결정론』 영역본, xxiv쪽 참조.

5) 『카시러의 철학』(*Philosophy of Ernst Cassirer*) 20~21쪽 참조.

칸트학파 학자이기보다는 칸트주의자이며, 칸트 사상의 해석자라기보다는 오히려 상징과 문화와 인간성에 관한 독자적인 철학을 창시했던 사람이었다. 칸트를 따른다는 것이 곧 칸트 자신의 정신 속에 머무는 것이라고 카시러는 이해하지 않았다. 칸트는 제1비판에서 다음과 같이 말하고 있다. "우리는 철학을 배울 수 없다. 그것은 과연 어디에 존재하는 것인가, 누가 그것을 소유하고 있는 것인가, 그리고 또 우리는 어떻게 이것이 철학이라고 인식할 수 있는 것인가? 우리가 배울 수 있는 것이라곤 단지 철학하는 활동(to philosophise)뿐이다. 즉 이성이라는 자질을, 철학에 대한 실제로 현존하는 몇몇 시도에 따라 이성의 보편적 원리에 상응하게끔 실행시키는 것뿐이다. 그렇지만 우리는 언제나 이들 원리들을 확실히 그 근원에 있어서 탐구하고, 확인하고, 거부하는 그러한 이성의 권리를 확보하는 것이다."[6]

사상가로서의 카시러는 칸트적 원리들의 구현자가 되었지만, 훨씬 그 이상의 것을 구현하고 있다. 즉 르네상스부터 계몽주의까지 뻗어있는 정신적 사조 전체, 헤르더의 역사 개념, 괴테의 시문학, 빌헬름 폰 훔볼트의 카비(Kavi)어(語) 연구, 셸링의 『신화철학』, 헤겔의 『정신현상학』, 그리고 피셔(Vischer)의 미적 상징의 개념 등등에 이르는 지극히 포괄적인 정신의 운동의 구현자였다. 카시러 자신의 입장은 이 세계에 대한 과학적 세계관을 포함한 인문학적 이해의 발전 전체에 스스로 정통함을 통해서 생겨났던 것이다. 이러한 정통함은 그의 역사적 연구의 저작들과 그의 체계적 철학 양자를 보더라도 명백하다.

카시러는 매우 많은 글을 썼으며, 출간된 그의 저작은 거의 125여 개

6) 『순수이성비판』, 영역본(Norman Kemp Smith, London: Macmillan, 1933) A 838; B 866.

에 이르는데 여기에는 짧은 논문도 있지만 800쪽에 달하는 책들도 있다. 게다가 그의 저작들은 역사, 언어학, 신화학, 미학, 문학적 연구 그리고 과학, 또 이에 더해 그 자신의 독자적인 사상에 이르기까지 실로 수많은 주제들에 걸쳐 있다. 그런 까닭에 그의 철학의 상을 하나의 단일한 전체로 형성하는 것은 대단히 어려운 일이다. 더욱이 이를 한층 더 어렵게 하는 것은 다음과 같은 사실 때문이다. 즉 카시러가 스스로 말한바 있듯이, 자신의 학문상의 '오디세우스적인 편력'은,[7] 그의 사상에 대한 다른 학자들의 해석이 등장할 수 있을 법한 바로 그러한 시기와 맞물려 여러 상이한 지적 분위기 속으로 그를 내몰았다는 사실이다. 1933년 나치 체제의 발흥에 따라 독일을 떠나지 않으면 안 되었던 사정과 2차 세계대전의 여러 조건들 때문에, 카시러는 언제나 이동하고 있었고 그런 만큼 그 스스로 자신의 기본 저작들이 채 알려져 있지 않은 장소에 늘 처하게 되었다.

이에 덧붙여, 카시러 철학의 이해를 곤란하게 했던 것은 카시러 자신으로서, 즉 그가 자신의 생각을 표현하는 방식이었다. 카시러가 늘 염두에 두고 있었던 것은 현대적 관점에서뿐만 아니라 인문학적인 사상과 지식의 세계라는 조망으로부터, 즉 르네상스에서 19세기에 이르는 정신의 통일성이라는 전망으로부터 사유하는 일이었다. 그의 독자적 철학을 담고 있는 저작들에는, 철학 이외의 지식영역으로부터 얻어 낸 연구들의 인용이나 관련 언급들이 연이어 등장하고 있다. 이들 저작은 형식이란 그 형성된 내용과 별개로 이해될 수 없다는 카시러 자신의 학설의 예증이다. 또한 그는 이 내용이란 철학 자체의 견해를 다른 특수한 여러 분야들과의 관련 속에서 진전케함으로써 하나의 협동 방식으로 도달되는 것

7) 『카시러의 철학』 56쪽.

으로 보고 있다.

카시러는 자신의 입장을 결코 강변하지 않는다. 그의 입장은 항상 인간의 사상이 실제로 발전해 온 곳 안에 실제 있는 바로부터 생겨난 것이었다. 『상징형식의 철학』의 제3권 서문에서 그가 자신의 생각을 다른 철학자들의 생각과 관련짓고자 하는 의도에 대해 언급하고 있는 대목은 다음과 같다. "최근 다시금 유행이 되고 있는 습관, 즉 자신의 생각을 이른바 공허한 공간으로 던져 넣지만 그러한 자신의 생각이 학문적인 철학의 일반적 발전과 맺는 관계에 대해선 안중에도 없는 그러한 습관은 나로서는 결코 결실 있는 것으로 여겨지진 않는다."[8] 카시러의 이러한 논점은 그와 다른 철학자들 간의 관계에 관련된 것이지만 이는 그의 일반적인 지성적 방법에 대한 언명과도 매우 밀접한 것이다. 우리는 항상 카시러의 사상을 우리 자신에게 분명해지게끔 하지 않으면 안 된다. 이것은 우리가 여전히 독일어로만 되어 있는 그의 매우 많은 저작들을 대충 훑어볼 수밖에 없는 경우에, 그의 사상 전체를 포괄하는 이해를 얻고자 탐색할 때뿐만 아니라 개개의 저작들을 이해하려고 하는 경우에 있어서도 그러하다. 왜냐하면 이런 경우 카시러 자신의 견해는 자주 간접적으로, 즉 자신의 자료를 풀어 놓는 방식으로 드러나고 있기 때문이다. 이것은 주석(註釋)을 마련하는 실질적인 전통의 도움 없이도 수행되어야 한다.

현존하는 카시러 해석의 주종은 그의 사후 그의 철학에 각기 자기 방식으로 매달린 개개인의 작업에 의한 것이다. 해석의 기초를 마련하는 데 근접해 있는 유일한 성과는 1948년에 출간된 '현존 철학자 총서' 중의 카시러에 관한 책뿐이다. 이 책에는 카시러의 이전 학생, 동료, 협력자들

8) 『상징형식의 철학』 영역본 III, xvi쪽.

여러 명이 쓴 논문이 포함되어 있다. 이들 논문은 카시러의 사상을 이해하는 데 매우 도움을 주고 또 이제껏 널리 읽혀져 오고 있지만, 그럼에도 이들 논문의 주된 분위기는 그다지 비판적이지 않고 23명의 논문 기고자들 중 대부분은 카시러에 대한 그 이외의 저술을 출간한바가 없다.[9)]

카시러 자신은 사실상 어떤 철학적 운동의 일원도 아니었고 스스로 어떤 운동을 창시한 것도 아니다. 카시러의 사상에 대한 해석은 어떠한 해석이든 주요한 초점을 가지고 있지 않다. 왜냐하면 카시러의 철학 또는 그것의 어떤 면이 가지는 힘이 개개인 해석자를 압도하는 식에 따라 해석이 발생하고 있기 때문이다. 이 모든 곤란을 감안할 경우, 카시러의 저작을 특징짓고자 하는 시도가 매번 반대를 최소화하는 궤도를 따라왔던 것은 그리 이상한 일이 아니다. 그의 저작은 각각 어떤 원천으로부터 나왔는가에 따라, 무엇보다 가장 초기 시기의 평판과 저술에 비추어 분류되었다. 그의 철학의 기원은 중요하다. 그러나 그것을 이런 방식으로 유

9) 주된 예외는 C. H. 함부르크의 『상징과 실재: 카시러 철학 연구』(Carl H. Hamburg, *Symbol and Reality: Studies in the Philosophy of Ernst Cassirer*, The Hague: Martinus Nijhoff, 1956)이다. 수잔 랭거의 저작도 직접적으로는 해석을 목표로 하지는 않지만 이러한 예외적 고려의 대상으로 여겨져야만 한다.(이 책 52쪽의 주 참조.) 카시러의 철학에 관한 저작들의 포괄적인 문헌에 대해서는 D. P. 붜린, 「에른스트 카시러—문헌」(Donald Phillip Verene, "Ernst Cassirer: A Bibliography", *Bulletin of Bibliography*, 24, 1964) 103, 104~106쪽 및 「에른스트 카시러—비판적 저작 1964~1970」("Ernst Cassirer: Critical Work 1964~1970", *Bulletin of Bibliography*, 29, 1972), 21~22, 24쪽 참조. 이들 두 문헌 목록은 나도(Nadeau), 『카시러에 관한 저작 문헌목록』("Bibliographie des textes sur Ernst Cassirer", *Revue internationale de philosophie*, 28, 1974), 492~510쪽에 의해 하나로 묶이고 확충되었다. 이들 문헌 목록은 카시러의 사상에 관한 모든 언어에서의 저작을 포함하는 것이기 때문에 카시러에 관한 현존하는 비평 문헌의 양이 매우 한정된 것임이 분명해지고 있다. (나도의 목록은 총 288항목을 제시하고 있다. 이것은 박사 논문이나 그 외 모든 유형의 출판을 포함하고 있는 것이다).

형화한다 하더라도, 어떠한 철학적 입장의 본성에 대한 그러한 〔유형화에 의한〕 도입이 보통 이해를 얻게 해 주는 것만큼 카시러에 대한 이해를 제공해 주진 않는다. 그러한 직접적인 이미지는 언제나 그 본성상 오도되기 쉬운 것이지만, 카시러의 경우에는 평균 이상으로 이해를 방해해 왔던 것으로 보인다.

나는 이 책에 실린 논문들이 이해될 수 있도록 카시러를 신칸트학파로 간주하는, 앞서 말한 바와 같은 견해를 제쳐 놓거나 최소한 수정하기를 바라는 것이다. 이 책에 수록된 논문들은 그 자체로, 독자들이 앞서 말한 견해를 수정하거나 의심할 만한 최상의 근거를 제공한다. 이들 논문이 제시하는 바는 카시러를 신칸트학파로서 묘사하는 것과 어긋난다. 즉 거리를 두고서 인간의 문화와 지식의 문제를 바라보고 철학이라는 것을 인간의 현실적 문제들과는 별개로 떼어놓고서 추구할 수 있는 자기충족적인 지적 활동이라고 간주하는 신칸트학파의 한 사람으로 보는 것과는 들어맞지 않는다.

물론 이렇게 말했다고 해서 신칸트학파 운동의 주요 성과와 긍정적 공헌을 부정하려는 의도가 있는 것은 아니며, 또한 신칸트학파의 철학을 그보다 넓은 조망을 갖는 칸트 이후의 철학과 동일한 것이라고 보고 카시러 사상의 위치도 여기에서 찾아낼 수 있다고 여기는 것도 아니다. 내가 오로지 바라는 것은 독자들이 카시러의 사상을 신칸트학파라는 특정한 구조 속에 위치 짓지 않게 하고 나아가 그러한 연관으로부터 그의 사상을 해석하는 일이 없도록 권고하는 것뿐이다. 그러한 해석은 특히 위험하다. 그 이유는 영미권의 전통적인 칸트 해석은 칸트 사상을 제1비판서 초반 부분의 문제들과 동일시하는 경향이 있었기 때문이다. 이 전통은 최근 들어 변화하기 시작했다. 그러나 과거에는 이 전통은 예컨대 형식의 개념이나 제3비판서에서의 '반성적 판단'의 이론, 그리고 칸트가 역사, 국가, 철학적 인간학에 대해 지니고 있던 관심을 무시해 왔던 것이다. 카시러는 이러한 것들 모두에 매우 커다란 흥미를 지니고 있었다.

카시러를 규범적인 활동으로서의 철학에는 관심을 두지 않는 인식론자로 보는 신칸트학파적 이미지는 이 책에 수록된 첫째 강의, 즉 예테보리 대학교에서의 취임 강연에서 카시러 자신에 의해 전복되고 있다. 여기에서 그는 다음과 같이 선언한다. 즉 철학에 관한 두 가지 개념이 있는데, 하나는 '학술적인 개념'(Schulbegriff, 철학을 학술적인 방식으로 파악하는 것), 다른 하나는 '세계개념'(Weltbegriff) 내지 콘셉투스 코스미쿠스(conceptus cosmicus, 세계에 관계될 수 있는 철학)이다. 카시러는 지금까지 전자를 자신의 과업으로서 여기지 않았음을 인정하면서 후자를 찬성하는 방향으로 나아가고 있다. 사실상 그는 방금 말한 구별을 칸트로부터 이끌어 내고 있는 것이다.

내가 믿는 바로는, 1933년 이후의 카시러의 문화이론은 인간이라는 것은 무엇을 의미하는가를 이해하고 인간의 자유나 인간사회라는 개념들을 해명하는 하나의 시도로서 간주될 수 있다. 나는 이 점에 대한 기초가 카시러의 초기 철학 내에는 존재하지 않았음을 넌지시 말하고자 하는 것이 아니다. 이러한 관심의 몇몇 측면을 그는 1차 세계대전 중인 1916년에 출간한 『자유와 형식(*Freiheit und Form*)』 및 한층 한정된 논제들에 대한 몇 편의 논문들 속에 나타내고 있었다. 그의 사상 내에 분명하게 규범적인 경향을 향한 기반은 그의 경력의 최초 30년간에 쓰인 저작들에서 그가 문화를 자유와 지식이라는 견지에서 분석하는 데에서 이미 다져지고 있었다. 1929년에 하이데거에 대한 그의 첫 번째 물음은, 하이데거의 존재 이론에서 인간의 자유의 위치에 관한 것이었다. 이 물음은 논문 「철학과 정치』(1944, 이 책에 수록됨) 및 『국가의 신화』(1946)에서 슈펭글러의 역사 이해와의 관계에서 다루어지고 있는 물음이다.

3

카시러의 철학은 항상 강조점의 추이가 있을 때마다 변동해 간다. 따라서 그는 규범적인 물음을 다루기 위해 급격한 변화를 보이는 것이 아니라 오히려 자신의 철학을 서서히 그 방향으로 향하게 한다. 그는 정치 활동가가 되지 않으며 또 '생의 철학'의 추종자가 되지도 않는다. 그는 생의 철학을 자신의 입장과 구별짓는 데 항상 관심을 기울였다. 생의 철학이라는 입장을 그는 정신 철학에 대립하는 것으로 생각하고 있었던 셈이다. 이 당시 그는 자유의 문제를 자신의 철학의 중심으로 삼기 시작했다. 철학이 사회에 대해 가질 수 있는 관계에 관한 자신의 견해를 그가 명료하게 밝히고 있는 것은 『국가의 신화』의 마지막 장(章), 그리고 『국가의 신화』에 이어 쓰인 논문들 중 정치적 신화에 대한 분석에서이다. 철학은 우리로 하여금 여러 사건들을 이해하게 하고 인간의 이상을 정식화하는 것을 가능케 할 수 있다. 그러나 철학은 변화를 일으키는 직접적인 동인은 아닌 것이다.

카시러의 사상은 언제나 일종의 객관적인 통찰을 담고 있으며, 그는 결코 이 관점의 가치와 힘을 잊은 적이 없다. 그러나 이 관점은 순수한 인식론의 관점이 아니다. 카시러의 견해에서 철학은 사회에 대한 모종의 의무를 지니고 있다. 그 의무란 사회생활과 문화의 기초를 이루고 있는 이념들의 일반적인 이해를 보존하고 이를 한층 더 진행시키는 것이다. 이 시기 동안에도 카시러는 결코 철학의 전문적인(technical) 문제들에 대한 자신의 관심을 방기하고 있지는 않다. 이 책에 실려 있는 맨 뒤의 두 논문은 이러한 두 가지 측면을 드러내고 있다. 그 하나는 신화의 사회적·정치적 중요성에 관한 것이고, 다른 하나는 지각과 군(群) 개념에 관한 전문적 문제이다. 이 두 가지 모두가 카시러의 생애 최후의 몇 개월을 지배했다고 하는 것은 특징적인 일이다. 그는 '세계개념'으로서의 철학에 헌신하는 이 시기를 통해서 다음과 같은 점을 이해하고 있었다. 즉 철학은 인식자로서의 인간뿐만 아니라 사회적 동물로서의 인간에 대해서도 완수해야 할 의무를 지니고 있다는 사실, 그리고 지식이나 지각에 관한 전문적인 문제들의 연구는 사회적 삶에 대한 철학적 연구와 병행하여 수행되어야 한다는 사실이 그것이다. 철학이 인간의 사회적 활동을 이해하기를 바란다면, 철학은 이론적 탐구에 관계되는 문제들을 다룰 수 있어야 한다고 그는 이해했던 것이다. 독일 철학자 롯체(Lotze)의 비유클리드 기하학(이 기하학에 관해 카시러는 이 책에 수록된 군 개념에 대한 논문에서 언급하고 있다)에 대한 태도가 카시러에게 충격을 안겨주었던 것은, 롯체가 개념적인 지식에서의 그러한 전문적 변화에 대해 고려하는 것을 기꺼이 방기하고—마치 철학은 그렇게 할 만한 권능을 갖고 있기나 한 것처럼—있기 때문이다. 비록 롯체의 그러한 태도에서 어떤 전문적 발전이 방기되었던 것은 실존에 관한 보다 '결정적인' 파악을 이루기 위해서가 아니라 형이상학적 이론을 추구하기 위해서였다고는 하더라도 말이다.

생애 마지막 10년 간의 저작에서 카시러는 항상 자신의 철학을 생생하고도 구체적인 것으로서의 문화와 맞붙게 하려고 시도하고 있다. 이는 그가 스웨덴에서 출판한 역사 연구들에서조차 간파할 수 있다. 데카르트와 크리스티나 여왕에 대한 그의 저작(『데카르트』, 1939)에서는, 일찍이 이전에 『라이프니츠 체계의 학적 기초』(1902)의 서론 및 『인식의 문제』(1906)의 제1권에서 서술했던 것과는 달리, 더 이상 데카르트의 철학을 단순히 자신의 철학적 원리들이 지닌 의미에만 의거해서 보고 있지 않다. 그보다는 오히려 데카르트 철학의 확립과 결과의 구체적 조건들을 고찰하는 데로 향하고 있다. 카시러에게 있어 철학상의 독자적인 면을 나타낸 저작들 또한 문화를 하나의 구체적인 과정이자 규범적인 활동으로서 고찰하는 방향으로의 변화를 포함하고 있다. 이 점이 간파될 수 있는 것은 문화에 관한 이론에 대해 그가 행했던 자연주의적 이론과 인문학적 이론이라는 구별에서이다. 이 구별은 그의 논문 「문화 철학의 자연주의적 정초 및 인문학적 정초」(1939)에서 이루어졌다. 이 논문은 그의 새로운 데카르트 연구와 같은 해에 발표되었다.

『인문학의 논리』(1942)는 맨 마지막 논문 「문화의 비극」으로 끝나는데, 이 글에서는 인간의 창조성 및 인간 개개인이 문화와 맺는 관계가 논의되고 있다. 문화는 창조적인 행위자로서의 개인의 자유의 표현으로 간주되고 있다.[10] 이 배후에는 그의 논문 「현대철학에서의 '정신'과 '생명'」(1930)에까지 거슬러 올라가는 카시러의 관심, 즉 문화를 생(生)의 하나의 변형으로 보려고 하는 관심이 놓여 있다. 카시러는 문화를 생의 충족 내지 실현으로 보는 것이며, 생의 구체성으로부터의 소외라고는 보지 않는다. 문화에 관한 이 규범적인 이해, 즉 문화를 자유로서 그리고 '전진적인 자기해방'의 활동으로서 이해하는 이러한 관점이 『인간에 관하여』의 기초를 이루고 있다.

『인간에 관하여』는 이전의 내용에 어떤 새로운 반성을 덧붙인 요약이

10) D. P. 붜린, 「인간의 창조성과 상징형식에 대한 카시러의 개념」(Donald Phillip Verene, "Cassirer's Concept of Symbolic Form and Human Creativity", *Idealistic Studies* 8, 1978), 14~32쪽 참조.

기도 하지만 단지 그것에 그치는 것만은 아니다. 이 저작은 "인간이 자기 자신에 대해 지니는 지식의 위기"라는 윤리적 물음으로 시작하고 있다. 이는 현대의 삶이 인간의 사상과 문화의 여러 영역들로 분열하고 있다는 문제이다. 인간은 자신과 세계를 하나의 통일로서 파악할 수 없다. 우리가 직면해 있는 인간에 관한 견해는 인간 및 인간 활동의 제 영역을 연구하는 분야의 수만큼이나 넘쳐난다. 카시러는 이 분열에 대한 자신의 답변을, 인간이란 '상징을 다루는 동물'(the animal symbolicum)이라고 하는 그의 정의 속에서 제출하고 있다. 상징이야말로 인간의 모든 활동에 널리 퍼져 있으며 이것에 문화 전반은 기초해 있다. 그는 생〔명〕과 정신의 관계라는 문제에 다시 천착한다. 그러나 이제 그가 이 문제를 보는 것은 세계의 생물학적 해석이 세계의 문화적 해석에 대해 갖는 관계라는 입장에서이다. 여기에서는 인간의 상징적 기능은 동물의 기호 부여 행동에 관계되어 있긴 하지만 그것과는 별개의 것으로서 묘사되어 있다. 이 책에 수록되어 있는 논문들에서와 마찬가지로, 그는 그곳에서 생물학자 J. 폰 윅스퀼의 아이디어에 주의를 기울이고 있다. 윅스퀼의 생각이란 다름 아닌 모든 유기적 존재는 그 자신의 특정한 세계 내부에서 살고 있다는 것으로, 윅스퀼은 다음과 같이 말하고 있다. "파리의 세계에서 우리가 발견하는 것은 '파리적인 사물'뿐이다. 또 성게의 세계에서 우리가 발견하는 것은 '성게적인 사물'뿐이다."[11] 카시러에게 있어서는 상징이 지닌 힘은 '인간적인 사물'의 세계를 가능케 하는 것이었다. 그러나 그러한 세계는 생이 정신 또는 문화와 맺는 관계에 대한 단순히 인식론적 문제라는 관점으로부터 도출되고 있지 않다. 카시러가 보기에는 윤리적인 것, 즉 오

11) 『인간에 관하여』(*An Essay on Man*, New Haven: Yale University Press, 1944), 23쪽 참조.

로지 인간적인 영역에서만 발견되는 "사실로부터 출발해서 이념으로"라는 운동을 가능하게 하는 것은 인간 세계의 상징을 만드는 힘인 것이다.

윤리적인 것은 이상적인 세계를 창조하는 능력을 떠나서는 가능하지 않다. 이 능력은 상징이 지니고 있는 힘, 즉 직접적으로 주어져 있는 것을 문화가 지닌 매개된 대상들로 변환시키는 힘에 의존하고 있다. 상징에 의해 초래되는 이 변형은 인간 사회의 독특한 특징이다. 『인간에 관하여』를 이끌고 있는 것은 규범적인 관심이다. 즉 이 저작의 길잡이 역할을 하는 것은 철학을 이용하여 문화의 세계의 의미를, 인간의 이성과 상상력에 의한 정합적인 프로젝트인 동시에 자유—즉 카시러가 이 저작 마지막 단락에서 언급하고 있는 바로는 "전진적인 자기해방"—의 과정으로 삼으려는 시도이다. 그것은 우리를 도와 20세기의 생의 사회적 분열 내에서 우리의 살 길을 찾아내게 하는 시도이다. 카시러는 여기에서 슈바이처가 우리에게 부과한 의무의 행위를 그 자신의 방식으로 수행하고 있는 셈이다. 이 의무적 행위를 무시하는 철학을 카시러는 자신이 행한 현대문명의 분석 가운데서 힐난하고 있다.(카시러는 그의 강연 「철학적 문제로서의 철학의 개념」에서 그리고 이 책에 수록된 몇몇 논문들에서 슈바이처의 윤리적인 철학관에 대해 언급하고 있다.)

카시러가 현대라는 시기에 대해 자신의 견해를 밝히는 것은 그의 친구들의 여러 시사점들로부터 비롯된 것이지만, 그보다 더 중요한 것은 『국가의 신화』는 『인간에 관하여』에서 시작했던 기획, 즉 철학의 의무를 담고 있는 규범적인 기획에 대한 하나의 연장으로서 이해되어야 한다는 점이다. 『국가의 신화』에서 카시러는 그의 상징형식의 철학, 그의 신화 이론의 가장 독자적이고 주요한 부분을 취하고 있으며, 그것이 어떤 식으로 20세기의 사회생활의 이해에 있어 필수적인 기초를 제공하는가를 보이고 있다.[12] 그 이론은 신화에 관한 18세기 및 19세기의 철학들의 이해, 그 중에서도 특히 비코와 셸링을 읽은 것에서 싹튼 것이다.

『국가의 신화』에서 그는 인간의 문화를 주제로 삼고 있지만, 거기에서 말하는 인간의 문화는 어떤 일반적인 영위로서의 의미가 아니라 역사적이고 사회적인 구조를 지니는 것이다. 즉 그것은 문화 그 자체가 아니라 사회이자 국가이자 정치적 삶이다. 특별히 그의 목표는 우리 자신의 시대, 20세기의 정치적 삶을 이해하는 일이었다. 그의 신화 분석과 그의 역사적 전망이 갖는 힘은 결국 모두 하나의 특정한 문제에 연관되도록 이끌리고 있다. 그는 그 저작의 제1부에서 신화적 심성의 본성을 소개하고 제2부에서 국가라는 관념의 발전을 추적하고 있다. 제3부에서 그는 어떻게 해서 신화의 논리가 20세기의 생의 기저를 이루게 된 것인가에 대해 하나의 독자적이면서도 매우 간명한 통찰을 제시한다. 이 간결한 통찰은 끝까지 전개되지 못했다. 왜냐하면 초고가 인쇄되기 전에 그가 사망했기 때문이다. 하지만 그의 논문 「유대교와 현대의 정치적 신화」(1944)는 이 책에 실린 정치적 신화에 관한 다른 논문들과 함께 그의 견해의 모종의 확장을 가져오고 있다.

4

카시러의 만년 10년 동안의 사상의 흐름은 적어도 그 커다란 윤곽에 있어서는 출판된 저작들에 대한 앞서 서술한 해설로부터 보일 수 있으리라고 나는 기대한다. 그러나 미간행된 논저들은 이것에 무엇을 더하는

12) D. P. 붜린, 「상징과 신화에 관한 카시러의 견해」(“Cassirer's View of Myth and Symbol”, *Monist* 50, 1966), 553~564쪽 참조.

것일까? 그것들은 어떤 내용을 담고 있는가? 미간행 저술은 카시러가 지금까지 어떠한 형태로도 인쇄에 부치지 않았던 논제나 생각을 담고 있는 것은 아니다. 미간행 저술들은 간행된 저작들처럼 서로 중복되고 서로 짝을 이루고 있다. 저작의 몇몇 곳에서는 자주 동일한 인용, 출처, 저자가 사용되고 있다. 그렇지만 카시러는 결코 똑같은 것을 되풀이하지 않는다. 다시금 논의가 제기되는 때는 늘 새로운 빛 아래에서 고찰되고 있다. 논의가 항상 변화해 가는 것은, 카테고리들은 하나의 상징형식으로부터 또 다른 상징형식으로 옮아감에 따라 그 특정의 음조를 변화시켜 간다는, 그가 주장하는 방식을 대체로 취하고 있다.[13]

이 책의 논문들은 카시러가 출판한 저작들에 있어 그 시기에 기초를 이루고 있던 제 관념을 자주 반영하고 있다. 예를 들면,『인간에 관하여』나『국가의 신화』에 나타나 있는 것과 동일하거나 거의 같은 어구 또는 문장이 사용된 예가 많이 있다. 그렇지만 우리가 여기에서 발견하는 것은 간행된 저작에 있어서의 카시러가 아니다. 우리가 발견하는 것은 직접 말하고 있는 카시러이다. 간행된 저작에서는 이러한 카시러를 발견하기란 여간 힘든 일이 아닐 것이다. 카시러는 우리가 그의 출판된 저작 내에서 그렇게도 바랬던 것을 여기에서는 보이고 있는 셈이다. 우리는 카시러가 자신의 생각을 명확하게 하고, 간명하게 말하며, 자기 입장을 나타내 보여 주면 좋겠다고 생각한다. 이것이야말로 그가 이 책의 논문들에서 행하고 있는 바인 것이다. 어떤 경우에도 카시러는 얼마 안 되는 분량에서 자신의 생각을 설명하고 있다. 그러한 생각을 그는 자신이 직접적으로 말을 걸지 않으면 안 되는 청중에게 또 자신의 사상을 이해시키

13)『상징형식의 철학』, 영역본 II, 60~61쪽.

지 않으면 안 되는 청중에게 설명하고 있는 것이다. 그는 청중들이 자신의 다른 저작에 대한 지식을 갖고 있으리라고 전제할 수 없다. 왜냐하면 그가 말을 걸고 있는 청중은 일반적으로 그러한 지식을 그다지 갖고 있지 않기 때문이다.

이 책의 논문들이 『인간에 관하여』나 『국가의 신화』와 부분적으로 자주 겹친다 할지라도, 카시러가 많은 문제에 관해 이제까지 출판된 저작에서 말했던 것보다 훨씬 충실하게 말하고 있다는 인식을 저버릴 필요는 없다. 맨 앞의 논문은 철학의 본성에 관한 것으로, 이는 카시러가 출판된 자신의 저작들에서 한 번도 직접 논제로 삼지 않았던 주제이다. 「언어와 예술」에서의 그의 논의는, 카시러 철학에의 입문으로서 자주 이바지해 온 그의 소(小)논저인 『언어와 신화』와 짝을 이루는 충분한 길이와 내용을 지니고 있다. 「현대의 정치적 신화의 기술」은 『국가의 신화』의 요약이자 소개로서 쓰인 것이다.

이들 논문에서 카시러는 그의 철학에 있어 결정적인 문제를 여러 가지 다루고 있다—문화는 경험적으로 주어진 것이지만 철학적 관념론을 작동하게 하는 데 필요하다고 하는 논의, 비코(Vico)적 진리론이 데카르트 진리론에 대해 지니는 우월성, 정의(正義)에 관한 헤겔적 이해의 타당성, 역사적 설명에서의 인과성의 문제, 도덕과 예술의 관계, 군(群) 개념은 단지 수학적이고 물리학적일 뿐만 아니라 사상의 모든 영역에 적용되는 것이라는 견해 등이 그것이다.

이 논문들을 읽는 사람은 카시러가 자신의 사상들 내에 언제나 칸트를 불러오고 있다는 것을 간파할 것이다. 이 책에서도 칸트는 카시러의 출판된 저작에서와 거의 같은 위치를 점하고 있다. 칸트는 언제나 변하지 않는 언급 대상이다. 카시러의 칸트주의는 일반적으로 이해되고 있는 것과 같은 금세기 초엽의 신칸트주의보다도 한층 폭넓고 열려 있는 것이었다.(비록 신칸트학파의 철학은 창조적인 재해석을 필요로 하고 있으며, 또한 채택할 만한 긍정적인 철학적 아이디어들을 포함하고 있어 카시러 자신도 이것을 결코 잊지 않았긴 했지만 말이다.) 그의 칸트주의는 20세기 중반 무렵까지 영미철학을 지배해 온 칸트관보다 한층 더 폭넓은 견해에 기초해 있다. 금세기 전반 영미권에서의 칸트 연구의 방향은 그 관심을 제1비판서의 '감성론'과 '분석론'에 한정하고 이것에 더해 칸트의 윤리학에서의 '형식주의' 문제에 주목한 데 불과했다. 내가 하려고 한 것은 사상가 카시러의 이미지를 다양한 차원을 지닌 칸트 철학 자체로부터 해방시키는 것이 아니라 이렇게 이론이성의 인식론이라는 칸트 철학에 대한 상당히 편협한 접근방식으로부터 해방시키는 것이었다.

카시러의 전기(傳記)

이 책에 실린 논문을 읽을 때 카시러의 지적 생활의 본모습을 염두에 둔다면 도움이 될 것이다. 그것은 그가 예일 대학교 철학회 강연 말미에 자신의 학문적 삶을 가리켜 '오디세이'라고 말했던 점이다. 카시러의 지적 경력에 관해 알려져 있는 것은 대체로 다음과 같은 것이다. 즉 그는 학위를 마르부르크 대학교에서 받았고 독일에서 저작 활동과 교편 생활을 했으며, 나치즘이 등장한 이른 시기에 독일을 떠나 잠시 동안 스웨덴에 머문 후 그의 만년을 미국에서 지냈다. 이것은 기본적 사실이다. 나는 좀더 풍부하게 실상을 묘사하여 그의 생애 최후 10년간의 배경을 이루는 사건들을 확연하게 떠올릴 수 있도록 하고자 한다. 이러한 시간적인 구성은 카시러의 전기를 제공하는 것은 아니고 그의 작업의 일반적인 성격을 엿볼 수 있기 위한 일종의 도식을 부여하는 데 지나지 않을 것이다.[14)]

카시러는 1874년 7월 28일 실레지아의 브레스라우에서 태어나 1945년 4월 13일 컬럼비아 대학교 구내에서 돌연 사망했다. 그의 인생에서 일어난 사건들은 그가 가르친 대학교를 단서로 해서 살펴볼 수 있다. 학생으로서 그가 연구했던 곳은 베를린, 라이프치히, 하이델베르크 그리고 마르부르크였다. 그리고 1899년에 그의 취임논문 「수학적 및 자연과학적 인식에 대한 데카르트의 비판」을 완성한다. 이것은 그의 처녀작 『라이프니츠 체계의 학적 기초』(1902)의 서문으로 인쇄되었다. 마르부르크에서의 그의 지도교수는 헤르만 코헨이었다. 뮌헨에서 잠시 거주한 뒤, 카시러와 그의 아내 그리고 세 명의 자식들 중 맏아들은 베를린으로 이주했다.

인식의 문제에 대한 연구 『근대의 철학과 과학에서의 인식의 문제』(1907)의 제2권이 간행된 이후, 카시러는 이 저작을 베를린 대학교 사강사 지위에 응모하기 위한 자격을 증거하는 참고자료 중 하나로서 제출했다. 『인식의 문제』의 1, 2권은 이미 말한 것처럼 인식론의 발전을 니콜라우스 쿠자누스로부터 시작하여 그 발전의 정점인 칸트까지 추적한 것이다. 그 마지막 장(章)에서 카시러는 칸트의 '물 자체'(Ding-an-sich)의 이

14) 나의 소견은 카시러에 대한 다음 두 가지 전기에 의존하고 있다. 즉 D. 가우론스키, 『에른스트 카시러: 생애와 저작』(Dimitry Gawronsky, "Ernst Cassirer: His Life and Work", in *The Philosophy of Ernst Cassirer*), 1~37쪽 및 T. 카시러, 『에른스트 카시러와의 나의 생애』(Toni Cassirer, *Aus meinem Leben mit Ernst Cassirer*, New York, 비공식 출판, 1950). 카시러의 시대와의 연관에서 그의 지적 전개를 연구하기 위해서는 다음의 논저를 참조. D. R. 립톤, 『에른스트 카시러: 1914~1933년에서의 독일의 자유로운 지성의 딜레마』(David R. Lipton, *Ernst Cassirer: The Dilemma of a Liberal Intellectual in Germany 1914~1933*, Ph. D. dissertation, University of Toronto, 1975).

론에 대한 해석을 제출하고 있다. 그리고 이것을 그는 베를린 대학교에 자리를 얻기 위한 후보자 자격으로서 행한 강연에서 발표했다. 가우론스키(Gawronsky)가 보고한 바에 따르면, 강연 후에 카시러의 임명에 결정적인 지원을 했던 사람은 빌헬름 딜타이(Wilhelm Dilthey)였다.

카시러는 1903년 10월부터 1919년 10월까지 베를린에서 살았다. 그 시기 동안에 그는 다수의 논문 외에 라이프니츠의 철학적 저작들을 3권으로 편집하고 칸트의 저작들을 10권으로 편집하여 세상에 내놓았다. 『인식의 문제』의 첫 2권 이외에, 그는 3권의 주요 저서를 출간했다. 즉 그의 과학론인 『실체개념과 함수개념』(1910), 독일 문화의 인문학적 이상을 탐구한 것으로 독일 정신사의 연구인 『자유와 형식』(1916), 그가 편집한 칸트 저작집의 마지막 권인 『칸트의 생애와 학설』이 그것이다. 가우론스키가 보고하는 바와 같이, 카시러는 1차 세계대전 중 군에 징용되어 외국 신문 읽는 일을 할당받고 있었다고 한다. 카시러는 또한 『인식의 문제』의 제3권도 저술하고 있었다. 이 책은 칸트를 넘어 헤겔과 헤겔 이후의 관념론의 여러 체계들에까지 논의를 확장시킨 것이다. 이것은 1920년에 출판되었다.

1919년 10월, 카시러는 새로 설립된 함부르크 대학교에서 철학과 교수직을 맡게 되었다. 그곳에 그는 1933년 5월까지 머물렀다. 1930년에는 대학의 총장에 선임되었다. 이 14년의 기간 동안 카시러는 그의 체계적인 철학의 주저인 『상징형식의 철학』을 출판했다. 제1권은 「언어」(1923), 제2권은 「신화적 사고」(1925), 제3권은 「인식의 현상학」(1929)이다. 가우론스키는 이렇게 말하고 있다. 즉 언젠가 카시러가 이야기한 바에 따르면, 상징형식에 관한 구상이 그에게 떠오른 것은 1917년 그가 베를린의 전차를 타고 있던 때였다. 제1권의 서문에서 카시러는, 이러한 구상이

『실체개념과 함수개념』(1910)에 피력된 견해에까지 거슬러 올라간다고 말하고 있다. 이 책은 의심할 여지 없이 그의 체계의 시발점이었다. 그리고 1917년은 그의 심리적 시발점이 되고 있다. 카시러의 신칸트학파의 철학과 관련해서는 다음과 같은 점이 주의되어야 한다. 즉 『상징형식의 철학』의 각 권이 시작하는 지점, 카시러가 자신의 과제의 성격을 기술하고 있는 지점에서 그는 헤겔을 언급하고 있다는 사실이다. 실제로 그는 제3권의 『인식의 현상학』에서 현상학에 대한 그의 이해 방식을 헤겔이 말하는 현상학의 의미와 동일하다고 말하고 있다.[15)]

함부르크로 이주하여 얼마 지나지 않았을 무렵, 카시러는 바르부르크 연구소(Warburg Institute)를 방문했다. 이 연구소는 함부르크에 있는 동안 그의 활동 영역의 주요한 부분이 되었다. 그리고 그는 이 연구소가 명맥을 유지한 기간 동안 그곳의 중심 인물 중 한 사람이 되었다.[16)] 카시러는 『상징형식의 철학』의 제2권 서문에서 자신이 이 연구소를 최초로 방문했을 때에는 이미 신화에 관한 그의 연구의 1차 초고는 완성되어 있었다고 말하고 있지만, 이 서문이나 제1권의 서문에서 말하고 있는 점으로 보아 분명하듯이, 바르부르크 연구소 도서관과 독특하게 배치된 그곳 자료들은 문화와 상징에 대한 그의 이론에 영향을 주고 있다. 바르부르크 연구소는 카시러의 『언어와 신화』(1925), 『르네상스철학에서의 개체와 우주』(1927), 『영국에서의 플라톤 르네상스와 케임브리지학파』(1932)를 출판

15) D. P. 붜린, 「칸트, 헤겔, 카시러: 상징형식의 철학의 기원」(Donald Phillip Verene, "Kant, Hegel, and Cassirer: The Origin of the Philosophy of Symbolic Forms", *Journal of the History of Ideas*, 30, 1969), 33~46쪽 참조.

16) 바르부르크 연구소와의 카시러의 관계의 설명에 대해서는 이 책 2장 '문화 철학로서의 비판적 관념론'의 주 14, 16, 20을 참조.

했다. 이 시기에 카시러는 또한 『계몽주의의 철학』(1932)을 출판했다.

이 시기 동안에 카시러는 문학에 관한 논문집 2권, 즉 『이념과 형상』(1921) 및 『괴테와 역사적 세계』(1932)를 출판했다. 이들 중 전자는 괴테에 관한 논문만이 아니라 쉴러, 휠덜린, 클라이스트에 관한 논문을 담고 있다. 카시러가 문학에 기울인 관심은 상당한 것이며 그 중 괴테에 집중하고 있다. 괴테는 카시러의 사상에 주요한 영향력을 미친 인물이자 빈번한 사유의 원천이었다. 카시러 부인이 말하고 있는 바대로 카시러는 결혼 선물로 바이마르 판 괴테 저작집을 받았는데, 135권에 이르는 그 저작집을 생애 내내 끊임없이 이용하고 있었으며 미국으로의 마지막 이주를 포함하여 매번 거처를 옮기면서도 단 한 번도 그 저작집을 처분하지 않았다. 괴테에 대한 그의 관심은 『자유와 형식』(1916)과 「괴테의 『판도라』」(1918)에서의 논의로부터 시작하여 그의 인생의 마지막 해(1945)에 행한 강연 '토마스 만의 괴테 상(像)'에 이르기까지 계속되고 있다.

16년에 걸친 베를린 기간 동안 카시러는 근대 철학에서의 주요한 철학자와 과학적·이론적인 사상의 연구에 헌신했다. 이것은 『실체개념과 함수개념』이라는 저서로 결실을 맺게 되었다. 14년에 이르는 함부르크 기간 동안에 그는 지식론을 문화와 상징에 관한 철학으로 확장하였고, 근대 철학의 정신의 해명을 전개했다. 『인식의 문제』에 기술된 근대 철학의 해명과, 『르네상스철학에서의 개체와 우주』나 『영국에서의 플라톤 르네상스와 케임브리지학파』나 『계몽주의의 철학』에서 기술되어 있는 근대 철학의 해명 간에는 상당한 차이들이 존재한다.

초기의 카시러의 해명에 있어서는 철학적 학설 하나하나가 전적으로 그것의 철학적 원리와 개념에 기초하여 논의되고 있다. 즉 거기에서의 논의의 진행은 하나의 관념에서 다른 하나의 관념으로의 논리적인 전개에 의하여 진행되고 있다. 철학은 순수 사유의 활동으로 이해되며 이것은 이론적인 지식이 가지는 그 이외의 구조나 문제에 가장 근본적으로 관계맺고 있다. 후기의 3권의 저작에서는, 그 상당 부분은 전기의 저작에서와 같은 역사적 영역이 다시 다루어지고 있지만, 이번에는 철학이라는 것이 문화와의 관계에서 이해되고 있다. 그리하여 문화 철학, 즉 근대적 세계의 철학적 정신이 카시러의 주요한 관심을 이루는 것이다. 여기에서 사상의 전개는 원리들 간의 지성적인 맥락을 따라 움직이는 것이 아니라 역사적으로 보아 활력이 있고 자기발전적인 철학적 관념들에 따라 추구되고 있다. 카시러는 계몽 사상에 관한 저작의 서문에서 다음과 같이 말한다. 즉 그는 그 저작과, 이보다 앞서 쓴 두 권의 저작에서 '철학적 정신의 현상학'을 내놓고자 시도했다는 것이다. 이리하여 그가 자신의 인식론을 문화 철학 이론으로 확장할 때, 그는 또한 근대 철학의 역사 전체에로 되돌아오는 것이며 근대 철학의 역사를 문화의 전체적인 전개운동의 한 차원으로서 드러내는 것이다.

하지만 그렇다고 해서 카시러가 과학철학에 대한 관심을 아예 잃어버렸다는 것은 아니다. 평생에 걸쳐 그가 문학과 미학에 관해 글을 썼던 것처럼, 즉 『자유와 형식』(1916)으로부터 출발해서 문학에 관한 이 시기의 논문들을 거쳐 만년의 여러 논문에 이르는 일련의 저술들을 써왔던 것처럼, 과학철학에서의 특정 문제들에 관한 그의 여러 저술 또한 그의 전 생애에 걸쳐 계속되고 있다. 이들 저술은 1910년의 『실체개념과 함수개념』으로부터 1921년의 아인슈타인에 관한 논문, 1936년의 『현대 물리학에서의 결정론과 비결정론』, 더 나아가 그의 만년의 5년 기간에 쓴 과학 및 과학사에 관한 여러 논문들로까지 진척되고 있다.

1933년 1월 30일, 히틀러는 독일의 수상이 되었다. 같은 해 5월 2일,

카시러는 함부르크 대학교를 떠났다. 그는 옥스퍼드의 올 소울즈(All Souls) 컬리지의 1년간 객원교수직 초대를 수락했다. 카시러는 빈에서 여름 여행을 한 뒤, 1933년 9월 옥스퍼드에 도착한다. 카시러가 슈바이처와 짧은 만남을 가진 것은 옥스퍼드에서였다. 카시러는 첫 학기는 독일어로 가르치긴 했지만, 영어로 말하고 영어로 가르치는 법을 배워야만 했다. 그의 교과목은 칸트, 헤겔의 『법철학』, 라이프니츠 그리고 플라톤에 대한 것이었다. 그는 바르부르크 연구소와의 관계를 유지했다. 이 연구소는 1933년에 런던으로 이사했다. 옥스퍼드에서의 카시러의 지위는 2년간 갱신되어 1935년 봄까지 계속되었다. 이 시기에 그의 아들 H. W. 카시러는 스위스에서의 연구를 돌연 그만두게 되었지만 글래스고 대학교에 자리를 얻어 H. J. 페이톤(Paton)의 동료가 되었다. 후에 H. W. 카시러는 칸트의 제3비판서에 관한 연구를 1938년에, 그리고 칸트의 제1비판서에 관한 연구를 1955년에 각각 출판하게 된다.[17)]

카시러가 영국에 거주한 시기에 그의 60세 생일을 축하하여 『철학과 역사』라는 제목의 헌정기념논문집이 레이몬드 클리반스키와 H. J. 페이톤에 의해 준비되었다. 이것은 많은 저명한 사상가들의 논문을 수록한 것으로, 이들 사상가로는 사뮤엘 알렉산더(Samuel Alexander), 레온 부란쉬빅크(Léon Brunschvicg), 에티엔느 질송(Étienne Gilson), 조반니 젠틸레(Giovanni Gentile), 테오도르 리트(Theodor Litt), 에밀 브레이에(Emile Bréhier), 루시앙 레비-브륄(Lucien Lévy-Bruhl) 그리고 호세 오르테가 이

17) 『칸트의 판단력비판 주석』(*A Commentary on Kant's Critique of Judgment*, London: Methuen, 1938) 및 『칸트의 제1비판: 칸트 순수이성비판의 영속적 의의의 평가』(*Kant's First Critique: An Appraisal of the Permanent Significance of Kant's Critique of Pure Reason*, London: Allen and Unwin, 1955).

가세트(Jos Ortega y Gasset)가 포함되어 있다.

카시러는 그 다음에 스웨덴의 예테보리 대학교 교수직을 수락하여 1935년 9월부터 1941년 여름까지 그곳에 머물렀다. 카시러는 스웨덴의 출판사 예테보리 헤그스콜라스 아르스크리프트(Göteborgs Högskolas Arsskrift)에서 『현대 물리학에서의 결정론과 비결정론』을 출판하고, 데카르트에 관한, 특히 데카르트의 대화 『진리의 탐구』(*Recherche de la vérité*)에 관한 여러 연구를 저술했다. 이들 연구는 데카르트의 사상과 개성 그리고 영향에 관한 한 권의 책으로 묶였다. 이 책은 데카르트와 스웨덴의 크리스티나 여왕 간의 관계를 상세히 논한 것이다. 카시러는 또한 스웨덴의 철학자 악셀 헤거스트룀(Axel Hägerström)에 관한 연구도 저술했다. 헤거스트룀은 1920~1930년대에 영향력을 지녔던 웁살라학파 철학의 기초를 놓은 인물이다. 이 연구는 그다지 중요하지 않은 것으로 생각할 수 있을지도 모른다. 그리고 카시러가 왜 그러한 연구를 진행했는지는 다음과 같은 논점 외에는 실제로 이해하기 어려울 것이다. 즉 1933년 이후 그의 철학은 규범적인 방향으로 전환하여, 철학은 사회에 대한 관계에서 어떠한 입장에 서야 하는 것일까라는 점에 관심을 집중시키고 있다는 논점이다.

헤거스트룀의 철학에서 카시러가 지적하는 중요한 결함의 하나는, 가치에 관한 언명은 참 또는 거짓일 수 없고 모든 가치는 그 본성상 정서적이자 주관적이라는, 가치에 관한 허무주의적 이론이었다. 이러한 견해는 카시러가 수용할 수 없는 견해였고, '정신과학'에 대한 헤거스트룀의 부정적인 접근방법도 마찬가지로 수용할 수 없는 것이었다. 카시러는 그의 서문에서 자신이 그러한 상황에 접하면서 으레 취하는 어조로 다음과 같이 말하고 있다. "나는 논쟁을 위한 논쟁을 추구한 적은 결코 없다. 실제로 나는 그것을 의도적으로 피해 왔다. 그러나 나의 사상의 발전과 나의 학문적인 연구는 헤거스트룀과는 전적으로 다른 방향으로 진행되어 왔다. 그리고 나는 많은 기본적인 문제에 관해 그가 도달한 결과에 반대하지 않으면 안 되었다."[18]

1940년, 유럽에서 전쟁이 고조되고 있던 무렵, 카시러는 『인문학의 논리』와 『인식의 문제』 제4권을 빠른 속도로 연이어 저술했다.[19] 『인문학의 논리』는 카시러가 미국에 도착한 이후인 1942년에 스웨덴에서 출간되었다. 하지만 『인식의 문제』 제4권의 수고(手稿)는 스웨덴에 남겨졌고 카시러의 사후에 세상에 나오게 되었다. 이 책은 맨 처음 영어 번역(*The Problem of Knowledge*)으로 1950년에, 그리고 그 이후 1957년에야 비로소 독일어로 출간되었다. 나는 이미 『인문학의 논리』, 특히 이 책에 실린 「문화의 비극」에서 문화에 대한 규범적인 접근방법에 대해 주의를 환기한바 있다. 『인식의 문제』에서 카시러는 이미 출간된 3권에서의 방법으로부터 한 걸음 더 나아가서 헤겔 이후 사상 발전의 기저에 놓인 여러 유형의 지식을 발견하게끔 했던 동기들을 간파하도록 시도할 것이라고 말하고 있다. 『인식의 문제』는 어쩌면 사상의 운동이 전개된 배경과 그 체계적 개관(systematische Überblick)[20]을 서술한 것으로 보아도 좋을 것이다.

18) 『A. 헤거스트룀: 현대 스웨덴 철학의 한 연구』(*Axel Hägerström, Eine Studie zur schwedischen Philosophie der Gegenwart in Göteborgs Högskolas Arsskrift* XLV, (1939: 1), 5쪽.

19) 『인식의 문제』 제4권의 영역본(*The Problem of Knowledge: Philosophy, Science and History since Hegel*, trans. William H. Woglom and Charles W. Hendel, New Haven: Yale University Press, 1950)의 서문에 언급된 헨델의 해설 및 카시러 부인의 『에른스트 카시러와의 나의 생애(*Aus meinem Leben mit Ernst Cassirer*)』 250~251쪽을 참조.

20) 『인식의 문제』 19쪽.

인간이 자기 자신에 대해 갖는 지식의 존립상의 위기가 『인간에 관하여』에서와 같이 하나의 체계적인 문제로서 다루어질 수 있기에 앞서 사상의 운동에 대한 역사적 전개가 이해되지 않으면 안 되는 것이다. 역사에 대한 이러한 접근방법이 함부르크와 예테보리 기간에서의 카시러의 연구에는 계속해서 존재하고 있다.

1941년 여름, 카시러는 스웨덴을 떠나 미국으로 향하였다. 예일 대학교에서 학생들을 가르쳐달라는 초대를 수락한 것이다. 카시러는 3년간에 걸쳐 학부학생 과정과 대학원생 과정을 가르쳤다. 예일 대학교의 편람에 그의 이름은 처음 2년간은 객원교수로서, 나머지 1년은 연구원으로서 올라 있다. 매 해마다 그는 동료들과 공동 세미나를 열어 가르쳤다. 이것을 그는 자신의 학문상의 경력에 있어 특기할 만한 것으로서 간주했다. 가르쳤던 교과는 차례로 역사철학, 과학철학 그리고 인식론이었다. 매년 통틀어 세 개의 대학원 세미나를 열었지만 이에 더하여 고대 철학사와 근대 철학사를 위한 학부학생 과정을 몇 개 더 가르쳤다. 그가 가르쳤던 과정은 칸트, 언어 및 상징의 원리에 관한 철학, 세미나로는 미학과 플라톤의 변증법의 발전이라는 두 부분의 세미나, 그리고 문화의 이론적 기초에 관한 세미나를 포함하고 있다.

스웨덴에서 카시러는 자신의 편의를 위해 스웨덴 어를 배우긴 했지만 독일어로 가르쳤다. 미국에서는 영어로 가르치고 또 영어로 글을 썼다. 이 3년 동안에 그는 『인간에 관하여』를 저술했고 『국가의 신화』를 쓰기 시작했다. 또한 그는 상당수의 논문들을 발표했다. 이러한 사실로부터 확인할 수 있는 것은 이 시기가 카시러에게는 특별히 활발한 활동을 전개한 시기였다는 점이다. 미국에서 그는 찰스 헨델(Charles Hendel)과 만났다. 헨델은 예일에서의 친구이자 동료로서, 『인간에 관하여』의 출판을 도왔고 카시러의 사후 『국가의 신화』의 출판을 돌보았으며, 『상징형식의 철학』의 영어판을 소개하고 『인식의 문제』를 공역했던 인물이다.

1944년 가을, 카시러는 컬럼비아 대학교 객원교수직을 받아들여 뉴헤븐에서 뉴욕으로 이주했다. 이곳에서 그는 죽을 때까지 머물러 있었던 셈이다. 컬럼비아 대학교에서 겨울학기 중 그는 정치적 신화의 기원과 본성에 관한 과정을 대학원생들에게 가르쳤다. 그리고 그가 죽은 봄학기에는 '철학적 인간학—문화 철학에의 입문'에 대한 과정을 가르치고 있었다. 그 외에 독일철학의 강독과 중세 및 르네상스 철학에 대한 상급 과정의 연구 또한 지도하였다. 그가 예기치 않게 죽음을 맞게 된 것은 1945년 4월 13일 오후로, 루즈벨트 대통령의 서거 다음날이었다.

카시러의 묘는 하보님 교구(敎區), 즉 뉴저지 웨스트우드 시다 공원의 베델 묘지에 있으며, 간소한 묘석 하나로 표시되어 있다. 그의 탄생 100주년이 되는 1974년 10월 20일부터 22일의 기간에는 카시러의 명예를 기려 '상징형식'이라는 제목으로 학술대회가 개최되었는데, 여기에서 여러 논문들이 발표되었다.[21] 함부르크대학에서는 카시러의 소(小)흉상의 제막

21) 이 대회는 함부르크 대학교의 철학 연구실, 요하임 융기우스 과학협회 및 런던대학교 바르부르크 연구소의 후원에 의한 것이었다. 이 대회의 주요 논문은 H. 뤼베, 「카시러와 20세기의 신화」(Hermann Lübbe, "Cassirer und die Mythen des 20.Jahrhunderts") 및 두 차례의 토론회이다. 그 하나는 '예술이론으로서의 상징이론'(Symboltheorie als Kunsttheorie)으로, 주요 발표는 에른스트 곰브리치 경(卿)의 「시간, 수 그리고 기호」(Sir Ernst Gombrich, "Zeit, Zahl und Zeichen")과 N. 굿먼의 「언어, 작품, 세계」(Nelson Goodman, "Words, Works, Worlds")이고, 또 하나는 '언어활동의 논리에 관하여'(Zur Logik der Sprechhandlungen)로서, 주요 발표는 아펠, 「선험론적 언어 문법의 이념에 관하여」(Karl-Otto Apel, "Zur Idee einer transzendentalen Sprachgrammatik") 및 J. R. 설, 「의미, 의사소통, 표현」(John R. Searle, "Meaning, Communication, and Representation")이었다. 나는 함부르크 대학교 철학 연구실의 주임인 클라우스 욀러(Klaus Oehler)에게, 친절하게도 내게 대회의 정보와 자료를 제공해 준 데 대해 감사하고자 한다.

식이 거행되었다.

카시러의 장기간에 걸친 모험 여정, 그가 학생시절 일컬었던 '올림포스 신들과 같은' 이러한 오디세이는 크게 보아 세 시기로 구분될 수 있다. 첫째 시기는 1903~1919년의 베를린 시기이다. 데카르트에 관한 박사 논문과 라이프니츠에 관한 저작에 이어 카시러는 과학적인 인식에 대한 자기식의 칸트적인 접근방법을 세워 인식 문제의 역사에 관심을 기울였다. 이 시기에 이미 『실체개념과 함수개념』에서 카시러는 인식론적 관점을 넘어서 있어 훗날 그의 상징 철학의 기초를 제공하는 함수개념에 관한 이론을 정식화하고 있다. 또한 이 시기 동안의 그의 관심, 즉 당시 독일에서 행해졌던 '정신사' 연구에 대한 관심은 자유에 대한 그의 개념과 정신의 역사에 관한 자신의 이론에 기초를 제공하고 있는 것으로서 인정될 수 있다.

카시러가 그의 시야를 인식론에서 문화철학으로 확장시킨 점에서나 철학적 정신과 그 발전의 역사적 이해로 향하는 그의 새로운 극적인 접근법에 있어 신칸트학파적 입장을 결정적으로 넘어서 나아간 것은 1920년 무렵부터 1933년에 이르는 함부르크 시기였다. 셋째 시기는 카시러가 스웨덴과 미국에 거주한 시기로서, 물론 하나의 전환기인 옥스퍼드에서의 짧은 체재 기간도 포함된다. 1935~1945년의 이 시기에 그의 관심은 인간성과 자유에 관한 이론으로서의 문화이론으로 향하였고, 최종적으로 『인간에 관하여』와 『국가의 신화』에서는 인간과 현대 사회생활의 이론으로 향하였다. 여기에서 그는 함부르크 시기에 자신이 확립했던 철학적 지반으로까지 되돌아가고 있다. 그러나 그는 자신의 철학적 지반에서 순전히 인식론적인 물음을 제기하는 것이 아니라 문화적 생의 파편화에 관한 물음을 던지고 있는 것이다.

이러한 세 시기 전체에 걸쳐 카시러는 자신이 지금까지 정통했던 자료를 보다 발전된 관점에서 재검토하고 있다. 그는 그 자료에 대해 새로운 물음을 던진다. 그리하여 자주 똑같은 자료가 나타나지만 그것은 새로운 양상으로 나타난다. 상징의 기본적인 힘인 재발견(Wiederfinden)[22]에 관한 카시러의 관념은 그의 사상에도 적용된다고 볼 수 있다. 왜냐하면 언제나 그는 주어진 것에서 주어져 있지 않은 것을 다시금 발견했기 때문이다. 어떠한 경우든 그는 새로운 의미와 새로운 고정점을 수립하고 그것으로부터 한층 더 지성의 정신을 진행시키는 것이다. 이 '재발견'은 결코 인식된 진리를 단순히 주장된 기존의 '실체'로서 재정립하지 않는다. 그것은 항상 '기능하는' 어떤 것이며 새로운 의미에 기반한 발전과 재정립을 필요조건으로 하는 하나의 진리인 것이다.

카시러의 상징형식에서의 예술의 역할

흔히 카시러의 이름은 미학 및 예술철학과 연관된다. 그러나 그는 예술이나 미학에 관한 단 하나의 저작도 펴내지 않았다. 그와 같은 연관이 생긴 것은 아마도 그가 자신의 철학의 기초를 상징이라는 개념, 즉 미학을 떠올리게 하는 개념에 두고 있기 때문일 것이다. 그러한 연관이 생긴 것은 또한, 카시러의 발상을 진척시키키 위해 가장 열심히 노력했던 미학자 수잔 랭거(Susan Langer) 때문이기도 하다.[23] 그녀의 저작은 많은 사

22) 『상징형식의 철학』 영역본 III, 108쪽.

23) 카시러의 연구인 『언어와 신화』에 대한 수잔 랭거의 번역(*Language and Myth*, New

람들에게 카시러의 사상에 대한 간접적인 입문서 구실을 했다. 미국 철학계에서는 흔히 카시러와 랭거는 함께 결부지어 생각된다. 카시러는 예술에 관해 거의 쓰지 않았지만 자신의 저작 전체에 걸쳐 예술을 언급하고 있어 언어, 예술, 신화의 복합체로서의 상징형식 중 하나로 예술이 빈번히 등장한다. 하지만 카시러의 사상 내에서 예술이론은 진정 어떠한 위치를 점하는 것인가?

1942년 5월 13일자 P. 쉴프에게 보낸 편지는 '현존 철학자 총서'가운데 한 권으로 간행되는 계획과 관련해서 쓰인 것으로, 이 편지에서 카시러는 자신의 친구와 동료들이 『상징형식의 철학』의 영어판을 준비하도록 자신에게 촉구했다고 쓰고 있다. 그는 또한, 이것에는 따르지 않기로 결정했으나 그 대신에 자신의 사상을 영어로 새로운 한 권의 책으로 써서 출간한다는 계획을 말하고 있다. 이러한 언급은 『인간에 관하여』(1944) 서문의 맨 앞 몇몇 행과 내용 면에서 수미일관하게 상응하고 있다. 그리고 여기에서 카시러가 미국에서의 자신의 연구 첫해의 끝맺음으로 이 책이 나와야 할 계획에 대해 언급하고 있다는 것은 분명하다고 생각된다. 그렇지만 방금 말한 이 편지에서 카시러가 거듭 말하고 있는 점은 그가 상징형식이라고 생각하고 있는 것에 대한 예술의 관계를 이해하는 데에

York: Harper and Brothers, 1946)은 많은 독자들에게 카시러에 대한 가치 있는 입문서로서 도움이 되어 왔다. 그녀의 『철학의 새로운 실마리』(*Philosophy in a New Key*, 2d. ed., Cambridge, Mass: Harvard University Press, 1942, 1951)는 철학 입문서로서 많은 이들에게 이바지하였고 많은 점에서 카시러의 상징 철학에 대한 하나의 확장이기도 했다. 미학에 관한 그녀의 저서 『감정과 형식』(*Feeling and Form*, New York: Charles Scribner's, 1953)은 『철학의 새로운 실마리』에 담겨 있는 여러 생각들을 발전시킨 것이지만, 에른스트 카시러에게 헌정하고 있고 카시러의 생각과 전망을 포함하고 있다. 카시러 부인의 『에른스트 카시러와의 나의 생애』를 또한 참조.

있어 지극히 주목할 만하다. 다음과 같이 그는 말하고 있다. "그 책은 내용 면에서는 새로운 것이 될 것이다. 왜냐하면 나는 내 미학이론을 거기에서 처음으로 상세하게 제시하게 될 것이기 때문이다. 이미 『상징형식의 철학』의 첫번째 초안에서 예술에 대한 책 한 권을 쓰는 것을 생각하고 있었지만 시대가 가져오는 불행이 그 작업을 거듭 연기시켰던 것이다."[24)]

카시러는 예술에 관한 책 한 권을 쓰려던 계획을 세우고 있었다고 자주 회자된다. 위의 편지로부터 보자면, 그의 그러한 의도에 관해서는 의심의 여지가 없다. 내가 아는 한에서는 이 편지는 우리가 지닌 유일한 증거이다. 그의 계획이 『상징형식의 철학』의 첫번째 초안에까지, 따라서 1920년대의 자신의 작업과 관심에까지 거슬러 올라간다는 것은 명백하다. 더욱이 본래 카시러가 이 새로운 저작을 예술에 관한 자신의 견해를 충분히 서술하는 하나의 기회로서 생각하고 있었음이 여기서 밝혀진 셈이다. 『인간에 관하여』는 예술에 관한 한 장(章)을 담고 있지만 그것은 여타의 장들, 즉 신화, 종교, 언어, 역사 및 과학에 관한 각 장들에 비해 길지 않고 또 성격상 다른 것도 아니다. 이 책에서의 예술에 대한 장이 그가 쉴프에게 보낸 편지에서 계획하고 있는 상세한 서술이라고는 생각하기 어렵다. 물론 카시러는 『인간에 관하여』를 계속 쓰는 동안 구상을 바꾸었던 것이며, 실제로 미간행된 글들은 이 『인간에 관하여』라는 수고와는 다른 구상과 초고가 있었음을 증거하고 있다.(그러나 카시러가 『인간에

24) "Inhaltlich würde sie insofern neu sein, als ich hier zum ersten Mal eine eingehende Darstellung meiner aesthetischen Theorie geben würde. Schon im ersten Entwurf der Phil. d. s. F. war ein besonderer Band über Kunst vorgesehen—die Ungunst der Zeiten hat aber seine Ausarbeitung immer wieder hinausgeschoben." 이 편지는 카본데일의 서던 일리노이 대학교 도서관 특별소장고에 보관되어 있다.

관하여』를 예술에 관한 책으로 썼던 것임을 나타내는 증거는 되지 않는다.) 이 『인간에 관하여』에서의 예술에 관한 장(이 장은 1931년의 「신화적 · 미적 · 이론적 공간」과 함께 그의 출간된 저작 내에서 예술 자체를 논하고 있는 글의 전부이다[25])은, 그의 본래 계획을 최종적으로 수행하는 방향으로의 첫걸음으로서 의도되었으리라는 점이 가장 확실하다.

생각하건대 예술과 미학은, 예술에 관한 책 한 권을 쓰는 것이 그의 『상징형식의 철학』의 본래 초안의 일부를 이루고 있었다는 사실이 드러내주는 것보다도 훨씬 더, 상징형식에 관한 카시러의 생각과 깊은 연관을 맺고 있다. 예술과 미학이란 '상징형식'이라는 말 자체의 기원과 하나의 유대를 이루고 있다. '상징형식(symbolische Form)'이라는 것은 카시러의 철학에서 하나의 특별한 전문용어이다. 「정신과학의 구축에서의 상징형식의 개념(*Der Begriff der symbolischen Form im Aufbau der Geisteswissenschaften*)」, 즉 '바르부르크 도서관 강의'(Vorträge der Bibliothek Warburg, 1921~1922)의 기고 논문에서 카시러는 처음으로 제목 속에 상징형식이라는 어구를 사용하고 있다.(『상징형식의 철학』의 제1권은 1923년에 출간되었다.) 이 강의에서 그는 이 개념이 상징에 대한 괴테의 관심에 그 연원을 두고 있다고 설명한다. 괴테 이후 '상징개념(Symbolbegriff)'이라는 관념은 셸링과 헤겔의 철학을 거쳐 미학이론으로 변화되었고, 이것을 근거로 미학자 프리드리히 테오도르 피셔(Friedrich Theodor Vischer)는 상징개념은 미적인 것 그 자체의 기초라고 주장하고 있는 것이다. 카시러가 상징형식의 개념을 이끌어 냈다고 말하고 있는 것은 헤겔주의자인 피셔가 쓴 논문 「상징(Das

25) 번역은 D. P. 뷔린과 L. H. 포스터의 『인간과 세계 2』(Donald Phillip Verene and Lerke Holzwarth Foster, *Man and World* 2, 1969), 3~17쪽.

Symbol)」에서이다. 이 논문은 1887년에 에두아르트 젤러에게 경의를 표하기 위해 만들어진 논문집 안에 실려 있다(그렇지만 피셔는 '상징형식'이라는 어구 자체는 사용하고 있지 않다). 카시러는 상징형식에 관한 피셔의 미학적인 개념을 확장하여 보다 넓은 개념, 즉 인간 정신의 각 형식—예술만이 아니라 언어와 신화적·종교적 세계의 각 형식—을 포괄할 수 있는 보다 넓은 개념으로 사용하고자 한다고 말하고 있다.[26)]

카시러가 '상징형식'이라는 어구를 최초로 사용한 것은 「아인슈타인의 상대성이론」이라는 그의 논문에서이다. 이 논문은 1921년에 출판되었지만 완성된 것은 1920년 여름이었다. 이 논문의 마지막 절에서 카시러는 상대성의 개념과 실재성의 연관관계라는 일반적 문제를 고찰하고 있다. 그는 철학이란 지식의 문제를 고찰하는 데 있어 이론적·과학적인 사고에만 의존하는 일면성을 피해야 한다고 말한다. 카시러는 바르부르크 연구소에서의 강연을 떠올리게 하는 말로 상징형식이라는 개념에 대해 언급한다. 그는 이렇게 말한다. 즉 철학은 "'상징형식들의 전(全) 체계'(das Ganze der symbolischen Formen)를 파악해야 한다. 이 체계의 적용에 의해 우리는 질서 있는 실재라는 개념을 산출하는 것이다.……그리고 상징형식들의 전 체계는 이 총체성 안의 각 개체를 그 정해진 자리에 위치시

26) 카시러, 『상징형식의 본질과 작용』(*Wesen und Wirkung der Symbolbegriffs*, Darmstadt: Wissenschaftliche Buchgesellschaft, 1956), 175쪽 참조. 또한 『철학 논문집. 에두아르트 젤러 박사 50주년 기념에 부쳐』(*Philosophische Aufsätze. Eduard Zeller, zu seinem fünfzigjährigen Doctor-Jubiläum gewidmet*, Leipzig: Fues's Verlag, 1887), 특히 169~173쪽, 192~193쪽. 카시러는 피셔의 논문을 자신의 강의의 출발점으로서 이용하고 있다. 「상징의 문제와 철학체계에서의 그 위치」("Das Symbolproblem und seine Stellung im System der Philosophie", *Zeitschrift für Aesthetik und allgemeine Kunstwissenschaft* 21, 1927), 295~312쪽.

키는 것이다. 만일 우리에게서 이 문제가 해결되었다고 간주된다면, 개념과 지식의 개개 형식들 각각에 대해서만이 아니라 세계의 이론적·윤리적·미적·종교적인 이해의 일반적인 형식들 각각에 대해서, 그것들의 권리가 확보되고 한계가 정해지게 될 것이다."[27]

상징형식과 상징형식의 체계에 관한 카시러의 구상은 베를린 시기의 마지막 때로까지 거슬러 올라가지만, 활자로 처음 세상에 공개된 것은 함부르크 시기의 초기 무렵이다. 『상징형식의 철학』 제1권(1923)의 일반적인 서론에서 카시러는 상징형식에 관한 자신의 철학적 근거를 그리스 철학에 나타나는 형식 개념, 특히 플라톤의 '이데아'에 두고 있다. 그리고 그는 자신의 생각을 데카르트 이후의 근대 철학의 발전에도 관계시킨다. 그러나 그가 보다 친밀한 자료로서 인용하고 있는 것은 『역학의 원리』(1894)에 기술되어 있는 헨리히 헤르츠(Henrich Hertz)의 다음과 같은 견해이다. 즉 지성이 인식할 수 있는 것은 지성이 창출하는 상징에 의존해 있다. 카시러는 또한 아인슈타인에 대한 자신의 논문으로 독자의 주의를 이끌고 있다.[28] 카시러는 상징형식이라는 개념을 과학과 예술 양자로부터 이끌어 낸다. 전통적인 인식론과 과학의 측면으로부터 상징형식의 철학이 지닌 문제로 진행해 나갈 때, 그는 근원적인 지점을 '자연과학들', 즉 헤르츠의 역학 속에서 발견한다. 반면 '정신과학들'의 측면으로부터 상징형식이라는 이 개념으로 근접해 갈 때는 근원적인 지점을 피셔

27) 『실체와 기능 및 아인슈타인의 상대성이론』(*Substance and Function and Einstein's Theory of Relativity*, authorized trans. William Curtis Swabey and Marie Collins Swabey, Chicago: Open Court Publishing Co., 1923), 447쪽.

28) 『상징형식의 철학』 영역본 I, 75쪽 및 주 2. 또한 헤르츠와 헬름홀츠를 카시러가 인용하고 있는 다음 논문을 참조. 「상징의 문제와 철학체계에서의 그 위치」, 297~298쪽.

의 미학에서 발견하는 것이다.[29)]

상징형식에 관한 카시러의 개념의 이러한 두 가지 원천, 즉 미학적 원천과 과학적 원천은 어떻게 상징형식이 의식의 기능 내에 직접적으로 근거지워져 있는가를 설명하는 그의 가장 뛰어난 시도 중 하나에 반영되어 있다. 그 시도에서 그는 의식이 그 대상과의 관계에서 어떻게 기능하는가 하는 일례로서 단순한 선 긋기(Linienzug)라는 개념에 호소하고 있다. 카시러는 1927년의 두 논저에서 이 개념을 사용한다. 하나의 논저는 본래 할레에서 열린 미학회에서의 강의로서 그 제목은 「상징의 문제와 철학체계에서의 그 위치(Das Symbolproblem und seine Stellung im System der Philosophie)」이다. 이것은 1927년에 출판되었다.[30)] 또 다른 하나는 『상징형식의 철학』의 제3권으로, 이 책은 1929년에 출판되었지만 수고(手稿)로서 완성되었던 때는 1927년 말이었다.[31)] 카시러는 선 긋기나 곡선과 같은

29) 『상징형식의 철학』에서 카시러는 자신의 이 견해가 그의 베를린 시대에 쓰인 『실체개념과 함수개념』(1910)에서의 연구에까지 소급된다고 말하고 있다. 따라서 상징형식의 개념의 기원은 어떤 의미에서는 자연과학에 대한 관심에서 성장한 전통적인 인식론적 관심을 카시러가 확장시킨 데에 있다. 만일 예술과 정신과학에 관련된 카시러의 상징개념이 그의 초기 저작들(1916)에까지 소급된다면, 그것은 그가 『자유와 형식』(1916)에서 수행한 독일 문화사와 예술에서의 '자유원리' 및 '형식원리'의 연구에 뿌리를 두고 있다고 볼 수 있다.

30) 카시러의 체계에 대한 조망 및 상징형식이라는 이 개념의 인식론적 원리들에 관한 카시러의 가장 간결한 설명으로서 이 중요한 강의를 참조하기를 나는 독자에게 권하고자 한다. 『미학 및 일반예술학 잡지』(*Zeitschrift für Ästhetik und allgemeine Kunstwissenschaft* 21, 1927, 295~312쪽) 참조. 영역본으로는 J. M. 크로이스, 「상징의 문제와 철학체계에서의 그 위치」(John Michael Krois, "The Problem of the Symbol and Its Place in the System of Philosophy", *Man and World*, vol. 11, no. 4, 1978) 참조.

31) 『상징형식의 철학』 영역본 III, 200~202쪽. 카시러는 또한 「상징개념의 논리」("Zur Logik des Symbolbegriffs", in *Wesen und Wirkung der Symbolbegriffs*), 211~212쪽에서도 '선 긋기'에 의한 예증을 인용하고 있다. 이 논문은 K. 마크 보가우(Konrad Marc-Wogau)가 행한 카시러의 상징이해에 대한 비판에의 답변이다. 카시러의 응답은 맨 처음 『테오리아』

예시를 상징형식에 대한 일종의 현상학적 증명으로서 보여주는데, 이러한 증명은 의식이 대상과 관계해서 취할 수 있는 자세들 내에 상징형식이 어떻게 뿌리내리고 있는가를 명확히 밝혀 줄 것이라고 본다. 이 예는 그가 상징형식의 철학을 펼쳐 보이는 데 있어 중요한 하나의 요점이며, 여기에서 그는 상징형식이 의식의 활동 안에 근거해 있다는 것을 독자가 직접 실증하도록 요구하고 있다. 이 광학적 '실험'에 관한 그의 설명은 상징형식에 관한 미학적인 관념과 순수 개념적인 관념 간의 구별을 둘러싸고 펼쳐지고 있다.

카시러는 독자로 하여금 '선 긋기'를 스스로 의식하는 것을 하나의 특수한 지각적 경험으로서 고찰하도록 요구한다. 그는 독자로 하여금 선이 가지는 순전히 감각적인 성질들에 주목하게 하고, 그리하여 그 곡선의 공간적 특징, 그것의 명암, 그것의 위 아래로의 운동, 그것의 굴곡적이거나 부드러운 특징을 따라가도록 요구한다. 여기에서 우리가 간파할 수 있는 것은, 그 선이 하나의 특수한 분위기를 표현하고 있지만 그 선은 우리의 내적 상태를 선과 그 공간에 임의로 투사한 바로서 단순히 존재하는 것은 아니라는 사실이다. 우리의 분위기는 우리가 선을 좇아가면서 결정된다. 그러면 그 결과로서 선은 하나의 살아 있는 총체로서 우리에게 현전하게 되는 것이다.

그러니까 카시러는 우리가 선을 수학적인 구조의 하나로서 파악하려

(Theoria 4, 1938), 145~175쪽에 발표되었다. 이 실례를 언급하면서 카시러는 다음과 같이 말하고 있다. 즉 "내가 이 예를 들었던 것은 그것으로부터 아마도 다음과 같은 점이 가장 간단하게 귀결되기 때문이다. 즉 내가 어떤 의미로 지각의 '질료'라는 개념을 받아들이고 있는지, 그리고 그 개념은 어떤 의미에서 나에게는 허용할 수 없는 것으로 보여지는지에 대해서 말이다."(『본질과 작용』, 212쪽).

면 근본적으로 다른 의미에서 선에 반응하라고 요구한다. 이 같은 시각 방식을 상정하는 경우 우리는 지금까지의 반응이 느끼는 표출적 역동성을 옆으로 내려놓는 것이다. 이제 우리는 우리 눈 앞에 놓인 선을 기하학적 법칙의 도식으로 파악한다. 이 선이 가지는 의미는 색의 음영이나 내적 운동에 달려 있는 것이 아니라 그것이 나타내는 관계와 비율에 달려 있다. 그것은 "본질적으로 비직관적인 수학적 관념에 대한 단순한 표피적 외투이다."[32] 그는 그 다음에 우리로 하여금 시야를 다시금 바꿔서 선 긋기를 성(聖)과 속(俗)을 가르는 신비적 상징으로서, 즉 성스러운 것의 비의(秘儀)에 입문하지 않는 것을 경고하는 상징으로서 파악하도록 요구한다. 만일 우리가 그런 다음에 시야를 신화적인 것에서 심미적인 것으로 이행시킨다면, 위에서 말한 선은 하나의 미적인 관조의 대상이 되어, 미적인 시각에 의해 구조를 부여받은 하나의 장식이 되는 것이라고 카시러는 말한다.

이러한 설명은 『상징형식의 철학』의 제3권에서 카시러가 '선 긋기'의 예를 제시하고 있는 순서에 따른 것이다. 그의 강연 '상징의 문제와 철학체계에서의 그 위치'에서 카시러는 의식의 운동을 두고서, 의식은 선을 감정표현하면서 파악하는 것에서 나아가 즉각 선을 심미적이고 신화적·종교적으로 파악한다고 서술하고 있다. 그 다음에 의식의 운동은 선을 수학적 또는 개념적·논리적인 것으로 파악한다. 여기에서 카시러가 '선 긋기'의 예를 상정하는 방식은 미적인 것이나 신비적·종교적인 것이 순수표현의 세계에 대해 지니고 있는 의미가 무엇인가를 시사하고 있다. 『상징형식의 철학』에서의 서술의 순서(순수표현으로부터 수학적 시야로, 그

32) 『상징형식의 철학』 영역본 III, 200~201쪽.

다음에 신화적 또는 심미적인 시야로)는 카시러가 『언어와 신화』의 말미에서 서술하고 있는 것과 유사한 논점을 시사하고 있다. 이곳에서도 카시러는 예술과 미학을 두고서, 의식이 스스로를 신화적 세계로부터 해방시키고 난 후 언어가 갖는 신화적·비유적 힘을 되찾는 것이라고 간주한다.[33] 이러한 되찾음은 의식이 갖는 단순한 표현력에로의 귀환이 아니라 이러한 힘을 새로운 시각으로 변환시키는 것이다.

『상징형식의 철학』에서의 '선 긋기'의 예를 제시함에 있어 카시러는 상징형식에 관한 자신의 생각의 근저에 놓여 있는 지각 이론을 독자가 이해할 수 있도록 기초를 제공한 것이다. 선을 의식에 의해 파악된 현상으로서 간주한다는 것은 다음과 같은 점을 나타낸다. 즉 의식이 대상을 향해 어떠한 관점을 취하든 간에 의식에 의한 감각적 경험은 어떤 정해진 의미질서에 연결된다고 하는 사실이다. 따라서 카시러는 어떠한 지각적인 활동도 '상징적인 함축을 지니는' 것이라고 주장한다. '선 긋기'의 예는 상징형식이 어떻게 '상징적 함축'(symbolische Prägnanz)에 기반을 두고 있는가를 보여 준다. 카시러는 다음과 같이 말한다. "'상징적 함축'이라는 것으로 우리가 의미하는 것은 감각적인 경험으로서의 지각이 감각에 따라 직관되지 않는 어떤 의미를 동시에 포함하고 그 의미를 직접적이고 구체적으로 표현하고 있는 방식의 것이다.…… 스스로의 내재적 조직체제에 의해 일종의 정신적 분절화를 띠는 것은 오히려 지각 그 자체이다. 이 지각은 또한 그 자체 질서지워져 있으므로 어떤 정해진 의미 질서에 속해 있다.……'함축'이라는 말이 표시해야 할 것은 '지금 여기에'라는 방식으로 주어져 있는 개별적인 지각현상이 전

33) 『언어와 신화』 영역본, 98~99쪽.

체적인 특징을 지닌 의미에 대해서 가지는, 관념의 상호 간의 얽힘이며 연관성이다."[34)]

'상징적 함축'에 관한 카시러의 논의는 상징이 의식의 가장 근본적인 작용 내에서도 존재하고 있다는 그의 생각을 시사하고 있으며, 또한 상징형식이라는 어구의 넓은 용법의 범위를 넘어서서 이 어구로 신화, 종교, 언어, 예술, 역사 및 과학이라는 일련의 문화형식을 이해하도록 독자에게 촉구하고 있다. 덧붙여서 방금 말한 일련의 문화형식은 『인간에 관하여』의 제2부 각 장(章)의 제목들이다.

'선 긋기'의 예에 있어서의 대상의 신화적 · 표현적인 결정과 관련해서 카시러가 배정한 예술과 미학의 자리는, 예술이 상징형식에 대한 카시러의 철학 내에서 수행하는 기본적 역할을 제시하고 있다. 이러한 점에서 보면 카시러가 쉴프에게 보낸 편지에서 쓰고 있는 것, 즉 예술에 관한 책 한 권이 상징에 관한 자신의 이론의 원안의 일부라는 것은 놀라운 일이 아니다. 카시러가 간행한 자신의 저작들에서 예술의 '표현' 설들에 대해 행하고 있는 비판은, 예술은 하나의 분명한 상징 형태를 이루고 있는 것으로서 이해되어야 함을 나타내려는 의도를 지닌 것이었다. 예술은 표현이 지닌 상징적 함축으로부터 발전할 수 있다. 그러나 의식의 표현기능(Ausdrucksfunktion)의 직접적이고 무매개적인 형성은 신화적 상징을 통해서 달성된다.[35)] 카시러는 「상징의 문제와 철학체계에 있어서의 그 위치」라는 자신의 논문에서 다음과 같은 점을 지적하고 있다. 즉 어떠한 상징형식도, 또 상징적 결정의 어떠한 영역도 표현적 차원에서부터 발전된

34) 『상징형식의 철학』 영역본 III, 202쪽.
35) 『상징형식의 철학』 영역본 III, 61~62쪽.

것이라고 이해될 수 있다는 점이다.[36] 카시러의 「인식의 현상학」, 즉 『상징형식의 철학』의 제3권의 주제는, 의식이 표현의 세계로부터 순수인식, 즉 수학적 사고의 세계에로 어떻게 옮겨가는가를 분명하게 나타내는 데에 있다. 카시러의 저작들 중에서 예술 혹은 미학의 현상학에 관한 이와 유사한 여타의 설명은 보이지 않는다.

이 책에 실려 있는 언어, 예술, 예술의 교육적 가치에 관한 글들은—『인간에 관하여』나 「신화적·미적·이론적 공간」과 아울러—『상징형식의 철학』에 관한 원안의 일부이면서 또한 상징형식이나 '상징형식'이라는 어구에 대한 카시러의 이해의 원천을 제공하고 있으며, 예술관에 관한 한 우리가 지금 가질 수 있는 가장 완전한 진술을 제시해주고 있다.

카시러와 윤리

1

내가 앞서 주의해 두었던 것처럼, 카시러 생애 최후의 10년을 통해 계속되고 있는 주제는, 철학이 사회 및 자유의 개념과 맺는 관계이다. 카시러는 철학이 윤리적 차원을 지닌 것이고 문화생활의 이상을 산출함에 있어 하나의 역할을 지니고 있다고 본다.[37] 카시러에게 문화란 하나의 '활동

36) 「상징의 문제와 철학체계에서의 그 위치」, 301쪽, 303~304쪽. 1928년 『독일 문학신문(Deutsche Literaturzeitung)』에 게재된 하이데거의 평론 속에 인용되어 있는 이 논문에 관해서는 하이데거의 비판적 견해를 참조. 이 견해에 대해서는 다음 절에서 논의한다.

37) 윤리학 및 규범적 문제와 카시러의 연관성에 관한 설명은 다음을 참조. J. M. 크로이스, 「에른스트 카시러의 상징형식의 철학과 가치의 문제」("Ernst Cassirer's Philosophy of

및 그 소산'으로서, 즉 그 안에서 인간이 자신의 본성과 인간성을 인식하는 데 이르는 하나의 성과로서 이해되어야 한다. 문화에 대한 이 문제를 카시러는 여러 견해들 간의 비교를 통해 고찰한다. 그러한 견해는 한편으로는 슈펭글러의 『서구의 몰락』이나 하이데거의 『존재와 시간』에서의 견해이고, 다른 한편으로는 『문명의 철학』에서의 슈바이처의 견해이다. 카시러가 특히 관심을 갖는 것은 다음과 같은 문제의 분석에 있었다. 즉 두 차례의 세계대전 사이에 있었던 서구문명의 위기에 대한 슈바이처의 반응의 근저에 놓여 있는 견해가 슈펭글러의 역사 이해나 하이데거의 존재 이해와 근본적으로 어떻게 얼마나 다른가를 분석하는 데에 있었다.

이 책에서 이러한 논점들이 보이는 것은 「철학적 문제로서의 철학 개념」(1939)이라는 논문—이것은 방금 말한 세 사람을 모두 논하고 있다—, 그리고 「철학과 정치」(1944)이다. 여기에서 카시러는 슈펭글러와 하이데거가 철학을—슈바이처가 사용하고 있는 표현을 빌려—"그것이 더 이상 제 의무를 수행할 수 없는" 곳에다 위치해 두었다고 비난한다. 『국가의 신화』에서도 유사한 방식으로 카시러는 슈펭글러와 하이데거를 비판하고 있으며 또한 그와 같은 시기에 『슈바이처 기념문집』을 위해 쓴 논문에서 카시러는 슈바이처가 적절한 윤리적 의견을 피력한 것으로 보고 있다. 슈펭글러는 이 책에 실린 「현대의 정치적 신화의 기술」에서도 논의되고 있다. 이 복합된 관련 속에 포함되어 있는 문제점이 가장 완전하게 보이는 것은 카시러와 하이데거의 관계에서이다.

이 둘 간의 관계는 1929년 스위스의 다보스에서의 만남에 국한된다고

Symbolic Forms and the Problem of Value", Ph. D. dissertation, The Pennsylvania State University, 1975).

일반적으로 생각되고 있다. 그리고 이 회의에서의 만남은 칸트 해석을 둘러싼 그들의 논쟁이라고들 보통 이해되고 있다. 그들의 만남이 칸트에 관한 것이었음은 사실이지만 그것은 또한 다른 사안들을 포함하고 있었으며 하이데거와 카시러 간의 그때까지의 몇몇 의견 교환을 기초로 하여 이해되어야 한다.

이들 사이의 의견 교환은, 본래 에드문트 후설이 편집한 학술지《현상학과 현상학 연구 연보(*Jahrbuch für Phänomenologie und phänomenologische Forschung*)》에 최초로 출판되었던『존재와 시간』에서 하이데거가 카시러에 관해 언급한 각주에서 시작된다. 이 각주에서 하이데거는 민족학적 연구에 있어 신화의 '현존재'에 관한 카시러의 분석(『상징형식의 철학』 제2권: 신화적 사고, 1925)은 가치 있는 것이라고 인정했지만, 보다 현상학적인 접근을 할 필요가 있다고 말한다. 하이데거는 카시러가 그러한 접근에 대해 마음을 열고 있는 것처럼 보인다고 진술한다. 이 점의 증거로서 하이데거는『상징형식의 철학』 제2권의 각주를 지적한다. 그 각주에서 카시러는 후설의 현상학이 인식의 분석에서 그 연구가 소진되어 버린 것이 아니라 신화적 세계를 포함하도록 그것을 확장하는 가능성을 열어둔 채로 남아 있다는 것은 분명해졌다고 말하고 있다.

이것과 관련해서 유의할 점은 후설 기록보관소는 1925년 후설이 카시러에게 보낸 4월 3일자 편지를 보관하고 있다는 사실이다. 이 편지에서 후설은 카시러의 기획에 대해 동정적 관심을 표하고 하르트만을 비난하는데, 그에 따르면 하르트만은 현상학을 오해하여 현상학 내에 독단적 형이상학의 기초가 있다고 보고 있다.[38] 이 점은 하이데거의 각주에는

38) H. 스피겔버그,『현상학적 운동: 역사적 입문』(Herbert Spiegelberg, *The Phenomenological*

언급되어 있지 않지만, 하이데거가 말하고자 하는 점을 지지하는 것으로 생각된다. 하이데거는 다음과 같이 결론짓는다. "1923년 12월의 칸트학회 함부르크 지회에 앞서 열린 한 강연 '현상학적 연구의 과제와 진로'에 나와 카시러 사이에 진행된 토론에서 이미 분명해진 사실은, 우리 양자는 그 강연에서 그려지고 있는 실존론적 분석을 구하고 있다는 점에서 의견의 일치를 보고 있었다."[39)]

『상징형식의 철학』 제2권에 대한 하이데거의 논평이 1928년 『독일 문학신문』에 게재되었다. 하이데거는 이 논평을 다음과 같이 결론짓고 있다.

> 그러나 그 모든 것을 가지고서도 신화에 관한 기본적인 철학적 문제에는 아직 도달하고 있지 않다. 즉 신화가 '현존재(Dasein)' 그 자체에 속한다는 것은 어떠한 방식에서인가? 신화가 존재(Sein)와 존재의 변양의 보편적인 해석 내에서의 하나의 본질적인 현상이라는 것은 결국 어떠한 점에서인가? 『상징형식의 철학』이 이러한 문제의 해결 내지 해명에까지 도달할 수 있는가의 여부는 아직 논의되지 않은 채 남아 있는 것인지도 모른다. 이 점에 관한 의견은 다음과 같은 경우에만 제출될 수 있다. 즉 모든 상징형식이 망라될 뿐만 아니라 이 체계적 요강(Systematik)의 기본적 개념들이 철저하게 해명되어 그 개념들의 궁극적 근거에까지 이르게 된 경우이다.(이 점에 관해서는 카시러가 자신의 강의에서 표명한, 일반적으로 여전히 지지를 받고는 있지만 매우 막연한 견해를 참조할 것. 「상징의 문제와 철학체

Movement: A Historical Introduction, The Hague: Martinus Nijhoff, 1960), 359쪽.

39) 『존재와 시간』(*Being and Time*, trans. John Macquarrie and Edward Robinson, Oxford: Basil Blackwell, 1962), 490쪽.

계에서의 그 위치」, *Zeitschr. f. Äesthetik und allgem. Kunstwiss*. XXI, 1927, S. 295ff.)

여기에서 제시된 비판적인 물음이 카시러의 공헌을 감소시키는 것은 아니다. 왜냐하면 카시러의 공헌은 바로 셸링 이후 처음으로 신화를 철학적 지평 위에서의 하나의 체계적인 문제로서 위치를 부여했다고 하는 사실에 있기 때문이다. 그 연구는, 설령 그것을 '상징형식의 철학'에 삽입하지 않더라도, 신화에 관한 새로운 철학에 있어 하나의 출발점이 되는 가치가 있는 것으로서 성립하고 있기 때문이다. 그러나 거기에는 다음과 같은 점이 지금까지보다도 좀더 견고하게 다시금 이해되어야 마땅하다. 즉 정신이라는 현상의 제시가, 그것이 아무리 풍부하고 의식의 주류와 협동적이라고 할지라도 결코 철학으로서 존립하지 못하고, 오히려 철학을 필요로 하는 긴급한 사태가 돌연 출현하는 것은 철학의 기본적이고 기초적인 몇몇 문제들—즉 고대 이래 극복되고 있지 않은 문제들—이 새로이 떠오르기 때문이다.[40]

과학과 인식 그 자체를 가능하게 하는 의식의 인식 외적인 작용 및 신화 분석의 근저에 놓여 있는 현상학적인 논쟁점에 대해 카시러 자신이 행한 응답은 그의 『상징형식의 철학』 제3권에 담겨 있다. 이 책은 1929년까지 인쇄된 형태로는 세상에 나오지 않았지만,[41] 카시러가 말하듯 수고는 1927년에 완성되어 『존재와 시간』에서의 하이데거의 분석을 카시러가 수고에서의 논의를 위해 참작할 수 있는 시기였다. 카시러는 하이데

40) 『독일 문학신문』 21(1928), 1011~1012쪽.

41) 『상징형식의 철학』 영역본 III, xvii쪽.

거의 저작에 답하여 4개의 각주와 후설에 대한 많은 언급들을 포함시켰다. 후설에 대한 언급은 지각이론에 관한 브렌타노와 후설의 견해의 논의를 포함하고 있다. 이 지각이론을 카시러는 '상징적 함축'(symbolische Prägnanz)이라는 그의 개념 아래 결합시키고 있다.[42)]

카시러의 언급들은 하이데거의 분석을 높이 평가하면서 시간과 공간에 대한 하이데거의 견해로 향해 있다. 하이데거의 입장에 대한 충분한 논의는 하이데거의 저작 전체를 손에 넣을 수 있게 될 때까지는 불가능하다고 카시러는 설명한다. 그러나 그는 다음과 같은 견해 차이를 표명한다. "상징형식의 철학은 저 시간성, 즉 하이데거가 현존재의 궁극적 기초〔곧 현존재의 실존성(Extentialität des Daseins)〕로서 우리가 볼 수 있도록 드러낸 것이자 그 다양한 요소를 설명하려고 시도한 저 시간성을 의문에 부치는 것은 아니다. 그러나 우리의 연구는 이 영역을 '넘어선' 곳에서 시작한다. 즉 그것은 이 실존의 시간성으로부터 시간의 '형식'에로의 추이가 실현되는 바로 그 지점으로부터 시작하는 것이다. 우리의 탐구는 이 형식이 가능하게 되는 조건들, 즉 현존재(Dasein)의 실존성을 넘는 존재(Sein)를 요청하기 위한 조건들을 제시하기를 갈망하고 있다."[43)]

이들 논의의 교환에서 분명한 것은 기본적인 관심은 '현존재'의 현상학이며, 아직은 그들이 다보스에서 만나게 될 때에 드러난 규범적인 것에 관한 논의는 아니라는 점이다. 그렇지만 이들 두 가지의 논점은 서로 관련이 없는 것은 아니다. 『상징형식의 철학』 제3권의 서문에서 카시러는,

42) 『상징형식의 철학』 영역본 III, 149쪽 주4, 163쪽 주2, 173쪽 주16, 189쪽 주34 그리고 제2부 제5장.

43) 『상징형식의 철학』 영역본 III, 163쪽 주2.

자신의 견해들을 동시대의 다른 철학적 입장과 비교해 보는 비판적인 최종 장(章)을 마련할 계획을 일찍이 가지고 있었고, 또한 이 의도가 이 책의 출판을 1929년까지 지연시켰다고 말하고 있다. 그는 당시에 이 논의를 다른 출판물, 즉 『"생명'과 '정신'—현대철학 비판("*Leben" und "Geist"-zur Kritik der Philosophie der Gegenwart*)』 내에 싣도록 계획하고 있다고 말하고 있다. 이 출판물은 끝내 발간되지는 않았다. 그렇지만 셸러(Scheler)를 다룬 논문은 1930년에 세상에 나오게 되었다. 이 논문은 본래 다보스에서 행한 특별 강연으로서 내놓은 것이다. 현대철학에 관해 논하는 이 저작을 위해 카시러가 계획했던 것의 몇몇 부분은 수고(手稿) #184으로서 미간행 논문들 속에 있다. 그리고 이 수고로부터 분명한 것은 그가 하이데거에 관한 논의를 포함시킬 생각이 있었다는 사실이다.[44]

카시러도 하이데거의 현상학에 대한 자신의 비판을 책으로 출간하지 않았지만, 하이데거도—비록 그는 신화에 관한 카시러의 책을 평하기 위해 필요로 했던 카시러의 철학 전 체계를 자신의 수중에 두고 있었음에도 불구하고—카시러에 대한 비판을 끝내 발간하지 않았다. 하이데거는 『상징형식의 철학』 제3권, 즉 카시러의 「인식의 현상학」의 비평을 쓰게 되어 있었다. 그러나 그는 결국 그것을 완성하지 못했다. 카시러 부인이 『에른스트 카시러와의 나의 생애(*Aus meinem Leben mit Ernst Cassirer*)』에서 적고 있는 바에 따르면, 1929년 다보스에서 두 사람이 만난 이후, 프라이부르크에서 강연을 하게 된 당시 카시러는 이 비평의 진행 상태를 하이데거에게 물었다고 한다. 그녀는 카시러가 당시 자신에게 보낸 편지를 인용하고 있다. 그는 강연 다음날 하이데거와 만났는데 하이데거가

44) 이 책 '부록(appendix)' 참조.

대단히 우호적이었다고 쓰고 있다. "그는 나의 제3권을 비평하는 데에 장시간을 들여 노력하였지만 현재로서는 일을 어떻게 제대로 마무리할 수 있을지 아직은 모르겠다고 하는군요."[45)]

다보스에서의 카시러와 하이데거의 회합은 1929년 3월 17일부터 4월 6일까지 열린 다보스 대학교 제2기 강좌에 그들이 함께 참가하는 일환이었다. 이 모임에 대한 기본적인 해설은 《다보스 평론(Davoser Revue)》(1929.4.15)에 실려 있다. 이것은 이 모임의 일반적인 활동들을 보고하고 참가자의 강의들을 각각 간단히 요약하고 있다. 해설의 또 하나는 O. F. 볼노(O.F.Bollnow)와 J. 리터(J. Ritter)가 『카시러 · 하이데거 공동 연구(*Arbeitsgemeinschaft Cassirer-Heidegger*)』에 쓴 기록 가운데에 있다.[46)] 카시러와 하이데거는 이 강좌가 제공하는 강의를 서로 전담하고 있는 교수들

45) "Er gestand mir, daß er sich seit langem mit einer Rezension meines dritten Bandes abquält, einstweilen aber noch nicht wisse, wie er die Sache anpacken solle"(『에른스트 카시러와의 나의 생애』 167쪽).

46) 『다보스 평론. 문학, 학문, 예술, 스포츠를 위한 잡지』(*Davoser Revue. Zeitschrift für Literatur, Wissenschaft, Kunst und Sport*, IV Jahrgang, Nummer 7, 15 April 1929). 볼노와 리터에 의한 보고는 G. 슈네베르거, 『하이데거 문헌에 대한 보완』(Guido Schneeberger, *Ergänzungen zu einer Heidegger-Bibliographie*, Bern, 1960), 17~27쪽에 수록되어 있다. 슈네베르거의 이 책으로부터의 영역(英譯)에 관해서는 C. H. 함부르크, 「카시러 · 하이데거 세미나」(Carl H. Hamburg, "A Cassirer-Heidegger Seminar", *Philosophy and Phenomenological Research* 25, 1964), 213~222쪽 참조. 볼노와 리터에 의한 보고의 완전한 원문은 극히 최근에 불어 번역으로 빛을 보게 되었다. 『칸트 철학과 철학에 대한 토론』(*Débat sur le Kantisme et la Philosophie(Davos, mars 1929) et autres texts de 1929~1931*, trans. P. Aubenque, J.-M. Fataud, P. Quillet, Paris: Beauchesne, 1972), 28~51쪽. 이 책과 이 이전에 나온 약간 짧은 원문(슈네베르거의 책에 실린 원문) 간의 관계에 대한 설명으로는 오방크(Aubenque)의 주해를 참조. 독일어 전문은 하이데거, 『칸트와 형이상학의 문제』(*Kant und das Problem der Metaphysik*, 4th ed., Frankfurt/Main: Klostermann, 1973) '부록'에 실려 있다.

은 아니었지만 그들의 참석은 대대적인 사건이었다. 『프랑크푸르크 석간신문』이 1929년 4월 22일자에 실은 기사 속에 보도된 바에 따르면, 다보스에는 200명 이상의 학생들과 30여명의 교수들이 참가하였고, 대부분의 학생과 교원은 독일인, 프랑스인, 스위스인이었다고 한다. 이 뉴스 보도가 또한 분명하게 밝혀주고 있는 것은 이 모임의 주된 이슈가 '현존재'에 관한, 그리고 인간의 자유의 가능성과 의미에 관한 하이데거와 카시러의 견해의 대립이었다는 사실이다.[47)]

카시러와 하이데거는 각기 정규 강좌에서 세 차례 강의를 하였다. 『다보스 평론』에 따르면, 하이데거의 강의들에는 「칸트의 『순수이성비판』과 형이상학의 정초 과제」(*Kants Kritik der reinen Vernunft und die Aufgabe einer Grundlegung der Metaphysik*)라는 제목이 붙어 있었다. 이 제목이 가리키고 있듯이 하이데거의 강의는 그의 칸트 연구를 반영하고 있다. 그의 칸트 연구는 같은 해 『칸트와 형이상학의 문제』(*Kant und das Problem der Metaphysik*)로서 세상에 나왔고 막스 셸러에게 헌정되었다. 카시러는 이 책에 관한 비평을 써서 1931년 『칸트연구(*Kant-Studien*)』에 게재하였다. 하이데거의 강의는 내용적으로는 칸트에 대한 그의 책에서의 맨 앞의 세 개의 주요 절—이 절들은 형이상학의 정초 작업의 다양한 단계에 관한 것이다—에 계속되는 내용이다. 『다보스 평론』의 보고에서는, 카시러의 주제는 칸트가 아니라 철학적 인간학의 세 가지 문제, 즉 공간, 언어, 죽음이었고 이들 문제는 하이데거의 존재론과 '실존분석

47) 「이 시대의 성찰. 여러 분과 학문과 국민들이 다보스에 모이다」, 《프랑크푸르트 석간신문》("Denken dieser Zeit. Fakultäten und Nationen treffen sich in Davos", *Abendblatt der Frankfurter Zeitung*, 22 April 1922).

(Existentialanalyse)'에 이의를 제기하려는 의도를 가지고 정식화되어 있었다고 말한다. 카시러는 또한, 앞서 말한 바대로 셸러의 철학에서의 '정신'과 '생명'에 관한 특별강연을 하였다.[48)]

볼노와 리터에 의해 『공동 연구』에 실린 보고가 알려주고 있는 것은, 하이데거와 카시러의 의견 교환이 칸트 해석 그 자체에 대해서는 아니었지만 칸트에 대한 그들의 견해가 철학적 입장에 관한 그들의 차이점들을 표현하는 수단이 되었다는 점이다. 하이데거는 카시러의 신칸트학파의 사상에 대한 물음으로부터 시작하며 항상 논점을 칸트에게로 되돌리고자 한다. (칸트에 관한 카시러의 연구 『칸트의 생애와 학설』(1918)은 10년 이상 먼저 나와 있었다.) 카시러가 말하는 견해는 그의 강의 제목처럼(이 제목에 대해 사실 하이데거는 언급하고 있다), 칸트 해석의 문제보다도 오히려 자신과 하이데거 간의 차이점과 접점에 논의를 향하게끔 하려는 것이었다.

다보스에서의 카시러와 하이데거의 회합에서는 '현존재'에 다가서기 위한 타당한 방법론에 대해, 그리고 양자 각각의 현상학에 관한 문제에 대해 그때까지 그들이 출간한 의견 교환 가운데서 그들의 관심사를 이루고 있었던 논점이 새로운 견지로 옮겨졌다. 다보스에서 논쟁은 더 이상 방법론이나 현상학에 관한 것이 아니라 규범에 관한 것이자 윤리학적인 것이었다. 논쟁이 다루었던 것은 인간의 본성이라는 주제였고, 또한 인간이 자유와 무한성에 관한 능력을 지닌 피조물로서 이해되는 것의 의미에 대한 문제였다. 무한성이라는 것이 인간과 어떠한 관계를 갖는가에 대해 한 학생의 질문에 대답하면서 카시러는, 무한성이 인간에게 열

48) 『다보스 평론』 194~198쪽 참조. 또한 유고 MS #94에 대한, 이 책 '부록'에 있는 나의 주석을 참조.

려 있는 것은 "단지 형식이라는 매개를 통해서만이다" 라고 말하고 있다.

> 바로 다음의 것이 형식이 지닌 기능입니다. 즉 존재가 형식을 가지듯이, 인간은 형식을 하나의 객관적 '형태'로서 경험할 수 있는 것입니다. 이렇게 해서만 인간은 근원적으로 자신을 해방하는 것입니다. 이는 인간의 유한한 출발점으로부터가 아닙니다. (이러한 출발점은 결국 여전히 인간 자신의 유한성으로 덮여 있습니다.) 오히려 이러합니다. 즉 인간의 경험은 유한한 것으로부터 성장하는 바가 있지만 그것은 또한 자기 자신을 넘어선 것을 목표로 하면서 새로운 것에로 향하는 것입니다. 이것은 하나의 내적인 무한성입니다.……인간이 무한한 것은 오직 그러한 형식의 영역 속에서일 뿐입니다. (괴테는 "이 정신적 영토의 성배로부터 무한성은 우리에게로 흐른다."고 말한바 있지요.) 여기서 말하는 '정신의 영토'는 정신의 형이상학적 영역이 아닙니다. 그것은 인간이 스스로 창조한 정신적 세계에 지나지 않습니다. 그것을 인간이 확립할 수 있었고 또 지금도 할 수 있다고 하는 것이 인간의 무한성이라는 바로 그 특징인 것입니다.

또 다른 질문에 답하여 카시러는 다음과 같이 말하고 있다. "무한성이란 유한성에 의해 단지 부정적으로만 규정될 뿐인 것은 아닙니다. 무한성은 그 자신의 의의를 확실히 지니고 있습니다. 그러나 그것은 유한한 사물의 세계와 싸움을 펼친 후에만 도달되는 영역을 의미하는 것은 아닙니다. 오히려 무한성이란 유한성의 완전한 충일이자 바로 유한성의 그러한 총체성인 것입니다. 괴테의 말에 다음과 같은 것이 있습니다. "당신은 무한한 것에로 걸어가길 바라는가? 유한성 내에 있는 모든 측면으로 육박해가라!" 결국 카시러는 다른 또 하나의 질문에 대답해 이렇게 말한다.

"철학이 인간을 자유롭게 할 수 있는 것은 인간이 자유롭게 될 '수 있는' 한에서입니다. 예를 들어 철학은 인간을 단순한 감수(感受) 상태로서의 두려움으로부터 근원적으로 자유롭게 합니다. 그러나 궁극의 목표는 다른 의미의 자유입니다. 즉 인간 스스로가 현실세계의 모든 두려움으로부터 해방되는 것입니다. (괴테는 말합니다. "현세적인 것의 두려움을 내던지라!") 이것이야말로 나의 결코 흔들리지 않는 관념론의 입장입니다."[49)]

카시러에게 인간의 자유는 인간이 경험에 형식을 부여하는 능력에 있음이 분명하다. 인간에게 있어 자유는 본성적인 것이며, 인간이 상징적 동물, '형식화를 행하는(forming)' 동물로서 가장 완전하게 자기 자신일 때 자유는 현존한다. 형식화를 행하는 이 과정은 인간을 그의 유한성으로부터 무한성으로 옮겨 놓는다. 그러나 그것은 어떤 절대적인 타자가 되는 것이 아니다. 오히려 유한성이 일련의 무한한 형식들로 변형되는 것이다. 그리고 이렇게 해서 유한성은 극복되고 무한성은 유한성 내에서 얻어질 수 있게 되는 것이다. 그러나 하이데거의 견해는 이와 전적으로 다른 것이다. 카시러에 답하여 하이데거는 '우리의 자유 개념의 차이'에 관해 말한다.

카시러에게 중요한 것은 무엇보다도 (문화적) 형식의 다양한 양식을 식별하고 그로부터 〔그리고 말하자면 '사후적으로(post factum)'〕 다양한 형

49) 함부르크, 「카시러 · 하이데거 세미나」 218쪽. 불어판 『칸트 철학과 철학에 대한 토론』(앞의 각주 46 참조)에서는, 카시러의 이러한 언급이 암스테르담 대학교 H. 포스(Hendrik Pos)의 의견 다음에 이어지고 있다. 포스는 하이데거의 '현존재(Dasein)'라는 개념에 있어 카시러와 하이데거의 차이에 대한 물음을 제기하고 있다. 이 모임과 하이데거에 관해 『에른스트 카시러의 철학(*Philosophy of Ernst Cassirer*)』 63~72쪽에서 포스가 뚜렷이 말하고 있는 회고들 또한 참조.

식화의 힘이 분명히 정해져 있는 차원에로 육박하는 것이다. (원문에 따르자면, 형식화의 차원을 결정하는 것에로 향한다—옮긴이.) 그런데 이 차원은 내가 실존(현존재)이라고 부르는 것과 기본적으로 동일하다고 여겨질지도 모른다. 하지만 그것은 그릇된 이해일 것이다. 자유에 관한 우리 둘 간의 개념상의 차이가 이 점을 매우 분명하게 해준다. 나는 일찍이 '자유화'라는 것에 관해, 실존의 내적 초월의 자유화가 철학의 성격 그 자체를 형성한다는 취지의 말을 한 적이 있다. 여기에서 자유화의 본래 의미는 정확하게는 실존의 유한성에 대해 자유롭게 되는 것이며, 또한 피투성(被投性, Geworfenheit, 존재 안으로 던져지는 것)에로 들어가는 것이다. 내가 이 자유를 내 자신에게 부여한 것은 아니지만, 그 자유 때문에만 나는 나 자신이 될 수 있는 것이다. 이 '나 자신'은 그저 아무래도 좋은 설명 대상처럼 이해될 수 없음은 물론이다. 오히려 진짜 기본적인 사실로서의 실존이란, 그 안에서 역으로 인간의 실존과 인간 실존의 모든 문제가 그 본질적인 본연의 상태에 이르는 것을 말한다. 내가 현존재라고 부르는 것은 카시러의 어휘로 번역될 수 없다고 나는 믿고 있다. 현존재라는 것은 그 본질이 '정신' 또는 '생'이라고 불리는 것에 의해 완전히 규정될 만한 것이 아니라 인간, 즉 신체에 속박되어 있기 때문에 존재자(Seiende)에 속박되어 있는—그 의미는 (존재하는 바의 것 속에 던져져 있는) 실존이 존재자 속으로 돌입하고 있다고 하는 것이다—인간의 내재적 결단의 근원적인 통일과 구조인 것이다. 그와 같은 돌입은 궁극적으로는 비필연적이고 우연적이므로, 인간이 자신의 가능성의 최고 높이에 설 수 있는 것은 삶과 죽음 사이에 존재하는 드문 순간에 지나지 않는 것이다.[50]

50) 함부르크, 「카시러 · 하이데거 세미나」 219쪽.

여기서 하이데거가 말하고 있듯이, 자유란 카시러적 의미에서의 정신(Geist)이 기획하는 바처럼 될 수 있는 것이 아니다. 자유는 '돌입(Einbruch)'이라는 개념에 의존한다. '돌입'은 인간의 존재에게 필연적이 아니라 비필연적이고 우연적인 것이다. 카시러가 수용할 수 없는 것은 이 의미에서의 자유이다. 이 의미에서 자유란 인간이 그저 때때로 돌입할 수 있는 어떤 것이며, 이것은 자유를 비필연성으로 간주하는 견해이다. 그리고 이 견해는 후에 카시러로 하여금 하이데거를 비난하여 다음과 같이 말하게끔 하고 있다. 즉 하이데거는 "철학이 더 이상 자신의 의무를 다할 수 없는 장소에 철학을 두었다."라는 것이다. 카시러의 견해에서는 철학이 자유를 하나의 우연으로 삼을 때, 역사와 문화는 더 이상 자기이해의 활동들로서 이해되는 것이 아니라 인간은 자기존중을 위한 기초를 빼앗겨 버리는 것이다.

카시러는 하이데거에 대한 이런 반대를 결코 폐기하지 않았다. 그리고 그것은 몇 년 후에 카시러가 하이데거의 사상을 국가 사회주의(National Socialism)의 지적 풍토와 결부시켜 생각할 때, 카시러의 하이데거 비판의 기초가 된다. 히틀러는 1933년 1월 30일 독일의 수상이 되었다. 하이데거가 프라이부르크 대학교의 총장에 취임하여 나치 체제의 목표와 전망을 시인하는 오명에 찬 강연을 행한 것은 1933년 5월이었고,[51] 이는 그가 다보스에서 카시러와 만난 때로부터 4년 하고도 거의 1개월이 지난 시점

51) 『독일 대학의 자기주장』(*Die Selbstbehauptung der deutschen Universität*, Freiburger Universitätsreden, No. 11, 1933). 하이데거에 대한 인터뷰 「나의 경우에 대한 설명」("Aufklärung meines Falles", *Der Spiegel* 30 Jahrgang, Nr. 23, 31 May 1976), 193~219쪽 및 「가정에게 전함」("Hausmitteilung"), 3쪽을 참조. 이 인터뷰는 원래 1966년 9월에 행해졌지만 그가 사망할 때까지 발표되지 않기를 바란다는 요청이 붙어 있었다.

이었다. 카시러가 1930년 이후 총장의 지위를 유지하고 있던 함부르크 대학교에서 그의 자리를 떠났던 것도 1933년 5월이었다. 하이데거는 10개월 후에 총장직에서 사임했다. 그러나 그는 프라이부르크 대학교에서 계속 가르쳤다.

충분한 이해를 얻고자 한다면 독자는 하이데거와 카시러 양자의 관계에 대한 이러한 사실들을 직접 접해야만 한다. 그러나 이 책에 실려 있는 논문들, 즉 철학의 본성과 정치적 신화를 다룬 논문들에 접근하려면 어쨌든 이 당시의 기본적 사실인 그들의 의견 교환과 행동을 염두에 두지 않으면 안 된다. 하이데거와 슈펭글러 양자의 사상에 대해 카시러가 반대하는 것은 통상적 의미에서의 지적인 교환, 즉 원문 해석의 기술에 의해 이해될 수 있는 사안은 아니다. 카시러가 반대하는 것은 세계에 접근하는 방식이나 사상의 전체 방향, 즉 색조(tonality)에 대해서이다.

카시러가 **피투성**이라는 개념을 하이데거 철학의 중심에 올바르게 두었는지, 혹은 그릇된 방식으로 두었는지가 지금의 문제점인 것은 아니다. 카시러의 비판은 그러한 실존의 개념이 생겨날 수 있는 철학 일반에로 향해 있다.[52] 슈펭글러에 대한 자신의 반대를 카시러는 다음과 같이 요약

52) 카시러가 그 나름의 방법으로 목표로 하고 있던 것 가운데 어떤 무언가를 우리는 피터 게이의 『바이마르 문화: 내부자로서의 외부자』(Peter Gay, *Weimar Culture: The Outsider as Insider*, New York: Harper & Row, 1970)에서 찾을 수 있다. "이들 예언자들 중 하이데거는 아마 영향력을 미치는 면에서 가장 바람직하지 않은 후보였다. 그러나 그의 영향력은 훨씬 멀리까지 미치는 것이었다. 즉 마르부르크 대학교에서의 그의 철학 세미나보다도 훨씬 광범위하게, 또 1927년의 그의 무질서하고 애매한 책 『존재와 시간』에 비추어 볼 때 그럴 수 있다고 생각되는 것보다도 훨씬 넓은 영역에 걸쳐, 그리고 그의 세심하게 도야된 고독과 자기 이외의 철학자들에 대한 명백한 경멸심을 가지고서 하이데거 자신이 원하고 있다고 여겨지는 것을 훨씬 뛰어넘어 멀리까지 영향력을 행사하였다. 그러나 하이데거에 대한 가장 통찰력 있는 비판자 파울 휘너펠트(Paul Hühnerfeld)는 다음과 같이 말

하고 있다. 즉 슈펭글러는 역사에 관한 책을 쓴 것이 아니고 '예언에 관한 책'을 쓴 것이라고 그는 말한다. 카시러가 반대하는 이유는 슈펭글러가 조망한 역사란 이미 더 이상 자기 해방의 하나의 과정으로서, 인간적 이상에 관한 이야기가 추구되는 것으로서 여겨질 수 없기 때문이다. 슈펭글러가 전망하는 역사는 오히려 하나의 뼈대와 같은 것으로, 즉 그 안에서 인간성이 어떤 주어진 순간에 있어서도 전체적인 틀 속에 자신의 장소를 예언하는 시도를 해 낼 수 있는 뼈대인 것이다. 카시러는 슈펭글러의 사상이나 하이데거의 사상이 1930년대의 여러 사건들과 2차 세계대전에 책임이 있다고는 보지 않았다. 이 점을 카시러는 명확히 한다. 그렇지만 카시러는 슈바이처가 철학이 가져야 할 일차적인 의무라고 주장한 의무를 그들의 철학이 이행하지 않고 있다고 보고 있다. 철학의 일차적인 의무란, 인간성을 수호하고 인간성에 그 문화적 이상을 전달하는 것이다. 카시러에게서는 슈바이처가 공언하는 이른바 "우리들을 계속 지켜주어야 할 파수꾼이 잠들어 버렸다."고 하는 것에 머물지 않고 그 파수꾼이 이해관계를 지닌 고의적 방관자로서 서구 문화의 약탈을 거들기까지 했다고 보고 있다.

⁚

하고 있다. '이 책들이 세상에 출간되었던 당시에는 그것들의 의미가 겨우 해독되는 정도였지만, 열심히 읽혀지기만 했다. 그러다가 2차 세계대전 중 배낭 속에 휠덜린이나 하이데거의 책들을 소지한 채 러시아나 아프리카 어디에선가 죽어간 젊은 독일 병사들은 헤아릴 수가 없을 정도였다.' 하이데거 철학의 핵심 용어는 결국 친밀한 것임에 틀림없었다. 즉 '불안', '배려', '무', '존재', '결정' 및 (아마도 가장 비중 있는) '죽음' 등의 말이 키르케고르의 글을 단 한 줄도 읽지 않았던 사람들에게조차 표현주의 시인이나 극작가들에 의해서 완전히 친밀한 것이 되어 버렸음을 지적한 비평가는 결코 한 명에 그치지 않았다. 하이데거가 행했던 것은, 이 엄혹한 시대에 그토록 많은 독일인들을 지배했던 부조리와 죽음에의 열광에 대해, 철학적 엄숙함과 학자적인 체면을 부여하는 것이었다."(81~82쪽). 하이데거와 나치즘 간의 관계, 나치즘이 그의 사상의 여러 개념들에 대해 갖는 관계에 대해서는 S. 로젠, 『니힐리즘: 철학적 시론』(Stanley Rosen, *Nihilism: A Philosophical Essay*, New Haven and London: Yale University Press, 1969), 제4장, 특히 119~136쪽 참조.

2

문화적 이상을 구축하고 자신의 의무를 이행할 수 있는 장소에 철학을 두기 위해서는 데카르트로부터 헤겔에 이르는 철학적 이상주의(관념론)의 발전을 재해석할 필요가 있다고, 독일을 떠난 이후 시기의 카시러는 인식한다. 『상징형식의 철학』의 서론으로서 이전에 쓴 글에서 그는 이 발전을 순전히 인식론적인 각도에서, 즉 개념 및 개념의 매개로서의 상징에 기초하여 논하고 있다. 1940년에 연이어 쓰인 『인문학의 논리』와 『인식의 문제』 제4권에서, 그리고 특히 「데카르트, 라이프니츠 그리고 비코」라는 논문 속에서(이것은 1935년 바르부르크 연구소 세미나, 즉 그의 영국 체류 2년째까지로 거슬러 올라가며 또한 1941~1942년에 예일 대학교에서의 첫해 동안에 그가 역사 철학에 관해 행한 세미나의 일부이기도 하다) 카시러는 데카르트의 진리 개념을 거부하는 인식론을 논증하고 있다. 데카르트의 진리 개념에 따른다면 인문학들이 참된 지식이라는 어떠한 주장도 배제되어 버린다는 것이다.

카시러는 라이프니츠를 거쳐 비코에 이르는 사상의 전개를 탐구한다. 카시러는 비코를 인문학과 문화적 이상의 철학에 바탕한 인식론의 창시자로 보는 것이다. 비코는 "신화의 발견자"로서, 정신과학들(Geisteswissenschaften)의 창설자로서 부상한다.[53] 이렇게 함으로 해서 카시러가 무언가 새로운 것을 제창하고 있는 것은 아니다. 그는 단지 자신의 철학을 이전보다 더욱 강력하게 어떤 방향으로 향하게끔 하고 있을 뿐이다. 이 견해의 뿌리는 그의 사상의 원천에까지 거슬러 올라간다. 왜냐하면 카시러는 최초로 출간한 저작인 『라이프니츠 체계의 학적 기초』

53) 『인식의 문제』 영역본 296쪽 및 『인문학의 논리』 영역본 52~55쪽.

(1902)라는 연구에서, 그리고 후에는 그가 『상징형식의 철학』(1922)을 쓰고 있었던 시기 무렵 초의 바르부르크 연구소를 위한 연구, 즉 「신화적 사고에서의 개념형식」(*Die Begriffsform im mythischen Denken*)에서, 비코를 정신과학의 창설자로서 보고 있기 때문이다.[54]

비코의 진리개념의 유래는 인문학 그리고 사회와 역사의 형식들로부터이다. 카시러가 비코의 진리개념을 데카르트의 진리개념, 즉 자연과학들에서 유래하고 과학적 수학적 사고에서 유래하는 진리개념에 대조하여 강조하는 것은 지극히 중요한 것이다. 그 이유는 비코의 진리개념이 인식론에 대해 갖는 중요성 때문만이 아니라 윤리적이고 문화적인 이상을 이해하는 데 있어 철학의 규범적인 책무 면에서도 가치가 있기 때문이다. 이러한 윤리적 차원은 헤겔의 『법철학』(1821) 및 그 서문의 유명한 문구에 대해 카시러가 지니고 있던 관심 속에서 즉각 가장 중요한 위치를 차지하기에 이른다. 유명한 문구란 "철학이 자신의 회색에다 다시 회색으로 덧칠할 때, 생의 형태는 이미 노화해 버리고 만다. 철학의 이론이 지닌 회색을 회색으로 덧칠하는 것으로는 생의 그 형태는 다시 젊어지지는 않고 단지 인식될 뿐이다. 미네르바의 올빼미는 어둠이 깔리기 시작할 때라야 날기 시작하는 것이다."라는 것이다.[55]

『상징형식의 철학』의 서문에서 카시러는 오로지 헤겔의 체계에서의 이론의 경향에만 관심을 나타내고 있다. 헤겔의 논리는 문화의 형식들을 논리적인 개념의 형식으로 환원하려고 하는 것이다. 이제 카시러의 관심은 초점을 좁혀 헤겔의 『정신현상학』에 맞추어지며, 그는 헤겔의 의식 현

54) 『상징개념의 본질과 작용』(*Wesen und Wirkung des Symbolbegriffs*) 5쪽.
55) 『법철학』 (trans. T. M. Knox, Oxford: Clarendon Press, 1942), 13쪽 참조.

상학은『논리의 학』에서 종결된다는 사실에서 어떤 문제를 알아채며 거기에 집중한다. 카시러는 말한다. “모든 문화형식을 논리가 지닌 ‘유일’ 형식으로 궁극적으로 환원해 버리는” 이러한 경향은, “철학의 개념 그 자체 안에, 특히 철학상의 관념론의 기본적 원리 안에 포함되어 있다고 생각된다.”[56] 그리하여 1920년대의 카시러의 사상은 근대 관념론의 출발점과 그 종결점에 관계하고 있다. 그는 개념에 관한 데카르트의 견해를 상징의 방향으로 확장하고자 하고, 또한 종결점으로서의 헤겔에 관심을 갖고 헤겔의 체계가 표명하고 있는 철학적 관념론의 본성적인 경향, 즉 경험을 논리적 관념에로 환원하려고 하는 경향으로부터 문화형식들의 자율성을 보호하려고 하는 것이다.

1940년대에 카시러는 휴머니즘의 이상을 추구함에 따라 데카르트로부터 비코에로, 그리고 헤겔의 인식론으로부터 헤겔의 법철학으로 이행해야 할 필요를 감지하고 있다. 이때 카시러는 철학적 관념론이 스스로를 관념 속에 틀어박히게 하고 철학을 단지 경험에 관한 반성으로서 상정하는 동일한 경향을 매번 지니고 있음을 발견한다. 이것이 바로 카시러가 헤겔의 미네르바의 올빼미라는 말과 특히 대결하는 이유이다. 헤겔의 미네르바의 올빼미라는 말은 말 그대로 보거나 헤겔의 전체적인 사상을 떼어놓고 보자면, 문화의 이상을 산출함에 있어서 어떠한 역할도 철학에게 인정하지 않는 것처럼 보인다. 카시러는 옥스퍼드 대학교에서 가르친 세미나에서 헤겔의『법철학』의 문제를 채택하고 있다. 그리고 예일 대학교에서 가르친 첫해에 비코의 진리개념을 다시 숙고하고 있다.

카시러에게 있어 국가에 관한 헤겔의 견해는 관념론적인 이해방식상

56)『상징형식의 철학』 영역본 I, 84쪽.

적극적인 가능성과 소극적인 가능성 양면을 나타내고 있다. 소극적이라는 것은 미네르바의 올빼미라는 언명이 문자 그대로 나타내는 의미의 각도에서 볼 경우이다. 이에 대해 적극적이라는 것은 『법철학』의 말미에 서술되어 있는 세계사에 관한 헤겔의 관념 및 『엔치클로패디』의 마지막 장에 서술되어 있는 절대적 정신의 세 단계의 활동에 관한 개념과의 연관에서 바라보았을 경우이다. 즉 카시러의 주장은 국가에 관한 헤겔의 관념론적 이해는 '권력국가'(Machtstaat)는 아니라는 것이다. 카시러는 다음 사실을 지적한다. 즉 헤겔에게서 국가는 궁극적인 것은 아니고 세계사의 과정에 종속하는 것이며, 또한 국가를 넘어서는 곳에 예술, 종교, 철학이 갖는 형식들이 있고 이것들이 절대정신을 구성하고 있다는 사실이다. 따라서 헤겔의 철학은 국가가 지닌 형식을 넘어서는 문화적 이상의 형성 근거를 제공하는 것이다. 문명을 논하는 철학은 인류를 위해 다름 아닌 문화적 이상의 형식과 사회적 사실의 형식 사이에 생기는 긴장을 이해하고 재해석하려고 노력해야 한다. 경험이 지닌 이 두 가지 차원 간의 차이는 국가에 관한 20세기의 신화 속에서 말소되고 있다.

국가의 신화 속에는 근대 사회생활 내의 두 가지 힘, 즉 기술과 신화가 도입되어 있다. 이들 둘 다 사실과 이상 간의 긴장을 유지하고 있지 않다. 오히려 이들 양자는 이 긴장을 모조리 제거한다. 기술은 국가의 기초가 되고 있다. 기술은 국가에 다음과 같은 수단을 제공한다. 즉 국가를 자기충족적이며 문화적 이상을 향한 어떤 에토스나 욕구와도 관계없는 것으로 만드는 수단을 제공한다. 국가나 사회생활을 위한 '정신적 차원'의 필요성은 기술이 신화가 지닌 생의 이미지 및 생활형식과 결합되면서 잠식되고 만다. 신화적 의식의 형식들이 사회적 삶의 중앙에 위치하게 되어 기술의 도구성, 의사소통의 기술, 언어와 화상(畵像)의 기술에 의해 조작된다. 이렇게 해서 국가는 단일한 자기물화의 과정이 되고, 거기서는 대립이 존재하지 않는 것이다. 즉 사실과 이상, 이성과 감성, 과학과 인문학, 자연과 문화, 정신과 삶, 사회적인 것과 개인적인 것의 대립은 거기에서는 존재하지 않는 것이다.

문화 철학

1
철학적 문제로서의 철학의 개념
(1935)

이것은 1935년 카시러가 스웨덴 예테보리 대학교 교수직을 수락했을 때에 했던 취임기념 강의다. 텍스트는 독일어로 쓰인 두 개의 초고에 기초해 있다.* 그 하나는 직접 손으로 쓴 원고로, 이 원고 앞에는 상당한 매수에 이르는 육필 기록들이 붙어 있다.(이상 MS #53로 약칭함.) 다른 하나는 타이핑 원고인데 그 대부분이 카본 지에 복사된 형태이다.(MS #174로 약칭함.) 아래의 번역은 원고의 5쪽부터 7쪽 사이의 부분**을 제외하곤 타이핑 원고에 바탕을 두고 있다. 타이핑 원고에는 빠져 있는 3페이지 분량의 부분은 손으로 쓴 원고에서 보충되었다. 이 글의 제목은 MS #53 초고의 첫 페이지에서 따온 것이다. 본래 이 첫 페이지에는 "철학의 문제로서의 철학의 개념(Der Begriff der Philosophie als Problem der

---

* 카시러의 함부르크 판 전집 18권(*Gesammelte Werke*. Hamburger Ausgabe: Aufsätze und kleine Schriften, 1932~1935, Bd. 18, Felix Meiner, 2004) 참조.

** 이 책의 90쪽 맨 아래 행부터 94쪽 첫단락까지를 가리키는 것으로 판단된다.

Philosophie)"이라고 되어 있다. MS #174는 강연의 날짜를 1935년 10월이라고 명기하고 있다. 영어로의 번역은 편자에 의한 것이다.—편자

나는 여기 모인 분들에게 철학의 개념과 본성, 그리고 철학의 과제에 대해 말하고자 한다. 이것은 문제가 많은 테마이기는 하지만, 이 자리가 어떤 의례의 성격을 띠고 있고 시간상의 일정한 제한이 있음을 감안한다면, 사실상 주제넘은 것으로 보일 법도 하다. 특정한 전문분야를 대표하는 연구자라면, 그가 대학에서 새로 강의를 시작할 때 이와 같은 입문적인 주제를 택하는 일은 거의 없을 것이다. 그는 청중을 문제 그 자체의 한복판(in medias res)으로 이끌어 들여 자기 전문분야의 현 위치로부터 조명될 수 있는 구체적인 특정 문제를 취하려고 할 것이다. 그러나 이 같은 구체성과 특수성의 형태를 취하는 것을 거부하고 있는 것이 철학의 운명이라고 생각한다. 철학의 특수한 물음들이 온갖 방향을 가리키며 무한하리만큼 다종다양한 것이 사실이긴 하지만, 궁극적으로 철학은 원리적이고 근원적인 물음에로, 즉 '철학이란 무엇인가, 철학은 무엇을 대상으로 하는가'라는 물음에로 거듭거듭 되돌아간다고 생각한다.

이 일반적인 물음이 해명되지 않고선 철학은 결코 특수한 방향으로 나아갈 수 없다. 다시 말해 철학이 자신의 목표를 스스로 명백하고도 확실하게 설정하지 않은 상태라 한다면, 그것은 한 걸음도 앞으로 나아갈 수 없다. 왜냐하면 바로 이것에 의해서 철학의 지적 위치는 다른 전문분야의 그것과 구별되기 때문이다. 즉 다른 전문분야에서는 취급하는 테마가 각기 그 대상에 의해 간단 명료하게 지정되어 있는 것이다. 물리학의 대상, 생물학의 대상, 역사학 혹은 어떤 특정 인문과학의 대상은 그 학문 각각에게 일정한 취급방식을 요구하고 어떤 의미에서 각각에게 특수한

방법을 강제한다. 그러나 철학은, 결코 그것에 기초해 직접 철학 자체의 위치가 지정되는 그러한 대상이나, 또는 확실하고도 의문의 여지가 없는 소유물이라고 단언할 수 있는 그런 단순한 대상을 지니고 있지 않다. 철학에 있어 그리고 철학의 개개 학파에 있어 위대한 체계적 사상가들이 서로 구별되는 것은 단순히 그들이 따르는 행로에 의한 것만이 아니라 그들이 선택한 출발점에도 기인한 것으로, 바로 이 선택에 의해서 오늘날 철학의 심원한 문제적 성격이 명확해지고 있는 것이다.

철학이라는 개념은 그 자체가 철학의 한 문제로서 거듭 반복해 나타나며, 이 문제는 그 자체 내에서 결코 종식되는 것이 아니라 사유의 연속적인 변증법적 운동 내에서 언제나 새로이 떠맡아지지 않으면 안 되는 것이다. 고대 그리스 철학은 2000년보다도 더 이전에 이 물음을 인식하고 이것을 명료하고 예리하게 표현한 바 있지만 우리는 오늘날도 여전히 이 운동의 한복판에 서 있는 중이다. 그것을 완전한 모습으로 묘사하고자 시도하는 일은 여기에서는 할 수 있을 것 같지 않다. 다만 내가 할 수 있는 것은 이 길의 몇 가지 양상을 지적하고, 나에게 철학의 과제는 어떠한 빛 아래서 나타나는가, 그리고 나의 파악과 확신에 따라보자면 이 과제는 어떠한 방법으로 수행되어야 하는가를 명확하게 보이고자 노력하는 일이다.

철학적인 탐구와 문제에는 처음부터 서로 분명하게 대립되어 있는 두 가지 근본 방향들이 있다. 그러한 상태를 괴테만큼 선명하게 나타내 보이고 인상깊게 설명했던 사람도 없다. 괴테는 「색채론의 역사를 위한 자료(*Materialien zur Geschichte der Farbenlehre*)」에서 플라톤과 아리스토텔레스의 특징을 격조 높게 묘사하고 있다. 괴테는 말한다.

플라톤이 세계와 맺는 관계는 복된 정신이 세계와 맺는 관계와 같다. 그로서는 잠깐 동안 이 세계에 머무르는 것으로 족하다. 그는 이미 이 세계를 전제하고 있으므로 이 세계를 아는 것이 중요한 일이기보다는 오히려 자신이 동반하는 것과 세계가 필요로 하는 것을 친근하게 세계에 알려주는 것이 중요하다. 그는 이 세계의 깊이를 연구하기 위해서보다는 이것을 자신의 존재로 채우기 위해서 이 속으로 스며들어 간다. 그는 자신의 근원을 재차 되찾기 위해서 간절히 높은 곳을 향해 움직인다. 〔……〕 그에 반해 아리스토텔레스는 하나의 인간, 하나의 건축가로서 세계에 향해 있다. 무엇보다도 그는 이 세계에 존재하는 것이며, 이곳에서 활동하고 제작해야 한다. 그는 대지를 조사하지만 이것도 건축 용지를 발견하기 위한 것 이상은 아니다. 〔……〕 그는 자신의 건물을 위한 막대한 경계선을 구축하고, 모든 방면에서 재료를 조달하며, 그것들을 짜맞추고 쌓아서 규정에 맞게 피라미드 방식으로 높게 올린다. 반면 플라톤은 마치 오벨리스크처럼, 아니 예리한 불꽃처럼 천상을 목표로 한다. 이와 같이 훌륭한 것이되 쉽게 양립하기 어려운 특성을 각각 대표하는, 말하자면 인간성을 양분하는 한 쌍의 두 인물이 등장한다면,……자연히 세계는 이 두 인물 중 어느 한 편에 몸을 바치고 또한 어느 한 편을 주인으로서, 교사로서, 지도자로서 인정하도록 강요받을 것이다.[1]

플라톤과 아리스토텔레스에게서 그 최초의 고전적 표현이 보였던 이

1) 괴테, 『기념판 전집. 작품 · 서간 · 대화』, 전24권, 에른스트 보이틀러 편, 『자연과학논집』 제1부 제14권, 346~347쪽 참조.(Goethe, *Gedenkausgabe der Werke, Briefe und Gespräche*, 24 vols., ed. Ernst Beutler, *Naturwissenschaftliche Schriften*, Erster Teil. Zürich: Artemis-Verlag, 1949).

러한 분열은 그 이후 철학의 전체 역사를 관통해 흐르고 있다. 이 분열은, 우리가 전통적인 학술용어를 사용하여 관념론과 실재론의 대립으로, 합리론과 경험론의 대립으로 부르고 있는 전형적인 근본적 대립을 대부분 규정 짓고 설명하는 것이다. 철학사상의 체계적인 발전과 확장 속에서 우리는 매번 반복적으로 이 두 가지 대립된 경향을 인지하고 있다. 철학은 자신이 진짜 학문, 진정 통일적인 학문이라고 표방한다. 그리고 철학이 부단히 노력하고 개념적으로 희구하는 그 모든 것이란 바로 절대적인 통일, 즉 존재의 통일이자 동시에 인식의 통일이라는 것을 목표로 하고 있는 것처럼 보인다. 그러나 철학이 목표로 삼는 이 통일은 결코 철학 그 자체의 직접적인 통일, 그 지적 구조의 직접적인 통일을 뜻하지 않는다. 철학은 자신이 가지고 태어난 두 개의 서로 대립된 충동에 의해 항상 지배받고 있음을 스스로 경험한다. 이러한 두 개의 영혼 모두가 거의 모든 위대한 사상가들 속에 깃들어 있으며, 그러한 영혼의 작용들을 파우스트는 자신 속에서 감지하고 있다.

> 그 하나는 격렬한 정욕에 집착하여
> 우악스레 움켜쥐는 발톱마냥 이 현세에 매달리고
> 다른 하나는 이 풍진 가득한 세상에서 벗어나
> 옛 성현들의 높고 신령한 세계로 맹렬하게 밀어닥친다.[2)]

그렇지만 이러한 반목이 완화되어, 두 가지 근원적인 힘이 더 이상 적대하는 것이 아니라 오히려 공동으로 작용하고 서로 완전한 평형 속에

2) 『파우스트』, 제1부 제2막.

놓이는 것처럼 보이는 의미심장한 장면이 철학사 속에는 존재한다. 그것은 칸트 철학, 즉 비판 철학이 출현하게 된 장면으로, 비판 철학은 이러한 관점에서도 참된 '사고의 혁명'을 의미하는 것이다. 칸트의 체계는 그의 해석자들에 의해 흔히 순수 경험의 이론으로서 순수 형이상학의 체계라고 특징지어지거나 또는 비판적 경험론, 더 나아가 실증주의의 체계라고 특징지어져 왔다. 그러나 이와 같이 특징짓는 것은 둘 다 칸트 철학의 입장이 갖는 핵심적인 의도, 본질적이고 근원적인 의도를 표현하고 있지 않다. 왜냐하면 앞서 말한 문제를 정식화함에 있어 확실히 칸트가 지니는 새로운 요소는 경험과 사유라는 대립된 양극 사이에 특이한 관계를 상정하고 있다는 바로 그 점에 있기 때문이다. 완전한 상호관계가 대립을 대신하고 있는 것이다.

칸트는 논리학의 이론, 곧 인식의 선험적인(a priori) 기초에 대한 이론에 있어서는 플라톤의 교설에 따르고 있다. 그렇지만 칸트는 이 교설에 새로운 별도의 목표를 설정한다. 사유의 혁명은 플라톤의 이데아론에 있어 진정 근본적인 개념, 즉 예지계의 개념(mundus intelligibilis)에 관한 것이다. 순수 개념에 기초하여 그러한 예지계를 건립할 능력을 칸트는 인간 이성에 위임하지도 않으며 또 그러한 권리를 인정하지도 않는다. 도리어 칸트에 따르면 순수 개념의 모든 힘은 그와는 정반대의 문제로 방향을 돌려야 하며 또한 그러하지 않을 수 없다. 그것은 우리를 경험계의 외부로 이끌어선 안 되고 오히려 경험계의 내부로 우리를 한층 더 깊이 이끄는 것이 아니면 안 된다. 즉 그것은 경험 그 자체를 우리에게 이해 가능한 것으로 만들어, 그것의 논리적 구조와 논리적 법칙, 그것의 일반적 원리와 조건들을 우리에게 명백한 모습으로 나타내야 할 것이다.

이렇듯 칸트는 인간 정신이 순수 이데아의 영역으로 비상하는 것—플라톤이 『파이드로스(*Phaedrus*)』[3]에서 말하는 "천상 저편의 영역"에로의 비상—을 인정하지 않는다. 『순수이성비판』의 서문에서는 이런 식으로 말하고 있다. "마음 가는 대로 공중을 가르며 가볍게 날고 있는 비둘기는 공기의 저항을 몸으로 느끼면서 이것이 진공이라면 훨씬 더 쉽게 날 수 있으리라고 생각할는지 모른다. 감각계가 지성에 대해 너무 갖가지 제한을 준다는 이유로 플라톤이 감각계를 떠나서, 이데아의 날개를 타고 감각계 저 너머로, 순수 지성의 진공 속으로 비상하고자 시도했던 것도 확실히 이것과 같은 것이었다. 〔……〕 플라톤은 자신이 모든 노력을 기울여서도 조금도 앞으로 나아가지 못하리란 걸 깨닫지 못했다. 왜냐하면 그에겐 아무런 저항도 없는 까닭에, 말하자면 몸을 지탱할 지지물도 없고 또한 자리를 마련해 지성을 움직이고자 힘을 기울일 곳도 없기 때문이다."[4] 칸트는 어떠한 때라도 그 자신의 노작(勞作)인 인식의 비판적 분석을 위해 이와 같은 견고한 기반, 확고한 지지처를 요구한다. 그는 학적인 인식 및 그 타당 범위를 벗어나서까지 이 타당 범위 너머의 어떤 미지의 새로운 세계를 발견하기를 원하지 않는다.

칸트는 건실한 기초가 마련된 대지 위에, 확고한 학의 기반 위에 굳건히 발을 두고 있지만 동시에 이 학이라는 커다란 건축물의 기초가 의거해 있는 궁극적인 토대인 지층을 낱낱이 밝혀내고 싶어 한다. 그런데 그는 학 그 자체라는 사실에 만족하지 않고 이 사실의 전제가 되는 것, 이 사실을 가능케 하는 조건을 탐구해 간다. 칸트에 의하면 순수 선험적인 인식의 타당성에 관한 일반적인 물음은 분해되고 구분되어 다음과 같은

3) 247 c-d 참조.

4) 『순수이성비판』(trans. Norman Kemp Smith, London: Macmillan, 1933, A5~6, B8~9).

하위 물음들로 귀착된다. 즉 '순수 수학은 어떻게 가능한가', '순수 자연학은 어떻게 가능한가', '형이상학은 어떻게 일반적으로 가능한가'라는 물음이 그것이다. 그리고 이 경우 맨 마지막 물음은 처음 두 물음에 힘입어서만 대답되고 해결될 수 있는 것이 된다. 진공 속에서는, 즉 완전히 형이상학적인 초월적(transcendent) 세계라는 공간 속에서는 이성은 단 한 발짝도 앞으로 나아갈 수 없다. 이성은 자기 자신의 영역 내에서 만족을 얻지 않으면 안 된다. 대상의 본성과 사물의 본질에 관해 가능한 한 분명하게 말하기 위해서는 이성은 먼저 자기 자신을 이해하고 인식하는 것을 체득하지 않으면 안 된다.

철학의 개념과 의미 그리고 그 수행에 관한 해석은 바로 이것에 의해 결정적인 변화를 겪게 된다. 왜냐하면 이성이 이러한 지점에 이르면 철학은 이제 더 이상 인식 그 자체의 실질적 내용을 증대시키거나 독단론적인 견해를 통해 인식의 특별한 분야가 서술하는 영역을 확장하거나 하는 것 같은 일을 요구하지 않기 때문이다. 철학은 인식의 기능을 탐구하며 이 기능을 이해하고 확립하는 것에 만족한다. 이것에 요구되는 것은 인식을 형성하는 힘을 철학이 단지 낱낱의 방식으로 아는 것이 아니라 그 힘의 내적 연관에 대해, 그 질서와 체계적 상호의존성에 대해 조망을 얻는 것이다. 철학 고유의 영역에 관한 이러한 전망, 철학 고유의 기능에 관한 이러한 인식은 우리의 철학적 인식을 확장해 가기 위해서는 언제라도 필수불가결한 조건이다.

나는 이 자리에서 개별적인 사안들에서 보이는 이러한 연관에 관한 논의로 들어갈 수는 없지만, 알기 쉽게 설명하기 위한 방편으로서 이것이 즉각 명료하게 표현되어 있는 칸트의 뛰어난 문장을 인용하는 것으로 만족하고자 한다. 그것은 벤노 에르트만(Benno Erdmann)이 『순수이성비판에 이르는 칸트의 성찰(*Reflexionen Kants zu Kritik der reinen Vernunft*)』이라는 제목으로 출간한 칸트의 한 기록 속에서 발견될 수 있다. 칸트는 이렇게 말한다. "수학자, 아름다운 영혼, 자연학자, 이와 같은 사람들이 오만하게 형이상학을 조롱하고는 있지만, 그렇게 해서 과연 무엇을 그들은 이루고 있는 것일까? 그들 자신 내에서도 바로 그 동일한 분야에서 시도를 요구하는 소리가 영향을 미치고 있다. 그들은 자신이 과연 어디에서 온 것이고, 전체라는 것은 어디에서 연원한 것인가에 대해 물을 수밖에 없다. 천문학자의 경우엔 이러한 물음에 한층 더 자극받는다. 그는 이러한 물음에 있어 자신을 만족시키는 어떤 무언가를 찾는 일을 주저할 수 없다. 이 경우에 그를 놀라게 하는 것은 이미 최초의 판단에서부터 자신이 형이상학의 영역 내에 있다는 사실이다. 자신이 통과해 가고 싶은 영역에 대한 아무런 지도도 갖고 있지 않기 때문에 방향을 잡지 못한 채 자기 내부에서 생겨나는 확신만을 의지하는 것을 여기에서 그는 희망하는 것일까? 이러한 암흑 속에서 『순수이성비판』은 하나의 횃불을 밝히고 있다. 그러나 이 책은 감각계 너머에 있는 영역, 우리에게는 미지의 영역을 지시하는 것이 아니라 우리 자신의 지성이 갖는 어두운 공간을 비추려고 하는 것이다."[5] 이것이 비판철학에 있어 칸트가 바라는 새로운 방법, 즉 그가 스스로 그렇게 명명한바 있는 방법인 선험론적(transcendental) 방법이다. 그것은 초월적인 것(the transcendent), 초감각적인 것에로 범위를

5) 벤노 에르트만 편, 『비판 철학을 위한 칸트의 성찰』 제2권 『순수이성비판에 이르는 칸트의 성찰』(Benno Erdmann, ed. *Reflexionen kants zur kritischen Philosophie*, Bd. II, *Reflexionen zur Kritik der reinen Vernunft*, Leipzig, No. 128, 1884) 및 카시러, 『칸트의 생애와 학설』(*Kants Leben und Lehre*, Darmstadt: Wissenschaftliche Buchgesellschaft, 1974), 155쪽 참조.

확장하지 않는다. 그것이 바라는 것은, 우리를 이끌어 우리 자신의 이성의 깊은 곳으로 거슬러 가도록 하는 것이며 또한 우리로 하여금 이성의 전제들과 이성의 근본적인 강점들을 인식하고 파악하도록 깨우쳐 주는 일이다.

이렇듯 비판의 노력을 다하면서도 칸트는 시대의 아들로서, 즉 수학과 역학 그리고 천문학 분야에서 최고의 지적 승리를 거둔 세기인 18세기의 사상가로 머물러 있다. 그리하여 칸트에게선, 본능적으로 이 점에 집중한다. 그는 뉴턴의 과학을 가능하게 하는 조건, 즉 자연에 관한 학설의 수학적인 원리를 탐구한다. 그렇지만 『순수이성비판』이 탄생하고 나서 150년이라는 세월은 문제를 상당히 광범한 것으로 변화시켰다. 18세기는 수학적인 자연학, 고전 물리학의 세기이지만, 오늘날에는 생물학의 문제나 더 나아가 역사학의 문제 그리고 인문학이라는 개념 아래 한데 묶이는 여러 분과학문의 문제들 또한 그 대강이나 방법론적인 단서 속에서 나타나고 있다. 그 이후 과학적인 세계상, 고전물리학 개념들의 일반적인 체계는 상대성 이론과 양자론에 의해 근본적인 변화를 겪었다. 그뿐만 아니라 과학적인 생명론의 기초를 놓는 일에 의해, 진화론이나 발생학의 문제에 의해, 그리고 민족학이나 언어학 또는 비교신화학 및 비교종교학에 의해, 새로운 문제가 우리 앞에 산적해 있다. 철학은 그 맡은 바 사명에 충실하고자 한다면 이러한 문제를 회피할 수 없다.

그러나 아무리 심대하게 문제의 유형들이 변화했다고 할지라도, 또 그 주변 영역이 아무리 우리의 시야를 벗어날 정도로까지 확장되었다고 할지라도, 칸트가 그것을 파악하여 최고의 명백함을 가지고 최초로 확정한 기본적인 비판적 문제를 우리가 방기할 필요는 없다고 나는 여전히 믿는다. 우리는 이제 완전히 새로운 제재(題材)에로 비판적인 물음을 향하지 않으면 안 되지만 그럼에도 이 물음의 형식은 유지할 수 있으며 또한 유지해야 한다. 우리는 순수 수학과 순수 자연학이 어떻게 가능한가를 물어야 할 뿐 아니라 각각의 기본적인 기능의 총체에 관해, 즉 그 체계적인 전체에 관해 묻지 않으면 안 된다. 이것에 따라서만 우리는 우주의 상(像), 만유(萬有)와 인간 세계의 상을 묘사하는 힘을 가지게 되는 것이다. 오직 자연만이 이 영역에 관계하고 있는 것은 아니다. 오히려 우리가 자주 떠올리는 모든 것을 그것에로 돌리고 문화라는 광범한 일반 개념 아래 한데 묶어 내지 않으면 안 된다. 역사학자, 문헌학자, 언어학자, 민족학자 그리고 신화 및 종교사의 연구자들은 문화의 여러 형식에 몰두하고 있다. 그러나 이 경우 철학자는 한 걸음 더 되돌아가서 말하자면 탐구의 새롭고 보다 깊은 층 속으로 육박해 들어가야 한다. 이러한 형식으로부터 출발하면서도, 철학은 되돌아가서 인간 정신의 이러한 형태를 창조하고 가능하게 한 형성력에 관해, 즉 정신적인 기능 및 에너지의 유형에 관해 물음을 던져야만 한다.

언어학의 분야에서 최초로 이 물음을 제기한 사람은 빌헬름 폰 훔볼트였다. 그는 카비(Kavi) 어에 관한 탁월한 저작의 서론에서* 이 물음을 제기했는데, 이것에 의해 언어 연구를 과학적 · 철학적으로 새로운 수준으로까지 끌어올렸다. 훔볼트가 분명히 하고 있는 점은 다음과 같다. 언어를 조사 연구하는 일이 황당무계한 것으로 되거나 자의적인 공론 속에 빠지는 것이 아니라면, 우선은 언어의 형태적인 면과 구조적인 면에 관

---

* 독일 현대교육의 아버지로 불리는 빌헬름 폰 훔볼트(Wilhelm von Humboldt, 1767~1835)는 교육 개혁가이자 언어학자로서, 인도네시아 자바섬의 카비 어를 최초로 연구함으로써 언어의 본질과 인간생활에 있어 언어의 역할이 갖는 역동적인 언어관을 정립하였다. 훔볼트, 『카비말 연구 서설』(신익성 역, 서울대출판부, 1985) 참조.

한 매우 냉철한, 심지어는 기계적이기까지 한 해부로부터 착수해야만 한다. 즉 오늘날 우리가 일컫는 음성학, 음성과 형태의 패턴으로부터 시작해야 한다. 그러나 여기에만 머물 수 없고 머물러서도 안 된다. 왜냐하면 언어는 인간성의 가장 깊은 곳에 뿌리를 두고 있어서 적절하게 고찰되고 취급된다면 그 깊은 곳에까지 우리를 끌어들이기 때문이다. 훔볼트가 적고 있듯이, 언어는 단순히 생명을 결여한 생산물로 간주되어선 안 되고 생산활동으로서 간주되어야 한다. 그것은 단순한 성과(Ergon)가 아니라 오히려 활동(Energeia)인 것이며, 따라서 언어의 참된 정의는 발생론적으로만 가능한 것이다.* 그것이 우리 앞에 나타날 수 있는 것은 오로지 정신의 지속적인 반복작용으로서일 뿐 종결된 최종 생산물로서가 아닌 것이다.

빌헬름 폰 훔볼트의 이러한 말은 단지 언어에 대해서만 적용되는 것은 아니다. 그것은 동등한 권리와 근거를 가지고 우리의 정신문화 전반의 생산활동에, 즉 내가 '상징적 형성작용'이라는 일반적 개념 아래에 결합시키고자 했던 모든 것에 적용된다. 철학적 사고는, 이러한 생산활동을 단지 그 현존하는 모습대로 숙지하여 그것을 수동적으로 수용하는 것에 만족할 수 없다. 물론 철학적 사고 또한 지극히 풍부한 다양성을 지닌 전문분야 내에서 채택되는 경우 그 즉시 이 같은 현존하는 모습을 파악하고자 시도해야만 한다. 하지만 이 시도는 철학적 이해의 첫걸음에 지나

* 훔볼트는 언어의 발생을 인간의 내적 요구이자 자연적으로 갖추어진 능력의 발현으로 이해한다. 즉 인간의 실제 담화의 산물인 언어는 정신과 자연의 영원한 매개자로서 특정한 민족의 정신이 구체적으로 발현된 것, 즉 세계관을 나타내는 내면 형식을 외부적으로 표현한 것이다. 따라서 언어는 의사소통을 위한 하나의 도구 내지 언어 활동의 결과(ergon)로서 주어지는 것이 아니라, 하나의 활동(energeia)이며, 그것도 사고를 분절된 음으로 표현하기 위해 영원히 반복되는 정신의 활동이다.

지 않는다. 철학적 이해는 생산물에 만족하지 않고 그것이 산출되어 온 생산활동의 특별한 방식을 이해하기를 바라는 것이다. 그러한 생산적 활동, 정신이 지속적으로 반복하는 그러한 작용은 언어뿐만 아니라 신화, 종교 그리고 예술 또한 궁극적으로 그것에 기초를 두고 있는 것이다. 이들의 개별성과 독자성, 고유의 형식과 작용방식에 있어서 이 활동이 어떠한지를 파악하고 해명하는 것은 이들 각각에게 맡겨져 있는 소임이다.

이로부터 기대되는 것은 풍부하고도 의의 있는 수많은 분석적 연구이다. 이 연구는 확실히 철학적 사고의 작용만으로 달성될 수 없고 개별 전문분야와의 긴밀한 협력과 협조를 통해서만 달성될 수 있다. 그러나 이러한 개별연구 전체가 명확한 목표에 순조롭게 도달할 수 있었다고 해도, 철학은 여전히 그 문제의 결말에 이르렀다고는 말하기 어렵다. 왜냐하면 최종적이고 결정적인 물음이 아직 남아 있기 때문이다. 그 물음은 이러한 온갖 개별적인 이론적 분석을 넘어서 있으며, 이들 분석이 한계에 다다른 지점에서 생겨난다. 그리고 이 한계가 일단 분명하고도 첨예하게 주어지면 그 물음은 필연적으로 이 한계를 넘어가기 마련이다. 철학은 개별적인 문화의 영역들이 갖는 형식과 구조를 탐문하는 것에 만족할 수 없다. 즉 언어, 예술, 법률, 신화, 종교의 구조를 규명하는 것에 만족할 수 없다. 철학이 이 구조의 깊숙한 곳으로 들어가면 갈수록 철학에 대한 전체의 문제는 더욱 더 명확하고 더욱 더 긴급한 것이 된다.

정신문화의 이러한 전체란 무엇인가? 그것의 목적, 목표, 의미란 무엇인가? 목표와 의미에 관한 이 물음이 문화 전체로 향할 때마다 우리는 철학적인 자기반성의 결정적인 전환점에 서게 된다. 18세기에 이 물음을 제기하였고 또 자신만의 내적 열정을 기울여 이 물음의 정당성을 주장했던 사람은 장 자크 루소였다. 확고한 발판을 지니고 외견상 견고한 참호를 구축한 듯 보였던 18세기의 사상권에 루소는 새롭고 강력한 영향력을 행사했다. 장기간에 걸쳐 그 영향력은 마치 계몽 문화의 확고한 형식 전체를 뒤엎는 것과도 같이 나타났다. 칸트가 계몽 시대의 이론적인 비판자가 되기 훨씬 이전에 루소는 이 시대의 윤리적인 비판자가 되어 가고 있었다. 그리고 칸트는 자신의 이론적 작업에 있어 윤리론자인 루소의 경고를 결코 무시하거나 망각하지 않았다.

"나는 성향 자체가 탐구자이다."라고 그는 자신의 일기에서 쓰고 있다. "전력을 다해 지식을 갈구하고 쉼 없이 앞으로 나아가길 욕구하며, 매 단계마다 앞으로 전진하는 데 만족하고 있음을 나는 느낀다. 이러한 모든 것이 인간의 영광으로 연결되는 것이라고 믿어, 무지한 대중을 경멸하던 시기도 있었다. 루소가 나를 바로잡아 주었다. 이렇듯 그릇된 우월감은 사라졌고 나는 인간 존재에 경의를 표하는 것을 배우고 있다. 만일 이 고찰이 인간의 권리를 확립함에 있어 다른 모든 것의 고찰에 가치를 부여할 수 있음을 믿지 않는다면, 나는 내 자신의 일이 일반 노동자보다도 역할 면에서 더 나을 바가 없다고 여길 것이다."[6] 이때부터 칸트에 있어 모든 철학은, 18세기를 그처럼 깊고도 열정적으로 뒤흔들었던 저 기본적 질문, 즉 영원히 불변하고 양도할 수 없는 인간의 권리에 관한 물음과 불가분하게 결합되었다. 바로 이 물음 속에서, 즉 도덕 법칙의 탁월성과 기본적 가치에 관한 물음 속에서 칸트는 철학적 사고와 철학적 탐구의 종결점과 참된 완성을 발견하는 것이다. 칸트에 따르면, 이 목표에 주목하는 것에 의해서만 학술적 개념으로서의 철학은 세계에 관계되어 있는 것으로서의 철학의 개념에로 옮겨 가는 것이 가능하다.

6) 『칸트의 생애와 학설』 93~94쪽 참조.

『순수이성비판』의 마지막 부분에는 칸트가 '순수이성의 건축술'이라는 표제를 단 장(章)이 있다. 여기에서 명확히 되고 있는 점은, 철학에는 이중의 용법, 이중의 개념이 있다는 것이다. 그 하나는 철학의 학술적 개념으로, 다른 하나는 세계와 관계되어 있는 철학의 개념으로 부를 수 있다. 칸트는 철학의 학술적 개념을 결코 중요치 않은 것으로 생각지 않는다. 그뿐만 아니라 철학적 인식의 견고한 모든 것, 현실적 확실성의 모든 것이 그것에 달려 있다고 확신한다. 즉 원리들의 합법칙적인 배치, 개념들의 본질적 규정, 그리고 증명의 엄격성에 의거해 있다고 확신한다. 그럼에도 그는 이 순수한 학술적 개념에 따라 철학을 이해하는 것에 만족하지 않는다. 따라서 거기에서 인식의 논리적 완전성, 앎의 체계적 통일성 이상의 것을 얻으려고 하지는 않는다. 칸트는 이렇게 말한다. "그러나 이에 더하여 또 하나의 철학 개념, 세계 개념(*conceptus cosmicus*)이 있거니와, 특히 철학이 말하자면 인격화되어 그 원형이 철학자라는 이상으로 표상되는 경우에는, 언제나 이 철학 개념이 '철학'이라는 용어의 실질적인 기반을 형성했기 때문이다. 이 견해에 서게 되면, 철학이란 모든 인식이 인간 이성의 본질적 목적(teleologia rationis humanae)에 대해 갖는 관계의 학이며, 철학자는 이성이라는 분야에서의 기술자가 아니라 스스로가 인간 이성의 입법자인 것이다. 이런 점에서 스스로를 철학자라는 칭호로 부르는 것, 그리고 이념 속에만 존재하는 범형에 필적하는 것처럼 자처하는 것은 대단히 자만에 찬 것이 될 것이다."[7)]

여기서 칸트는 "세계와 관계되어 있는" 철학의 개념이라는 이상을, 우리가 오랫동안 돌아보지 않았던 이데아의 영역 속에서 제시하고 있는 것

7) 『순수이성비판』 A 838~839, B 866~867.

이지만, 이 이상은 과연 18세기의 것에 지나지 않으며 또한 마치 인간 이성의 유년기나 젊은 시절의 꿈처럼 우리가 우리 자신들의 입장에서 제멋대로 경멸해도 좋은 그러한 이상에 해당하는가? 나에게는 그렇게 생각되지 않는다. 오히려 여기에 나타나 있는 질문, 즉 모든 인식이 인간 이성 자체의 본질적 의도와 결합되는 것에 관한 물음은 과거 그 어느 때보다도 오늘날 한층 더 긴급하고 피할 수 없는 것이라고 나는 더더욱 확신한다. 그것도 단지 철학자에게 있어서만이 아니라 인식의 생명, 정신 문화의 생명에 참여하는 우리 모두에게 있어서의 일이다. 우리 시대의 참된 문화 철학자 중 한 사람인 알버트 슈바이처(Albert Schweitzer)는 사상가로서도, 인간으로서도 커다란 존경을 받는 인물이지만, 그는 우리의 현재 문화 전체에 대해 다시 한번 이 기본적인 물음, 이 본질적인 도덕적 문제를 제기했다. 그리고 그는 그 물음에 명확하고도 대담하게 답을 주었다. 슈바이처는 우리 문화에서 심각한 정신적 윤리적 오류를 인식하고, 또한 동시대의 철학이 충분히 일찌감치 이 같은 해악을 간파하여 우리에게 신속하게 경고를 주지 못했던 점을 꾸짖는다.

슈바이처는 12년도 더 이전에 이곳 스웨덴의 웁살라 대학교에서 행한 강연에서 이렇게 말한바 있다.[8] "이제 와서는 누구에게나 명백하다. 문화

8) 카시러의 언급은 1922년 웁살라 대학교에서 행한 슈바이처의 올라우스 페트리 강의(Olaus-Petri Lectures)에 대한 것이다. A.A. 로박 편, 『알버트 슈바이처 기념논집』에 실린 카시러의 에세이 「19세기 윤리학의 비판자로서의 알버트 슈바이처」(Albert Schweitzer as Critic of Nineteenth Century Ethics, in *The Albert Schweitzer Jubilee Book*, ed. A.A. Roback, Cambridge, Mass.: Sci-Art Publishers, 1946), 241~257쪽도 참조. 카시러 부인은 1933년 옥스퍼드 기숙사에 돌아와서 우편물 속에 소박한 하얀색 카드 한 장을 보았다고 쓰고 있다. 거기에는 다음과 같은 말, "저는 다만 악수하고 싶었을 뿐입니다. 알버트 슈바이처."라고 적혀 있었다. 카시러와 슈바이처의 만남에 관해 기술한 것으로는 토니 카시러, 『에른스트 카시러와의 나의 생애』(Toni Cassirer, *Aus meinem Leben mit Ernst Cassirer*,

의 자기 궤멸이 진행 중이라는 것은 오늘날 누구에게나 명백하다. 남아 있는 것 또한 더 이상 확실하지 않다. 이것이 그나마 오래 지탱되고 있는 까닭은, 다른 부분이 희생되었긴 했지만 문화가 파괴적 공격의 대상이 되진 않았기 때문이다. 그렇지만 이것 또한 부실한 기초 위에 서 있다. 다음의 산사태가 그것을 앗아갈 수도 있는 것이다." 우리 문화의 정신적 윤리적 이상들이 붕괴되고 파멸에 이를 수 있다는 것은, 슈바이처에 따르면 철학의 과오가 아니라 다름 아닌 사상의 전개에서 보이는 여타 조건들로부터 나타난 하나의 사실이다. 슈바이처는 설명한다. "그러나 철학은 그 사실을 인정하지 않았다고 하는 점에서 세계에 대한 책임을 져야 하는 것이다. 〔……〕 그 궁극의 사명에 따라 말하자면, 철학은 이성 일반의 안내자이자 파수꾼이다. 철학의 의무는 우리 세계에 대해 다음과 같은 점을 인정하고 있을 것이다. 즉 이성의 윤리적 이상은 더 이상 이전과 같이 전체적 세계관 속에서 지지를 얻는 일은 없을 것이고 오히려 현재로서는 이상이 자기 자신에 의거하며 자신의 내적 힘에 의해 세계 속에 자기를 주장해야만 할 것이라는 점이다. 우리 문화가 의거하고 있는 이상을 위해 우리가 싸워야 한다는 것을 철학은 우리에게 보여 주어야 했다. 〔……〕 교육받은 사람이든 교육받지 못한 사람이든 간에 문화의 이상이라는 문제로 주의를 돌리게끔 하기 위해서 모든 노력이 경주되어야만 했던 것이다. 〔……〕 그렇지만 우리를 지켜주어야 했던 파수꾼이 위급한 때에 자고 있었다. 그 결과 우리는 우리 문화를 위해 싸우지 못했

New York: 비공식 출간, 1950), 216~220쪽 참조. 카시러에 있어 슈바이처는 항상 동시대 사회에서 진정한 윤리학자 본연의 모습을 정확히 구현하는 존재였다. 이 책 9장 「철학과 정치」 또한 참조.

던 것이다.” 지난 10년간 이론 철학의 영역에서 작업해 온 우리 모두는 어떤 의미에서 이 슈바이처의 질책을 받을 만한 잘못을 했다고 나는 믿는다. 동시에 이러한 질책으로부터 나 자신이 제외되거나 면제된다고 생각지 않는다. 철학의 학술적 개념을 위해 노력하면서 마치 그 난해한 문제에 말려들기나 한 것처럼 어려움에 빠져 있는 동안, 우리 모두는 너무나도 자주 철학이 세계와 맺는 참된 연관에 대한 시야를 상실했던 셈이다.

그러나 오늘날 우리는 절박한 위기 앞에서 더 이상 눈을 감고 있을 수 없다.[9] 철학에 있어 궁극적이고 최고의 결단을 필요로 하는 물음이 다시 한번 제기되고 있음을, 오늘날 시대의 급박함은 과거 그 어느 때보다도 더욱 강력하고 엄중하게 우리에게 경고하고 있다. 객관적 이론적 진리 같은 것이 진정 존재하는 것일까, 그리고 일찍이 몇 세대에 걸쳐서 도덕성의 이상, 인간성의 이상으로 이해해 온 것과 같은 무언가가 과연 존재하는 것일까? 보편적인 구속력을 지닌 초개인적이고 초국가적·초민족적인 윤리적 요구는 존재하는 것일까? 이러한 질문을 던져야 하는 시대에 철학은 방관한 채 침묵하고 시간을 허송할 수 없다. 만일 철학이 이제 다시 스스로를 성찰해 볼 시간이 있다면 지금이야말로 바로 그때이며, 철학은 자신의 현재 모습에 대하여, 과거 모습에 대하여, 자신의 체계적이고 근본적인 목적에 대하여, 그리고 자신의 정신사적 과거에 대하여 성찰을 해야 하는 것이다. ‘철학은 현실의 사건들을 파악하는 것’이라는

9) 여기서 염두에 두어야 할 것은 카시러가 강연했던 시기가 1935년 가을이라는 점이다. 히틀러가 1933년 1월 30일에 독일의 수상이 된 뒤, 카시러는 이 해 봄에 함부르크 대학교에서 사임한다. 그는 특히 나치즘이라는 ‘임박한 위험’을 염두에 두고 있었다고 생각되지만, 여기에 표명된 관심사는 문화의 파편화라는 한층 더 넓은 관심을 포함하고 있으며 후년의 저작, 예컨대 『인간에 관하여』(*An Essay on Man*, New Haven: Yale University Press, 1944)의 제1장 「인간의 자기의식의 위기」 등에서 이 문제가 논의되고 있다.

주장이 논박되고, 철학의 주장과 이상은 공허한 꿈과 유토피아라고 조소되었던 것은 이번이 처음은 아니다. 그러나 철학의 내적인 힘, 곧 이상을 형성하는 힘은 그러한 조소나 회의론에 의해서도 감소되거나 약화되지 않는다. 그리고 철학이 이러한 이상의 성취를 명확하고 확실하고 순수하게 유지하는 한에 있어서만, 이제 다시 한 번 그것을 사용하여 외부의 사물과 사건들에 영향을 미치리라는 희망을 품을 수 있는 것이다.

만약 철학이 오늘날 다시금 자신에게 부과된 싸움을 행하는 데에 너무나도 무력하다고 느낀다면, 이 싸움에 있어 철학은 더 이상 홀로 고립되어 있지 않다는 것, 그리고 철학은 자신의 목적을 위해 나타나거나 자신의 목적을 옹호할 필요는 없고 인식 일반의 목적을 옹호한다는 것, 바로 이것이 철학에게는 위로이자 힘이 될 것이다. 독립적이고 객관적이며 자율적인 진리에 대한 요구를 결여한다면, 철학뿐만 아니라 인식의 각 분야는 자연과학이든 인문학이든 안정성을 잃고 자신의 의의를 상실할 것이다. 이와 같이 우리 시대에 철학을 인식의 전문분야와 연결시키는 것은 일반적인 방법론적 요구일 뿐만 아니라 문화의 일반적인 운명이기도 하다. 그리고 이것이 또한 양자를 서로 긴밀하게 결합시키고 있다. 우리의 문화에 운명의 시기가 다가왔다고 믿는, 즉 '서구의 몰락'은 회피할 수 없으며[10] 우리가 할 수 있는 것이라곤 고작 이 몰락을 침착하고 냉정하게 주시하는 일뿐이라고 믿는 비관주의와 숙명론에 우리 자신을 내맡기기를 우리는 원하지 않는다. 다른 한편으로 헤겔의 유명한 표현인 "이성적

10) 카시러의 언급은 오스발트 슈펭글러의 『서구의 몰락』(Oswald Spengler, *Der Untergang des Abendlandes*, 1918)에 대한 것이다. 『국가의 신화』(*The Myth of the State*, New Haven: Yale University Press, 1946), 289~292쪽 참조. 또한 이 책 9장 「철학과 정치」, 11장 「현대의 정치적 신화의 기술」 참조.

인 것은 현실적이고 현실적인 것은 이성적이다."라는 말이 나타내는 낙관주의에 오늘날 젖어드는 것은 과거 어떤 시대에서보다도 한층 더 무리한 일이라고 생각된다.[11]

여기서 우리는 앞서 말한 것과 동일한 방도를 강구해야만 한다. 즉 우리는 헤겔의 체계를 지배하고 그것에 퍼져 있는 이성의 실체개념을 기능〔함수〕개념으로 대체하지 않으면 안 된다. 헤겔은 이성을 가리켜 내재적인 실체, 현재적인 영원한 것이라고 언명하고 있다. 그러나 이성은 결코 단순히 현재적인 것이 아니다. **현실적인** 것이기보다는 오히려 지속적으로 끊임없이 **현실화하고 있는** 것이며, **주어져 있는** 것이기보다는 오히려 **부과된** 것이다. 그렇긴 해도 우리가 이성의 참된 본성을 그 명백한 모습에서, 완결되고 현존하는 모습에서 파악하는 것은 결코 가능하지 않다. 그것은 이론이성의 영역에서보다는 실천이성의 영역에서 훨씬 더 적합하다. 오히려 우리는 정신의 끊임없는 자기갱신의 활동 속에서 탐구해야만 한다. 이 활동은, 평온하게 그 내재적인 활동을 완성하고 개인이 가지는 모든 욕구나 계획을 초월하는 그런 실체적 형이상학적 세계정신의 활동이 아니다. 그것은 우리 앞에 놓여 있는 문제가 물음을 던지고 있는 것으로, 이 문제에 대해 우리는 전력을 다할 것을 맹세하고 편견에 의해 와해되지 않는 엄격한 탐구에 노력을 다하며, 우리의 의지와 인격의 총량을 기울여서 싸우지 않으면 안 된다.

〔카시러 강의의 철학적인 내용은 이 지점에서 끝난다. 이 다음에는 새 교수

11) 『국가의 신화』, 295~296쪽 참조. 아울러 이 책 4장 「헤겔의 국가론」 참조. 헤겔에 관해서는 『법철학』 서문을 참조.

직에 초빙된 것에 대해 카시러가 예테보리 대학교에 감사의 뜻을 표하는 상당히 장문의 인사말이 이어진다. 그것은 다음과 같이 마무리되고 있는데, 아카데믹한 사상가로서의 카시러의 정신이 어떠한 것인가를 잘 보여 주고 있다.—편자[12)]]

이 신규 임용을 수락하기로 결정하는 과정은 용이한 일이 아니었습니다. 그리고 이를 받아들이면서도 오랫동안 신중하게 생각을 거듭하였다는 사실을 여러분들께 숨기지 않겠습니다. 왜냐하면 이러한 지위를 얻는 것은 개인적으로 커다란 명예라고 생각하지만, 그와 더불어 나에게 맡겨진 무거운 책임도 절감했기 때문입니다. 그렇지만 현재 이러한 부담은 몇 개월 전에 느꼈던 만큼 그렇게 무겁지는 않은 것 같습니다. 얼마 전까지만 해도 저는 새로운 직무에 여전히 모종의 불안감을 지닌 채 임했고, 또 제 자신이 희망하는 방식대로 그것을 이행할 수 있을지에 대해 몇 가지 걱정과 의구심이 마음 속에 요동하고 있었으며, 이러한 생각은 지금도 결코 완전히 가신 것은 아니라는 것을 저는 인정합니다. 그러나 그러한 불안과 걱정이 이곳 예테보리에서 받은 환영에 의해 가벼워지고 가라앉게 되었습니다. 저는 여러분들과 어디에서 만나든, 동료 사회에서 제게 행복감을 가져다 준 개인적인 신뢰와 참된 선의를 맛보았습니다. 저의 활동에 조언을 주고 용기를 북돋워 주며, 또 처음 겪는 곤란을 극복하

12) 대학인이자 사상가로서의 카시러의 인간상을 좀 더 잘 이해하려면, 그가 컬럼비아 대학교에 부임하기 앞서 1944년 봄 예일 대학교 철학회에서 피력한 견해와 지금 여기서의 코멘트를 비교해 보는 것이 좋을 것이다. 1945년 6월 1일 컬럼비아 대학교에서 개최된 카시러 추도 모임에서의 찰스 헨델의 강연을 참조. P. A. 쉴프 편, 『카시러의 철학』(P.A. Schilpp, *The Philosophy of Ernst Cassirer*, Evanston, Ill.:The Library of Living Philosophers, 1949), 56~57쪽 참조.

도록 도와주려는 호의가 도처에서 저를 기다리고 있었습니다. 이제 저는 이곳에서 제 연구를 하면서 혼자 고립되는 일은 없을 것임을 잘 알고 있습니다. 또한 철학적 작업이 계속되는 어떠한 경우에서도 필요한 방식, 곧 철학은 각 전문분야와의 지극히 긴밀한 연관을 이루는 가운데서만, 그리하여 그 분야를 대표하는 사람들과의 살아 있는 공동체이자 친밀한 인격적 유대를 이루는 한에서만 성공을 기할 수 있거니와, 그러한 방식으로 일을 진행시켜 가는 것에 저는 희망을 가질 수 있습니다. 이러한 기대, 이러한 유쾌한 희망과 신뢰를 품고서 저는 오늘 제 직무에 임하는 것입니다. 아울러 저를 위해 이 새롭고 훌륭한 활동영역을 열게끔 힘써 주셨던 모든 분들께 다시 한 번 깊은 감사의 말씀을 드립니다.

2
문화 철학으로서의 비판적 관념론
(1936)

이 강의는 1936년 5월 26일, 런던 템스 하우스 3번지에 있던 바르부르크 연구소에서 행해졌다. 이것은 '1936년도 상반기 강의와 세미나'라는 이 연구소 연차계획의 일부였으며, 같은 해 2월부터 5월에 걸쳐 행해졌던 다섯 차례 강의 중 마지막의 것이었다. 맨 처음 강의는 닐스 보어(Niels Bohr)의 「자연과학의 인문학적 측면(Some Humanistic Aspects of Natural Science)」이고, 다른 세 강의는 각각 샤를마뉴 시대, 후기 로마 문화, 그리고 고전주의에 의한 영국 낭만주의의 선취라는 문제를 다루고 있다. 카시러의 강의가 행해진 것은 영국에 체재한 지 2년이 지난 시기이자 스웨덴 예테보리 대학교 강단에 선 첫 해 봄(1935~1936년)의 시기이다. 연차계획이 나타내는 바에 따르면, 이 연속강의의 주관자는 이 연구소의 소장, F. 작슬 박사(1890~1948)였다. 카시러와 작슬 그리고 이 연구소와의 관계에 대해서는 아래 글의 각주 14, 15, 16, 26을 참조. 이 텍스트는 손으로 쓴 영문 원고(MS #21)에 기초를 두고 있다.—편자

버클리 주교가 "물질은 존재하지 않는다."라고 말하며 이를 증명했을 때,
그가 말한 건 전혀 문제조차 되지 않음에도 불구하고,
지금 이 설을 깎아내리고자 하는 것은 어리석은 일이고
아무리 섬세한 인간의 머리로도 너무 치밀하여 당해 낼 수 없다고들 하네.
하지만 누가 그것을 믿을 수 있겠는가.
이 세상이 하나의 영혼이고,
머리는 달고 있지 않다고 우기면서 자기의 머리를 얹고 있는 것이라면,
그렇게 말한다면 모두 내게 맡겨 주길 원하네,
돌도 납도, 더없이 굳은 것도 이 손으로 모두 분쇄해 보이겠네.

바이런의 『돈 주안』에서 보이는 이와 같은 기지와 풍자로 가득한 시 구절들은,[1] 아마도 철학적 관념론의 문제들에 대한 세상 사람들의 통념적인 견해와 감정을 표현하고 있는 게 아닌가 생각된다.* 철학적 관념론의 체계를 지지하여 진행되어 온 논의들이 지극히 강력하고 매우 치밀한 것이라는 점을 우리는 부정하지 않지만, 이들 논의에 동의해 전부 그대로 받아들이기엔 커다란 어려움이 있다. 관념론은 마치 단순한 사변적인 견해에 불과하고, 그래서 우리의 참된 존재에 그 체계를 강제하거나 우리

* 『돈 주안(Don Juan)』(1821)은 낭만주의 시인 바이런(Byron, 1788~1824)이 출판한 미완성 서사시이자 방대한 희극 풍자시로서, 바이런의 작품 중 가장 많이 읽히고 있는 시이다. 14세기 스페인의 전설적인 인물 돈 주안을 주인공으로 하고 있으나, 이야기의 구성은 어디까지나 창작이며, 사회와 인생에 관한 예리하고 기지에 넘치는 풍자가 이 작품의 가치를 높여 주고 있다.

1) Canto 11, stanza 1.

의 신앙에 영향을 주고 우리의 행위를 규정하는 힘을 전혀 갖지 않는 비현실적인 체계에 지나지 않는 것처럼 보이는 것이다. 만일 이와 같은 견해가 참된 것이라고 한다면, 우리는 관념론을 문화 철학으로서 말할 수 없을 것이다. 왜냐하면 문화는 단순한 사변적인 것이 아니고 또한 단지 사변적인 지반에 기초를 둘 수도 없기 때문이다. 문화는 이론적 가정들의 체계로부터 구성되는 것만은 아니고 행동의 체계도 요구한다. 문화는 언어적 활동과 도덕적 활동의 전체를—즉 추상적인 방법으로 파악될 뿐만 아니라 끊임없이 현실화하려고 하는 경향과 에너지를 가지는 활동의 전체를—의미한다. 이와 같은 현실화, 즉 경험적 세계의 구성과 재구성이야말로 바로 문화의 개념 속에 포함되는 것이며, 문화의 본질적이자 가장 특징적인 성격을 형성하고 있는 것이다.

그러므로 여기에서 우리의 현 문제에 대한 상세한 내용에 들어가기에 앞서, 우선 '관념론'이라는 용어가 가져올 수 있는 여러 가지 의미를 주의 깊게 구별하지 않으면 안 된다. 아마도 철학적 사고의 전 역사를 바라보더라도 그렇게 자주 부단한 의미 변화의 위험에 노출되어 온 용어는 달리 없을 것이다. 관념론의 최초의 출발과 그 후의 발전 단계를 비교해 보면, 예를 들어 플라톤의 이데아론[2]과 버클리가 지지한 견해를 대조해 보면, 이들 두 체계에서는 전적으로 동일한 용어가, 단지 서로 다를 뿐만 아니라 근본적으로 대립하는 두 가지 사상적 구상에 적용되고 있음을 발견한

2) 카시러는 자주 관념론에 대해 언급하는데, 이는 넓은 의미에서 이념의 철학을 말하는 것으로 플라톤에 그 연원을 두고 있고, 근대사상에서는 데카르트에서 칸트를 거쳐 헤겔에 이르는 독특한 전개를 가리킨다. 예를 들면 『상징형식의 철학』 영역본 제3권(New Haven: Yale University Press), 73~85쪽을 참조.

다. 이 사실을 유감으로 여기고 공공연히 비난한 최초의 인물이 칸트이다.[3] 『순수이성비판』의 주요 목적의 하나는, 말하자면 플라톤의 이데아에서 그 본래의 의미를 취해 그 본연의 권리를 회복하는 것에 있었다.

플라톤은 '이데아(이념)'이라는 표현을 사용했는데, 그것에 의해 그가 이해했던 것은 명백히 다음과 같은 것이었다. 즉 그것은 결코 감관으로부터 빌려오지 않았을 뿐만 아니라 경험 안에서는 그것에 일치하는 것이 결코 발견되지 않기 때문에, (아리스토텔레스가 자신의 연구에 몰두한) 지성 개념마저도 월등히 넘어서는 것이었다. 플라톤에게 이데아란 물자체의 원형이지, 범주와 같이 단지 가능적 경험을 위한 열쇠를 뜻하는 것은 아니다. 〔……〕

플라톤은 우리의 인식능력이, 현상을 경험으로서 읽을 수 있기 위해 종합적 통일에 따르는 현상을 더듬어 읽어 간다는 단순한 일보다도 훨씬 더 높은 욕구를 느낀다는 것을 충분히 알고 있었다. 〔……〕

플라톤의 표현 방법상에 나타나는 과장을 논외로 한다면, 세계질서의 자연적인 면을 〔이데아의 불완전한〕 모사로 보는 데서 출발하여 목적, 즉 이데아에 따르는 세계질서의 건축술적 결합에까지 올라가는 이 철학자의 정신의 비상(飛翔)은 존경과 추종할 만한 가치가 있는 노력이다. 〔……〕

그러나 일단 이 예비적 서론을 끝내기에 앞서, 나는 철학을 (통상 말하는 의미 이상으로) 소중한 것으로 생각하는 사람들에게 다음과 같은 점을 부탁해 두고 싶다. 즉 만일 그들이 지금까지의 서론이나 지금부터 서술하

3) 플라톤 및 칸트와의 연관성에서 파악된, 버클리 사상에 대한 카시러의 평가는 『근대의 철학과 과학에서의 인식의 문제』(*Das Erkenntnisproblem in der Philosophie und Wissenschaft der neueren Zeit,* Darmstadt: Wissenschaftliche Buchgesellschaft, 1971~1973), 제2권, 321~327쪽 참조.

는 것에 동의한다면, 통상 각종 표상방식을 대략적으로 혼란스럽게 지시하곤 함으로써 그에 의해 학문을 해치는 결과에 이르지 않도록, '이데아'라는 표현을 그 근원적인 의미대로 유지하는 데 주의를 기울이기 바란다. 각각의 표상 방식에 어울리는 명칭이 없는 것은 아니므로 함부로 다른 영역을 침범할 필요는 없는 것이다. 〔……〕

일단 이러한 구별에 익숙해진 사람이라면, 붉은 색이라는 표상이 이데아라고 불리는 것을 듣는 것은 참기 어려운 일임에 틀림없다. 붉은 색이라는 표상은 관념(지성 개념)이라고도 불려서는 안 되는 것이다.[4]

칸트의 이러한 비판적 요구에 부응하기 위해 우리는 여기서 세 가지 종류의 문제를 주의깊게 구별해 두지 않으면 안 된다. 이들 문제는 통상 관념론이라는 이름 아래에서 논의되고 있지만, 이런 통상적 명칭에 따르는 한 그 문제들은 철학적 사고 안에서 혼동되어 버리는 위험에 계속 노출되어 있는 셈이다. 이들 문제의 첫 번째 것은 진리의 본성에 관계되고, 두 번째 것은 정신과 신체, 또는 영혼과 물질의 본성에 관계되며, 세 번째 것은 문화 철학에 속하는 여러 가지 물음과 관계된다.

플라톤의 이데아론의 첫 번째 주요한 목표는 그 이론적인 의미와 실천적인 의미, 즉 논리적인 의의와 윤리적인 의의 그 어느 쪽에 대해서도 진리의 엄밀한 정의를 부여하고, 확고하고도 적절한 진리설을 제시하는 데 있었다. 지(知)의 개념에 대한 분석과 선(善)의 이데아에 대한 분석, 즉 '에피스테메(ἐπιστήμη)'와 '아가톤(ἀγαθόν)'의 정의가 플라톤 체계의 근저

4) 『순수이성비판』(trans. Norman Kemp Smith, London: Macmillan, 1933), A 313~320; B 370~377.

에는 존재하지만, 이 두 영역 바깥에서는 실재에 관한 특별한 문제는 전혀 존재하지 않는다. 왜냐하면 지(知)와 실재는 서로 조화를 이룰 뿐 아니라 서로 일치하기 때문이다. 버클리가 주장하고 또 지지한 것도 이와 같은 동일성이다. 하지만 그것은 더 이상 동일한 이성에, 즉 추상적 논리적 사고를 수행하는 이성에는 기초를 두지 않은 것이다. 버클리에 의하면, 추상적 사고는 진리의 원천이기는커녕, 오히려 거꾸로 오류의 원천이다. 진리는 단순한 개념들에 기초를 둘 수 없고 지각에 기초를 두지 않으면 안 된다. 왜냐하면 우리가 실재와 접촉하는 것이 가능한 것은 지각에 의해서만이기 때문이다. 버클리는 상식에 의해 수용되고 있는 실재라는 개념을 방기할 생각은 없다. 그는 자신의 이론이 단순한 사변적 사유의 소산이라는 것을 인정하지 않으며, 이 이론이 '일반 서민'에 의해 지지되고 있는 견해를 간명하게 개진하고 확정하는 것임을 끊임없이 강조한다.

일반 서민이 지각의 세계와 진리의 세계 간에 아무런 구별도 두지 않는 것은 당연한 일이다. 철학은 이 견해를 받아들여야만 한다. "우리는 일반 서민과 마찬가지로 감각을 확실한 것이라고 보지 않으면 안 된다." 라고 버클리는 그의『비망록』에서 특징적이고 인상적인 구절을 쓰고 있다.[5] 확실히 자신의 후기 체계의 전개에서 버클리는 이 사고의 흐름을 유지할 수 없었다. 그의 경험론과 감각주의는 제 자리에서 물러서지 않을 수 없었고 오히려 자신의 형이상학적 유심론에, 신과 인간 영혼에 관한 교설에 굴복하지 않을 수 없게 된다. 특히 버클리 철학의 후기에 와서 이 교설은 인간의 인식 원리에 관한 그의 본래 이론에 대해서 완전한 승리를

5)『클로인(Cloyne)의 주교(主敎) 조지 버클리의 저작』(*The Works of George Berkeley Bishop of Cloyne*, ed. A.A.Luce and T.E. Jessop, London: Thomas Nelson, 1948), I, 90쪽 참조.

얻게 되었다.

그렇지만 바로 이 측면으로부터 버클리의 관념론은 칸트의 공격을 받은 것이다. 칸트는 자신의 체계와 버클리의 체계가 비교되는 것에 대해서는 어느 경우든 매우 격렬하고 또 신랄하게—칸트가 이런 모습을 보이는 것은 매우 드문 일이다—항의했다. 그러나 이러한 칸트의 모든 노력에도 불구하고, 그가 비평가나 주석자들을 설득하는 데 성공한 것 같지는 않다. 그들 대부분은 칸트 자신이 거듭 되풀이해서 비난한 바 있던 해석 방식을 그대로 견지했다. 칸트 철학의 적대자뿐만이 아니라 그의 동조자까지도 이 해석 노선을 계승하는 것을 전혀 그만두려고 하지 않았다. 예를 들어 쇼펜하우어는 『순수이성비판』의 제2판에 삽입된 버클리 관념론의 논박에서[6] 칸트가 자기 자신의 사상을 은폐하고 애매한 것으로 만들고 있으며, 더욱이 이러한 왜곡이 단순히 개인적 동기에 의해 야기된 것이라고 주장하는 데까지 이르고 있다. 그렇지만 이러한 비난을 제쳐 놓는다고 할지라도, 버클리 사상과 칸트 사상 간에 분명한 선 하나를 긋는 것에 때때로 우리는 매우 커다란 어려움을 겪게 마련이다. 예를 들어 시간 공간의 관념성에 관한 설과, 물질을 단순한 현상으로 삼는 설이라는 각각의 특정한 학설들에 관해 생각해 본다면, 칸트의 비판적 관념론과 버클리의 심리학적 형이상학적 관념론 간에는 밀접한 연관이 존재하는 것처럼 보인다. 이 점에 대해 우리는 숨길 수 없다.

사실상 진정으로 본질적인 차이를 이루는 것은 이들 학설의 내용이 아니라 그 형식이며 기초이다. 대답이 때때로 같은 것으로 보이는 경우도 있을지 모르지만, 근본적인 물음은 늘 다른 방식으로 던져지고 있다. 이

6) B 274~279 참조.

차이를 우리에게 이해시키고자 칸트는 새로운 용어를 도입하고 있다. 그는 관념론이라는 일반적 개념에 이것을 특징짓는 특수한 속성을 부가한다. 칸트가 독단론적이라고 일컫는 버클리의 관념론이나 데카르트의 회의론적 관념론으로부터 그 자신의 이론을 구별하기 위해, 칸트는 자신의 이론을 '선험론적(transcendental)' 관념론이라고 부른다. 『순수이성비판』의 서론에서 칸트는 다음과 같이 말한다. "대상 자체에 관한 것이 아니라, 대상 인식이 선험적으로(a priori) 가능해야 하는 한에 있어서 그러한 대상에 관한 우리의 인식 방식에 관한 일체의 인식을 나는 '선험론적'이라고 부른다."[7] 그러므로 선험론적 관념론은 대상 그 자체의 본성이나 본질에 관한 단언으로부터 시작하지 않는다. 오히려 그것은 경험의 대상, 과학의 대상, 종교적 사고 또는 형이상학적 사고의 대상이라는 제각기 다른 계층의 대상을 우리에게 접근 가능한 것으로 만드는 인식의 여러 방식을 비판적으로 연구하는 것에서부터 시작한다.

대상성의 문제보다 우선해야 하는 것은 이 접근가능성이라는 문제이다. 그러므로 칸트는 물질의 본성에 관한 탐구로부터 출발하는 것이 아니라 우선 과학의 전제이자 원리가 되는 것의 탐구에 착수한다. 그것에 의해 물질의 개념은 명백하고 엄밀한 방식으로 설명되는 것이다. 물질이란 그 자체에 있어 무엇인가, 또 그것은 정신이라고 불리는 다른 종류의 존재와 어떠한 특성에서 구별되는 것일까 등을 칸트는 묻지 않는다. 대상들의 각기 다른 계층이 우리에게 나타내 보이는 인식의 특수한 조건, 그것을 우리는 아직 검토하고 분석하지 않은 한에서, 이와 같이 사물들을 대조·구별하는 것은 모두 공허하고 무익한 것이라고 칸트는 말한다. 우리

7) A 11~12; B 25.

는 물질과 정신을 서로 간에 비교하고 대조하는 대신에, 자연학적인 사고의 양태와 형이상학적인 사고의 양태를 비교하고 대조하지 않으면 안 된다.

어떻게 자연학은 가능한가, 어떻게 순수한 자연학은 가능한가, 이 일반적인 물음에 대답하지 않고서는 우리는 물질의 본성에 관해 논할 수 없다. 과연 형이상학은 가능할 것인가, 만일 가능하다고 한다면 어떠한 방식에서 가능할 것인가, 이러한 물음을 제기하기 전에는 신의 본질 또는 인간 영혼의 본질이라는 문제를 취급할 수 없다. 이와 같은 물음에 의해 우리는 종래의 관념론 체계들에 포함되어 있던 것과는 전적으로 다른 객관성의 개념, 전적으로 다른 객관성의 정의로 다가간다. 우리가 탐구하는 진정한 객관성이란 이제는 자연적 실체의 객관성도 아니고 초자연적 실체의 객관성도 아니다. 또한 경험적 사물의 객관성도 아니며 초월적 사물의 객관성도 아니다. 새로운 관념론에 있어서의 참된 문제란, 개개의 사물들 그 자체가 아니라 사물들의 가능적 규정, 즉 인식의 각기 다른 양태에 의한 사물들의 규정임이 분명해진다. 종래의 형이상학에서의 존재론적 견해, 즉 데카르트와 버클리의 견해는 폐지되어 순수하게 분석적인 견해로 바뀌어야 하는 것이다. 즉 칸트가 『순수이성비판』에서 언명하고 있는 것처럼, 지성의 원칙은 단지 현상을 개진하기 위한 원리에 지나지 않는다. "주제넘게도 사물 일반에 관한 선험적인 종합적 인식을 체계적 학설로서 제시한다……고 공언하는 존재론이라는 자랑스러운 듯한 명칭은 그러므로 순수 지성의 단순한 분석론이라는 온당한 명칭에 자리를 양보하지 않으면 안 된다."[8)]

8) A 247; B 303. 「상징개념의 논리학을 위하여」("Zur Logik des Symbolbegriffs"), 『상징개념의 본질과 작용』(Darmstadt: Wissenschaftliche Buchgesellschaft, 1956), 228~230쪽 참조.

그렇지만 나는 이 강의에서 칸트 철학의 세부 문제까지 들어갈 생각은 없다. 나는 오로지 다음과 같은 물음을 제기하고 그것에 대답할 수 있기를 바랄 뿐이다. 즉 칸트의 비판적 관념론 또는 선험론적 관념론에 포함된 새로운 사고 요소에 의해 과연 어느 정도로 문화 철학을 위한 새로운 길이 예비되었는가? 물론 칸트의 저작 안에 이와 같은 철학의 이름이 언급되어 있는 것은 아니고, 그 체계의 어떤 부분에서도 문화 철학에 관한 특별한 문제나 주제가 암시되어 있는 것 같지는 않다. 칸트는 그리스 사상에 도입된 고전적인 철학의 구분, 즉 자연학, 윤리학, 논리학이라는 철학의 분류를 받아들이고 있다. 그의 체계의 후기에 이르러, 그는 이 구분의 확장을 강요받는다. 비판 철학의 특수 부문으로서 미학을 부가하지 않으면 안 되었던 것이다. 그러나 만일 칸트의 관념론을, 특수한 역사적 조건이라는 관점에서가 아니라 일반적인 체계적 과제라는 관점에서 본다면, 그것은 한층 더 커다란 확장에 이를 수 있을 것이다.

칸트의 문제는 논리적 사고, 과학적 사고, 윤리학적 사고, 미학적 사고라는 각기 특수한 사고 형식들의 탐구에 한정되는 것은 아니다. 우리는 이 문제의 본성을 조금도 변화시키는 일 없이 이러한 사고 형식 이외의 모든 형식에 이 문제를 적용할 수 있을 것이다. 즉 인간 정신이 우주를 전체로서 파악하려고 하는, 사고하고 판단하고 인식하고 이해하고 심지어 감지한다고 하는 형식 모두에 그것을 적용할 수 있을 것이다. 이와 같이 우주를 개관하고 종합적으로 파악하는 것을 목표로 하는 것이 신화, 종교, 언어, 예술 그리고 과학이다. 이들 중 어떤 것을 채택하는 경우에도, 그것은 감각 자료 속에 주어져 있는 것의 단순한 모사라는 형태로는 설명할 수 없다. 이들 형식 모두는 단순히 빛을 반사하면서 빛나는 것이 아니라 고유의 빛을 지니는 것이다. 그것들은 본래적인 광원들이다.

문제를 이런 의미에서 이해한다면, 언어, 예술, 과학, 신화적·종교적 사고에 담긴 상징들의 다양하고 복잡한 체계는 모두 철학적 분석을 받아들일 수 있을 뿐 아니라 더 나아가 이러한 분석을 요구하는 것임이 분명해진다. 이들 상징 체계들은 단순히 인간 정신의 개별적인 목소리로서 다양하게 분기하는 방향으로 나아가고, 또 우리의 정신적 생의 영역에서 흩어져 난무하고 있는 것으로만 이해되고 설명되어선 안 된다. 이들의 체계는 각각 다른 것이면서도 본질적인 통일을 지니고 있다. 물론 체계적 형이상학의 방식에서처럼 이 통일을 단일하고 불가분한 실체로서 생각할 수는 없다. 단순한 실체성의 관점으로부터는 그것을 설명할 수 없다. 그것은 기능〔함수〕이라는 관점으로부터, 즉 관계, 작용과 활동이라는 관점으로부터 이해되고 정의되어야만 한다. 내가 상징적 사고 및 상징적 표상작용의 통일성이라고 일컫고 있는 이 통일성은 그 현상인 다종다양한 모습으로부터 추상할 수 없다. 그것을 단일의, 독립적이고 고립적인 존재라고 생각할 수 없는 것이다. 그것은 정신을 구성하는 과정 전체를 조건 짓는 것이며, 우리의 정신의 작용 및 에너지 전체 속에 침투되는 힘이다. 그러나 우리는 이 힘을 실체화해서는 안 되며, 분리된 자연적 존재 또는 초자연적 존재라고 생각해서는 안 된다.

이 상징적 사고의 기능 전반과 그 특수한 적용 사례들에 관해 여기에서 충분히 설명할 수 있다고는 생각되지 않는다. 왜냐하면 이러한 설명을 하자면 언어 철학, 예술 철학, 종교 철학, 과학 철학의 다양하고도 복잡한 문제들 전체에 관여할 필요가 생겨날 것이기 때문이다. 내가 여기서 시도할 수 있는 일이 있다면 그것은 바로 이 근본 문제에 관해 그 개요를 설명해 두는 것이며, 풍부한 세부를 지니고 있는, 게다가 그 주요한 의의나 요점이 존재한다고 말할 수 있는 그러한 사상의 영역에 관해 간략하고도 대략적인 스케치를 그려 보이는 것이다. 이 강의에 부여된 제한된 범위와 틀을 초과하지 않으려면, 문화 철학의 일반적인 시도에 포함되는 몇몇 방법론적 문제에 나의 논의를 한정지어야만 할 것이다.

우선 첫째로, 이 영역에서 철학적 관념론의 근본 개념 및 근본 문제가 색다른 형태를 취하는 것은 분명하다. 객관성의 개념이나 진리의 개념을 정의한다고 해도, 언어, 예술, 종교의 문제를 다루고 있는 경우와 실재라는 단순한 형이상학적인 문제를 논하는 경우가 서로 같은 의미로 규정될 수는 없다. 적어도 〔전자의〕 영역에서는 심리학적 관념론이나 회의론으로부터 공격을 받을 염려는 없다. 버클리나 흄이 물질의 독립적 존재라는 상정에 반대하여 전개한 논의도, 우리는 일체 두려워할 필요는 없는 셈이다. 칸트는 이 문제를 실로 철학의 장애물이라고 단언하고 있다. "우리의 외부에 있는 사물의 존재 ……를 단지 신앙에 기초하여 상정하지 않으면 안 된다고 하는 것, 그리고 누군가가 그 사물의 존재에 의구심을 갖는다고 해도 그에 맞서 만족스러운 증명을 아무것도 제시할 수 없다고 하는 것은 철학 및 인간 이성에게 있어 어디까지나 불명예스러운 일이다."[9]

우리는 물질적인 우주의 문제를 논하지 않고 문화의 우주를 취급하는 것이기 때문에 이 불명예가 되풀이되지는 않을 것이다. 왜냐하면 문화의 우주에 대해선 절대적인 존재나 절대적인 실재성을 요구하는 것은 무의미한 일일 터이기 때문이다. 그러나 우리는 이 문제 대신에 이에 못지 않게 중요하고 곤란한 또 하나의 문제와 대면해야만 한다. 그것은 객관적 가치 및 객관적 의의라는 문제이다. 이러한 의의는, 문화의 모든 형식들에서 전제되는 것으로, 언어, 과학 사상, 예술, 종교 모두에 있어 전제된다. 그

9) 『순수이성비판』 제2판 서문, B XL 각주.

러나 어떻게 하면 이 요구된 객관성을 설명하고 보증할 수 있을 것인가? 헤라클레이토스는 한 단편에서 이렇게 말하고 있다. "각성되어 있는 사람들은 공통의 세계를 갖는다."(τοῖς ἐγρηγορόσιν ἕνα καὶ κοινὸν κόσμον εἶναι.) 반면 잠들어 있는 동안에는 모두 저마다 자신의 세계에 살기 위해 이 공통의 세계로부터 생각을 다른 데로 돌리는 것이다.[10] 이 헤라클레이토스의 말은 우리의 문제를 대략적으로 표현하는 것으로서, 우리는 이 말을 빌려 사용해도 좋을 것이다.

그렇지만 문화의 모든 형식의 주요 목적은 사고와 감정의 공통 세계를 구축하는 데 있으며, 각 개인의 꿈 혹은 각 개인의 기분이나 환상이 아니라 '공통의 세계(κοινὸν κόσμον)'라고 주장될 수 있는 인간 세계를 구축하는 데에 있다. 이 문화의 우주가 구축되는 때에는, 각각의 형식은 이미 예상되고 예정되어 있는 도식, 즉 선험적인(a priori) 사고방식 속에 결정적인 모습이 주어지는 그러한 도식에 따르지 않는다. 우리가 할 수 있는 일이란, 역사 속에 나타나는 여러 형식들의 완만한 발전을 철저히 규명하고 이 길에 이정표를 남기는 데 있다.

언어는 인간을 이 길로 안내하고 그 발걸음을 이끄는 가장 우선적인 것이라고 생각된다. 그것은 '보편 언어(Lingua universalis)'라는 지위에서는 파악될 수 없다. 언어는 논리적 사고의 보편성에 필적하는 보편성을 전혀 갖지 않는다. 언어는 민족적인 조건, 심지어는 개인적인 조건에 속박되어 있지만 그럼에도 불구하고 언어는 문화의 과정이 추구하는 그러한 공통 세계로의 첫걸음이자 결정적인 첫걸음이다. 빌헬름 폰 훔볼트는

10) 단편 89. 딜즈(Diels) 편, 『초기 그리스 철학자 단편집』(Diels, *Die Fragmente der Vorsokratiker*, 3 vols., 5th ed., Berlin 1934~1935), 제1권, 171쪽 참조.

이 점을 강조한 최초의 사람이며, 이 점에 의해 그는 새로운 언어 철학의 기본 원리에로 이끌렸다. 그는 인간의 언술(speech)의 다양성과 그것이 인류의 정신적 발달에 미치는 영향을 문제로 삼은 논문에서 이 언어 철학을 전개하고 있다. 그가 지적하는 바로는, 언어 연구는 매우 무미건조하고 기계적이기까지 한 그 소재적 측면의 분석, 즉 소리 및 분절적 언술의 분석으로부터 시작해야 하지만, 이 문제에 국한되어 있을 수만은 없다. 언술은 단순한 기계적 구성 이상의 것이며, 정신의 세계로 들어가는 입구를 의미한다. 왜냐하면 인간이 단순한 개별성의 지평보다도 높이 비상하는 것은 오로지 언술에 의해서이기 때문이다.

> 설명불가능한 진짜 기적처럼, 언어는 민족의 입에서 갑자기 뿜어 나온다. 그리고 매일 되풀이되어 무관심 속에 간과되면서도 그에 못지 않게 놀랄 정도로, 어린아이의 재잘대는 말에서도 그것은 솟아나온다. 언술은 다음과 같은 사실의 가장 빛나는 징표이며 가장 확실한 증거이다. 즉 인간은 본질적으로 격리되고 고립되어 있는 개별성을 지니는 것은 아니며, 나와 너는 상보적 개념일 뿐만 아니라, 만일 양자가 분리를 이룬 지점에까지 되돌아갈 수 있다면 양자의 참된 동일성이 분명하게 입증될 것이라는 사실이 그것이다. 이런 의미에서, 거기에는 약하고 무력하며 한 번은 죽기 마련인 개인으로부터 미개한 부족에 이르기까지의 다양한 개별성의 영역이 존재하는 것이다. 만약 그렇지 않다고 한다면, 일체의 이해가 영원히 불가능하게 될 터이기 때문이다.[11)]

11) 카시러의 초고에서는, 이 인용은 영어로 시작되다가 독일어 원문으로 바뀌고 있다. 초고는 다음과 같다. "설명 불가능한 참된 기적으로서, 그것〔언어〕은 민족의 입에서 갑자기

그러나 언어를 이와 같은 기적이라고 생각한다면, 정신철학의 다른 모든 형식에서 동일한 기적이 일어나고 있다는 것을 우리는 승인하지 않으면 안 될 것이다. 왜냐하면 음성이나 단어, 구 또는 절로 이루어진 언어뿐만이 아니라 예술, 종교, 과학의 상징에 의해 구성되는 더 한층 포괄적인 언어가 존재하기 때문이다. 이들 언어 모두가 고유한 용법을 지니고 있고 고유한 규칙을 갖추고 있다. 즉 각각이 그 자신의 문법을 가지고 있다. 칼 피어슨(Karl Pearson)은 『과학의 문법(*The Grammar of Science*)』이라는 제목의 매우 흥미로운 책을 썼다. 이 책에서는 원인과 결과, 공간과 시간, 물질과 운동이라는 문제가 다루어지고 있다. 그러나 그가 지적하듯이 이들 개념 모두는 어떤 특수한 어휘에, 즉 과학이라는 어휘에 속하는 용어에 지나지 않을지도 모른다. 물질과 운동은 그 본질이 인간 정신에게 있어 영원히 미지인 채로 있을 것임에 틀림없는 물자체는 아니다. 그것들은 우리가 자연 현상 안에서 만나는 질서와 규칙을 표현하기 위한

뿜어져 나오며, 또한 동일한 놀랄 만한 기적으로서 어린아이의 첫 옹알이에서 우리는 그것과 만나는 것이다. 인간은 각각이 고립된 개별성을 지니는 것이 아니라 인류의 시조와 결부되어 있다는 것을 언어는 가장 확실하게 증명하는 것이다. 이것을 훔볼트 자신의 언어로 말한다면—왜냐하면 이것을 적절한 영어 표현으로 번역하는 것은 불가능하다고 생각되기 때문이다—다음과 같다. “인간은 〔각기〕 그 자체로서의 분리된 개별성을 지니는 것은 아니라는 점, 나와 너는 그저 서로 상대방을 요구하는 존재가 아니라 그 분리 지점에까지 거슬러 갈 수 있다면 틀림없이 동일한 개념들이라는 점, 그리고 이런 의미에서 약하고 무력하여 금방이라도 사멸할 것 같은 개인으로부터 마침내 인류의 시조에 이르기까지의 그같은 개별성의 원환이 존재한다는 것—언어는 이같은 점들의 가장 빛나는 징표이자 가장 확실한 증명이다. 왜냐하면 만일 그렇지 않다면 일체의 이해가 영원히 불가능하게 될 것이기 때문이다.” 본문에 사용된 영어 번역은 『상징형식의 철학』 영역본 제1권, 156~157쪽에서 가져온 것이다. 훔볼트에 관해서는 그의 카비(Kavi) 어(語) 연구에 대한 서론, 「인간의 언어 구조의 차이에 관하여」(“Über die Verschiedenheit des menschlichen Sprachbaues”, *Gesammelte Schriften*, Berlin Academy Edition, 1907), VII, 125쪽 참조.

개념이자 상징이다. 피어슨은 다음과 같이 말한다. “물리학의 전체 목적은 가장 간단한 언어를 사용하여 가장 광범위한 현상을 기술할 수 있게끔 하는 이상적인 기본 운동들을 발견하는 데에 있다. 그것은 일군의 기하학적 형식을 띤 기하학적 운동을 이용하여 물리적 우주를 상징화하는 데에 있다. 이렇게 할 경우 그것은 세계를 기계적으로 구성하게 될 것이다. 그러나 주의해야 할 것은 이 기계적 구성이 구상의 산물이며, 우리의 지각 자체 안에 존재하는 것은 아니라는 점이다.”[12]

이 문장들이 쓰인 것은 대략 40년 전으로, 20세기 초부터 우리의 공간과 시간의 관념이나 물질과 운동의 관념을 모두 뒤집어 놓은 과학적 사고의 어떤 새로운 전개에 관해서는 아무것도 아는 것이 없었던 때이다. 그러나 바로 이 관념의 전복이, 우리의 과학의 기본 개념이 지닌 상징적 성격이라는 문제에 새롭고 예기치 않은 빛을 던져주었던 것이다. 자연철학의 진행 과정을 더듬어 보면, 물질이라는 개념은 끊임없는 의미 변화를 겪고 있다는 사실을 깨닫게 된다. 동일한 용어를 계속하여 사용한다고 할 때, 물질이라는 말이 아리스토텔레스나 데카르트의 형이상학 체계 내에서, 고전 물리학의 체계 내에서 그리고 양자역학이라는 현대의 이론 내에서 말해질 때 그 각각은 결코 동일한 것이 아니라는 점을 잊어서는 안 된다. 아리스토텔레스의 경우, 물질은 논리학적 내지 형이상학적으로 ‘뒤나미스’(δύναμις)와 ‘에네르게이아’(ἐνέργεια), 즉 가능태와 현실태라는 말로 정의된다. 데카르트의 경우는 기하학적으로 정의되어 연장(延長)과 동의어이다. 뉴턴의 시대에 와서 물질은 뉴턴의 『자연 철학의

12) 『과학의 문법』(*The Grammar of Science*, 3d rev. ed., London: Adam and Charles Black, 1911; 초판 출간 1892), 267쪽.

수학적 원리들(*Philosophiae Naturalis Principia Mathematica*)』의 서두에 규정되고 설명된 개념과 원리에 기초를 두고 정의할 수 있게 되었다.

그러나 일반상대성 원리 및 양자이론의 전개는 한층 더 놀랄 만한, 그리고 한층 더 근본적인 의미 변화로 이어지는 것처럼 보인다. 우리가 이 전개로부터 배워야 하는 것은, 물질의 과학적인 의미를 규정하기 위해서는 더 이상 물리학적 개념의 단일한 확정적인 체계를 이용하는 것에 만족할 수 없다는 점이다. 우리는 완전히 다른 사고의 조직을 이용하여 물질에 관해 기술할 수 있으며, 실제로 그렇게 하지 않을 수 없는 것이다. 우리는 물질을 입자라는 의미에서 생각할 수도 있지만, 동시에 그것을 파동이라는 방식으로 보도록 요구받기도 한다. 우리가 실체적인 사고방식을 계속 고집한다면, 다시 말해 물질을 자존적이고 독립적인 절대적 존재라고 간주한다면, 이 두 가지의 관념은 완전히 화해할 수 없는 것으로 보일 것이다. 그러나 우리가 말한 물리학 개념의 의의와 그 용법을 고려해 본다면, 현대 물리학의 용어에서 피하기 어렵다고 생각된 이원론은 더 이상 모순이 아니게 되는 셈이다. 물리학적 개념을, 외부 세계의 사물을 그대로 모사한 것으로, 즉 외부 세계의 사물에 딱 맞는 것으로 생각하지 않고, 칸트의 말을 빌려 "현상을 경험으로서 읽어 낼 수 있기 위해 현상을 명확히 분간해 내는" 그런 유일한 목적을 위해 정해져 있는 상징들이라고 생각한다면, 우리는 이미 다음과 같은 점을 이해하고 있는 것이다. 즉 현상을 명확히 분간해 내는 데 있어 각기 다른 상징들을 이용하는 것, 말하자면 서로 모순되기는커녕 오히려 각각에게 있어 서로를 보완해 주는 서로에게 상이한 생각의 알파벳을 이용하는 것은 단지 가능한 것일 뿐만 아니라 오히려 필요한 일이기도 하리라는 점이다.

닐스 보어(Niels Bohr) 이론의 하나의 공적은 이 점을 명확하게 한 것으로서, 내가 보기에 그것은 과학상의 공적일 뿐만 아니라 실로 철학적인 공적이기도 하다. 새로운 양자이론에서는 두 가지 다른 언어를 결합하지 않으면 안 된다. 즉 고전적 개념의 사용을 중지할 수는 없지만 동시에 고전 물리학적으로는 설명 불가능한 개념이나 법칙을 아무래도 받아들이지 않으면 안 된다. 이러한 사실을 설명하기 위해 보어는 이른바 대응 원리를 주창한 것이다. 이 원리가 의도하는 것은 두 가지 다른 개념의 조합이 어떻게 서로 조정되고 조화되는 것이 가능한가를 보이는 일이다. 대응 원리에 따르는 과학적인 귀결 및 인식론적인 귀결에 관해서는 여기서 논할 수는 없다.[13] 그러나 우리의 현 문제와 연관해 흥미를 끄는 것은, 보어가 자신의 원리를 설명하고 정당화하기 위해 이론 물리학의 영역에서 사용되는 상징의 본성 그 자체에까지 되돌아가서 이들 상징에 관해 **명시적인**(explicit) 방식으로 숙고하지 않으면 안 되었다는 사실이다. 그는 새로운 원자 모델을 구상하기 위해 빛의 전자이론에서 주장된 방사(放射)의 법칙으로부터 벗어나야 했지만, 다른 한편 이 이론을 완전히 포기할 수도 없었던 것이다. 이 사실을 언급하면서 보어는 덧붙이기를, 이 사실은 고전 물리학의 가설 전체에 대해 명확하게 모순되어 있는 것처럼 보이지만, 이 외관상의 모순은 우리의 물리학의 기초 개념이 지닌 상징적 성격을 매우 명백하고 인상깊게 증명하는 것에 다름 아니라고 말한다.

체계적 순서에 따라 논의를 계속한다면 나의 다음 과제는 과학의 문법뿐만 아니라 그와 동일한 의미에서 예술의 문법이 존재하며, 신화적 종

13) 인과성에 관한 카시러의 논의에 대해서는 『현대 물리학에서의 결정론과 비결정론』(trans. O. Theodor Benfey, New Haven: Yale University Press, 1956), 4-5쪽 참조. 보어(Bohr)의 '대응 원리'에 관해서는 특히 111쪽 이하 및 165, 176쪽을 참조.

교적 사고의 문법이 존재한다는 것을 명확하게 하는 일일 것이다. 이러한 표현에 놀라지 않기를 바란다. 물론 이 표현은 매우 폭넓고 자유로운 의미로 이해되어야 한다. 이 의미를 파악하기 위해서는 문법이라는 것을 일반적인 교육 기간에 우리가 배웠던 어떤 무미건조한 것과 동일시하면 안 된다. 즉 문법이라는 것을 임의적이고 인습적인 규칙에 관한 건조하고 추상적인 연구로 간주하는 것이 아니라 사고와 표현의 살아 있는 형식에 관한 연구로서 생각하지 않으면 안 된다. 그러나 현재의 국면에서는 이들 문제의 세부사항으로 들어갈 수는 없고 또 그러할 필요도 없다고 생각된다. 내가 예술의 문법 및 종교의 문법이라고 불렀던 것의 실질적 내용 및 그 의미에 관해서는 본 연구소의 도서관을 열람하도록 권하는 것 이상으로 더 좋은 증명 제시 방안은 없다. 그러한 열람만으로도 내가 여기에서 주장하려는 논지에 관해 훨씬 단시간에 그리고 훨씬 쉽게 확신하게 될 것이다. 즉 예술과 종교는 각각의 특유한 언어를, 즉 각각의 특유한 상징적 사고 및 상징적 표상의 형식을 지니고 있지만, 이들 간의 차이에도 불구하고 양자 사이에는 깊고 밀접한 연관이 존재한다는 점이 납득될 것이다. 예술과 종교의 상관성 및 상호협력에 관련되는 문제는 말하자면 본 도서관의 서가로부터 읽어 낼 수 있다고 해도 좋을 것이다.[14)]

14) 바르부르크 연구소 도서관의 장서 분류는 아비 바르부르크(Aby Warburg, 1866~1929)가 자신의 문화 관념을 구현하고자 착상한 것이다. 프리츠 작슬(Fritx Saxl)은 바르부르크 문고가 함부르크에 있던 때의 장서의 배치를 다음과 같이 적고 있다.(카시러의 강의는 이 문고가 런던으로 옮겨진 후에 거기서 행해진 것이다. 이 글의 주 16을 참조). "책들은 네 개의 층에 수장(收藏)되어 있었다. 1층에는 우선 표현에 관한 일반적 문제 및 상징의 본질을 다룬 책들이 놓여 있다. 거기로부터 인류학과 종교로 나아가고 종교로부터 철학 및 과학사로 옮아갔다. 2층에는 예술 표현, 예술 이론, 예술사 관계의 서적들이 정돈돼 있었다. 3층은 언어와 문학에, 4층은 인간 생활의 사회적 형식들인 역사, 법률, 민속 등에 할애되었다." E.H. 곰브리치의 『아비 바르부르크: 하나의 지성적 일대기』에 수록된 「바

이 문고의 창설자의 업적에 주목한다면, 즉 수년전 게르트루데 빙(Gertrude Bing) 박사에 의해 수집되어 재출판된 아비 바르부르크의 논문들을 연구한다면,[15] 그 업적이 반드시 미술사가 또는 문명사가라는 범위에 국한된 것은 아니라는 사실을 즉시 알아차릴 것이다. 그것은 경험적 사실에 관한 놀랍고도 엄청난 지식에 기초해 있으며, 게다가 동시에 철학이 일반적으로 의도하는 것을 겨냥하면서도 철학적 사고가 지니는 보기 드문 에너지로 충만해 있다. 물론 철학자로서 볼 경우에도 바르부르크는 자기 나름의 방식을 견지하고 있으나, 대체로 역사학자, 인류학자의 길을 견지했던 것이 사실이다. 그는 철학의 문제와 역사의 문제를 구분짓는 엄밀한 경계를 충분히 분별하고 있었다. 10년 전 바르부르크가 그의 장서를 수장할 목적의 새 건물을 지었을 때, 그는 이 새 건물 문에

르부르크 문고의 역사(1886~1944)』(E.H. Gombrich, "The History of Warburg's Library 1886~1944", in *Aby Warburg: An Intellectual Biography*, 1970), 334쪽. 바르부르크의 구상은 이 연구소 안내 소책자 중 하나에 다음과 같이 기술되어 있다. "문고는 인간의 지각의 첫 단계인 시각상(Bild)으로부터 언어(Wort)로 옮아가며, 그로부터 종교, 과학, 철학으로, 즉 인간의 행동양식과 인간의 활동들 및 역사의 주제에 영향을 미치는 인간의 방향정립상의 탐색의 모든 산출물에로 이르도록 계획되었다. 거꾸로, 행위, 의례의 수행(drōmena)은 반성으로 옮아가는데, 이때의 반성은 언어적으로 정식화되는 그리고 상징으로서 결정화되는 곳으로까지 소급해 나아가 일종의 사이클이 완성되는 것이다."「바르부르크 연구소」("The Warburg Institute", 1966), 14~15쪽. 카시러는 표현(Ausdruck), 서술(Darstellung), 개념적 의미(Bedeutung) 간의 구별을 하고 있는데, 이것은『상징형식의 철학』제3권「인식의 현상학」에서 의식의 세 기능의 기반을 이루는 것이자, 많은 점에서 바르부르크의 세 가지 구분, 상(Bild), 언어(Wort), 방향정립(Orientierung)과 상통하는 바를 지닌다. 또한 더 나아가 카시러가 개별적 상징형식에서의 발전단계를 기술하기 위해 사용한 모방적·유추적·상징적이라는 세 가지 구분도 이와 상통한다.(『상징형식의 철학』제1권, 190쪽 참조).

15)『저작집』(*Gesammelte Schriften*)이라는 제목 아래 1932년 독일에서 출판되었다. 바르부르크의 조수로서의 게르트루데 빙(Gerturde Bing)의 업적이나 그녀와 이 연구소 간의 관계에 대해서는 곰브리치,『아비 바르부르크』1쪽 및 기타 여러 곳을 참조.

단 하나의 말, 즉 므네모쉬네(MNEMOSYNE)라는 단어를 적었다.[16] 이 말을 비명(碑銘)처럼 사용하여 그는 자신의 사상을 암시적으로 표현했던 것이다. 므네모쉬네—'회상'—란 그의 작업의 모토이자 역사 연구 전체에 걸쳐 그가 받아들이고 있던 격률이었다. 그는 단순히 서적들의 컬렉션을 만들 생각은 아니었다. 여러 가지 살아 있는 형식, 특히 그리스 예술, 그리스 종교, 그리스 신화 등 그리스 문화가 창조한 여러 형식의 회상이자 기억을 창출해 내고자 하였던 것이다.

그의 생각으로는 이들 형식은 살아 있는 힘이자, 우리의 근대 문명세계에 널리 침투하는 에너지의 부단한 흐름이었다. 이 세계를 완전히 파악하고 인식한다는 것은 이 세계의 시원을 회상하고 재구성함을 뜻한다고 바르부르크는 생각했다. 새로운 건물에 부여한 명구(銘句)를 선정한 당시에 그 명구가 근대 역사 철학의 기초 개념과 밀접한 관계를 지니고 있다는 사실을 바르부르크가 자각하고 있었는가를 나는 알지 못한다.

∴

16) 함부르크 소재 바르부르크 연구소의 이 새 건물은 1926년 5월 1일에 개관했다. 나치 정권의 대두와 함께 바르부르크 연구소 및 도서관은 1933년 런던으로 이주했다. 카시러도 이 해 함부르크를 떠나 옥스퍼드로 향했다. 이 연구소는 얼마 안 되어 런던 대학교의 일부가 되었다. 카시러의 강의가 있던 때, 연구소는 템즈 하우스에 있었다. 카시러는 스웨덴 예테보리 대학교에서의 강의 첫 해(1935~1936)를 끝내고 있었다. 바르부르크 연구소 및 1933년이라는 해에 관해서는 피터 게이, 『바이마르 문화: 내부자로서의 외부자』(Peter Gay, *Weimar Culture: The Outsider as Insider*, New York: Harper & Row, 1968), 30~34쪽 참조. 바르부르크의 가족에 대한 이야기식 설명으로는 데이빗 파러, 『바르부르크 가(家) 사람들』(David Farrer, The Warburgs, New York: Stein and Day, 1975)를 참조. 이 연구소와 바르부르크에 대한 카시러의 관계 및 감회에 관해서는 『르네상스 철학에서의 개체와 우주』(trans. Mario Domandi, New York: Harper & Row, 1964 xiii쪽)에 실린 1926년 6월 13일 바르부르크에게 헌정한 그의 서신을 참조. 또한 카시러의 「아비 바르부르크를 추도함」(Nachruf auf Aby Warburg, in *Hamburger Universitäts-Reden gehalten beim Rektoratswechsel*, 1929)(Hamburg, 1931), 48~56쪽 참조.

'므네모쉬네'—'회상'(Erinnerung)—란, 헤겔이 『정신현상학』의 말미에서 정신이 거쳐간 길을 되돌아보았을 때 사용한 것과 동일한 말이다.

정신의 자기실현의 과정은 여러 정신의 완만한 운동 및 계기로서 나타나며, 마치 여러 이미지들을 전시하는 화랑과도 같다.……자아는 자신의 실체가 갖는 이 풍부함 속으로 침투하고 또한 그것을 소화해 내지 않으면 안 된다. 정신의 완성이란 자신이 무엇인가 ……를 완전히 아는 데에 있으므로, 이때의 지(知)란 정신이 자기 안으로 회귀하는 것, 즉 정신이 그 외적 존재를 버리고 정신의 형태를 회상에 맡기는 것이다.……하지만 이 회상은 경험의 보존이고 그 진수를 이루는 것이며, 실제로는 더욱 고차적인 실체의 형식이다.……그 목표에 이르는 길이란, 여러 정신이 그 자체로서 어떠한 것인가, 그리고 그들 정신의 왕국의 조직이 어떻게 해서 완성되는 것인가에 관한 이들 정신의 회상이다. 이들 정신의 보존을, 자유롭고 외견상 우연적인 사실의 계기라는 면에서 보자면 그것은 역사이며, 또한 다른 한편 개념적으로 파악된 그들 정신의 조직이라는 면에서 보자면 정신의 현상학이라는 학문이다. 이 양자를 합쳐 놓은 것, 즉 개념적으로 파악된 역사는 절대적 정신의 회상과 그 묘지를 동시에 형성한다. 즉 그것은 왕좌에 앉은 절대적 정신의 현실성, 진리, 확실성을 형성하지만 만일 이 왕좌가 없다면 절대적 정신은 생명 없는 고독일 것이다. 〔개념적으로 파악된 역사는, 절대적 정신의 회상과 해골의 장소*를 형성한다. 즉 그것은 왕좌에 앉은 절대적 정신의 현실성, 진리, 확실성을 형성하지만 만일 이 왕좌가 없다면 절대적 정신은 생명을 갖지 않는 고독한 것일 것이다.〕

---

* 골고다 또는 갈보리의 언덕

([ ] 안의 문장은 독일어 원문을 인용한 부분임.)[17]

나는 이 헤겔의 문장을 꽤 길게 인용해야만 했다. 왜냐하면 예술, 신화, 종교의 역사에서 경험적인 지식을 통해 도달되는 회상과 사변적 형이상학적인 지식에서 도달되는 회상 간의 성격 차이를, 이 절은 매우 특징적인 방식으로 보이고 있기 때문이다. 이 두 방법의 본질적인 구별은 시간의 개념 및 시간의 직관에 대해 양자가 가지는 관계 내에서 발견된다. 역사가에게 있어 시간이란 그의 사고의 참된 차원이자 어떤 의미에서 유일한 차원이다. 즉 시간이야말로 역사가 존속하고 작동하며 위치를 점하는 본령이다. 그러므로 역사는 언제나 진리를 시간의 소산으로 간주하지 않으면 안 된다. 즉 "진리는 시간의 딸(Veritas filia Temporis)"이다. 그러나 사변적 철학은 이 견해를 받아들일 수 없다. 시간적인 현상, 역사의 변천과 관계된 경우에조차도 사변적 철학은 이 영역 내에서 만족하지 않는다. 사변 철학은 스스로를 넘어서 실재의 왕국을 "영원한 어떤 상(相) 아래에서(sub quadam aeternitatis specio)" 보려고 하는 경향을 지니는 것이다.

헤겔의 사변적 관념론은 이러한 시간의 변형, 시간의 정신적 변양이 수행되는 과정이라고 주장한다. 시간과 역사는 절대적 이념의 **지양된 계기**(aufgehobene Moment), 즉 절대적 이념의 자기실현에 다름 아니다. 이념 그 자체는 시간에 의한 온갖 제약이나 규정들로부터 면제된 것이다.

17) J. 호프마이스터 편, 『정신현상학』(*Phänomenologie des Geistes*, ed. Hoffmeister, Hamburg: Felix Meiner Verlag, 1952), 563~564쪽 참조. 본문의 인용은 카시러의 번역에 따른 것이다. 영역본(J. B. Baillie, *The Phenomenology of Mind*, rev. 2d. ed., London: Allen and Unwin, 1949), 807~808쪽 참조.

그것은 과거도 미래도 갖지 않는다. 그것은 절대적이며 편재(遍在)한다. 헤겔의 말로 하자면, 그것은 "본질적으로 지금(wesentlich jetzt)"인 것이다. 이제 이로부터 우리 자신의 문제 및 우리 자신의 방법, 곧 비판적 관념론의 문제 및 방법이 어떠한 방식에서 경험적 역사관이나 헤겔 철학의 사변적 역사관과 다른지에 대해 결론을 이끌어 내어도 좋으리라 생각된다.

비판적 관념론은 단순한 사실의 영역에 국한되지 않고 이들 사실을 이해하고자 시도한다. 이는 사실을 일반적 법칙에 따라 질서 지우는 것을 의미하되, 이들 법칙이 단지 선험적(a priori)인 사고방식에서 연역될 수 있다는 것을 의미하는 것은 아니다. 법칙을 찾아내려면 개별 과학으로부터 탐문할 수밖에 없고, 이로부터 제공되는 자료, 언어사나 예술사 그리고 종교사의 자료를 우리는 받아들이지 않으면 안 된다. 그러나 우리가 탐구하고 있는 것은 역사적 현상 그 자체는 아니다. 언어, 신화, 예술, 종교, 심지어는 과학이 그 안에 포함하고 있는 사고, 개념파악, 표상, 상상, 묘사라는 작용의 근본적인 양태, 그것들을 우리는 분석하고 이해하고자 노력하고 있는 것이다.

오로지 현상들만을 뒤쫓고 그것들을 정리해서 역사의 실로 꿰는 것이 아니라, 즉 현상을 원인과 결과의 계기 또는 결합이라는 견지에서 보는 것이 아니라 전체로서 파악된 현상이 의거해 있는 여러 가지 기능 또는 함수들의 본성을 우리는 탐구하는 것이다. 이제 우리는 예술 작품, 신화적 사고 또는 종교적 사고의 소산을 연구하는 것이 아니라 이들 작품을 산출하기 위해 요구되는 여러 가지 작용력, 여러 가지 정신적 활동을 연구하는 것이다. 이들 힘의 성격을 순조롭게 통찰할 수 있다면, 즉 그 역사적 기원에서가 아니라 그 구조에 있어서 이해하며, 또한 그것들이 어떠한 방식에서 서로 구별되고 또 그러면서도 서로 협력하는가를 파악한다면, 우리는 인간 문화의 성격에 관해 새로운 지식을 얻는 데 이를 것이다. 우리는 인간 문명의 소산을 그 역사적 조건만이 아니라 체계적 조건으로부터도 이해할 수 있는 것이다. 말하자면 우리는 사고의 새로운 차원에 들어서 있는 셈이다.

그러나 문화의 다양한 형식을 만들어 내는 정신의 개개 에너지에 관한 이러한 성찰을 모두 받아들인다고 해도, 거기에는 여전히 가장 중요한 문제가 남아 있을 듯하다. 우리는 단지 형식적인 수단 또는 논리적인 수단을 이용하는 것만으로는 문화 철학을 구축할 수 없다. 우리는 문화라는 개념 그 자체에 포함된 근본적으로 윤리학적인 문제에 직면하지 않으면 안 된다. 문화 철학은 여러 형식의 연구라고 불러도 좋지만, 이들 모든 형식이 하나의 공통된 목표에 관련됨이 없이는 이해될 수 없다. 결국 여러 형식의 진화 발전은 무엇을 의미하는 것일까? 즉 신화, 언어, 예술, 과학이라는 형태로, 말하자면 여러 그림들을 전시하는 이 화랑은 무엇을 의미하는 것일까? 그것은 말하자면 인간 정신이 자신과 벌이는 유희 이외 다른 아무것도 의미하지 않는 게 아닐까? 그렇지 않다면 이 유희는 일반적인 주제, 보편적인 과제를 지니고 있는 것일까? 만일 우리가 문화의 여러 문제를 단지 심리학의 측면으로부터만 접근하려 한다면, 또는 최근 현대 독일 철학 내에서 활발하게 개진된 철학적 인간학의 관점으로부터 이 문제를 대하려고 한다면, 이 물음에 대답할 수 없을 것이다. 이러한 인간학의 목표는 실존 철학이 되는 데 있으며, 그것은 스스로를 인간 실존이라고 불리는 것에 대한 참된 해석이라고 자칭한다.[18)]

18) 마르틴 하이데거, 『존재와 시간』(Martin Heidegger, *Sein und Zeit*, trans. John Macquarrie

그러나 '실존'이라는 용어는 그 자체로 애매한 것이다. 인간성의 영역에서는 자연 사물의 영역에서의 것과는 다른 방식으로 실존이나 현실성을 정의해야 한다. 그것은 어떤 특별한 객관적 특성이나 특질을 지적하는 것으로 정의되거나 규명될 수 없다. 인간의 실존의 문제는 객관적 존재의 문제일 뿐만 아니라 객관적 가치의 문제이기도 하다. 만일 우리가 가장 함축적인 방식으로 또 가장 강렬하고 집중적으로 문화에 관한 철학적인 물음을 제기하려고 노력한다면, 우리는 항상 이 결정적인 문제에까지 이끌리는 것이다. 이 문제에 대해 제시되어 온 해답들은 각기 서로 크게 차이가 나지만, 대체로 본질적인 경계선을 이루는 두 가지 주요 원리로 환원될 수 있을 것이다. 문화에 관한 윤리학적 문제는 자유와 필연성의 문제에 결부된다. 어떤 특별한 문화 철학의 특징을 그려 내려면 우리는 이 철학이 자유와 필연성의 문제를 어떻게 해결할지에 대해서 검토하지 않으면 안 된다.

최근 들어 문화의 비밀을 마침내 밝혀 냈다든지 혹은 여러 가지 문화의 형식을 단지 경험적으로만이 아니라 실로 사변적인 방식으로 기술하는 방법을 발견해 냈다고 자랑스럽게 말하는 역사 철학이 활발히 개진되고 있다.[19] 논리적 사고라는 통상적 방법을 따르는 것으로는 결코 이들 문화의 형식이 기술될 수 없다는 것은 사실이다. 〔이 역사 철학에 따

and Edward Robinson, Oxford: Basil Blackwell, 1962) 참조. 『국가의 신화』(*The Myth of the State*, New Haven: Yale University Press, 1946), 292~293쪽, 그리고 이 책에 실린 「철학과 정치」 참조. 카시러 및 하이데거에 관해서는 이 책 서문 제4절을 참조.

19) 오스발트 슈펭글러, 『서구의 몰락』(Oswald Spengler, *Der Untergang des Abendlandes*, trans, C.F. Atkinson, 2 vols., New York: Knopf, 1926 and 1928) 참조. 『국가의 신화』 289~292쪽 그리고 이 책에 실린 「철학과 정치」, 「현대의 정치적 신화의 기술」 참조.

르면〕 이들 형식은 직관되어야 한다. 즉 분석적 방식이 아니라 관상학적 방식에 의해 간파되어야 한다. 그러나 이러한 관상학적 방식은 문화의 참된 통일성에 대한 신념을 파괴한다. 이 방식이 보여 주는 것은 사고, 감정, 의지와의 관련에 의해 서로 결합되어 있지 않은 개개의 형태에서만 문화는 가능하게 된다는 점이다. 〔이 방식에 의거한다면〕 철학은 이러한 통일성을 탐색해서는 안 되고 이 통일성에의 신념을 포기해야 한다. 문화에는 공통의 주제가 전혀 존재하지 않는다. 인간성을 가리켜 문화에 있어 공통의 주제라고 말하는 것은 단순한 환영에 의해 기만당하고 있는 것이다. 인간성에는 공통의 형식도 또 공통의 목적도 전혀 존재하지 않는다. 우리가 문화라는 명칭으로 일컫고 있는 것은 각기 다른 문화의 영혼들로 분할되지 않으면 안 된다. 이들 문화의 영혼들(Kulturseelen) 중 어떠한 영혼도 다른 영혼과 비교할 방도가 없다. 이들 영혼 각각이 고유한 신비적 존재, 신비적 기원, 신비적 종말을 지니며, 고유한 탄생, 쇠퇴, 몰락을 지니는 셈이다.

그러나 이 철저한 비합리성에도 불구하고 우리는 각기 다른 문화의 영혼의 성장과 쇠퇴를 단지 추적할 뿐만 아니라 그것을 예언할 수도 있다. 왜냐하면 〔이 견해에서 본다면〕 그것은 문화라는 우주를 가득 채우고 또한 이것을 지배하고 있는 무오류적이고 불가피한 운명이기 때문이다. 사고나 의지를 통한 그 어떤 노력으로도 인간은 이 운명에 저항할 수 없다. 인간은 문화 과정의 본성을 발견할 수 있지만 〔이 견해에서 보자면〕 그 과정을 제어할 수 없고 예정되어 있는 결말로부터 벗어나게 할 수 없다. 이 점에 의해 우리는 기묘하고 놀라운 사실에로 이끌린다. 즉 자연 철학 및 과학적 사고가 이 편협하고 경직된 필연성의 형식을 버리고 인과율에 대한 한층 더 비판적인 다른 개념으로 치환하려고 하는 이 시대에, 역사의 영역에서는 보편적 형이상학적 결정론을 채택하려고 한다는 점이다. 현 시점에서 인과율의 일반적 문제로 들어가지는 않더라도, 우리는 문화의 영역에 예정설 또는 운명론이라는 개념을 도입한다면, 분명 문화가 가지는 가장 뛰어난 특징을 희생하게 될 것이라고 단언할 수 있다.[20)]

문화는 필연성의 관점에서 정의되거나 설명될 수 없으며, 자유의 관점으로부터 정의되지 않으면 안 된다. 사실 자유란 형이상학적인 의미에서가 아니라 윤리학적 의미에서 이해되어야 한다. 그렇지만 이 윤리학적 개념이 문화 세계와 맺는 관계는 매우 복잡한 것이다. 말하자면 문화 철학의 문제는 윤리적 생활의 문제와 동일한 차원에 속하는 것은 아니고, 또한 윤리적 생활의 규준이나 범주로 즉각 환원될 수도 없다. 확실히 두 분야는 서로 밀접하게 결부되어 있지만 서로 동일 영역을 점하는 것은 아니다. 그러므로 이 두 영역의 상대적인 경계를 결정하는 것 그리고 양자의 상관성과 독자성을 정의하는 것은 철학적 사고의 전개에 있어 가장 어려운 문제 중 하나라는 사실이 분명해진 셈이다. 이 전개를 추적하기보다는, 하나의 특징적인 사례를 통해 이 점을 설명해 보고자 한다. 칸트에 관해 말하면, 그는 인간 정신에서의 각기 다른 영역, 각기 다른 능력을 지극히 주의깊은 방식으로 구별하려고 부단히 노력하고 있지만, 그럼에도 불구하고 역사 철학의 문제와 도덕성의 일반적 문제 사이에는 실질적이고 근본적인 어떠한 구별도 전혀 인정하지 않는 것 같다.

칸트의 역사 철학은, 짧지만 매우 중요한 의미를 지닌 그의 논문「세계

20) 초고 원문에는 슈펭글러의 역사관에 대한 이러한 논의를 담은 초안이 두 개 포함되어 있지만, 이들은 위와 거의 같은 취지의 것이다. 본문은 초고상의 첫 번째 원고에 따르며, 몇 개의 표현을 두 번째 원고에서 보완했다. 〔 〕 내의 어구는 두 번째 원고로부터 편자가 삽입한 것이다.

시민적 관점에서 본 보편사의 이념(*Ideen zu einer allgemeinen Geschichte weltbürgerlicher Absicht*)」 속에 담겨 있다. 역사를 진정 철학적인 의미에서, 즉 단지 정치적인 의미에서가 아니라 초정치적인 의미, 세계시민적인 의미에서 이해하기 위해서는 역사상의 개개의 사건들의 경로를 더듬을 필요는 없다. 인간의 문명이 지닌 온갖 다양한 형식 및 온갖 우연적인 행보에 관한 상세한 평가를 수행할 필요도 없다. 정말로 중요한 것은 유일한 결정적인 물음, 즉 인간의 활동 전체가 목표로 하는 궁극적 목적에 관한 물음 이외에는 없다. 그런데 도덕성의 일반적 원리들을 규정하기까지는 우리는 이 물음에 대한 만족스럽고 결정적인 해답을 발견하기를 기대할 수 없다. 이들 원리를 인식하고 증명한 다음에는, 우리는 동일한 근본적 이념을 윤리와 역사 양쪽의 근원에서 발견하게 되는 것이다. 윤리와 역사는 모두 동일 지점을 중심으로 전개된다. 말하자면 이 둘은 동일한 보편적 주제에 관한, 즉 자유에 관한 서로 상이한 표명 및 해석이다. 인간의 역사에서의 진정한 궁극 목적은 바로 자유, 또는 칸트에게선 같은 의미이지만, 이성의 자율이다.[21]

따라서 문화 철학의 다양한 문제는 어떠한 방식으로, 또 어떠한 수단을 사용해서 이 자율이 달성되는 것인가에 관한 문제로 모두 집약될 것이다. 일반적으로 칸트 체계 전체에 따른다면, 문제를 단순화하고 응축할 수 있다. 칸트가 진정으로 중요하고 결정적이라고 여겼던 물음, 즉 인간이 목표로 하는 주요 목적에 관한 물음에 대답할 수 있기 위해서는 인

21) 여기서부터 이 글의 말미에 이르기까지 카시러의 원고 페이지들에서는 순서가 다소 뒤섞여 있지만 내용 면에서 본래의 순서는 쉽게 이해될 수 있다. 수미일관된 텍스트를 제시하기 위해 몇몇 페이지의 배열을 고쳤으며 내용상 중요하지 않은 몇몇 곳들의 중복은 정리했다.

간의 역사의 진행과정을 추적하거나 인간 문명의 다양한 형식 전체에 관해 상세한 평가를 내릴 필요는 없는 것이다. 이 목적이란 도덕적 목적이며, 따라서 도덕성 그리고 윤리학의 체계 내에서야말로 우리는 역사 철학 및 문명 철학의 참된 원리를 추구해야만 한다.

칸트의 견해로 보자면, 자유의 이념은 역사 철학 및 문화 철학의 모든 문제의 근원에 존재한다. 자유란 이성의 자율을 의미한다. 따라서 문화 철학의 보편적 목적은 이 자율이 인간의 사고 및 인간의 의지의 전개 속에서 어떠한 방식으로 또 어떠한 수단에 의해 달성될 것인가라는 물음에 포함되어 있다. 칸트에게 자유란 인간의 문명의 시초이자 결말이다. 자유의 실현 가운데에, 즉 이성의 자율의 요구가 점진적으로 현실화되는 가운데에, 인간 역사의 전체적 주제가 포함되어 있는 것이다. "인간이 자신의 동물적인 존재를 기계적으로 조정하는 일을 넘어서는 모든 것을 스스로의 힘으로 산출하기를 자연은 원했던 것이며, 그리고 본능에 속박되지 않고 자신의 이성에 의해 스스로 창출한 것 이외의 어떠한 행복, 어떠한 완전성에도 관여하는 일이 없기를 자연은 원했던 것이다."[22)]

우리는 이 칸트의 견해를 체계적 근거 및 역사적 근거 양자로부터 이해하고 설명해도 좋을 것이다. 그러나 우리는 문화의 문제를 칸트가 규

22) 「세계시민적 관점에서 본 보편사의 이념」(trans. Lewis White Beck, "Ideas for a Universal History from a Cosmopolitan Point of View", in *On History*, ed. Lewis White Beck, Indianapolis and New York: Bobbs-Merrill, 1963), 13쪽. 초고에서 카시러는 이 인용을 독일어로 쓰고 영역 문장을 첨가하고 있다. 독일어 인용은 다음과 같다. "자신의 동물적 현존 방식을 기계적으로 조정하는 것을 넘어서는 그 이상의 모든 것을 인간이 전적으로 자기 자신으로부터 개발하도록, 그리고 본능에서 해방되어 자신의 이성에 의해 스스로 창출한 것 외에는 어떠한 행복, 어떠한 완전성에도 관여하지 않도록, 자연은 원했던 것이다." (*Idee zu einer allgemeinen Geschichte in weltbürgerlicher Absicht*, 제3절).

정한 한계 내에 제한할 수 없다. 칸트 스스로 자신의 비판적 체계의 최종적인 구성에 있어서는 어떤 의미에서 이 한계를 넘어가지 않을 수 없었던 것이다. 최초의 단계에서 그는 자연의 문제 및 도덕성의 문제에만 관심을 두고 있었다. 그는 인간 지성의 자발성에까지 되돌아가서 다음과 같이 지적하는 것으로 첫 번째의 문제를 해결하려고 시도했다. 즉 자연이란 그 형식적 의미에서 본다면, 다시 말해 모든 현상이 경험 내에서 결합된 것으로 생각되기 위해 그에 따르지 않으면 안 되는 여러 규칙들의 총체로서 본다면, 그것은 우리의 지성과 그 근원적 형식들 및 원리들의 구성에 의해서만 가능하게 된다고 지적했던 것이다. 그는 도덕성을 자유라는 이념 위에만, 또는 칸트에게는 같은 것이지만, 이성의 순수한 자율 위에만 기초를 두고자 시도했다. 그러나 『순수이성비판』 및 『실천이성비판』에서 경험의 분석과 도덕성의 분석을 행한 뒤, 그는 새로운 문제, 곧 예술의 문제로 이끌렸다. 예술의 영역은 이론적 탐구 및 도덕적 탐구의 분야에서 유효했던 원리들로 환원될 수 없다는 것을 그는 인정해야만 했다. 예술에는 고유한 의미가 있고 독자적인 의의와 가치가 있다. 그것을 이론적 진리 또는 도덕적 진리의 규준으로 재어서는 안 된다. 칸트는 이 규준을 발견하고 정당화하기 위해서 순수 지성과도, 또 실천 이성과도 구별되는 새로운 능력, 즉 판단력에까지 거슬러 올라가야만 했다.

종교의 문제에 관해선 칸트는 이와 다른 노선을 취한다. 종교의 내용 및 그 근본적 교의를 철저하게 분석하면서도 그는 또한 종교가 도덕성의 원리로 환원되거나 귀착될 수 없다는 것을 인정하지 않는다. 그는 『이성의 한계 안에서의 종교』(*Religion innerhalb der Grenzen der blossen Vernunft*)를 요청하며, 그가 말하는 윤리-신학 이외엔 어떠한 신학도 인정하지 않는다. 그러나 종교를 이처럼 윤리적으로 정의하고 종교의 의미를 이렇게 한정지음으로써 칸트는 종교적 생활이나 종교사에서의 구체적 현상을 철저하게 분석하고 또 그에 관한 철학적인 이해를 천착해 나가는 가능성을 스스로 박탈해 버린 셈이다. 종교는 그 윤리적 내용 및 윤리적 동기만으로 설명될 수 없다. 종교는 이와 다른 계기, 아니 이와 대립되는 계기를 포함하고 있다. 그것은 신화적 사고의 세계로서, 종교는 그 최초의 시원이나 그 역사적인 전개에 있어서 이 신화적 사고의 세계와 결부되어 있는 것이다. 종교의 구체적인 의미, 구체적인 역사적 활동을 이해하기를 바란다면, 신화적 사고와 종교적 사고를 결합하고 있는 이 끈을 자를 수 없다.[23]

여타의 거의 모든 인간 정신의 활동들에 있어서도 동일한 관계가 성립해 있다. 언어와 예술 그리고 과학마저도 그 기원 및 그 전개에 있어 신화적 사고의 요소들과 밀접하게 결합되어 있는 것이다. 그것들은 자신들 고유의 역사의 긴 여로를 끝낼 때까지는 이 요소들로부터 벗어나 각기 그들 본래의 모습을 나타낼 수 없다. 실험 과학조차도 그 응용 범위 및 그 특징적 방법에 관한 참된 개념에 도달하기까지는 이와 동일한 길을 걷지 않으면 안 되었다.

린 손다이크(Lynn Thorndike)의 『마법과 실험과학의 역사』(*A History of Magic and Experimental Science*)라는 저작이 있다. 이 책에서 저자는 신화적 주술적 사고의 요소로부터 빠져 나온 실험 과학의 완만한 발전 과정을 추적하고자 했다.[24] 그러므로 인간 세계의 구성에 관여하고 협력하는

23) 『상징형식의 철학』 제2권 제4부 및 『인간에 관하여』 제7장에서 논해진 신화와 종교의 연관에 대한 카시러의 논의를 참조.

24) 전 8권(New York: Macmillan and Columbia University Press, 1923~1958).

여러 에너지들에 관해, 신화는 공통의 배경과 공통의 기반을 이루는 것으로 생각되어야 한다. 이와 같이 생각한다면, 현재의 우리의 문제는 칸트의 비판적 관념론이 구상해 낸 것보다도 훨씬 더 복잡한 형식을 취하게 된다.

칸트는 자신이 일컫는 윤리-신학 외에는 어떠한 신론, 어떠한 신학도 받아들이지 않는다. 그리고 칸트의 미학에서도 이와 동일한 특질을 갖는 사상 경향을 발견할 수 있다. 칸트는 확실히 미학에서, 예술과 도덕을 기초짓는 두 가지 능력의 본질적인 차이, 즉 순수 의지의 능력과 미적 판단의 능력의 차이를 끊임없이 강조한다. 그가 논증하려고 하듯이 예술에는 고유의 영역이 있다. 즉 이론적 진리 또는 도덕적 진리의 규준만으로는 잴 수 없는 독자적인 의미 및 독자적인 가치가 존재한다. 그러나 도덕성으로 환원될 수는 없되, 예술은 그럼에도 도덕성과 밀접한 관계를 지니고 있다. 칸트에 따르면 이 관계는 실재적인 것, 말하자면 물리적인 것으로서가 아니라 오히려 상징적인 것으로서 파악되지 않으면 안 된다.

미는 결코 도덕성과 합치되지도 않고 도덕성에 의존하지도 않는다. 그러나 미를 도덕성의 상징이라고 불러도 좋을 것이다. 즉 인간 정신의 새로운 능력이 드러나는 것도, 인간 정신이 경험적 개별성의 영역을 넘어서는 것도, 인간 정신이 인간성이라는 보편적 이상을 추구하는 것도, 다름아닌 미에 의해서이기 때문이다. 칸트가 자신의 생각을 표현하고 있듯이, 예술과 도덕은 동일한 것은 아님에도 불구하고 공통 기반과의 관계에 의해 서로 결부되어 연접하고 있다. 이 기반이란 『판단력 비판』에서 "인간성의 초감성적 기체(das übersinnliche Substrat der Menschheit)"라고 불리는 것이다. 칸트에 따르면 이 초감성적 기체는 우리의 경험적 세계의 사실 가운데에는 전혀 없지만 그것을 이성의 이상으로서, 즉 인간 정신의 서로 다른 온갖 에너지가 그것과 관련되며 그것에서 통일과 조화를 얻는 그러한 이상으로서 파악되는 것이 허락되고 또한 그와 같이 파악되어야 한다.

자유와 필연성에 대한 이와는 다른 관념이 헤겔의 체계를 지배하고 있다. 헤겔은 칸트의 도덕주의를 받아들이지 않으며 자신의 철학의 시작부터 이 도덕주의를 매우 격렬하게 공격했다. 하지만 헤겔이 칸트의 관념론의 주요 원리에 완전히 동의하는 지점이 적어도 하나는 존재한다. 칸트처럼 헤겔은 자유의 문제가 관념론 철학의 시작이자 결말이라고 확신하고 있었다. 이 문제는 헤겔의 저작 전체에 고루 영향을 미치고 있다. 그것은 헤겔의 『논리의 학』, 『정신현상학』, 『역사철학 강의』에서 다양하게 변형되면서 전개되는 공통의 주제이다. 그러나 헤겔의 견해에서 보자면, 이 주제를 완전히 전개하기 위해선 칸트 철학이 다루는 주관적 정신의 영역에 갇혀 있을 수는 없다.

주관적 정신의 현상 또는 의식의 현상에 대한 분석은 한층 더 깊고 광범한 분석에 의해, 즉 객관적 정신 및 절대적 정신의 철학에 의해 보완되어야 한다. 이러한 철학에 의해서만 자유의 참된 개념은 정의되고 논증될 수 있다. 우리는 자유를 도덕성에만 제한할 수 없다. 그렇게 하면 자유를 단순한 주관성의 한계 내에, 주관적 반성 내에 가두어 버리게 되기 때문이다. 하지만 자유는 한층 더 많은 것을 의미한다. 그것은 절대적 정신의 궁극적 목적을 의미하며 동시에 이 목적에 도달하고자 절대적 정신이 편력하지 않으면 안 되었던 길을 의미한다. 자유란 의식이 언명하는 것에 기초해 믿어져야 하는 단순한 의식의 사실이 아니라, 정신의 자기실현의 작용에 의해 형성되고 획득되어야 할 것이며 그런 방식 이외에는 획득될 수 없는 것이다. 그리고 바로 이 점이 문화의 여러 상이한 형식들, 즉 예술, 종교, 철학에 대해 자유가 맺고 있는 관계를 설명해 준다.

예술, 종교, 철학은 절대적 정신의 자기전개의 각기 다른 필연적 단계에 다름 아니다. 그리고 철학은 이들 단계를 모두 포함하는 것으로서, 예술과 종교를 단지 결합할 뿐만 아니라 양자를 단일한 정신적 직관에로 합일시켜 이들을 한층 더 자의식적 사고로 고양시킨다. 『엔치클로패디』에서 헤겔은 다음과 같이 말한다. "따라서 그러한 의식은 (사고에 의해 인식된) 예술과 종교의 개념이며, 거기에서는 내용에 있어 상이한 요소들이 필연적인 것으로서 인식되고 이 필연적인 것이 자유로운 것으로서 인식되고 있는 것이다."[25] 이것에 의해 헤겔은 자유와 필연성 간에 참된 화해를 가져왔던 것이라고 믿고 있다. 절대적 정신의 길, 즉 절대적 정신이 자기 자신에 이르는 길은 필연적인 것이지만 이 길의 마지막은 절대적인 자기인식이며 이는 정신의 절대적 자유를 의미한다. 관념론이라는 것은 여러 다양한 형식을 띠더라도 한결같이 정신이 외적인 운명에 복종한다는 생각을 거부하는 것이다. 정신은 자기 자신의 자유를 가지기 위해서

25) 『엔치클로패디』(1830) 제3부 「정신철학」 제572절(trans. William Wallace, Oxford: Clarendon Press, 1971). 카시러의 초고에는 이 점을 확장시켜 써 둔 페이지 한 쪽이 별도로 포함되어 있다. "헤겔의 철학은, 절대적 정신이 자기 자신에 이르기 위해 편력해야만 했던 도정의 체계적 서술임을 주장한다. 문화의 여러 형식들, 즉 예술, 종교, 철학은 모두 이 절대적 정신의 각기 다른 단계에 지나지 않는다. 헤겔은 다음과 같이 말한다. '절대적 정신은 영원히 자기 자신 내에 존재하는 동일성임과 동시에 자기 안으로 돌아가는 동일성, 자신 안으로 귀착된 동일성이다. 그것은 정신적 실체로서 유일하고도 보편적인 실체이며 그 자신과 의식에의 판단이며, 이 의식에 대해 실체는 실체 그 자체로서 존재한다.'(같은 책, 553절.) 그러므로 철학은 예술과 종교를 통합하기 위해 단지 양자를 모으는 것만이 아니라 '바로 단일한 정신적 직관으로 통일해 내고 또한 자기의식적 사고에까지 고양하는'(같은 책, 572절) 그러한 학문이다. '따라서 이 인식은 이 내용과 그 형식의 승인이고, 두 형식들의 일면성으로부터의 해방이자 두 형식을 절대적 형식에로 고양하는 것이다.……이 운동이 곧 철학이지만, 그것이 궁극적으로 자기 자신의 개념을 파악할 때,……자신이 이미 완성한 것을 발견하는 것이다.'"(같은 책, 573절).

는 그것을 실재화하고 현실화하지 않으면 안 된다. 그리고 문화의 활동 전체는 모름지기 이 자기실현의 과정인 것이다.

비판적 관념론은 헤겔의 절대적 관념론과는 다른, 훨씬 조심스러운 과제를 스스로에게 부과하고 있다. 그것은, 문화의 개개의 단계들을 전부 논리적으로 연역해내고 또 그 단계들이 정신의 절대적 본성 및 실체로부터 전개될 때 따르는 보편적 계획을 형이상학적으로 기술할 수 있을 정도로까지, 문화의 내용 및 범위에 관해 이해할 수 있다고 주장하지 않는다. 그러나 이 비판적 자제(自制)라는 성격에도 불구하고 비판적 관념론은 문화라는 우주를 구성하는 개개의 단계 및 과정들에 참된 실재적 통일이 결여되어 있다고는 생각하지 않거니와, 그것들이 이른바 '찢겨진 사지(disjecta membra)', 즉 단편(斷片)에 지나지 않는다고 생각하지 않는 것이다.

우리는 형이상학적으로도, 자연주의적이고 숙명론적인 역사 체계의 방식으로도 이 통일을 정의하거나 설명할 수 없다. 즉 그것은 주어진 것이 아니고 하나의 이념이자 이상이기 때문이다. 그것은 정적인 의미에서 파악되는 것이 아니라 동적인 의미에서 이해되어야 한다. 그것은 산출되지 않으면 안 되며, 이 산출이라는 것 속에 문화의 본질적인 의미와 윤리적인 가치가 존재하는 것이다.

이러한 견지에서, 문화의 과정은 자유의 의식이 진보해 가는 것이라는 칸트와 헤겔의 생각에 우리는 동의해도 좋을 것이다. 왜냐하면 단순한 수동적 상태로부터 활동이라는 명확한 형식에까지 우리를 이끄는 사고, 의지, 감정의 전 과정 속에 이 의식의 자유는 의도되며 현실화되고 있기 때문이다. 비판적 관념론은 이 활동의 각기 다른 형식, 즉 언어, 예술, 종교, 과학이라는 형식을 순수하게 분석적인 방식으로 기술하는 것으로부터 시작한다. 그러나 이러한 기술을 통해 종합적인 견해가 배제되는 것은 아니고, 오히려 그것을 위한 준비가 되는 것이라고 우리는 믿는다. 비판적 관념론의 목적은 정신의 절대적 본성 및 그 개별적 현상의 필연적 계기를 표현하는 보편적 공식을 얻는 데 있지 않다. 또한 문화의 향후 진로를 예언하거나 지시할 생각도 없다. 그것이 약속하고 바라는 것은 한층 더 조심스러운 것이다. 그것이 희구하는 것은 인간 정신에 관한 일종의 문법이나 통사론(統辭論)에 도달하는 것이며, 인간 정신의 다양한 형식과 기능을 탐구하여 이것을 지배하는 일반적 규칙들을 통찰하는 일이다. 이것에 의해 우리는 보다 바람직한 방식으로 인간성의 '공통세계'(κοινὸν κόσμον)를, 즉 개개의 의식이 각기 참여하고 자신의 방식 및 자신의 노력에 의해 그것을 재구축해야 하는 그러한 공통세계를 이해할 수 있다고 생각된다.

나는 이 연속 강의에서 여러분들이 주목하기를 바랐던 문제에 관해 대략적 윤곽을 제시하는 것 이외에 다른 어떠한 것도 할 수 없을 것이다. 그러나 주제에 관한 논의를 길게 연장하기보다는 개인적인 소견, 개인적인 회상을 말하는 것으로 논의의 결말을 짓고자 한다. 나는 이미 몇 년 전에 나의 친구 작슬 박사의 안내를 받아 이 연구소 도서관 내부를 처음으로 돌아보았던 날을 또렷이 기억하고 있다. 이 최초의 열람을 통해 나는 강렬한 인상을 받았다. 그리고 확실히 이 인상에 의해 용기를 얻어 오랜 세월에 걸쳐 계획해 온 연구를 속행하기로 작정했다. 즉 이 강의에서 다루려고 한 문제에 관해 체계적 분석을 행하려고 했던 것이다.[26] 이 문제

26) 1920년, 함부르크 대학교 교수직에 오른 지 얼마되지 않아 카시러는 처음으로 바르부르크 연구소 도서관을 방문했다. 바르부르크와는 별개로 카시러는 상징형식의 구상에 이

미 도달해 있었지만(카시러가 『상징형식의 철학』 제2권 「신화적 사고」의 서문에 분명히 밝히고 있듯이, 제2권의 초고는 이 연구소를 방문한 시기에 이미 진행되고 있었다), 그 구상은 이 도서관 서고의 구성과 아주 밀접하게 일치하고 있었다. 프리츠 작슬은 1913년에 이 연구소의 일원이 되어, 1929년에 바르부르크가 죽은 후 그를 계승하여 연구소 소장이 되었다. 카시러의 이 방문을 그는 다음과 같이 회상하고 있다. "바르부르크에게 철학 연구는 이른바 원초적 정신(primitive mind)의 연구와 분리되기 어려운 것이었다. 또한 종교, 문학, 예술에서의 형상의 연구와도 떼어낼 수 없는 것이었다. 이런 생각은 서가에 놓인 책들의 정통적이지 않은 배열에 나타나 있었다. 카시러는 이것을 금방 이해했다. 하지만 돌아갈 채비를 하면서 카시러는 그 특유의 부드럽되 분명한 어조로 이렇게 말했다. '이 서고는 위험한 곳입니다. 이곳으로부터 아예 몸을 멀리 하거나 아니면 몇 년이든 이곳에 자신을 감금하거나 그 둘 중 하나밖에 없습니다. 이곳에 감싸여 있는 철학적 문제는 내 자신의 문제와 근접해 있습니다만, 바르부르크가 수집한 구체적인 역사적 자료는 그보다 더 압도적이라는 생각이 듭니다.' 그는 나를 당황케 한 채로 떠났다. 한 시간만에 이 사람은 내가 여지껏 만났던 그 누구보다도 훨씬 더 이 도서관 서고에 구현된 본질적인 이념을 이해해 버렸던 것이다." ("Ernst Cassirer", in *The Philosophy of Ernst Cassirer*, ed. P.A. Schilpp, Evanston, Ill.: The Library of Living Philosophers, 1949), 47~48쪽. 카시러는 이 연구소의 활동에 깊이 관계하여, 1921~1922년부터 1932년에 걸쳐 자신의 저작 중 네 편을 《바르부르크 도서관 연구총서》라는 이 연구소 연속 간행물의 논저로서 출간하며 또한 이 연구소의 '강연집'에 기고했다. 그것은 다음과 같다. 「정신과학의 구축에서의 상징형식의 개념」("Der Begriff der symbolischen Form im Aufbau der Geisteswissenschaften", *Vorträge der Bibliothek Warburg*, 1921~1922), 『신화적 사고에서의 개념형식』(*Begriffsform im mythischen Denken*, 1922), 「에이도스와 에이돌론. 플라톤 대화편에서의 미와 예술의 문제」("Eidos und Eidolon. Das Problem des Schönen und der Kunst in Plations Dialogen", *Vorträge der Bibliothek Warburg*, 1922~1923), 『언어와 신화. 신들의 명칭 문제에 관한 고찰』(*Sprache und Mythos. Ein Beitrag zum Problem der Götternamen*, 1925), 『르네상스 철학에서의 개체와 우주』(*Individuum und Kosmos in der Philosophie der Renaissance*, 1927), 「샤프츠베리와 영국에서의 플라톤주의의 르네상스」("Shaftesbury und die Renaissance des Platonismus in England", *Vorträge der Bibliothek Warburg*, 1930~1931), 『영국에서의 플라톤 르네상스와 케임브리지학파』(Die Platonische Renaissance in England und die Schule von Cambridge, 1932). 이들 저작은 B.G. 토이브너에 의해 라이프치히에서 출판되었다. 그 중 다음과 같은 저작들은 영역본이 간행되었다. 『언어와 신화』(*Language and Myth*, trans. Susanne K. Langer, New York: Harper and Brothers, 1946), 『르네상스 철학에서의 개체와 우주』(*The Individual and the Cosmos in Renaissance Philosophy*, trans. Mario Domandi, New York: Harper&Row, 1963), 『영국에서의 플라톤 르네상스』(*The*

에 몰두했던 오랜 기간이 지난 뒤인 지금에도, 그것이 여전히 '탄생의 상태에(in statu nascendi)' 있다는 것을 나는 충분히 의식하고 있다. 그러나 나는 바르부르크 연구소가 다른 많은 경우에서와 같이 이 경우에서도 그 특별한 본령을 발휘하여 플라톤이 일컫는 '산파술(μαιευτικὴ τέχνη)'을 추구하기를 바라마지 않는다. 이 연구소에 감사의 뜻을 표함과 동시에 연구소의 도움을 받아 이 문제가 발전하고 성숙하게 되기를 바라면서 말을 맺고자 한다.

∴

Platonic Renaissance in England, trans. James P. Pettegrove, Austin: University of Texas Press; Edinburgh: Thomas Nelson and Sons, 1953).

역사 철학

3
데카르트, 라이프니츠, 비코
(1941~1942)

이 강의는 "「역사 철학」 연구세미나, 예일 1941~1942년"이라는 표제가 붙은 일련의 강의들 중 일부이다. 이것은 대학원 과정인 철학 121, 역사 철학에 대한 카시러의 담당 교과로 생각되는데, 예일 대학교 이수 개요의 1941~1942년 판에는 카시러와 찰스 헨델(Charles Hendel), 그리고 역사학과의 하요 홀본(Hajo Holborn)의 담당 과목이라고 기재되어 있다. 그 과정은 "역사 철학 및 역사가 철학에 대해 갖는 의의"를 다루는 것으로 설명되어 있다. 이 초고(MS #11)의 강의들에는 이 강의 외에 칸트의 역사관, 르네상스에서의 역사 철학, 헤르더에 관한 견해들, 헤겔의 국가론 및 역사 철학의 본성에 관한 일반적인 논의가 포함되어 있다. 헤겔의 국가론 및 역사 철학의 본성에 관해서는 이 강의 뒤에 실린 두 강의를 보기 바란다. 헤르더에 관한 강의는 1941년 12월 17일자로 되어 있고 거기에서 라이프니츠에 관한 논의는 그보다 더 이전이라고 언급되어 있으므로, 이 강의가 이루어진 시기는 1941년 가을 또는 초겨울 학기 무렵으로 추정된다.

이 초고는 보다 이른 시기의 초고(MS #161)와 관련이 있다. 후자에는 "런던의 바르부르크연구소, 1935년 1월 및 2월 세미나를 위한 데카르트, 라이프니츠, 비코에 관한 강의"라고 명시되어 있다. (카시러와 바르부르크연구소의 관계에 대해서는 앞에 실린 「문화 철학으로서의 비판적 관념론」을 보기 바란다.)

그 초고(MS #161)에서의 데카르트, 라이프니츠, 비코에 관한 카시러의 논의는 MS #11의 논의와 매우 밀접하게 대응하고 있어, 이것은 다분히 카시러가 전자의 초고를 이용해 후자의 초고를 준비했으리라는 것을 보여주고 있다. 이들 두 강의 원고는 세미나에서 논의를 개진할 목적으로 쓰인 것이다. 카시러는 MS #161의 서두에서 "주제에 관해 철저하게 논의하는 충분한 기회를 가지고자" 자신은 30분 이상 시간을 할애할 생각은 없다고 말하고 있다. 두 강의 원고 및 MS #11의 모든 강의는 손글씨로 쓴 영어 원고이다.—편자

이 서두의 언급에서 데카르트, 라이프니츠, 비코의 철학을 체계적으로 기술해 보일 생각은 없다. 나는 단지 하나의 문제, 즉 역사라는 개념 및 역사에 있어서의 진리라는 개념에 논의를 한정하지 않을 수 없다. 데카르트, 라이프니츠, 비코에 의해 표현된 세 사상 체계를 상호 비교하는 것은 17세기의 여러 사상의 일반적 전개를 이해하는 데 있어 매우 유익하다. 이 세기에서 우리는 학의 새로운 이념의 출현을 차근차근 더듬어 갈 수 있다.

데카르트의 철학에서 역사가 점하는 자리는 없다. 역사적 사고는 바로 그 본질, 그 대상, 그 목적에 의해 철학적 사고와 서로 대립되어 있다. 철학적 사고란 체계적 사고를 뜻한다. 체계적으로 질서지어질 수 있는 그러한 명제들만이 철학적 가치 및 철학적 적절성을 지닌다. 질서야말로 진리와 지식의 조건에 다름 아니다. 즉 질서가 없는 곳에 학문은 없는 것

이다. 어떤 명제를 이해한다는 것은 그 명제를 보다 단순한 다른 명제들로 분석하는 것, 그리하여 마침내 그 명제를 그 자체에 의해 알려지는, 즉 그 정합적인 명석함과 명증성에 의해 알려지는 기본적 공리들로 환원하는 것을 의미한다. 그러나 역사 안에서 논리적인 질서나 정합성을 얻으려고 애쓰는 것은 전혀 가망없는 일일 것이다. 우리가 역사 안에서 발견하는 것은 제각각인 사실들의 집적에 다름 아니다. 데카르트의 정신은 수학적 정신이다. 수학적 직관 및 수학적 연역만이 지식의 원천이다. 데카르트가 최고의 목적으로 삼는 것은 일체의 학을, 즉 자연학과 형이상학 모두를 수학으로 변환시키는 데 있다. 그러나 역사에는 그와 같은 변환의 여지가 없다. 역사는 수학에 저항하는 것이다.

개인적으로는 데카르트가 특수한 역사에 대한 물음들에 관심을 두고 있었을지도 모르며, 때로는 역사가의 저작을 읽는 데에 빠져 있었을지도 모른다. 하지만 데카르트는 그 같은 관심이 학 내지 철학과 모종의 관계가 있다고 생각하지는 않았다. 그것은 우리의 상상력의 위로일 뿐 이성의 실행은 아닌 것이다. 이러한 견해는『방법서설』의 매우 특징적인 한 구절 속에 표명되어 있다.

> 역사 속에서 이야기되는 인상적인 행동들은 정신을 드높이며, 신중하게 읽어 낸다면 판단을 내리는 데 도움이 되리라는 것을 나는 잘 알고 있었다.……하지만 나는 여러 언어에 대해 그리고 또 고대인에 관한 독서나 그들의 역사 및 우화에 대해 이미 충분한 시간을 할애했다고 생각했다. 왜냐하면 이전 시대 사람들과 대화하는 것과 여행을 하는 것은 거의 같은 것이기 때문이다. 다른 나라들의 풍습에 관해 무엇인가 알고 있는 것은 우리 자신의 풍습에 관해 좀더 정확히 판단을 내릴 수 있게 하는 데에

유익하다.……다른 한편 여행을 하는 것에 너무나 많은 시간을 들이면 태어난 나라에 대해 외지 사람이 되어 버리며, 과거의 풍속에 호기심을 너무 가지면 대체로 현재의 풍속에 관해 무지하게 되고 만다.……그러므로 이러한 원천에서 얻어진 범례들에 의해 자신의 행동을 규정하는 사람은 중세 이야기 속의 기사(騎士)와 같은 과도한 행동에 빠지기 십상이다.[1)]

역사 속에 몸을 두고자 하는 자는 그 자신이 태어난 나라에, 즉 이성의 나라에 대해 외지인이 되고 만다는 것이다. 데카르트의 반(反)역사주의를 나타내 보이는 또 하나의 예가 『자연의 빛에 의한 진리의 탐구(*Recherche de la Vérité par la Lumiére Naturelle*)』 가운데에 있다.[2)] 이 논문은 단편인 채로 남아 있지만 데카르트의 교육 이념을 전개한 것이다. 내 생각으로는, 십중팔구 이 논문은 데카르트가 스톡홀름에 머물던 동안에 쓰였던 것으로, 데카르트를 철학 선생으로 초빙한 스웨덴 여왕 크리스티나를 위한 일종의 교육 프로그램을 담고 있다.[3)]

1) 제1부.

2) 초고에는 『진리의 탐구』가 세미나에서 읽힌 저작들 중 하나임을 나타내는 언급이 들어 있다.

3) 데카르트와 크리스티나 여왕에 관한 카시러의 연구 『데카르트. 그의 학설, 인격, 영향』을 참조. 카시러가 데카르트의 『진리의 탐구』에 특히 관심을 가졌던 것은 그가 이 책에 대해 다음과 같은 두 개의 전문 논문을 발표했다는 사실에 의해 드러난다: 「데카르트의 『자연의 빛에 의한 진리의 탐구』의 의의와 작성시기에 관하여」("Über Bedeutung und Abfassungszeit von Descartes' 'Recherche de la Vérité par la Lumiére Naturelle,'" *Theoria* 4, 1938), 193~234쪽. 및 「데카르트의 대화편 『자연의 빛에 의한 진리의 탐구』와 데카르트 철학 전체에서의 그 위치. 하나의 해석 시도」("Descartes' Dialog 'Recherche de la Vérité par la Lumiére Naturelle' und seine Stellung im Ganzen der Cartesischen Philosophie. Ein Interpretationsversuch," *Lärdomshistoriska Samfundets Arsbok, Lychnos*, Uppsala, 1938), 139~179쪽. 이들 저술은 또한 그의 만년, 즉 1937년에 데카르트의 사상에 관해 쓴 다른 두 논문과 함께 카시러의 『데카르트』를 구성하고 있다. 데카

데카르트는 다음과 같은 물음으로 시작한다. 분별있는 사람(honnête homme), 참된 교양인은 무엇을 배워야 하는가, 그리고 그러한 사람을 교육함에 있어 불필요한 것 또는 부적절하기까지 한 것은 무엇인가. 교육은 인간 이성을 강화하고 도야하는 것 외에는 그 이상의 다른 목적을 갖지 않으므로, 이성의 활동을 북돋우고 그 활력을 강화시켜줄 만한 것 이외에는 어떠한 대상도 인정될 수 없다고 데카르트는 말한다. 그러나 역사의 연구나 언어의 연구는 둘 다 이러한 과제를 수행할 수 없다. 역사에 관한 지식은 기억에 의존하는 것이지 이성에 의존하는 것은 아니다. 역사란 궁극적으로, 과거 시대나 아득히 먼 나라들에 대한 두서없는 사실들을 모아놓은 것에 만족하는 무익한 호기심이다. 한 인간이 그 생애 전체를 통해서도 이러한 사실들 전부를 모으기엔 충분하지 않을 것임은 분명하다. 그러나 이러한 소망이 충족될 수 없다는 것을 유감스럽게 생각할 필요는 없다. 오히려 반대로 그것은 이치에 맞지 않는 소망임을 확신하지 않으면 안 된다. 자신의 정신을 도야하는 것만을 목적으로 삼는 자는, 이 목적을 위해 자신이 필요로 하는 것은 역사 또는 언어에 관한 온갖 종류의 지식을 모으는 데 있지 않음을 곧바로 깨달을 것이다. 그는 반드시 그리스어나 라틴어를 알아야만 하는 것은 아니다. 마치 세계

∴

르트에 관한 이들 만년의 저술들은 그 구체적인 역사 연구의 방법 및 논조 면에서 데카르트에 대한 카시러의 초기 연구, 즉 그의 취임논문 「수학적 및 자연과학적 인식에 대한 데카르트의 비판」("Descartes' Kritik der mathematischen und naturwissenschaftlichen Erkenntnis," 1899)—이것은 『라이프니츠 체계의 학적 기초』(*Leibniz' System in seinen wissenschaftlichen Grundlagen*, Darmstadt: Wissenschaftliche Buchgesellschaft, 1961; orig. pub. 1902)의 제1부를 이루고 있다—및 『근대의 철학과 과학에 있어서의 인식의 문제』(*Das Erkenntnisproblem in der Philosophie und Wissenschaft der neuern Zeit*) 제1권(Darmstadt: Wissenschaftliche Buchgesellschaft, 1971; orig. pub. 1906) 제3편에서의 데카르트 체계에 대한 그의 논법과는 상당한 차이가 있다.

의 온갖 언어, 관용어법이나 방언, 예를 들면 저지(低地) 브루타뉴(bas-Breton) 어(語)*를 응당 알고 있으리라고 생각하지 않는 것과 마찬가지로 말이다.[4] 또한 그가 신성로마제국의 역사를 배울 필요가 없는 것은, 지극히 작아서 크게 문제가 되지 않는 나라의 역사에 관해 온갖 세부사항들까지 알고 있을 필요가 없는 것과 같은 것이다. 역사상의 새로운 사실 발견을 항상 추구하고 있는 사람들의 정신은 데카르트가 말하듯이 수종병(水腫病)을 앓고 있는 사람의 신체보다 별반 더 나을 게 없는 건강 상태에 있다. 둘 중 어느 경우이든 채워지지 않는 허기와 누를 수 없는 갈망에 시달리고 있기 때문이다.

역사에 대한 동일한 고찰방식 및 역사의 교육적 가치에 대한 동일한 판단이 다른 모든 데카르트학파에 있어서도 지지되고 있다. 말브랑슈(Nicolas Malebranche)는 데카르트의 제자들 가운데 가장 심원하고도 독창적인 사람 중 하나이다. 그러나 역사를 보는 관점에 있어 그는 스승에 동의하지 않을 뿐 아니라 위에서 말한 반역사적 태도를 과장하기까지 한다. 주저 『진리의 탐구』에서 말브랑슈는 역사와 언어학에 반대하는 노골적인 캠페인을 하고 있다. 여기에서는 학문에 대한 우리의 그릇된 이념이나 고대에 대한 우리의 그릇된 존경심에 반대하는 가장 격렬한 독설이 발견된다. 스피노자에 관해서는, 그의 학설이 역사 사상의 전개에 아무런 영향도 미치지 않았다고 말하는 것은 온당하지 않을 것이다.[5] 그러나

* 브루타뉴 어는 프랑스 브루타뉴 지방의 켈틱 어임.

4) 『방법서설』 제1부를 참조.

5) 『라이프니츠의 체계』 447쪽에서의 말브랑슈와 스피노자에 대한 카시러의 유사한 언급을 비교하라.

이 영향은 간접적인 것에 불과했으며 특수한 영역에 한정되어 있었다.

스피노자의 『에티카』에서는 역사라는 것이 그 어떤 정당화도, 어떤 새로운 자극도 찾을 수 없었다. 그러나 스피노자의 『신학 정치론』(*Tractatus theologico-politicus*)은 성서의 역사 연구에, 특히 구약성서의 비판적 연구에 새로운 길을 열었다. 스피노자는 매우 대담하게도 성서라 함은 말로 나타낸 신의 뜻이라는 원리를 저버리고 이를 공격했다. 그는 성서를 성령에 의해 구술된 신성한 책으로서 읽지 않았다. 그는 그것을 인간이 쓴 책으로서 읽었고, 그 안에서 온갖 종류의 인간적인 모순과 과오, 불일치를 발견했다. 이를 통해 스피노자는 구약 및 신약 성서에 관한 새로운 역사적인 고찰 방식을 예비했던 것이며, 이후 18, 19세기에 종교사에 있어 매우 중요하게 된 성서 비판에의 길을 닦았던 것이다.[6]

그러나 스피노자 자신의 철학 사상이나 그의 체계 내에서는 역사에 대한 관심을 표명한 흔적은 발견되지 않는다. 그의 체계의 원리들에 따른다면, 역사 철학이라는 단순한 개념조차 하나의 용어 모순이 된다. 역사란 세계를 시간 및 시간적 진전이라는 관점에서 바라보는 것을 뜻하는 데 반해, 철학이란 우주를 영원이라는 관점에서, 어떤 **영원한 상(相) 아래에서**(sub quadam aeternitatis specie) 고찰하는 것을 의미한다. 스피노자의 인식론에서는 상상력(imaginatio), 이성(ratio), 직관(intuitio)이라는 용어에 의해 표현되는 인식의 세 가지 양태(mode), 형식 간의 구별이 발견된다. 상상력은 경험적 사실 및 경험적 사건 질서와 관계된다. 이성은 수학의 세계, 특히 기하학의 세계로 향해 있으며, 직관은 형이상학의 원천에 다름 아니다. 역사의 대상들은 모두 인식의 가장 낮은 단계인 상상력

6) 카시러, 『계몽주의의 철학』 영역본, 184~186쪽을 참조.

에 속한다. 왜냐하면 스피노자에 따르면, 시간 자체가 상상력의 한 양태에 다름 아니기 때문이며 상상력은 이성과도 직관과도 대립하는 것이다.

라이프니츠는 고전적 합리론의 체계들에서 발견되는 이러한 사고 도식을 최초로 타파했다. 그는 이러한 도식을 결코 반대하고 있는 것은 아니다. 어떤 점에서도 그는 합리론의 적대자로서 나타나지는 않는다. 도리어 그는 아마도 철학사에 등장한 합리론의 최대 대표자이다. 그의 철학에서 합리론은 그 절정에 이르며 그 최고의 힘을 발휘한다. 라이프니츠는 데카르트가 도입한 진리의 새로운 이념을 받아들일 뿐 아니라 이 이념을 강화시키고 그것을 보다 폭넓게 적용하려고 노력한다. 그는 합리론의 원리들을 심지어 데카르트의 철학에서는 배제되어 있던 영역에까지 확장한다.

데카르트는 한편으로는 철학 및 수학의 진리를, 다른 한편으로는 신학의 진리를 마련해 이 둘 사이를 예리하게 구별하고 있다. 후자는 이성적 원리들에 기초를 두고 있는 것은 아니다. 그것은 계시에 의존한다. 논증 가능한 논리적 진리와 계시되는 신학의 진리 간의 이러한 차이는 라이프니츠의 체계에서는 더 이상 존재하지 않는다. 라이프니츠에 따르면, 논리는 어떠한 진리도 모두 포함하며 모든 과제를 감당할 수 있다. 논리, 즉 추리나 논증의 형식들에 저항하는 주제는 하나도 없는 것이다. 라이프니츠가 쓴 매우 기묘한 정치 소논문이 하나 있는데, 거기에서 그는 폴란드 왕위를 계승하려는 모든 후보들 중 스타니스라우스 레티친스키(Stanislaus Letizinsky)가 가장 적격으로 평가되어야 한다는 것을 삼단논법의 원리들에 따라 논리적 논증에 의해 증명하려고 하고 있다. 그러한 '논리주의'나 '수학주의'가 역사를 이해하기 위한 새로운 길을 개척할 수 있으리라고는 거의 기대할 수 없을 것이다.

하지만 라이프니츠의 저작에서는 역사와 관계되는 문제들이 매우 커다란 범위를 차지하고 있다. 베를린, 런던 그리고 파리의 세 아카데미에 의해 기획된 라이프니츠 전집 결정판의 계획에 따르면, 정치 및 역사에 관한 저작들은 4절판 크기로 대략 15권에 이를 것으로 예측되고 있었다. 이 같은 외견상의 부조화는 어떻게 설명될 수 있는 것인가? 라이프니츠의 백과전서적인 정신은, 지극히 서로 동떨어진 주제들에도 적합하며 그것들을 하나의 동일한 방식으로 취급할 수 있는 종류의 것이었는가? 아니면 라이프니츠 철학이 논리, 수학 및 자연학에 관한 사상만이 아니라 역사에 관한 사상에까지도 새롭고도 강력한 자극을 주었다는 사실에 대해, 보다 깊은 체계적인 이유들이 발견될 수 있는 것인가?

이러한 물음에 대해 납득할 만한 답변을 얻기 위해서는, 라이프니츠 형이상학의 첫째 원리들에까지 거슬러 올라가야 한다고 나는 생각한다.[7] 거기에서야말로 합리론의 과거 모든 체계와 라이프니츠 체계 간의 차이가 명백해지는 것이다. 라이프니츠 철학에서 시간 개념은 새로운 의미와 새로운 중요성을 얻는다. 스피노자에게 시간이란 어떠한 철학적 가치도 가질 수 없는 상상력의 한 양태였다. 사물들의 본질, 신과 자연의 본질은 시간이나 시간적 관계에 의해 기술될 수 없는 것이다. 오로지 하나의 실체가 존재한다. 그런데 이 실체는 시간을 넘어서 있어 시간의 제약

7) 라이프니츠는 카시러의 사상을 관류하는 중심적인 인물이다. 그가 최초로 간행한 라이프니츠에 관한 저작 『라이프니츠의 체계』(1902)는 두말할 것도 없고, 카시러의 초기 저작 대부분 또한 칸트뿐 아니라 라이프니츠도 포함하고 있다. 카시러는 라이프니츠의 철학 저작집 『G.W. 라이프니츠 철학저작집』(*G. W. Leibniz. Philosophische Werke*, 3 vols., Leipzig: F. Meiner, 1924 and 1926; orig. 1904, 1906 and 1915)을 편집했던 적이 있다. 라이프니츠에 대한 카시러의 관심은 그의 여러 저작들을 가로지르고 있지만, 아마도 거기에 포함되어 있는 것은 모나드라는 개념과 상징에 대한 카시러의 개념 간의 관계일 것이다.

에 종속되지 않는다. 하지만 라이프니츠는 실체의 범주를 스피노자와는 다른 의미로 이해하고 규정한다. 라이프니츠에게 실체란 단지 지속하고 영속하는 사물만이 아니다. 그것은 시간 속에서 진전하는 사물이다. 그리고 이때의 진전(evolution)이란 참된 실체의, 주요하고도 불가결한 술어들 중 하나이다. 라이프니츠는 다원론자이지 일원론자는 아니다. 그에게 우주는 복수(複數)의, 아니 무한대의 개체적 실체들인 모나드들로 이루어져 있다. 그리고 그러한 모나드는 정적인 상태로, 정지해 있는 것으로서 이해될 수 없다. 그것은 하나의 동적인 상태로 이해되고 설명되지 않으면 안 된다. 모나드는 전통적인 의미에서의 실체, 즉 변화와 시간을 넘어선 사물이 아니다. 모나드는 힘이며, 모나드는 활동의 중심이다. 이들 힘은 각기 독자적인 성격으로서 특별한 불멸성을 지니고 있다. 『단자론(*Monadology*)』에서 라이프니츠는 이렇게 말한다. "나는 다음과 같은 점을 당연하다고 생각한다. 즉 창조된 모든 사물, 따라서 창조된 모나드 또한 변화를 겪게 마련이라는 것, 그리고 변화는 어떤 모나드에 있어서도 부단히 계속된다는 사실이다.……그러나 변화의 원리 외에도, 변화하는 것의 내부에 있어 다른 것과 차이를 나타내는 것, 즉 단순한 실체의, 말하자면 특수화와 다양성을 이루는 것이 있지 않으면 안 된다."[8]

이러한 사고방식에 의해 개체성과 보편성, 시간과 영원, 지속과 변화라는 외관상으로는 대립하는 두 계기들이 새로운 의미에서 정의된다. 이들 계기들은 더 이상 서로 대립되지 않고 서로 연결되며 관련되는 것이다. 역사에 관한 사상을 평가하는 데 있어 결정적이 되었던 것이 바로 시간에 대한 이러한 새로운 형이상학적 개념이요, 개체성에 대한 이러한

8) 10절 및 12절을 참조.

형이상학적 가치였다. 역사에 관한 라이프니츠의 저작들이 그 자체로 실로 내용이 풍부하고 흥미로운 것이었다고 하더라도 역사에의 새로운 길을 열었던 것은 그의 그러한 저작이 아니라 그의 형이상학 일반이었던 것이다.

라이프니츠의 기본 개념들이 충분히 성숙했던 것은 헤르더와 헤겔의 저작들에서이다.[9] 헤르더가 영향을 받은 것은 라이프니츠, 칸트, 하만(Johann Georg Hamann)만이 아니었다. 헤르더는 그의 시대에서 거의 이해되거나 평가되는 일이 없었던 중요한 하나의 저작을 읽고 연구하고 있었다. 비코의 『여러 민족들의 공통 본성에 관한 새로운 학문의 원리들(*Principi di scienza nuova d'intorno alla comune natura delle nazioni*)』, 즉 『새로운 학문』은 1730년에 출간되어 있었다.[10] 우리 자신의 문제라는

9) 카시러는 이러한 언급을 하기 약 1년 전, 즉 1940년에 쓴 연구서 『인식의 문제』 제4권의 헤르더에 관한 장의 말미에서 이 같은 논점을 다음과 같이 전개하고 있다. "그러므로 18세기와 19세기, 즉 계몽주의와 낭만주의 사이에는 연속성 내의 어떠한 단절도 없고 라이프니츠와 샤프츠베리로부터 헤르더로, 그리고 그 다음엔 헤르더로부터 랑케에 이르는 전진적 발전이 있을 뿐이다. 〔프리드리히 마이네케가 랑케에 대한 기념강연에서 그렇게 말했듯이〕 '역사에 대한 랑케의 저작을 그처럼 생생하고 그처럼 결실이 풍부하게끔 만든 원리들 자체—개인에 대한 깊은 사유, 사물을 형태 짓는 내적인 힘에 대한 사유, 사물들의 특유한 개개의 발전에 대한 사유, 그리고 이들 모든 요소를 하나로 결합시키는 생(生)이라는 공통적 기반에 대한 사유—는 18세기 독일 정신의 온갖 노력에 의해 얻어진 것이라고 할지라도 랑케의 업적이 이룬 많은 가치들을 손상하지는 않을 것이다. 온 유럽이 도왔고……샤프츠베리는 내적 형식에 대한 자신의 이론을 통해 독일의 운동에 귀중한 지적 원조를 더해주었으며, 다른 한편 이와 동시에 독일에서는 라이프니츠가 자신의 모나드 이론 및 '보편적 공감(σύμπνοια πάντα)'이라는 말로 불을 붙였는데, 이 불은 젊은 헤르더에게서 계속 오랫동안 연기를 내다가 마침내 헤르더가 그 표현을 라이프니츠로부터 채택하여 모든 생에 공통된, 그리고 신성과 관련된 기반에 뿌리를 둔 민족의 개별성이라는 것을 발견했을 때, 그 불은 갑자기 타오르기 시작했다.'" 영역본 『인식의 문제: 헤겔 이후의 철학, 과학 및 역사』, 224~225쪽.

10) 『잠바티스타 비코의 새로운 학문』(*The New Science of Giambattista Vico*, trans, Thomas

관점에서 볼 때 이 저작에서 가장 중요한 것은 그 실질적인 내용이 아니다. 문명의 역사에 관한 비코의 해석은 많은 점에서 매우 자의적이고 공상적인 것 같이 여겨진다. 그의 저작이 지닌 의의 및 가치는 이러한 해석에 달려 있는 것은 아니다. 훨씬 더 독창적이었던 것이자 역사 사상의 더 나아간 전개에 있어 중요한 의미를 지녔던 것은 비코에 의해 도입되고 옹호된 방법상의 새로운 이념이었다. 어떤 의미에서는 비코의 저작들의 도입부는 새로운 『방법서설』—단지 수학이나 자연학이 아니라 역사에 적용된 것—이라고 간주해도 좋을 것이다.

비코는 역사주의의 체계를 고안했던, 그리고 이 체계를 데카르트의 논리주의나 수학주의에 대담하게 대립시킨 최고의 사상가일 것이다.[11] 비코에 따르면 우리가 실질적인 진리를 찾아야 하는 것은 바로 역사 속에서이다. 왜냐하면 우리가 실재에 가까워지는 길을 발견하기를 바랄 수 있는 것은 오직 역사에 의해서이기 때문이다. 데카르트가 수학을 상찬하고 찬양하는 것은 그것이 명석하고 판명한 관념의 영역이기 때문이다. 비코는 이러한 명석함과 판명함에 이의를 제기하는 것은 아니다. 그는

Goddard Bergin and Max Harold Fisch, Ithaca, N.Y.:Cornell University Press, 1968)을 참조. 카시러는 『라이프니츠의 체계』에서 역사에 대한 라이프니츠의 이해 및 정신과학들(Geisteswissenschaften)과 관련하여 비코를 논하고 있다. 이 초기의 저작에서 카시러는 비코를 정신과학들의 기초에 관한 물음을 적절한 형식으로 제기한 최초의 사상가라고 밝히고 있다. 카시러는 1923년 바르바르크 연구소를 위한 최초의 예비 연구를 이루는 논문에서 이렇게 말하고 있다. "'정신과학들'의 건설적 구축이라는 계획은 근대 철학에서는 잠바티스타 비코에 의해 처음으로 날카롭고도 확고하게 파악되고 있다."(『신화적 사고에 있어서의 개념형식』("Die Begriffsform im mythischen Denken"), 『상징개념의 본질과 작용』(*Wesen und Wirkung des Symbolbegriffs*, Darmstadt: Wissenschaftliche Buchgesellschaft, 1956), 5쪽. 『인문학의 논리』(영역본), 52~54쪽에서의 비코에 대한 카시러의 지지를 비교하라.

11) 『인문학의 논리』(영역본), 49~54쪽. 및 『인식의 문제』(영역본), 217쪽 참조.

수학이 지닌 논리적인 가치를 필히 인정한다. 그러나 그에 따르면, 외관상의 이 같은 이점은 그것을 획득하는 데에 높은 대가를 지불하지 않으면 안 된다. 수학은 그 논리적인 지위를 유지하기 위해선 실재와의 관계를 끊어야만 한다. 만일 인간의 지식이 실재와 접촉하기를 바란다면, 그리고 그 지식이 자기의 고유 영역 내에서, 즉 추상적인 개념들의 영역 내에서 실재 그 자체를 포함하고 있지 않다면, 인간의 지식은 수학의 한계를 넘어가지 않으면 안 된다. 수학적 개념들은 그 명석함과 판명함을, 그것들이 규약적이고 임의적인 개념들이라는 사실에 빚지고 있다. 그것들에 속한다고 생각되는 진리는 가언적인 진리이다.

만일 어떤 기본적인 공준 내지 공리가 정해진다면, 그것들로부터는 완전히 명석하고도 논리적으로 결점이 없는 방식으로, 단순한 연역과 추리에 의해 하위 명제들의 진리가 추론될 수 있을 것이다. 그러나 거기에 도달되는 것이 실재는 아니다. 수학에서 우리가 관계하는 것은 우리 자신의 개념과 관념뿐이다. 그리고 우리는 말하자면 이들 개념의 덫에 붙잡혀 있는 것이다. 근대의 합리론은 다음과 같은 원리를 자주 주장해 왔다. 즉 인간의 정신은 그 정신 자체가 낳은 것들, 그리고 그 정신 자신의 생득적인 힘에 기인하는 것들에 관한 것 외에는 어떠한 합당한(adequate) 생각도 지닐 수 없다는 원리가 그것이다. 비코는 이 원리를 채택하지만 그 원리에 전적으로 새로운 방향을 부여한다. 그리고 그는 그 원리로부터 정반대의 결론을 이끌어 낸다. 역사라는 영역보다 인간의 정신이 자신에게 더 가까이 있는 영역은 없다고 비코는 단언한다. 물리적인 세계가 아니라 역사의 세계야말로 인간에 의해 창조되며 인간 자신의 능력에 의존한다. 자연의 비밀을 통찰하고 물리적 세계에 대한 철저한 지식에 도달하려는 희망을 가져 본들 소용 없는 일이다. 오히려 수학으로부터 자연학으로 이행할 때 우리는 실재에 접근하며 구체적인 경험적 사실을 파악하는 것이 사실이다. 그러나 이들 사실에 관한 우리의 지식은 여전히 합당하지 않은 채로(inadequate) 남아 있다. 즉 그것은 진리에 가까운 그럴듯함을 지니고 있지만 실재적인 진리는 아니다. 왜냐하면 물리적인 체계, 물질적인 세계는 우리 자신의 작품이 아니라 신의 작품이기 때문이다. 그리하여 '세계의 제작자'인 신만이 완전하고 합당한 방식으로 자신의 작품을 이해할 수 있는 것이다. 그러므로 자연은 어떤 의미에서는 항상 인간에게 외적인 것으로 남아 있으며, 인간의 인식 능력을 넘어서 있다. 그러나 역사를 다룰 때의 우리는 이러한 제한에서 면제되며 이러한 장애를 더 이상 느끼지 않는다. 인간이 역사를 이해하는 것은 인간이 역사의 제작자이기 때문이다.[12] 그러므로 인간에 어울리는 연구대상은

12) 이러한 견해에서 카시러가 주로 염두에 두고 있는 것은 그의 다른 저작들에서도 언급되어 있는 『새로운 학문』의 다음과 같은 구절인 것 같다. "왜냐하면……민족들의 이 세계는 분명 인간들에 의해 이루어져 왔고 따라서 그 모습은 우리 자신의 인간 정신의 변모 양상 내에서 발견되어야 하기 때문이다. 그리고 역사는, 사물들을 창조하는 자가 그것들을 이야기하는 경우만큼 확실한 것일 수는 없다. 그런데 기하학이 자신의 요소들로부터 양(量)의 세계를 구축하거나 그 세계를 정관(靜觀)하면서 스스로 세계를 만들어 내듯이, 우리의 학문도 〔스스로 제 민족의 세계를〕 만들어 낸다. 그러나 인간의 행동에 관한 제도와 관습은 점이나 선, 면 그리고 도형이 실재적인 것보다 더 큰 실재성을 지니고 있다. 그리고 이러한 사실 자체가 독자에게, 이들 증명이 신적인 종류의 것이며 그에게 신적인 기쁨을 주리라는 것의 논거인 셈이다. 왜냐하면 신에 있어 인식과 창조는 하나의 동일한 것이기 때문이다."(349절) 카시러의 논의 및 비코의 이 구절에서 전제되어 있는 것은 후자의 초기 저작 『이탈리아의 가장 오래된 지혜』(*De antiquissima Italorum sapientia*, 1710)에 나타나 있는 '참된 것 자체는 만들어진 것이다'(verum ipsum factum)라는 비코의 원리—진리는 인식하는 자가 스스로 만든 대상들에 대해서만 가져질 수 있다—이다. 이렇게 해서 학문(scienza)은 인식하는 자가 동시에 그것의 창조자이기도 한 대상들에 대해서만 가져질 수 있다. 인식하는 자에 의해 창조되지 않은, 다른 대상들에 대한 인식은 의식(coscienza)밖에 될 수 없는 것이다. 따라서 카시러의 설명이 지적하고 있듯이, 기하학자가 점, 선, 면, 도형에 관한 하나의 학을 가질 수 있는 것은 그가 그것들을 창조하고 있

결코 수학의 세계도 또 물리적 세계도 아니라 역사의 세계, 시민사회이다. 비코가 필요로 하는 것은 문명에 관한 철학—역사의 일반적 진로 및 인간 문화의 발전을 지배하는 기본 법칙들을 발견하고 설명하는 철학—이다.

이러한 전반적인 과제의 수행이야말로 비코의 저작에 그 철학적 중요성을 부여하고 있는 점이다. 그의 저작의 특수한 내용과 관련해서는, 역사적 사실에 대한 비코의 지식이 이후 시대의 지식과 비견해볼 때 매우 불충분한 것에 지나지 않는다는 사실이 감안되어야 한다. 그럼에도 불구하고 비코는 이후 시대에 한층 상세한 역사 및 언어학의 연구에 의해 부활되고 확증된 많은 견해들을 선취했다. 비코의 문명 철학은 새로운 역사 철학에의 첫걸음으로서만 아니라 사회학이라는 현대 학문에의 첫걸음으로서도 자주 여겨져 왔다. 실제로 비코는 인간의 문화가 사회학의 원리와 방법에 따라 연구되고 설명되어야 한다는 사실을 완전히 깨닫고 있다. 그는 현대적인 의미에서의 사회학적 설명을 얻고자 노력하는 것은 아니다. 그는 문명을 유기적 통일체, 하나의 목적을 지닌 질서로서 간주한다. 그러므로 문명의 진로를 이해하기 위해서는 작용인(作用因, causa efficiens)만이 아니라 목적인(目的因, causa finalis), 즉 형상인과 목적인을 더 많이 탐구해야만 한다. 온갖 다양한 인간의 관습들 속에서, 외적 조건 즉 자연적 또는 지리적 상황에 의한 온갖 차이들 속에서 우리는 진보의

기 때문이며, 인간이 역사적인 문화 세계에 관한 하나의 학을 가질 수 있는 것은 인간이 이 세계를 창조하고 있는 행위자이기 때문이다. 그러나 신만이 자연에 관한 참된 인식을 가질 수 있는데 그것은 신이 자연의 창조자이기 때문이다. 신은 '세계의 조물주'이다. 인간은 자연의 물리적 대상들을, 자기 자신이 만든 것은 아닌 것으로서 불완전하게만 인식할 수 있을 뿐이다. 비코, 『전집』 제1권(*Opere*, vol. I, ed. Giovanni Gentile and Fausto Nicolini, Bari: Laterza, 1914), 131~132쪽을 참조.

명확한 통례를 항상 관찰할 수 있다. 모든 민족은 아무리 서로 갈라져 차이를 지닌다고 해도, 인간성이라는 보편적인 형식을 함께 나누고 있다.

특히 비코는 인류가 진전해 오면서 거쳐야만 했다고 자신이 생각하는 세 가지 상이한 단계들을 구별하고 있다. 세 가지 시대가 있는데, 그것들을 비코는 신들의 시대, 영웅의 시대 그리고 인간의 시대라고 불렀다. 이들 명칭은 반드시 가치판단을 포함하지는 않는다. 비코는 인간의 연속적 퇴행이라는 비관론을 주장하지 않는다. 그는 황금 시대라든가 신들의 시대 혹은 영웅의 시대에 대한 숭배자이거나 찬양자는 아니다. 그는 다만 초기의 원시적 형태의 문명을 후대의 단계들과 구별하고자 할 뿐이다.[13] 다양한 시대들의 이러한 계열에 대응하여 비코의 저작에서는 인간의 문화 및 인간의 역사의 모든 기본적인 현상이 유비적으로 삼분되어 있다.

13) 카시러는 여기서 '영원의 이념사'(storia ideale eterna)라는 비코의 관념, 즉 "모든 민족이 소생, 발전, 융성, 쇠퇴, 몰락을 겪는 가운데 시간 속에서 관통되어 있는 영원의 이념사"(『새로운 학문』 245절 이하, 349절도 참조.)라는 원리를 해석하고 있는 것 같다. 카시러는 이 원리를, 슈펭글러의 경우와 유사한 역사에서의 쇠퇴의 원리로서보다는 오히려 문화의 과정을 신화적 의식이라는 시원적 상태 속에 근거짓는 일반적인 문화 발전의 원리로서 이해해야 한다고 시사하는 것처럼 보인다.(이 책의 다른 강의들에서의 슈펭글러에 대한 카시러의 견해를 비교하라.) 비코에게서 문화의 신화적 단계에 대한 필요성이 강조되고 있는 점은 카시러 자신의 생각과 유사하다. 『상징형식의 철학』 제2권인 『신화적 사고』에서 카시러는 비코와 셸링의 이름을 들면서 신화적 의식에 관한 자신의 이론의 선구자로서 간주한다.(영역본 3쪽). 『인간에 관하여』에서는 카시러는 이렇게 말한다. "비코가 '상상력의 논리'를 창조하고자 최초의 체계적 시도를 했을 때 그는 신화의 세계로 되돌아갔다. 그는 세 가지 서로 다른 단계에 관해 말한다. 즉 신들의 시대, 영웅의 시대 그리고 인간의 시대가 그것이다. 시의 참된 기원이 찾아져야 하는 것은 앞의 두 시대에서이다라고 그는 단언했다. 인류는 처음에 추상적인 사고 또는 이성적인 언어를 지닐 수 없었다. 인류는 신화와 시라는 상징 언어의 시대를 경과하지 않으면 안 되었다."(153쪽). 이 강의에서 카시러의 논점은 영원의 이념사라는 비코의 관념 내에서 '상상력의 논리'라는 측면에 초점을 두고자 한 것이지, 유전(流轉)과 회귀(corsi e ricorsi)라는 측면, 즉 역사에 있어서의 소생과 쇠퇴의 순환이라는 측면에 관한 것은 아니다.

어떤 시대이든 고유의 관습, 독자적인 법, 사회 및 국가 통치의 형태, 언어, 종교 그리고 특징적인 사고방식을 갖는다. 앞선 두 단계, 즉 신의 시대와 영웅의 시대는 상상력이라는 능력의 우위에 의해 특징지어진다. 그 시대들은 신화나 시의 시대이다. 마지막 단계는 과학과 철학의 우위에 의해 특징지어진다.

초기의 두 단계들에 대응하는 통치 형태는 일종의 신정(神政) 및 군사적 귀족 정치이다. 인류의 현 발전 단계에 적절한 형태는 민주 정치 또는 군주 정치로서, 거기에서 각 개인은 공통의 인간성을 대표하는 것으로 간주되므로, 모든 각 개인에게 법적 권리가 인정되어 있다. 여기에서 우리는 계몽주의의 합리론에 대한 비코의 반감에도 불구하고, 18세기, 즉 계몽주의 시대의 일반적인 정치 사상 및 정치 이념이 미치고 있는 영향의 흔적을 엿볼 수 있다. 언어의 문제에 관해 보자면 최초의 시대의 언어를 비코는 상형문자의 언어라고 말한다. 제2의 시대의 언어는 상징적이고 시적인 언어이며 우리 자신의 시대의 언어는 추상적 또는 이성적인 언어이다. 왜냐하면 인간의 원시적인 사고는 신화적 또는 시적인 사고였기 때문이다. 그리고 최초의 본연의 언어는 시였던 것이다.

훗날에 하만과 헤르더가 "시는 인간성의 모국어이다."라는 말로 표현한 견해는[14] 비코에 의해 예견되어 있었던 셈이다. 최초의 민족들은 개념에 의해 사고한 것은 아니었다. 그들은 시적인 이미지로 사고하고 우화

14) 『인문학의 논리』(영역본, 55쪽) 참조. 『인식의 문제』에서 카시러는 이렇게 말한다. "잠바티스타 비코는 신화의 진정한 발견자라고 불려도 좋을 것이다. 그는 신화라는 잡다한 요소들로 이루어진[잡색의-편자] 형태의 세계에 몰두하였고 자신의 연구를 통해 이 세계가 그 자신의 특유한 구조와 시간 질서와 언어를 지니고 있다는 것을 배웠다. 그는 이 언어를 해독하려는 최초의 시도를 했으며, 신화의 '성스러운 회화'인 상형문자를 해석하기 위한 방법을 획득했다. 헤르더는 비코의 길을 따라갔다."(영역본, 296쪽).

로 이야기하며 상형문자로 글을 썼다. 이러한 형태의 사고와 언어에 대응하여 그들은 과학적인 지리학은 갖지 않았지만 시적인 지리학을 갖고 있었으며, 시적인 우주 구조론과 천문학을—그뿐만 아니라 시적인 도덕, 즉 신화적인 사고방식에 기초한 도덕까지도—갖고 있었다. 역사에 대한 이러한 사고방식에서 우리는 새로운 시대의 시작을 느끼며, 낭만주의 정신의 최초의 여명을 감지하는 것이다.

4
헤겔의 국가론
(1942)

이 강의는 「헤겔의 국가론에 관한 몇 가지 소견」이라는 제목이 붙어 있으며, 카시러가 1941~1942년 예일 대학교에서 가르친 역사 철학에 대한 교과과정의 일부를 이루고 있다. (상세하게는 「데카르트, 라이프니츠, 비코」의 문헌해제를 참조.) 이 강의에 대해서는 두 가지 사본이 현존한다. 하나는 보통의 손글씨 형태로, MS #11을 이루는 1941~1942년도 교과과정을 위한 다른 강의 원고에 포함되어 있다. 또 하나는 타이핑 원고로, MS #46의 자료에 포함되어 있다. MS #46은 "헤겔 강의 및 세미나, 옥스퍼드 1934, 예일 1941~1942"이라는 표제가 붙어 있으며, 「헤겔의 국가론에 관한 몇 가지 소견」의 타이핑 원고 외에 약간의 노트와, 본래는 1934년에 옥스퍼드에서 행한 헤겔에 관한 교과의, 매우 장문의 수고(手稿) 텍스트도 포함되어 있다, 이 강의는 이 옥스퍼드 교과과정의 텍스트 내에 있는 생각들을 많이 반영하고 있다. MS #46의 「헤겔의 국가론에 관한 몇 가지 소견」이라는 타이핑 원고는 MS #11의 손으로 쓴 초고와 문자 그대로 대응하며, 전자는 후자로부터 만들어진 것임에 틀림없다. MS #46의 타이핑 원고에는 명백히 카시러에 의한 약간의 교정이 되어 있고, 그 첫 페이지 위쪽에는 "카시러, 1942년 2월 4일 강의"라고 표시되어 있다.—편자

헤겔의 역사 철학의 목적을 이해하려면 우리는 무엇보다 헤겔의 관념론의 일반적 성격을 명확히 통찰해야만 한다.[1] 헤겔의 체계는 자기 자신을 '절대적 관념론'의 체계라고 주장한다. 헤겔은 장구한 관념론 전통의 계승자로서 나타난다. 플라톤에서 시작하여 근대 철학이 칸트의 비판 철학에서 그 정점에 도달한 저 위대한 사상의 과정을 그는 스스로 완성했다고 생각한다. 헤겔의 철학은 칸트 사상의 직계 제자라는 것이 널리 만연된 견해이다. 헤겔 철학의 최대의 업적은 다음과 같은 사실, 즉 그의 철학에서는 칸트의 체계에 이미 포함돼 있던 기본적인 전제 및 원리들이 명확히 언명되며, 체계 내의 각 요소들 간의 복잡한 문제들 전체를 충분히 자각하고 있다는 사실에 있다고 말해진다. 리하르트 크로너(Richard Kroner)는 자신의 책 『칸트에서 헤겔까지(*Von Kant bis Hegel*)』에서 이러한 의견을 주장한다.[2] 크로너에 따르면, 칸트의 사고방식 속에 원래 포함되

1) 카시러는 헤겔의 절대적 관념론의 체계를 『근대 철학과 과학에 있어서의 인식의 문제』 제3권 제4장의 대략 100여 쪽에 이르는 글에서 논하고 있다. 그가 다루는 헤겔의 정치론은 그것의 형이상학적 배경의 요약을 포함하고 있으며, 『국가의 신화』(*The Myth of the State*, New Haven: Yale University Press, 1946) 제17장에서 논해지고 있다. 이보다 30년 전의 저작 『자유와 형식』(1916)에서 카시러는 국가에 관한 헤겔의 교설을 짧은 절 하나에서 논하고 있는데, 여기에선 헤겔의 국가론이 미적 휴머니즘 전통과 맺는 관계가 제시되어 있다. 『자유와 형식: 독일 정신사 연구』(*Freiheit und Form: Studien zur deutschen Geistesgeschichte*, Darmstadt: Wissenschaftliche Buchgesellschaft, 1961; orig. 1916), 357~368쪽 참조.

2) 2 vols., Tübingen, 1921~1924.

어 있으나 칸트 자신이 실행할 수 없었던 약속의 일체를 헤겔의 체계는 달성하고 성취해 내고 있다.

나는 이 의견을 받아들일 수 없다. 나는 칸트의 비판 철학의 전제들로부터 헤겔 형이상학의 원리 및 귀결들에 이르는 하나의 연속적인 사상 과정이 구성될 수 있다고는 생각지 않는다.[3] 오히려 헤겔과 칸트 사이의 조화가 아니라 이들 두 체계 간의 근본적 대립, 본질적이고도 뿌리 깊은 대립이 강조되어야 한다고 생각한다. 어떤 의미에서 칸트의 『순수이성비판』의 본질적인 내용은, 그가 일체의 대상을 현상체(phenomena)와 예지체(noumena)로 구별하는 근거를 논하는 장(章)에 포함되어 있다고 말해도 좋을 것이다. 칸트는 이 구별이 고전적인 것이라고 단언한다. 그는 현상계와 본체계 간의 플라톤적인 구별을 전적으로 수용하고 있는 셈이다. 그러나 '현상체'와 '예지체' 간의 이 구별, 감성계(mundus sensibilis)와 예지계(mundus intelligibilis) 간의 이 구별이야말로[4] 헤겔 철학의 최초의 발단에서부터 거부되고 공격되었던 바로 그것이다.

만일 우리가 이와 같이 대상을 현상체와 예지체로 나누고 더 나아가 세계를 감성계와 예지계로 구분짓는 것을 받아들인다면 우리는 실재적인 철학적 진리에 결코 이를 수 없다고 헤겔은 생각한다. 철학적 진리란 일체의 대립을 완전한 통일로 해소하는 것이다. 그러한 통일은 실재의 세계와 관념의 세계 간에, 이성과 경험 간에 어떤 실체적인 차이가 주장되는 한에서는 불가능하게 된다. 실재의 세계, 즉 자연과 역사의 세계가

3) 카시러, 『칸트의 생애와 학설』, 특히 제2장 제4~5절을 참조. 원래 이 저작은 카시러 판 칸트 전집 10권(*Immanuel Kants Werke: Gesamtausgabe in 10 Bänden und einem Ergänzungsband*, Berlin: Bruno Cassirer, 1912)의 제11권으로서 출간되었다.

4) 『칸트의 생애와 학설』 148쪽 참조.

이성에 적합하다는 것만이 아니라—왜냐하면 그러한 일치 또는 적합은 이들 양자 간의 본질적인 차이를 항상 전제할 것이기 때문이다—자연과 역사가 서로 일치한다는 것을 우리에게 확신시키는 것이 철학의 제일 과제이다. 관념의 세계와 실재의 세계, 이성과 경험 간에는 조화만이 아니라 동일성도 존재한다.

헤겔이 『역사 철학강의』의 서론에서 말하고 있듯이, 이성은 무한한 힘일 뿐만 아니라 실체이기도 하다. 이성 자신의 무한한 소재(素材)는 그 무한한 형상(形相)의 근저에만이 아니라 일체의 자연적 생명과 정신적 생명의 근저에도 있다. 이러한 생각의 매우 인상적이고 특징적인 표현을 우리는 헤겔이 자신의 학문 활동의 긴 중단 이후에 하이델베르크에서 철학강의를 재개하던 때에 했던 발언 가운데서 발견한다. 헤겔은 거기에서 이렇게 말한다. "진리를 추구하는 용기, 정신의 힘에 대한 신념이 철학의 제일 조건이다. 인간은 정신으로 있는 한에서 자기 자신을 가장 높은 위치에 두기에 합당한 것으로 평가되어야 하며, 또한 그렇게 평가되어 마땅하다. 인간은 자신의 정신의 위대함과 힘을 너무 높게 평가할 수도 없다. 이러한 신념을 가지고 임한다면, 인간에 대해 열리지 않을 만큼 완고하고 비타협적인 것은 아무것도 없을 것이다. 처음에는 감춰져 있고 닫혀 있는 우주의 본질도, 인식의 용기에 저항할 수 있는 힘은 조금도 갖고 있지 않다. 우주의 본질은 결국 인간에게 명백하게 되어 그것의 풍부함과 깊이를 드러내게 되며, 인식의 향유에 맡겨짐에 틀림없다.……"[5)]

5) 카시러가 언급하고 있는 것은 헤겔의 「취임강연」으로서, 이것은 헤겔이 '철학사 강의'를 시작한 때인 1816년 10월 28일에 하이델베르크에서 행했던 강연이다. 『철학사강의』, 『전집』 제17권(*Sämtliche Werke*, Jubiläumsausgabe, ed. Hermann Glockner, Stuttgart: Fr. Frommanns Verlag, 1959), 22쪽을 참조.

이것은 매우 의기양양하고 당당한 발언이며, 오늘날에조차 우리는 이 말이 지닌 충분한 활력을 느낄 수 있다. 또한 이 발언이 젊은 세대 전체에게 미쳤던 감화력을 이해할 수도 있다. 하지만 이 세미나의 전반적 주제라는 관점에서 보자면, 우리는 이 자리에서 또 하나의 물음을 제기하지 않으면 안 된다. 헤겔 체계의 이러한 근본적인 테제는 18세기의 철학 및 정치의 다른 모든 체계와 어떠한 점에서 차이가 있는 것일까? 역사적 세계의 합리성에 대한 신념이 계몽주의의 모든 사상가들에게서 발견될 수 있는 공통적인 확신은 아닌 것인가? 헤겔이 여기서 말하는 것과 동일한 인식의 용기, 동일한 진리의 용기가 몽테스키외, 튀르고, 콩도르세에서는 발견되지 않는가? 그렇다면 헤겔의 사상에서 다른 것들과 차이를 나타내는 특질이란 무엇인가, 즉 헤겔에 의해 도입된 역사 사상 및 정치 사상의 유형과 18세기의 여러 체계들 간의 종적 차이를 이루는 것은 무엇인가?

이 물음에 대한 답은 1802년에 발표된 헤겔의 초기 논문, 즉 (헤겔 전집의 중요한 판본 제1권에 포함되어 있는) 「자연법의 학적 취급방식에 관하여(*Über die wissenschaftlichen Behandlungsarten des Naturrechts*)」[6] 를 연구할 경우 찾아낼 수 있다. 국가에 관한, 그리고 정치의 세계 및 역사의 세계에 관한 지금까지의 모든 이론들은 '자연법'의 이론이었다. 이 이론들은 국가의 의지나 권력과 대립하는 것으로서의 개인의 의지에 속하는 자연권의 일정한 영역이 존재한다는 전제 위에서 논의를 진행하고 있다.[7] 국

6) 이 논문의 영역판이 최근 출간되었다. G.W.F. 헤겔, 『자연법』(*Natural Law*, trans., T.M. Knox, Philadelphia: University of Pennsylvania Press, 1975).

7) 「자연권의 본질과 생성」("Vom Wesen und Werden des Naturrechts," *Zeitschrift für Rechtsphilosophie* 6, 1932, 1~27쪽) 및 『국가의 신화』 제13장을 참조.

가는 이들 자연적이고 개인적인 권리를 폐기할 수 없다. 이 권리들은 일체의 성문법이나 제정법에 앞선다. 그리고 이 권리들은 성문법이나 제정법에 대해 자신의 우선성, 우위성, 독립성을 주장한다. 양심의 자유, 종교의 자유, 개인의 안전을 수호하는 권리, 그리고 재산권조차도 17, 18세기의 문헌에서는 그와 같이 근원적이고도 양도 불능한 권리로서 기술되어 있다.

그러나 헤겔은 이러한 견해를 공격한다. 자연권의 체계에 의해 공공연히 주장된 자유의 이념이란 헤겔에 따르면 단순한 추상물에 지나지 않는다. 우리의 현실적이고 구체적인 세계에 그것은 아무런 장소도 두고 있지 않다. 만일 이성적인 것이 현실적인 것과 동일하다면, 그리고 이들 두 용어가 대립하는 양 극단을 의미하지 않고 서로 혼융되고 침투된다면, 순수한 원망(願望) 혹은 추상적인 요구로서 생각해 낸 이념에 관해 우리는 말할 수 없다. 이 모든 것은 단순한 형식주의에 지나지 않으며, 따라서 철학을 경험적 세계, 즉 사실의 세계보다 높이 끌어올리는 것처럼 보이지만, 실은 이를 통해 철학에서 그 근본적인 힘—실재의 세계를 조직하는 힘—을 박탈해 버리는 것이다. 만일 우리가 그러한 경계선을 끌어들인다면, 우리의 이른바 관념이나 이념이라는 것은 황당무계한 괴물과 다를 바 없게 된다. 그러한 관념이나 이념은 한편으로는 현실성을 지니기엔 너무나도 탁월한 것으로 여겨지며, 다른 한편으로는 현실성을 독자적으로 획득하기엔 너무나도 무능한 것으로 간주되는 것이다.(『엔치클로패디』, 『전집』 제6권, 10쪽 이하.)

그러나 헤겔이 정작 부정하고 거부한 것은 존재(Sein)와 당위(Sollen) 간의 이러한 이원론—칸트의 체계 내에서 불가피하고 근절 불가능하다고 단언된 이원론—이다. 헤겔은 칸트에서만이 아니라 그에 뒤이은 모든 체계에서도 동일한 이원론을 발견한다. 예를 들어 피히테의 관념론은 단순한 주관주의에 다름 아니다. 피히테의 철학에서는 자기, 자아라는 것이 이론 철학에 관해서도 실천 철학에 관해서도 근본적인 원리로서 단언되고 있다. 보다 초기의 저작들 중 하나에서 피히테는, 다른 모든 권리들이 그로부터 유래되고 도출되는 인간의 유일한 근본적 권리는 바로 '자아성의 권리'(Recht zur Ichheit)임을 밝히고 있다.

피히테는 이렇게 말한다. "내 자신 안의 도덕률에 의해 나는 자아이고 독립적 존재이며 하나의 인격이어야 한다. 그러므로 나는 인격이어야 할 권리를 지니며 나의 의무를 의지로서 발휘할 권리를 지닌다." 헤겔이 격렬하게 이의를 제기하는 것은 이러한 윤리적 주관주의이다. 헤겔은 『법철학』에서 이렇게 말한다. "권리와 의무란 의지의 범주들의 절대적으로 이성적인 것으로서, 본질적으로는 개인의 사적인 소유가 아니라……보편적인 특징들을 지닌 사상의 형식을 띠고 있다. 따라서 양심은 그것이 진실인가 아닌가라는 비판에 따르지 않으면 안 된다.……국가는 양심을 그 고유한 형식에서는, 즉 주관적인 지식으로서는 인정할 수 없는 것이며 이는 정확히 학에 있어 주관적인 의견이라든가 주관적인 의견에 호소하거나 하는 것이 어떠한 타당성도 갖지 않는 것과 같다."(137절.) 그러므로 우리 자신의 주관적인 도덕 기준에 따라 이른바 이상 국가를 구축하려고 하는 모든 시도는 헛되고 무익한 일에 그치고 마는 것이다.

철학은 현실에 뛰어들 수 있고 그 원리를 알 수 있지만 철학이 현실을 무로부터 창조할 수는 없으며 또한 그 실질을 변하게 할 수도 없다. 이러한 사상은 『법철학』의 서문 말미에서의 헤겔의 유명한 말 가운데서 매우 인상적으로 표현되고 있다. 헤겔은 거기에서 이렇게 말한다. "세계가 어떠해야 할 것인가의 지식에 관해 한마디 더 덧붙여 두자면, 그러한 목적을 위해서는 철학은 언제나 너무 늦게 온다는 사실이다. 세계에 관한 사상으로서의 철학은 현실이 그 구축 과정을 완료하고 스스로를 완성시킨 때에 처음으로 나타난다. 개념이 그 정도로 가르치는 것을 역사는 또한 필연적인 것으로서 보여 준다. 즉 현실이 성숙한 때에만 관념적인 것이 실재적인 것에 맞서서 등장하며, 실체에서 파악된 동일한 세계를 하나의 지적인 왕국에로 독자적으로 건립하는 것이다. 철학이 회색에 자신의 회색을 칠할 때 생의 어떤 외양은 이미 늙어지고 말며, 회색에 회색을 덧입힘으로써는 다시 젊어질 수는 없고 다만 인식될 수 있을 뿐이다. 미네르바의 올빼미는 황혼이 질 무렵에만 자신의 날개를 편다."[8]

그러므로, 설령 헤겔을 '관념론적' 철학자라고 말한다고 해도, 우리는 그의 철학적 관념론이 가장 엄격하고도 가장 비타협적인 정치적 현실주의를 결코 배제하지 않는다는 것을, 아니 오히려 그것을 함의하고 요구한다는 것을 결코 잊어서는 안 된다. 양 극단들의 그러한 통일은 헤겔 체계의 정신이나 변증법적 방법의 정신 내에서 완전히 이루어지고 있다. 정치적 귀결들에 관해 보자면, 헤겔과 마키아벨리 간에 뚜렷한 경계선을 긋는 것은 어려운 일이다.[9] 그의 최초의 정치학적 저작인 「독일 헌법론」에서 헤겔은 국가의 이유(Regione de stato), 즉 다른 일체의 고려보다 우선해야 하는 국가의 이유라는 마키아벨리의 개념에 아무 망설임 없이 동조하고 있다. 헤겔은 마키아벨리의 『군주론』(*Principe*)을 지극히 강력한 태

8) 『법철학』(*Grundlinien der Philosophie des Rechts*, ed. Johannes Hoffmeister, 4th ed., Hamburg: Felix Meiner Verlag, 1955), 17쪽.

9) 텍스트에는 "헨델 씨가 지적했듯이"라고 되어 있다. 이 교과과정은 카시러가 예일 대학교에서 그의 동료들인 철학과의 찰스 헨델(Charles Hendel), 역사학과의 하요 홀본(Hajo Holborn)과 공동으로 가르쳤다. 「데카르트, 라이프니츠, 비코」의 문헌 해제를 참조.

도로 변호한다. 헤겔은 이렇게 말하고 있다. "이탈리아가 자신의 멸망의 길을 재촉하고 다른 나라의 군주에 의해 치러진 전쟁의 싸움터가 되었던 불행한 시대에 ……전반적인 비참과 증오, 무질서 그리고 맹목성을 깊이 느끼는 가운데 이탈리아의 한 정치가는 냉정하고도 주의 깊게 하나의 국가로 통일하는 것이 이탈리아를 구해 내는 필연적인 해결 방안임을 생각해 냈다. ……『군주론』을 읽을 때 반드시 우리는 마키아벨리에 선행하는 수세기의 역사와 당시의 이탈리아 역사를 고려에 넣지 않으면 안 된다. 그러할 때 비로소 이 책은 정당한 것으로 여겨질 뿐만 아니라 대단히 위대하고 고귀한 정신을 지닌 진정한 정치적 천재의 매우 숭고하고 진실한 사고 구상으로서 보이게 될 것이다."[10)]

그러나 어떤 의미에서 헤겔은 마키아벨리보다 한층 더 앞으로 나아가는 것 같다. 마키아벨리는 국가를 완전히 세속화하는 데에 만족한다, 그는 국가를 일체의 도덕적 종교적 책무로부터 자유롭게 한다. 그러나 헤겔에서는 국가에 대한 예찬만이 아니라 국가에 대한 일종의 신성시 내지 종교적 숭배까지도 발견된다. 헤겔은 다음과 같이 말한다. "국가란 지상에 존재하는 것으로서의 신적 이념이다."* "국가는 인륜적 실체 그 자체이며, 그리고 그러한 것으로서 자신의 존재, 즉 추상적이 아닌 구체적인 실존을 띤 자신의 권리를 직접적으로 지닌다."** "…… 국가를 이루는 것은 세계를 거치는 신의 행보이다. 그 근거는 스스로를 의지로서 현실

---

* 『역사철학 강의』.

** 『법철학』 337절.

10) 「독일 헌법론」("The German Constitution" in *Hegel's Political Writings*, trans, T. M. Know and Z.A. Pelczynski, Oxford: Clarendon Press, 1964), 219~221쪽.

화하는 이성의 힘이다. 국가를 떠올릴 때 우리에게선 특정한 국가나 특정한 제도가 생각되어선 안 되고 오히려 이념, 즉 이 현실적인 신이 깊이 숙고되지 않으면 안 된다.(『법철학』 258절)"[11]

국가의 이러한 신격화는 헤겔의 체계에서 아마도 가장 어려운 문제일 것이다. 거듭 되풀이하여 헤겔은, 인간이 자신의 모든 가치와 정신적 현실성을 유지하고 있는 것은 국가 덕분임을, 그리고 국가란 자유가 그곳에서 실현되며 또 자유가 그 실현을 향유하고 있는 객체라는 점을 단언하고 있다. 하지만 만일 개인의 권리가, 즉 계몽주의 철학의 여러 체계들에서 확립되고 옹호되어 왔던 '양도 불가능한' 권리가 전능한 국가 앞에서는 무익하고도 공허하다고 단언된다면, 자유란 공허하고도 무의미한 말은 아닐까? 이 같은 근본적인 물음은 헤겔 체계의 주석자나 추종자들에 의해서도 결코 침묵으로 일관될 수 없었다. 1820년에 처음 출간된 『법철학』에 실린 헤겔의 서문은 오직 하나의 해석만을 허용하는 것처럼 보인다. 그것은 다음과 같은 점을 포함하는 것 같다. 즉 이 시대의 정치상의 논쟁에서 헤겔은 자기 자신이 가장 음울한 정치적 반동의 지지자이자 대변자로서 일체의 자유주의적 관념에 대한 공공연한 적임을 선언했다는 점이다. 『헤겔과 그의 시대(*Hegel und seine Zeit*)』라는 책에서 루돌프 하임(Rudolf Haym)은 이 같은 점을 역설한바 있다. 그는 이렇게 말한다. "내가 알 수 있는 한에서는 홉스나 필머, 할러나 슈탈이 가르친 것은, 헤겔이 서문에서 말하고 있는 현실적인 것의 이성적인 측면에 관한 유명한 구절에 비하면, 상대적으로 유연한 것이다. 신의 자유로운 은총의 이론

11) 『헤겔의 윤리학』(*The Ethics of Hegel: Translated Selections from his "Rechtsphilosohie,"* J. Macbride Sterett, Boston: Ginn and Co., 1893), 191쪽을 참조.

과 절대적 복종의 이론은 현존하는 것을 신성시하는 〔헤겔의 저〕 무서운 교설에 비하면 비난할 여지가 없고 무해한 것이다."(Berlin: R. Gaertner, 1857, 367쪽.)

최근의 정치 및 철학 문헌에서도 우리는 이와 유사한 판단들과 만난다. 독일의 정치법학자 헤르만 헬러(Hermann Heller)는 『헤겔과 독일에서의 민족적 권력국가 사상』(*Hegel und der nationale Machtstaatsgedanke in Deutschland*)이라는 제목의 책을 출간했는데, 여기에서 그는 권력 국가에 관한, 즉 국가의 유일무이하고 불가결한 목적으로서의 권력에 관한 헤겔 이후의 모든 이론들은 헤겔 체계의 원리들에 기초를 두고 있고 또 이 체계 속에 자신들의 가장 깊은 지적 근원을 두고 있다는 점을 입증하고자 노력한다. 나는 이 같은 연관이 있음을 부정하지 않는다. 나의 생각으로는, 그뿐만 아니라 오히려 헤겔의 철학은 전능한 국가라는 우리의 현대 이론들에 대해 매우 커다란 책임이 있다. 그러나 다른 한편에서 우리는 이러한 견해와는 반대되는 계기를 간과할 수 없다. 다음 번 강의에서* 마르크스 이론의 발전에 관해 검토하게 될 때 이 마르크스의 이론을 해석하는 작업은 헤겔의 체계 및 그의 변증법적 방법으로 부단히 되돌아가지 않고서는 불가능하다는 것을 우리는 보게 될 것이다.

이 같은 반대되는 계기는 항상 헤겔 사상을 해석하는 데 장애물이 되어 왔다. 헤겔의 사망 직후에 그의 제자들이 완전히 서로 다른 진영들로 갈라졌던 것, 그리고 헤겔 '우파'와 헤겔 '좌파'가 지극히 격렬한 방식으로 서로 다툼을 벌였던 것은 어떻게 일어날 수 있었고 또 어떻게 이해되어야 하는가? 이처럼 계속되는 분쟁 과정 속에서 헤겔의 체계는 그 명확

---

* 이 책에는 수록되어 있지 않다.

한 모습을 잃은 것처럼 생각되었다. 오늘날까지도 헤겔의 정치학적 체계에 관해 당파적 증오나 당파적 편향 없이 말하는 것은 매우 어려운 일이다. 그러나 만약 체계 전체에 관한 문제를 해명하고자 한다면 우리는 우선 첫 번째로 헤겔 철학의 역사적 배경을 고려하지 않으면 안 된다. 우리는 헤겔의 정치학설을 이중의 관점에서 고찰해야만 한다. 헤겔은 프랑스혁명의 이념들을 날카롭게 비판했다. 그러나 헤겔은 결코 이 이념들 자체의 적대자는 아니며, 결코 정치적 낭만주의의 체계들에서 발견되는 논의를 이용해서 이 이념들과 대결하지도 않았다. 그의 비판적 태도는 그가 프랑스혁명과 계몽주의 정치 이념이 지닌 가장 심원한 경향을 이해하고 평가하는 데에 방해가 되지 않았다. 헤겔은 젊은 시절에 프랑스혁명의 열광적인 숭배자였다.[12] 그러나 훗날 그의 정치 이념이 명확한 형태를 띠게 된 때조차 그는 자신의 판단을 철회하지 않았다. 『정신현상학』에서 헤겔은 이렇게 말하고 있다. "권리의 사상, 권리의 이념은 단번에 세력을 얻었고 이것에 낡고 그릇된 조직은 저항할 수 없었다. 이 권리의 사상에서 헌법 체제가 세워질 수 있었으며, 그리고 이 기초에 모든 것이 기반을 두어야 했다. 그러므로 이것은 찬연한 일출이었다. 사고를 지닌 모든 존재들이 이 시대를 공히 축복했던 것이다."

헤겔이 청년 시절인 1796년에 쓴 시가 한 편 있다. 이것은 헤겔의 전기에서도 가장 중요하고 가장 흥미로운 자료 중 하나이다. 「엘레우시스(Eleusis)」라는 제목의 이 시에서 헤겔은, 이 시를 헌정한 자신의 친구 횔덜린에게 튀빙엔 대학교 신학부에서 함께 맺은 언약에 대해 생각하게끔 하고 있다. 두 친구들은 서로 "자유로운 진리를 위해서만 살기로, 그리고

12) 텍스트에는 여기에서 "홀본 씨가 지적했듯이"라고 되어 있다. 이 글의 각주 9를 참조.

의견과 감정을 규제하는 어떠한 관례와도 결코, 추호도 화해하지 않기로" 약속했다. 헤겔은 자신의 만년에 그리고 후기 철학에서 이 약속을 지켰는가? 그는 청년기에 품은 이상에 계속 충실하였던 것일까 아니면 그 이상을 부정하였던 것일까? 헤겔은 현존하는 정치 권력과 화해하여 '프로이센 국가의 어용 철학자'가 되기로 결심했던 것일까? 나는 지금까지 헤겔에 대해 자주 행해져 온 이 같은 비난으로부터 그를 면제해야 한다고 생각한다. 분명히 헤겔은 용어가 갖는 정치적인 의미로 보자면 결코 '급진적(radical)'이지는 않았다. 그러나 그는 매우 급진적인 사상가였으며, 자신의 근본적인 철학적·정치적 원리들에 관해서는 쉽사리 어떠한 타협도 할 것 같지 않은 사람이었다.

국가에 관한 헤겔의 교설은 많은 점에서 역설적으로 보이거나 모순이 있는 것으로까지 보일지도 모른다. 그러나 그의 교설은 진정한 통일성이나 내부적인 정합성을 결여하고 있지는 않다. 만일 우리가 이러한 통일성을 발견하기를 바란다면, 우리는 결코 후대의 이론들마냥 헤겔의 권위에 호소하거나, 헤겔의 체계를 자신들이 좋아하는 대로 해석하려고 함으로써 스스로 길을 잃게끔 허용하지는 않을 것임에 틀림없다. 헤겔 사후의 세기에서조차 국가에 관한 그의 철학은 우리의 정치 사상의 발전에 지속적으로 결정적인 영향을 끼쳐 왔다. 그러나 헤겔 이후에 등장한 새로운 세대는 그의 형이상학의 언어를 더 이상 이해하지 않았다. 헤겔의 근본적인 개념들 전체는 말하자면 다른 언어로 번역되어야만 했다. 즉 철학적 자연주의의 언어로 번역되어야 했던 셈이다. 그러나 이에 따라 헤겔의 개념들이나 용어들은 의미상의 완전한 변화를 겪었다. 헤겔의 의미에서는, 국가에 관한 자연주의적 이론이라는 것은 전적으로 이해하기 어려운 것이다. 그것은 용어상의 모순이다. 국가는 자연적 사물들의 차원에 속하는 것은 아니다. 그것은 헤겔의 언어로 말하자면 객관적 정신의 영역이라 불리는 차원에 속하는 것이다.

권력 국가에 대한 헤겔의 교설은 이러한 의미로 이해되고 해석되어야 한다. '권력'이라는 말 자체는 결코 단순한 물리적 힘을 의미하는 것이 아니라 정신적 힘을 의미한다. 헤겔은 이렇게 단언한다. 즉 '공익'이란 국가가 그 활동의 일체에서 따르지 않으면 안 되는 가장 중요한 법이자 실로 유일한 법이어야 한다. 그러나 이 '공익'이란 무엇을 의미하는 것인가? 『논리의 학』의 중요한 한 구절에서 헤겔은, 물리적 힘의 단순한 증대가 곧 국가 번영의 규준이나 그 참된 척도인 것은 결코 아니라고 지적한다. 국가의 번영은 분명히 그 내적 형식의 유지와 촉진에 의존하고는 있지만 그 물리적 힘의 성장에 의존하고 있는 것은 아니다. 국가 영토의 확장은 그 형태를 쇠약하게 하고 와해시킬지도 모르며, 그럼으로써 그 멸망의 시작이 될지도 모른다. 그러나 국가의 '내적 형식'은 어떠한 조건에 의존하고 있는 것인가? 여기에서 우리는 국가를 구성하는 두 가지 상이한 계기, 즉 내적 계기와 외적 계기를 구별해야만 한다. 우선 첫째로 국가란 민족의 원리, 즉 민족의 정신을 대표하는 것이며, 그것을 구체화한 것이다. 헤겔은 『엔치클로패디』에서 이렇게 말하고 있다. "헌법의 보증(법률이 이성적이며 그것의 현실화가 보증되어 있다는 필연성)은 민족 전체의 공동 정신 내에, 특히 민족이 자신의 이성을 자각하고 있는 특수한 방식 내에 있다.……그러나 그 보증은 또한 동시에 현실적 조직 속에, 즉 합당한 제도에 있어서의 저 원리의 전개 속에 있다.……그것은 민족 내에 깃들어 있는 정신이자 민족의 역사이다.……그것에 의해 헌법이 만들어져 왔고 만들어져 있는 것이다."(540절)

그러나 우리가 민족의 혼 또는 정신이라고 부르는 것은 외적인 사물들 내에서는 결코 발견될 수 없다. 그것은 민족의 정신적 활동의 총체, 즉 종교, 학문, 예술에서 나타난다. 참된 민족 정신을 구체화하려면 국가는 이들 활동을 보증해야 할 뿐아니라 그것들을 표현하고 드러내지 않으면 안 된다. 헤겔은 『역사철학 강의』에서 이렇게 말한다. "국가가 달성할 수 있는 최고의 목적은, 예술과 학문이 그 안에서 육성되고 민족 정신에 부응하는 높이에까지 도달하는 데에 있다. 그것은 국가의 주요 목적이다. 그러나 이 목적은 국가가 자신에게 외적인 과업으로서 이루어야 하는 것이 아니라 자기 자신으로부터 생겨나야 하는 것이다."[13] 국가의 참된 권력은 그러므로 항상 그 정신적인 힘이다. 헤겔의 체계에서 권력 국가(Machtstaat)라는 개념과 문화 국가(Kulturstaat)라는 개념 사이에는 어떠한 분리도 있을 수 없다. 이들 개념은 서로 상관적이며 서로 일치한다.

국가와 인륜성 간의 관계, 즉 국가와 윤리적인 삶 간의 관계 또한 이러한 관점에서 이해되어야 한다. 우리는 국가를 법정에 출두시킬 수 없고 더욱이 우리의 도덕 의식의 법정에까지 출두시킬 수 없다는 사실을 헤겔은 늘 강조한다. 국가에 반하고 그 권위에 맞서 주장될 수 있는 추상적인 도덕이라든가 의무 내지 책무라는 것은 없다. 왜냐하면 국가란 헤겔이 말하듯이 인륜적 실체 그 자체이며, 그리고 그러한 것으로서 국가는 자신의 존재를, 즉 자신의 권리를 추상적이 아니라 구체적인 현존 속에 직접적으로 지니고 있기 때문이다. 이것은 매우 위험한 원리로서, 종국적으로는 국가를 일체의 도덕적 책무나 일체의 도덕적 책임으로부터 면제하고 있는 것처럼 보인다. 그러나 그것은 국가가 절대적으로 자기의존적

13) 『역사철학 강의』(*Vorlesungen über die Philosophie der Geschichte*, ed. Georg Lasson, *Sämtliche Werke,* VIII-IX, Leipzig: F. Meiner, 1919~1920), 628쪽.

일 뿐아니라 결코 오류가 없는 것임을 의미하는 것인가? 국가의 제 활동에는 어떠한 결함도 어떠한 과오나 죄악도 없는 것일까? 헤겔의 의견은 그렇지 않다. 국가의 뿌리깊은 결함, 현실적인 정치 생활 도처에서 만나는 과오나 죄악에 그가 결코 몰이해한 것은 아니다. 이들 결함은 불가피한 것이다. 왜냐하면 국가는 정신적 현실성의 최고 영역에 속하는 것은 아니기 때문이다. 그것은 '객관적 정신'의 영역에 속하며, '절대적 정신'의 영역에 속하는 것은 아니다. 그러므로 헤겔이 『엔치클로패디』에서 말하고 있듯이 그것은 "유한성의 영역에" 머무는 것이다.(483절.)

헤겔은 말한다. "국가는 예술작품이 아니다. 그것은 이 세계에, 즉 자의와 우연과 과오의 영역 속에 존립해 있다. 사악한 행위가 국가를 많은 점에서 변형시키고 볼꼴 사납게 할 수 있다."(『법철학』 258절) 그러나 헤겔의 생각으로는, 국가에 내재하는 이들 온갖 악들은 우리 개개인의 도덕 의지의 어떠한 노력을 통해서도, 혹은 어떠한 철학 체계 내지 정치 체계에 의해서도 치유될 수 없다. 우리가 의지할 수 있는 것은 세계사의 변증법적 과정뿐이다. "세계사는 세계 심판이다." 개개 국가 및 개개 민족정신의 운명과 행위는 헤겔이 말하듯이, "이들 정신의 유한성이 현상하는 변증법이며, 이 변증법으로부터 보편적 정신, 즉 무제한적인 세계 정신이 생겨난다.……이 정신은 자신의 법을—그리고 그 법은 지고한 것이다—세계사, 즉 세계의 심판에서 그들 민족 정신에 행사하는 것이다."(같은 책, 340절)

국가들에 대해 심판을 내릴 수 있는 대법관(praetor)은 존재하지 않는다. 국가들이 연합하여 모든 개개 국가들이 인정한 힘에 의해 온갖 분쟁을 해결하고 온갖 불화를 조정함으로써 영구적인 평화가 얻어진다는 칸트의 생각은 모든 국가의 합의를 전제할 터인데, 이것은 항상 개개의 독립된 의지에 의존하는 것이며 따라서 우연성을 면할 수 없을 것이다.(같은 책, 333절) 하지만 그럼에도 불구하고 민족들 및 개개 국가들의 운명에는 내재적인 정의가 존재한다. 역사에는 비극이 있으며, 이것은 세계, 즉 절대적 정신의 보편적인 비극을 반영하고 있다. 헤겔은 이렇게 말한다. "끊임없이 자기 자신을 생겨나게 해서 객관성으로 되고 고난과 죽음을 감수하며 재에서 일어나서 새로운 영광에 이르는 것은 절대적 정신의 숙명이다.(*Polt. Schriften*, ed. Lasson, 384쪽 이하.)"[14] 국가의 현실에 있어서도 삶과 죽음은 분리될 수 없다. 국가를 현실의 유한한 형태로 제한하는 것은 국가의 사실상의 죽음이 될 것이고 국가의 내부에서 그것에 활력을 주는 원리의 죽음이 될 것이다. 국가는 항상 자기 자신을 재생해야만 하며, 끊임없는 변증법적 과정에 의해 새로운 형태와 단계로 나아가지 않으면 안 된다. 그리고 국가가 자신의 참된 실재성을 발견할 수 있는 것은 오로지 이 모든 형태들의 총체에서만이다.

14) 『정치학 및 법철학 논집』(*Schriften zur Politik und Rechtsphilosophie*, ed. Georg Lasson, 2nd ed., Leipzig, 1923)을 참조. 영역판으로는 『헤겔 정치논집』(T.M. Knox and Z. A. Pelczynski, *Hegel's Political Writings*, Oxford: Clarendon Press, 1964)을 참조.

5
역사 철학
(1942)

이것은 MS#11의 마지막 부분을 이루는 두 개의 강의 원문으로서, 1941~1942년 예일 대학교에서 카시러가 행한 역사 철학 교과에 대한 텍스트이다. (보다 충분한 설명은 「데카르트, 라이프니츠, 비코」의 문헌해제를 보기 바람.) 두 개의 강의 중 앞의 것에는 1942년 3월 11일의 강의를 위한 것이라고 적혀 있다. 뒤의 것에는 날짜가 쓰여 있지는 않지만 내용 면에서 그에 앞서는 강의에 대해 언급하고 있다. 카시러가 붙인 표지로 알 수 있듯이 이 세미나 수업은 학기편람상에 수요일 4~6시로 올라와 있었으며, 등록한 학생만이 아니라 카시러의 동료들도 참석했다. 이는 활발한 철학적 교환을 이루는 데 도움이 되었으며, 카시러 또한 미국에서의 수업 경험에서 이 점을 매우 높게 평가했다.(이 글의 각주 10을 참조.)—편자

상이한 여러 과학들을 분류하는 일은 두 가지 방식으로 시도될 수 있다. 즉 과학은 존재론에 의해서나 방법론에 의해 결정될 수 있다. 첫 번

째 경우에 과학의 본성은 그 다루는 대상에 달려 있고, 두 번째 경우에 그것은 그 절차와 논리적 수단에 달려 있다. 첫 번째 견해—존재론적 견해—는 고대 철학이나 중세 철학에서 우세했다. 두 번째 견해—방법론적 견해—는 근대 철학에서 도입되어 현저히 강조되었으며, 이 견해야말로 근대 철학의 시작이라고 말해도 좋을 것이다. 그것은 데카르트의 『정신 지도를 위한 규칙』(*Regulae ad directionem ingenii*), 즉 데카르트가 방법론에 관해 쓴 최초의 논문에서 발견된다. 데카르트는 과학 내지 학문에 관해 엄격한 일원론을 주장한다. 그는 이렇게 말하고 있다. "학문들을 모두 다 합쳐 생각한다면, 그것은 인간의 지혜와 동일한 것이다. 즉 아무리 상이한 주제들에 적용되더라도 그것은 언제나 동일한 것으로 돌아가고, 상이한 주제들로부터 어떠한 차별을 받지 않는 것이다. 이는 태양의 빛이 스스로가 비추는 다양한 사물들로부터 어떠한 차이도 경험하지 않는 것과 같다."[1]

만일 데카르트의 견해가 받아들여진다면, 의심할 여지 없이 우리는 역사와 과학 간의 넘을 수 없는 간극에 관해 말할 수 없다. 왜냐하면 여기에서 문제가 되는 것은 주제의 단일성이 아니라 논리적인 단일성이기 때문이다. 그런데 이 논리적인 단일성은 부정되지 않으면 안 된다. 그것은 함수적인 관계의 단일성이지 사물 내지 실체의 단일성은 아니다.[2] 역사도 개념이나 논리적 판단을 사용한다. 이들 개념이나 판단에 의해 역사는 사물의 진리를 발견하려고 노력한다. 이러한 목적 일반에서는 역사와 다른 제 과학 간에는 극히 근소한 차이도 없으며, 이러한 점에 의해 역

1) 규칙1을 참조.

2) 카시러가 함수적 관계와 실체를 구별한 근거에 관해서는 『실체개념과 함수개념』 제1장을 참조.

사는 다른 점에서는 비교 대상이 될 수 있는 예술과도 명확하게 구별된다.[3] '역사와 자연과학(Geschichte und Naturwissenschaft)'이라는 강연에서 빌헬름 빈델반트는 두 가지 서로 다른 인식 형태가 근본적으로 구별된다는 것을 우리에게 납득시키려고 노력한다. 한 쪽의 형태는 보편으로 향해 있지만 다른 쪽은 개별에 향해 있다. 한 쪽의 형태는 '법칙 정립적'(nomothetic)인 데 비해, 다른 쪽은 '개별 기술적'(idiographic)이다. 전자는 일반 법칙을 추구하지만 후자는 개별적 사실을 기술한다.

그러나 〔역사 철학이라는〕 당면 문제가 지닌 논리적인 측면에 대해 잘 성찰해 본다면, 이러한 구별은 지지될 수 없다고 나는 생각한다. 개념이나 판단은 모두 보편성의 계기와 개별성의 계기를 포함한다. 개념과 판단은 우리에게 일반 언명과 일반 규칙을 부여한다. 그러나 이 규칙은 개별적 내지 특수적인 사례에 적용되어야 한다. 모든 경험적 인식은 양 계기의 논리적인 종합—상관관계와 연결—에 기초해 있다. 역사에서의 인식의 경우와 수학 내지 물리학에서의 인식의 경우에서 이러한 상관관계가 동일하지 않을지도 모른다. 하지만 그러한 상관관계를 간과할 수는 없다. 단순한 개별적인 사실들만으로는 '인식된' 사실이 될 수 없을 것이다. 즉 그것들은 인식의 대상은 될 수 없는 것이다.

그러므로 나의 생각으로는, 우리가 현재의 문제에 접근하려면 과학이나 역사에서 발견되는 서로 다른 유형의 명제들을 연구하는 것 외에 다른 길은 없다. 이 연구는 논리학자의 관점에서 보자면 전적으로 편견 없

---

3) 『인간에 관하여』 (*An Essay on Man*, New Haven: Yale University Press, 1944), 204~206쪽 참조. 『인간에 관하여』의 제10장에는 간행된 그의 저작들 중 유일하게 역사 철학에 관한 카시러의 체계적인 논의가 포함되어 있다. 『인문학의 논리』 여러 곳과 『인식의 문제』 제3부도 참조.

는 정신으로 이루어지지 않으면 안 된다. 그 연구는 반드시 가치판단을 포함하는 것은 아니지만, 진리의 단일 이념에서 출발하여 그것을 지식의 유일한 규준, 모범으로 삼으려고 해서는 안 된다. 그런데 역사 철학에서 매우 흔히 있는 일이 진리의 이러한 규격화에 다름 아닌 것이다. 이 점은 지식에 대한 가장 깊은 통찰력을 지닌 비판자인 칸트에서조차 어느 정도 발견된다. 칸트는 『자연과학의 형이상학적 원리』의 서론에서 이렇게 말하고 있다. "본래의 의미에서 학이라 불릴 수 있는 것은 필증적인(apodeictic) 확실성을 갖는 인식뿐이며, 경험적 확실성만을 포함하는 인식은 간접적이고도 부정확한 의미에서만 학이다.……그리고 나는 자연과학의 모든 특수한 분야에 있어서도 거기에서 수학이 발견되는 그 만큼의 본래적인 학이 존재한다고 주장한다."[4]

그러나 칸트의 이러한 판단은 문제를 해결하기보다는 오히려 문제를 회피하는 것처럼 보인다. 문제가 되는 것은 모든 인식이 유일무이한 기준틀에 관계되어야 하는가의 여부, 또는 여러 기준틀을 도입하는 것이 가능하고도 필연적이기까지 한가라는 점이다. 18세기 중엽에 디드로는 「자연의 해석에 관한 사색(*Pensées sur l'interprétation de la nature*)」이라는 매우 흥미로운 논문을 썼다.[5] 이 논문에서 디드로는 흡사 방법론에 관한 예언을 하고 있다. 그는 이렇게 단언한다. 수학이나 수학적 자연학은 그 정점에 도달했다. 그러나 이 정점은 동시에 그 분기점이 될 것이다. 현재

4) 『자연과학의 형이상학적 원리』(*Metaphysische Anfangsgründe der Naturwissenschaft*, in *Immanuel Kant. Werke in zehn Bänden*, ed. Wilhelm Weischedel, Darmstadt: Wissenschaftliche Buchgesellschaft, 1968), 제8권 머리말, 12, 14쪽 참조.

5) 카시러, 『계몽주의의 철학』(*The Philosophy of the Enlightenment*, trans. F. C. A. Koelln and J. P. Pettegrove, Princeton University Press, 1951), 73~75쪽, 90~91쪽 참조.

까지 수학과 수학적 자연학은 거의 무제한적이고 절대적인 의미에서 과학의 세계를 지배했다. 하지만 그것은 금세 변화할 것이다. 우리는 지식의 새로운 이념이 다가오고 있음을 느낄 수 있다. 100년 안에 생물학이 기하학에 대해 승리를 거두게 될 것이라고 디드로는 예언한다. 실제로 100년 후에는 종의 기원에 대한 다윈의 저작이 세상에 나왔다.

여기에서 우리는 18세기의 저작들—고전 물리학의 저작들—의 경우와는 다른 개념의 과학과 만난다. 이제부터는 자연과학조차도 더 이상 절대적이고 불가분적인 통일체로서 간주될 수 없다. 하지만 연속성이 돌연히 끊겼던 것은 결코 아니다. 우리는 생물학의 분야에 있어서도 수학의 개념이나 수학의 방법을 이용해도 좋으며, 또한 실제로 이용해야만 한다. 현대 생물학에서는 이러한 방법의 사용이나 정량적 개념들의 사용이 증대되고 있음을 아마도 깨닫게 될 것이다. 통계학은 생물학의 문제들, 예컨대 유전의 문제를 해결하는 데 중요한 역할을 담당하고 있다. 우리는 물리학의 법칙을 찾는 것과 완전히 똑같은 정도로 생물학의 법칙을 찾고 있다. 이 점에서는 완전한 연속성이 있는 것처럼 보인다. 그럼에도 불구하고 우리는 생물학이 고전 물리학에서는 발견될 수 없는 새롭고 특수한 〔방법론상의〕 개념을 도입해야 한다는 것을 알고 있다. 이에 반해, 현대의 생기론(生氣論, vitalism)—드리쉬(Hans Driesch) 같은 철학자라든가 윅스퀼(Uexküll) 같은 생물학자들에 의해 해석된 생기론—은 생물학적 현상의 설명을 위해서는 새로운 힘, 즉 화학적이거나 물리학적인 힘과는 다른 생명 원리가 필연적으로 전제되어야 한다는 테제를 주장했을 때 잘못을 범했다고 나는 생각한다.[6]

6) 『인식의 문제』 제11장에서의 생기론에 관한 카시러의 논의를 참조.

모든 유기적 현상, 모든 생명 현상이 물리학이나 화학에서 발견되는 것과 동일한 법칙들에 따라 설명될지도 모른다. 하지만 이는 생물학의 논리적 구조가 무기적 물질을 다루는 과학들의 구조와 일치한다는 것을 의미하지 않는다. 생물학은 새로운 개념, 즉 유기적 형태라는 개념을 도입한다. 그리고 인과법칙을 발견하기 위해 생물학은 항상 이 개념을 사용해야만 한다. 생물학에서는 물리학의 개념이나 화학의 개념만이 아니라 **형태학적** 개념이라고도 불릴 수 있는 개념을 발견한다. 그리고 19세기의 생물학에 있어서조차 이러한 개념은 결코 소용없지는 않았던 것이다. 즉 그 개념은 부단히 사용되고 있으며, 생물학의 논리에 관한 현대의 가장 뛰어난 논고들에서도 특수하고도 환원 불가능한 범주로서 인정되고 있다.

예를 들어 생물학의 문제들 내의 특수한 분야, 즉 발생학의 분야를 고찰해 보자. 여기에서 우리가 만나는 것은 헥켈(Ernst Haeckel)이 **생물 발생의 근본 법칙**(das biogenetische Grundgesetz)이라고 일컬은 법칙이다. 헥켈은 이 법칙의 최초의 발견자는 아니다. 그것은 그보다도 이전에 칼 에른스트 폰 베어(Karl Ernst von Baer)에 의해 도입되었다. 하지만 헥켈은 그 법칙에 생물학의 체계 내의 중심적인 위치를 부여했던 것이다. 그 법칙은 다음과 같이 주장한다. 즉 유기체는 그 발생의 전개에서 그 종(種) 자체가 진화에 있어 거쳐야 했던 여러 단계들을 모두 경과하지 않으면 안 된다는 것이다. '개체 발생'은 '계통 발생'의 축약된 반복이며, 개체의 발전은 종의 일반사의 발전과 동일한 규칙에 따르는 셈이다. 비록 우리가 이 법칙을 참된 것으로서 받아들인다고 해도, 그 법칙을 고전 물리학에서 발견되는 엄밀한 법칙들과 나란히 비교할 수는 없다. 그것은 엄밀하게 논리적인 의미에서의 '법칙'은 아니다. 그것은 많은 예외들을 허용한다. 그러나 우리는 그것을 하나의 지도 원리, 즉 생물학적 연구의 규제 원리로서 간주해도 좋다. 그리고 이 원리가 적용 가능하게 된 것은 오로지 생물학적 '형태들'의 이러한 분류와 비교를 위해 고안된 새로운 '형태학적' 개념들이 도입됨에 의해서이다. 우리는 물고기나 새, 포유동물이 무엇'이다'라는 것을 결정하지 않으면 안 된다. 이는 이들 형태가 어떠한 시간적 순서로 개체 발생이나 계통 발생의 과정에서 계속해서 생기는 것인가를 결정하기 위해 필요한 것이다.

이 같은 방법론상의 구별을 특징짓기 위해, 물리학이나 화학은 자연현상을 **설명**(explanation)하고자 하는 경향이 있는 데 비해, 생물학의 목적은 자연현상을 **기술**(description)하는 데 있다고 말해도 좋을 것이다. 물론 '설명'이나 '기술'이라는 용어들만으로는 그 용어들 자체 내에 애매함이 없는 것은 아니다. 우리는 그 용어들을 현재의 문제에 사용할 수 있기 전에 주의깊게 규정하지 않으면 안 된다. 현대의 물리학자들 중에는 '설명'이라는 말을 사용하지 않는 편이 좋다고 생각한 사람들이 많이 있었다. 그들은 그 말이 형이상학적인 의미를 지니고 있는 것은 아닌가라고 의심했던 것이다. 키르코프(Gustav Kirchoff)는 역학에서조차 운동의 현상의 '설명'이라는 것에 대해 말할 수 없다고 단언한다. 그에 따르면, 역학은 그 현상들을 가장 간결하고 명확한 방식으로 기술하는 것 이외에는 다른 어떠한 목적도 갖지 않는다. 나는 이 견해에 이의를 제기하고 싶지는 않다. 하지만 여기에서 중요한 것은 그러한 기술에 적용되는 수단들이다.

인식론 일반의 견지에서는, 미분 방정식의 체계에 의한 기술(記述)은 생물학에서 발견되는 기술, 즉 분류를 위한 형태학적 개념들에 의한 기술과는 논리적 관점에서 볼 때 상당히 다른 의미를 지니고 있다. 일반적으로 말하자면, 물리학의 영역에서의 설명은 논리적 또는 수학적인 연역의 과정을 항상 포함한다. 그것은 여러 부류의 현상들을, 그것들이 도출되는 전제가 되는 보편 법칙으로 환원하는 것을 의미한다. 만일 중심력에 관한 뉴턴의 이론이 받아들여진다면, 이들 힘의 작용에 의해 운동하는 모든 실체가 어떤 일정한 궤도—원 또는 타원이나 방사선 또는 쌍곡선—를 그려야 한다는 점이 연역된다. 이들 형태는 일반적 원리로부터 연역될 수 있으며, 따라서 만일 이 원리의 타당성이 가정된다면 오직 그들 형태만이 가능한 것으로서 단언된다. 그러나 생물학에서는, 물리학이나 화학의 이미 알려져 있는 법칙과 모순되지 않으면서도 그것들과 동일한 유형의 지식으로 환원될 수 없는, 그리하여 그것들과는 다른 인식론적 기초를 필요로 하는 개념이나 법칙이 항상 도입되지 않으면 안 된다. 이와 동일한 일반 법칙이 역사에도 들어맞는다고 나는 생각한다.

역사의 현상은 특수한 영역, 즉 인간의 영역에 속한다. 인간의 세계를 벗어나서는 역사라는 것에 관해 이 말이 지닌 특수한 의미에 합당하게 말할 수 없다. 물론 자연사(natural history)라는 것이 존재한다. 하지만 자연사가 다루는 것에는 새로운 논리적 문제는 아무것도 포함되어 있지 않다. 그것은 생물학 일반의 방법 이외에는 새로운 방법을 아무것도 필요로 하지 않는 것이다. 우리가 인간의 세계를 다루는 경우에도 돌연한 변화라는 것에 관해 말할 수 없다.[7] 우리는 연속성을 논리적인 의미에서

7) 이하 참조. "만일 ……생명과 정신이 서로 맞선 실체적 본질로서 이해되는 것이 아니라 이들 양자가 순수하게 기능적인 활동이라는 의미에서 이해된다면, 둘 간의 대립은 즉각 다른 의미를 획득한다. 정신은 더 이상 모든 생명에 대해 이질적이거나 적대적인 원리로 여겨질 필요는 없고 생명 그 자체가 180도 회전한 것으로서 이해될 수 있을 것이다. 이것은 생명이 단지 유기적인 창조 작용과 형성 작용의 원환으로부터 '형상(form)'의 원환으로, 즉 이념적 형성 활동의 원환으로 이행하는 한에서 생명이 자신 안에서 경험하는 변용이다." 카시러, 「현대철학에서의 '정신'과 '생명'」("'Spirit' and 'Life' in Contemporary Philosophy,"

도 또 물리적인 의미에서도 발견한다. 다윈의 이론은 인간의 세계가 '국가 안의 국가'로서 간주되어서는 안 된다는 스피노자의 말을 확인하는 것처럼 생각된다. 인간의 현상이 무기적 물질이라든가 유기적 생명의 일반적 추이에서 발견되는 것과 동일한 일반적 규칙에 따른다는 전제 없이는 인간에 관한 과학은 있을 수 없다. 역사학자는 인간 생활의 물리적 조건들에 대한 주의깊은 연구를 방기할 수 없다. 몽테스키외의 『법의 정신(*Esprit des lois*)』 이래, 역사 연구의 이러한 측면이 지닌 중요성은 간과되거나 부정될 수 없었던 것이다.

몽테스키외는 인간 역사의 도덕적인 상태마저도 자연적인 전제들에 얼마나 많이 의존하고 있는가를 입증하려고 노력했다. '민족 정신'이라 불리는 것은 특수한 자연적 사실들—그 나라의 기후, 토양, 지리적 상황—에 크게 의존한다. 반드시 모든 제도가 어떠한 기후에서든 성공하는 것은 아니다. 몽테스키외가 나타내 보이려고 시도하듯이, 제도와 기후라는 이 두 요소 간에는 일반적인 규칙으로 환원될 수 있는 매우 특징적인 상관관계가 있다. 그리고 이들 자연적인 조건 외에, 기본적 사실로서 경제적인 조건이 발견된다. 이것은 마르크스의 이론에서 역사에서의 생의 궁극적 원천이라고 단언되고 있다. 그러나 이 점을 차치하더라도 우리는 인간 문명의 경로와 진전을 지배하는 일반적인 규칙을 발견하려는 희망을 단념할 필요는 없다. 문명의 형태들의 하나하나—신화, 종교, 예술, 학문—는 일반적인 용어로 기술하고자 시도해도 좋을 듯한 일종의 지적 리듬을 따르고 있는 것처럼 보인다.

⁚

trans, R.W. Bretall, in *The Philosophy of Ernst Cassirer*, ed. P.A. Schilpp, Evanston, Ill.: the Library of Living Philosophers, 1949), 875쪽.

그러한 기술은 예컨대 꽁트에 의해 그의 『실증철학 강의(*Cours de philosophie positive*)』 내에서 주어졌다. 꽁트는 인간 문화의 모든 현상이 일정한 질서로 정돈될 수 있는 어떤 보편적인 공식을 발견하는 데 성공했다고 확신했다. 그는 이렇게 말하고 있다. "모든 방면에서의 그리고 모든 시대를 관통하는 인간 지성의 발전에 대한 연구로부터, 하나의 중대한 근본 법칙의 발견이 일어난다. 그 법칙은 인간 지성의 발전이 필연적으로 따르는 것이자, 우리의 조직에 관한 사실 및 우리의 역사에 관한 경험 둘 다에서 견고한 근거를 지니고 있다. 그 법칙이란 이러하다. 즉 우리의 지도적인 개념 작용 각각—우리의 지식의 각 분야—은 세 가지 서로 다른 이론적 상태, 즉 신학적 내지 허구적 상태, 형이상학적 내지 추상적 상태 그리고 과학적 내지 실증적 상태를 필연적으로 통과한다."[8)]

우리는 여기에서 현재의 문제가 지닌 객관적인 측면에 관해 논할 필요는 없다. 우리는 마르크스나 꽁트의 이론 또는 다른 유사한 이론에서 얻을 수 있는 증거를 상세하게 음미할 필요는 없다. 우리가 관계맺고 있는 것은 형식이나 논리 그리고 방법에 관한 물음뿐이다. 이러한 관점에서 보자면, 루크레티우스가 말하는 바 '사물의 원인을 안다(rerum cognoscere causas)'는 욕망은 인간의 모든 지식에 공통적인 특징으로, 따라서 이 특징은 과학의 여러 분야를 논리적으로 식별하거나 구별하는 데 이용될 수 없다. 그리고 '사물의 원인'을 알기 위해 우리는 이들 원인이 궁극적으로 환원될 수 있는 몇몇 일반 법칙을 발견하려고 항상 노력해야만 한다. 그러므로 어떠한 과학이든 모두가 '법칙 정립적'인 성격을 갖고 있다. 우리는 이러한 성격을 자연 과학에 한정하는 빈델반트나 리케르트

8) 『인식의 문제』 영역본 8~10쪽 참조.

에 동조할 수 없다. 우리는 역사를 단순한 '개별 기술적' 지식의 한계 내에 제한할 수 없다. 하지만 우리는 역사에서의 진리의 탐구가 일반적 인과 법칙의 탐구와 일치하는지 혹은 동일한 것인지를 자문해야만 한다. 그리고 이 물음에 대해 내 생각으로는 부정적인 답변이 주어지지 않으면 안 된다. 역사에서는 보다 단순한 요소들로 분석 가능하지 않는 새로운 요인이 항상 나타나게 마련이다. 우리가 다소 애매한 의미에서 역사의 '성격'이라는 말로 표현하고 있는 것이 바로 그 요인인 것이다.

역사에서의 모든 인과관계에는 물리학이나 생물학에서의 인과관계에서 발견되는 것 이상의 무언가가 존재한다. 거기에서는 인과관계 일반만이 아니라 '동기 부여'라고 불리는 것이 있다. 물론 '동기 부여'는 인과성에 대립하는 것은 결코 아니다. 그것은 특수한 형태의 인과성이다. '의지의 자유'라는 형이상학적 문제는 역사의 이론적 성격이나 역사의 인식론상의 범주들에 대한 연구에 있어 중요한 변수를 이루지는 않는다. 칸트의 말을 사용해 말한다면, 역사는 인간의 경험적 성격과 관련되는 것이지 그의 예지적 성격과 관련되는 것은 아니다. 그러나 역사는 이 '경험적 성격'이 인간 행위의 궁극적이고 환원 불가능한 원천의 하나임을 항상 발견한다.

우리는 역사에서의 특수한 사건의 원인들—예컨대 카이사르가 루비콘 강을 건넜던 원인—을 연구할런지도 모른다. 우리는 카이사르가 그렇게 결단하기에 이른 여러 이유들, 예를 들면 그의 적대자들이 음모를 꾸미고 있다는 정보를 로마로부터 받은 것 등을 그 근거로 내세울지도 모른다. 그러나 일단 이들 상황이 모두 확정되면, 우리는 결국 카이사르의 '인격'이라고 불리는 것으로 거슬러 올라가지 않으면 안 된다. 이것이 방금 말한 특수한 행위의 궁극적이고도 결정적인 동기라고 우리는 생각한다. '카이사르'가 다른 존재라면, 그 행위도 차이가 났을 것이다. 이것은 단순한 동어반복처럼 보이지만, 이 동어반복은 방법론상의 중대한 문제 하나를 포함하고 있다. 왜냐하면 우리가 여기에서 만나는 것은 자연과학에서는 이용되지도 않고 용인되지도 않는 '개체의 인과성'이라는 범주이기 때문이다. 물론 우리는 이 개체의 인과성을 보다 일반적인 원인들로 환원하려고 시도할지도 모른다.

카이사르의 개인적 성격이라는 것은 매우 복잡한 사실을 이루고 있어, 이것을 구성하는 단순한 요소들로 분석 가능해야 한다고 말해질지도 모른다. 만일 우리가 이러한 사실에서 공히 일어나는 일체의 인과적 요소를 안다고 한다면, 그리고 만일 이 특수한 존재를 야기하는 데 기여한 일체의 조건을 안다고 한다면, 그 경우에는 과학자가 자연 현상을 이해하는 것과 전적으로 동일한 의미에서 우리는 카이사르를 '이해'할 수 있을 것이다. 인간의 자유의 가장 단호한 옹호자인 칸트조차 이러한 견해를 용인하고 있다. 『실천이성비판』에서 칸트는, 만일 우리가 인간의 경험적 성격에 관해 완전한 지식을 가지고 있다면, 천문학자가 일식이나 월식을 예언하는 것과 동일한 의미에서 인간의 행위들을 예언할 수 있을 것이라고 말한다. 이러한 지식을 얻기 위해서 우리는 심리학이나 생물학에서의 일반적인 원인으로까지 거슬러 올라가야 할 것이다. 우리는 카이사르의 선조들에 관해 그리고 카이사르가 이들 선조로부터 받은 생물학상의 유전적 성질 등에 관해 손에 넣을 수 있는 모든 증거를 모으지 않으면 안 될 것이다.

그러나 역사가는 역사가인 한에서 이러한 방식으로 연구를 진행하지는 않는다. 역사가는 이들 사실 전부를 결코 부정할 필요는 없지만 그것들은 역사가에게 중요한 관련을 가진 사실들은 아니다. 만일 역사가 카이사르를 '이해'하려고 시도한다면 그는 아주 다른 방법, 즉 '해석'(역사 이해)이라고 말할 수 있는 방법을 사용한다. 이 방법을 간략하게 말하고 그 특별한 조건들을 명확히 하는 일은 용이하지 않다. 지금으로선 나는 이 주제에 관해 자세하게 말할 수 없지만, 바라건대 그것을 이후 강의 중 하나에서 보다 분명하게 논의하게 될 것이다. 나의 의도는 다만 이러한 논의를 위한 일반적인 개요를 시사하는 데 있다. 나는 **설명, 기술, 해석**이라는 용어를, 물리 과학의 본성이라든가 생물학이나 역사학의 지식의 본성에 대해 보다 명확한 통찰을 얻기 위해 사용될 수 있는 일반적인 참조 체계로서 이용하도록 제안한다.[9]

이어지는 논의를 통해 나는 지난 번 강의에서 다소 갑작스럽게 중단했던 역사와 자연 과학 간의 적대관계에 대한 논의로 다시 돌아가고자 한다. 그러나 그렇게 하기 전에 나는 우리의 논전 장소의 범위를 정하고 가능하다면 그것을 한정하고 싶다.[10] 우리의 지금까지의 논의 결과를 되짚

9) 여기서 제시된 세 가지의 구별에 대해서는, 카시러가 『인문학의 논리』 제4장에서 개념 형성이라는 점으로 자연 과학과 문화 과학의 구별에 관해 논하고 있는 것과 비교하라.

10) 카시러가 이 '논전 장소'를 자신의 철학에 있어 창조적이고 가치 있는 것으로 보았던 점은, 1944년 봄 예일 철학 클럽에서 행한 그의 견해에서 분명히 드러난다. 그 견해를 찰스 헨델은 1945년 6월 1일에 콜럼비아에서 열린 카시러 추도회에서 자신의 발언을 통해 인용하고 있다. "이 나라에 온 첫해에 나는 역사 철학 세미나에 초대되는 영광과 커다란 은혜를 입었다.…… 2년째 되는 해에 나는 과학 철학 세미나에 참가할 수 있었다.…… 3년째에 우리는 인식론에 관한 합동 세미나를 열었다.…… 그것은 실제로 나에게 새로운 체험이었다. 게다가 매우 시사하는 바가 많고 자극을 주는 세미나였다. 나는 이들 합동세미나를 뒤돌아보면서 진정 기쁘고 감사하는 마음이다. 나는 그것들로부터 매우 많은 것을 배웠다고 확신하고 있다.……물론 그처럼 많은 철학자들을 한 자리에 모이게끔 하는 것은 어떤 의미에서는 상당히 대담한 기획이었다.……그리고 거기에서 해결되어야 했던 과제는 그만큼 한층 더 미덥지 못하고 염려스러운 것이었다. 왜냐하면 서로 다른 세 세대의 사람

어 보면 우리 모두는 몇 가지 기본적인 점에서 일치하고 있다는 인상을 나는 갖는다. 우리는 모두 다음과 같은 점을 당연하다고 생각한다. 즉 역사란 인간 지식의 하나의 형태라는 것, 그것은 개념, 명제, 판단으로 이루어져 있다는 것, 그리고 이들 판단은 경험적 세계에 관한 참된 단언들임을 주장한다는 것이다.

역사가는 상상의 세계에 사는 예술가와 같지 않다. 역사가는 경험적으로 실재하는 사물과 사건들 속에 살고 있다. 그는 이러한 실재를 기술해야 하며 개별적인 현상들 간의 인과관계를 탐구해야 한다. 이 점만을 고려한다면, 역사에 관한 지식과 다른 지식 형태 간에는 어떠한 종적 차이도 발견될 수 없다. 이 점에서는 역사의 이론과 자연 과학의 이론 간에 뚜렷한 경계선을 긋는 것은 완전히 자의적인 듯이 보인다. 오직 하나의 진리가 존재할 뿐이다. 그리고 오직 하나의 보편적인 논리가 존재할 뿐이다. 논리학에서 연구되는 사고의 제 형식은 우리의 사고가 어떠한 대상으로 향하든 간에 동일하다.[11] 개념이나 판단의 형성, 추리나 논법의 형식, 가설이나 검증의 방법, 이것들은 모두 다른 어떠한 과학의 경우와도 동일한 의미에서 역사에 이용되어야 한다. 만일 현재의 문제가 이러한 형식적 관점에서 보여진다면, 어떠한 종적 차이도 발견될 수 없는 셈이다.

들이 공통의 소임에 참여하도록 기대되었기 때문이다. 철학자들 간의 논쟁에 더하여 세대 간의 논쟁도 있었다.……물론 젊은 세대의 사람들은 나를 때때로 꽤 호되게 비판했다. 그들은 나에게 항상 동의하기는 어려웠다. 나에게는 아직도 매우 중요한 철학상의 몇몇 관념이나 이념들을 그들은 이미 오래 전에 벗어 버렸다고 생각했을 것이다. 그러나 결국 그들은 나의 말에 귀를 기울였으며 시대에 한참 뒤진 나의 철학을 관대하게 봐 주었다. 그들은 나의 말의 요점을 이해할 수 있었다. 내가 그들이 말하는 요점을 이해할 수 있었던 것처럼 말이다." 『에른스트 카시러의 철학』 56~57쪽.

11) 여기에서 카시러는 이렇게 말하고 있다. "이 점에서 나는 피치(Fitch) 씨나 비어즐리(Beardsley) 씨가 내린 결론을 결코 부정하거나 의심하지는 않는다."

또 하나의 기본적인 문제는 이른바 역사에서의 인과성의 문제이다. 우리는 이 점에 관해 지난 번 강의에서 활발하게 논의를 하였고, 또한 서로 다른 진영으로 나뉜 듯이 보였다. 그러나 여기에서도 우리가 용이하게 합의에 도달할 수 있는 점이 적어도 하나는 있다고 나는 생각한다. 우리는 인과성의 문제를 더 이상 형이상학의 각도에서 논하는 것이 아니라 논리학과 인식론의 각도에서 논한다. 흄과 칸트 시대 이래로 우리는 인과성을 물자체 내에 있는 일종의 추동력으로서 간주하지 않는다.[12] 그것은 우리의 경험적 인식의 범주이자 제약이요 선결 요건이다. 그리고 우리는 이 범주가 우리의 경험적 인식의 영역 전체에 미치고 있음을 부정하지 않는다. 인과성의 규칙에서 면제되어 있는 영역은 하나도 없다. '의지의 자유'라는 원리조차도—이 원리가 무엇을 의미하든 간에—인간이 자연 위에 있다거나 자연의 법칙에 지배받지 않는다는 것을 의미할 수 없다. 지난 번 강의에서 나는 다음과 같은 칸트의 말을 인용한바 있다. 즉 만일 우리가 인간의 경험적 성격에 관해 완전한 지식을 지니고 있다면, 천문학자가 일식이나 월식을 예언하는 것과 동일한 의미에서 인간의 행위들을 예언할 수 있다고 말이다. 여기에서도 또한 우리는 인과성 범주의 사용이 근본적으로 하나라는 것을 발견하는 셈이다.

서로 다른 다양한 종류의 인과성이 있는 것은 아니다. 즉 물질에는 물질의, 생명에는 생명의 인과성이 있고, 자연에는 자연의, 역사에는 역사의 인과성이 있는 것은 아니다.[13] 우리는 결코 생기론의 테제도, 추상적이

12) 『현대 물리학에서의 결정론과 비결정론: 인과성의 문제의 역사적 · 체계적 연구』 제2장.

13) 『인문학의 논리』 제4장에서의 형식(form)과 원인(cause)에 관한 카시러의 논의와 비교할 것.

고 유심론적인 역사주의 테제도 받아들일 수 없다. 즉 우리는 무기적인 세계로부터 유기적인 세계로, 물리학이나 화학으로부터 생물학으로 이행할 때 새로운 '힘'을 도입할 필요는 없으며, 이는 자연으로부터 역사로 이행하는 경우도 마찬가지이다. 역사가는 다른 과학들에서 연구되고 증명되고 있는 모든 기본적인 인과관계를 받아들이지 않으면 안 된다. 우리의 인간 생활, 우리의 역사나 문화에서의 생은 국가 속의 국가는 아니다. 그것은 매우 복합적인 조직들의 체계, 즉 토양이나 기후와 같은 자연적 조건, 인종 같은 인류학적 조건, 거기에다 경제적 사회적 심리적 조건에 의존하고 있다. 이들 조건 모두를 주의 깊게 연구하지 않고서는 역사는 과학이 될 수 없다. 문제는 이들 일체의 인과관계—그것들은 물리학, 생물학, 인류학, 심리학, 경제학, 사회학에 의해 발견된다—에 관한 지식이 역사가에게 불가결한가 아닌가라는 것이 아니라 그것들이 그에게 충분한 것인가, 그것들만이 역사의 유일한 과제를 그리고 과제 전체를 이루는가 어떤가이다.

이 물음에 대한 대답은 독단적인 방식으로 마련될 수 없다. 그 대답은 경험적인 방식으로 주어져야 한다. 우리는 어떠한 일반적인 사변적 이론을 가지고서도 역사가에 대해 그가 마땅히 해야 할 바를 지시할 수 없다. 우리는 전적으로 편견 없는 정신으로 역사가가, 그것도 위대한 역사가가 실제로 행하고 있는 것을 연구해야만 한다. 그러할 때 우리는 과거 100년 동안에 역사의 과제와 방법에 관해 제안되었던 대부분의 사변적인 이론이 하나의 동일한 반론을 면할 수 없음을 항상 깨달을 것이라고 나는 생각한다. 이들 사변적인 이론들은 역사에 대한 논리적인 이상을 구축하고 있으며, 역사가의 실제의 작업을 자신들의 고유한 이론이라는 프로크루스테스의 침대에 맞추려고 무리하게 억지를 쓰고 있는 것이다. 단지 두

세 가지 예만을 들어보기로 하자. 우리는 이미 마르크스의 체계에 관해 배운바 있지만,* 그것에 따르자면 인간 역사에서의 생 전체는 어떤 일정한 일반적인 경제적 조건들에 의존해 있다. 이들 조건을 알고 이해하는 것은 인간 역사의 진로 전체를 알고 이해하는 게 될 것이다.

그러나 이러한 마르크스의 학설과 밀접하게 연관하여, 다른 교설이 발견된다. 그것은 일반적으로 말해 동일한 유형—역사의 유물론적 해석이라는 유형—에 속하지만, 그럼에도 불구하고 매우 다른 방향으로 향하는 경향을 지닌 교설이다. 가장 잘 알려진 예 중 하나는 텐느(Hippolyte A. Taine)의 저작에 포함되어 있는 역사 철학이다. 텐느는 역사에서의 모든 생에 있어 근본적인 삼자 관계(triad)의 조건으로부터 출발한다. 그 삼자 관계를 말함에 있어 그는 민족, 환경, 시대라는 용어를 사용한다. 이것들은 역사의 세 가지 일반적인 원인으로서, 개개의 모든 사건을 설명하는 데에도 충분한 원인이다. 일단 이들 원인을 확정하고 나면 우리는 역사를 이해할 수 있고 그 궁극적인 추동력을 알게 되어, 물리학자가 중력의 일반 이론으로부터 행성의 궤도나 낙하하는 물체의 운동을 연역하는 것과 동일한 의미에서, 위의 세 원인들로부터 결과들을 연역할 수 있다. 이것은 더욱 더 다음과 같은 결과를 가져 온다. 즉 역사에서도 다른 과학들—수학, 물리학, 화학 또는 생물학—의 경우와 마찬가지로 우리는 어떠한 가치판단을 내리고 싶은 충동을 억누르지 않으면 안 된다는 것이다.

텐느에 따르면 '가치'는 과학의 범주가 아니며 따라서 역사의 범주도 아니다. 과학적 사고는 사실을 확정하고 사실의 원인을 탐구해야 하지만

* 이 책에는 포함되어 있지 않다.

사실이 지닌 가치를 물을 필요는 없다. 텐느는 『영문학사(*The History of English Literature*)』의 서론에서 이렇게 말하고 있다. "물리적인 사실이든 도덕적인 사실이든 그 사실들은 모두 원인을 갖고 있다. 소화 작용, 근육 운동, 체온에 원인이 있듯이, 야망, 용기, 진실에도 원인이 있다. 악덕과 미덕은 황산염이나 설탕과 마찬가지로 생산물이다. 그리고 온갖 복합적인 현상은 그것이 의존하는 보다 단순한 다른 현상들로부터 생겨나는 것이다. 그렇다면 물리적 성질에 대해 우리가 단순한 현상들을 요구하는 것처럼, 도덕적 성질에 대한 단순한 현상들을 요구해 보자.……여기에 원대한 원인들이 있다. 왜냐하면 그것들은 보편적이고 항구적인 원인들로서, 어떠한 시점이나 어떠한 경우에서든 나타나고 도처에서 항상 불멸적으로 작용하며, 마침내 완전히 의심할 여지가 없는 지고한 것으로서 작용하기 때문이다. 그 원인들을 방해하는 부대적인 성질들은 제한되어 있고 부분적인 까닭에, 저 원인들이 지닌 힘의 단조롭고도 끊임없는 반복에 결국 굴복하고 만다. 그리하여 사물의 일반적인 구조나 사건의 일반적인 특징이란 저 원인들을 밝혀내는 작업이라는 방식이 되는 것이다."[14)]

역사에서의 인과성에 관한 또 하나의 체계는 독일 역사가 칼 람프레히트(Karl Lamprecht)에 의해 채택되고 옹호되어 왔다. 독일에서 람프레히트의 이 이론은 오랫동안 역사의 논리에 관한 논의의 초점이었다. 람프레히트는 역사에서의 모든 생을 몇 가지 심리학적 유형으로 환원하려고 시도한다. 역사의 진로에 있어 이들 유형은 항구적이고 고정된 질서

14) 영역본(N. Van Laun, 2 vols, Chicago: M.A. Donohue, n.d.) 제1권, 8~9쪽. 『인식의 문제』 제14장에서 카시러가 텐느에 관해 논한 부분 또한 참조.

를 띠면서 계속해서 나타난다. 모든 시대, 모든 나라, 모든 문화에서 이 질서는 동일한 채로 남아 있다. 상징적 사고라는 첫째 단계 뒤에는 유형적 사고의 단계라고 말해질 수 있는 다른 하나의 단계가 이어진다. 그 다음에는 근대 철학과 근대 역사에서 발견되는 주관주의 시대로의 이행이 이어지고, 그것은 마침내 이성의 숭배에 대한 감정의 반동을 뜻하는 낭만주의 운동에 도달한다. 우리 자신의 시대를 람프레히트는 감수성(Reizsamkeit)의 시대, 즉 예민함과 신경적 긴장의 시대로 특징짓고 있다. 이들 정신적 단계들은 모든 나라에서 동일하고 균등한 리듬에 따라 일어나며, 불변의 심리학적 법칙에 기초해 있기 때문에 바뀔 수 없다. 람프레히트는 자신이 모든 방면에서 모은 방대한 양의 경험적 증거를 통해 이 테제를 증명하려고 시도했다.[15)]

텐느와 람프레히트는 단순히 역사에 대한 이론가만이 아니었다. 그들은 평생 동안 구체적인 역사의 문제를 해결하는 데 몰두했다. 텐느는 그의 『예술철학』(*Philosophy of Art*)에서 그리스의 조각에 관해, 르네상스의 위대한 화가들에 관해, 네덜란드의 미술사에 관해 유명한 장(章)을 끼워 넣고 있다. 그리고 만년에 와서 그는 중요한 정치사가가 되고 있다. 즉 텐느는 『현대 프랑스의 기원』(*Les Origines de la France contemporaine*)이라는 저술을 썼다. 람프레히트는 자신의 일반 이론의 증명으로서, 그리고 그 실례로서 독일사를 우리에게 남겼는데 이것은 무려 총 20권으로 이루어져 있다. 그러나 만일 우리가 역사에 관한 이들의 저작을 상세하게 분석하고 또 그것들을 저자들의 이론적이고 철학적인 견해 일반과 비교한다면, 역사 철학자로서 텐느나 람프레히트가 가르치고 있는 것과 역

15) 『인식의 문제』 제17장에서 카시러가 람프레히트에 관해 논한 부분을 참조.

사가로서 그들이 실천하고 있는 것 간에는 현저한 모순이 매우 자주 존재하고 있음을 발견한다. 역사가로서 자신들의 특수한 과제를 면밀히 수행할 때에는, 그들은 매우 자주 몇몇 전제들을 암암리에 가정하며, 또한 자신들의 일반적 원리에 의해선 정당화될 수 없으나 어떤 유형의 지식에는 속하는 몇몇 방법들을 이용한다. 그러나 우리가 여기서 이해하고자 하는 것은 역사에 관한 다양한 사변적 이론—인류학적 경제학적 또는 심리학적 이론들—이 아니라 역사가 자신의 작업이자 이 작업의 논리적인 조건들인 것이다.

이전 강의에서 나는 이러한 작업을 기술하는 방식으로서 '해석'이라는 용어를 제안했다. 그러나 이 용어는 보다 명확하게, 그리고 보다 엄밀하게 정의되지 않으면 여전히 애매하고 다의적으로 남아 있으리라는 것을 나는 전적으로 인정한다. 어떤 이론도—물리학의 이론도 역사의 이론도 모두 마찬가지로—그 이론이 지시하는 사실의 해석이라고 일컬어져도 좋을 것이다. 만일 내가 예를 들어 광학에서 뉴턴의 빛의 이론을 취한다면, 즉 빛이란 지극히 가벼운 입자가 발광체로부터 방사됨에 의해 생겨난다고 생각한다면, 그 경우 나는 빛을 역학에 의해 해석하고 있는 셈이 되며, 만일 내가 맥스웰(James C. Maxwell)의 이론을 취한다면 동일한 현상을 전기 역학에 의해 해석하고 있는 것이 된다. 그러므로 우리는 이들 물리학적인 해석 방식과 역사가의 작업에 있어 특징적이고 결정적인 해석 방법 간의 종적 차이를 발견하지 않으면 안 된다. 그것은 유감스럽게도 인식론의 가장 복잡한 문제들 중 하나이자 매우 철저한 분석을 요하는 문제이며, 몇 가지 소견으로 풀리기를 바랄 수 없는 문제이다. 그러나 나는 일종의 정신적인 실험에 의해 간접적인 방식으로 내 자신의 견해를 설명할 수 있을 것이다.

이렇게 가정해 보자. 배가 난파되어 내가 로빈슨 크루소처럼 어느 무인도에 던져졌다고 생각해 보자. 나는 완전히 외톨이이며 거기에서는 인간 생활이나 인간 문화를 보여 주는 일말의 자취도 발견할 수 없다. 해변을 걷고 있을 때 나는 우연히 돌 하나를 보게 된다. 그 돌은 크기나 형태가 유별나서 나의 주의를 끌었던 것이다. 나는 그 돌을 연구하기 시작한다. 나는 그 돌의 본성을 찾아내고자 한다. 우선 나는 그 돌의 물리적 성질이나 화학적 성질에 관심을 가질지도 모른다. 나는 그 무게, 그 화학적 성분 등을 결정하고 싶어 한다. 혹은 나는 그것을 광물학자나 지질학자의 관점에서 고찰할지도 모른다.[16] 그러나 갑자기 나의 눈을 붙잡는 다른 무언가가 있다. 나는 돌 위에 몇 개의 표시가 나 있는 것을 알아차린다. 그것들은 규칙적인 질서로 반복되어 있는 듯 보인다. 그 표시들을 좀 더 잘 살펴본 결과 나는 그것들이 쓰여진 문자라는 생각으로 이끌린다. 그리고 이제 내가 그 돌에 대해 가졌던 관심은 돌연 변화한다. 물론 내가 그러한 표시를 지각하는 방식은 내가 나의 물리적인 환경 속에 있는 다른 일체의 사물을 지각하는 방식과 다른 것은 아니다. 나는 이들 표시를 지각하기 위한 특별한 기관을 가지고 있는 것은 아니다. 즉 나는 그 돌의

16) 여기에서 카시러가 들고 있는 예와, 인식되는 대상에 관한 조망을 변하게 할 수 있는 인식자의 능력에 상징형식의 철학이 어떻게 기초를 두고 있고 또 어떻게 그러한 능력에 관한 설명을 제시할 수 있는가라는 점을 해명하기 위해 그가 사용하고 있는 수단과는 서로 같지 않으며, 전자의 방식이 보다 특수한 사용법을 쓰고 있긴 하지만 양자에는 유사점도 있다. 「철학 체계에서의 상징의 문제와 그 위치」("Das Symbolproblem und seine Stellung im System der Philosophie," *Zeitschrift für Aesthetik und allgemeine Kunstwissenschaft*, 21, 1927, 295~312쪽)에서의 '선(線) 긋기'(Linienzug)에 관한 카시러의 예를 참조. 또한 카시러가 이러한 지각에 의한 예를 이용하고 있는 대목으로서는 『상징형식의 철학』(영역본 제3권, 200~201쪽) 및 『상징개념의 본질과 작용』에 수록된 「상징개념의 논리(*Zur Logik des Symbolbegriffs*)」, 211쪽 이하 참조.

색이나 모양을 보는 것과 완전히 똑같이 나의 눈으로 그 표시들을 보는 것이다. 그러나 지금 그 표시들은 나에게 전혀 다른 것을 이야기하고 있다. 나는 그 표시들에 의해 물리적인 세계만이 아니라 인간의 세계—단순한 사물들의 세계가 아니라 상징들의 세계—로 이끌려 들어간다. 이 상징들을 이해하기 위해서는 나는 이것들을 해석하지 않으면 안 된다. 나는 그 쓰여진 문자를 해독해야만 한다. 나는 그것들을 결합하여 음절, 단어, 문장이 되게끔 해야 한다. 그리고 이들 단어나 문장은 단독적인 것 또는 고립된 것은 아니다. 그것들은 하나의 체계에 속해 있다. 그것들은 전체 내의 일부, 인간의 언어의 일부이다. 만일 이 언어가 나에게 낯선 것이라면 나는 도무지 처음부터 그것을 읽을 수 없다. 그러나 나의 관심은 이제 일깨워져 특별한 방향으로 향한다. 얼마간 노력한 후에 나는 그 문자의 숨은 의미를 발견해 내는 데에 어느 정도까지 성공할지도 모른다. 물리적인 표시들이 의미를 갖는 기호가 된 것이다. 그것들은 나에게 '말'을 걸기 시작한다. 나는 모든 인류로부터 완전히 격리된 가운데서 갑자기 인간 세계로부터의 메시지를 듣는 셈이다.

이와 같은 예는 역사가의 작업을 조명하는 데 도움이 될 수 있을 것이다. 역사에 대한 경험은 물리적인 것에 대한 경험과 대상을 달리하지 않는다. 모든 역사가는 자신들이 어떤 특수한 물리적 대상들을 연구함에 의해 지식을 얻는다는 것을 알고 있다. 역사가는 자신의 작업 전체에서 그 대상들에 의거해 있다. 그는 이른바 역사상의 문서나 역사상의 기념물에 의거해 있는 것이다. 그것들이 없다면 그는 단 한걸음조차도 나아갈 수 없을 것이다. 그리고 이 모든 것들, 즉 이 문서들이나 기념물들은 물질적인 소재로서 역사가에게 부여되어 있다. 그것들은 쓰여진 문자이거나 종이나 양피지 위에 표시된 것이거나 상형문자 문서나 쐐기형 문자 문서이다. 또한 그것들은 캔버스 위에 칠해진 색이거나, 대리석이나 청동으로 만들어진 조상(彫像)이거나, 돌이나 다른 어떤 소재로 만들어진 건조물이다. 그러나 이들 모든 물질적 소재 속에서 역사가는 완전히 다른 것을 본다. 이들 소재는 그에게 말하자면 투명한 것이 된다. 그는 그 소재들을 그것들 자체 때문에 연구하는 것이 아니다. 다시 말해 자연 과학이, 또 물리학자나 화학자가 관심을 두고 있는 소재의 물리적 성질 때문에 연구하는 것은 아니다. 역사가가 그 속에서 발견하는 것은 과거의 인간 생활의 증언이며, 말하자면 그 계시이다. 그는 즉각적으로 이 생활을 이해할 수 없다. 그가 그것에 관해 알고 있는 모든 것은 제각각 여기저기 흩어져 있는 단편들뿐이다. 그러나 여기에서 그의 진짜 과업이 시작된다. 그는 이 단편들을 모아야 할 뿐만 아니라 그것들을 완전한 것으로 만들어 종합하지 않으면 안 된다. 그것은 그 단편들을 하나의 일관된 질서로 만들어 내기 위함이며, 그것들의 통일성과 정합성을 우리에게 제시하기 위함이다.

지성과 상상에 의한 이러한 종합이 역사라고 불리는 것이다. 그것은 마치 시공에서의 개개 물질적 현상들이 일반 법칙에 따라 종합되는 것이 자연 과학이라고 불리는 것과 같은 것이다. 우리가 우리 자신의 인간 세계를 이해하는 일 전체에 있어 왜 이러한 걸음이 필요하고도 불가결한가를 간파하기란 어려운 일이 아니다. 인간은 그가 행위하는 일체에서만이 아니라 그가 느끼거나 사고하는 일체에 있어서도 폴리스적 동물(ζῷον πολιτικόν)—사회적 존재—이다.[17] 인간은 각기 격리된 개별적 존재를 가지는 것은 아니다. 그는 사회생활이라는 커다란 형태 안에—언

17) 아리스토텔레스, 『정치학』 I, 2, 1253a.

어, 종교, 예술, 정치 제도의 세계 안에—살고 있다. 인간이 자기 자신의 생활을 영위하는 데에는 그것을 이들 형태 속에 끊임없이 표현하지 않으면 안 된다. 인간은 언어에 의한 상징, 종교적 상징, 신화 및 예술의 이미지를 창조한다. 그가 자신의 사회생활을 유지할 수 있는 것, 즉 그가 다른 인간과 의사소통을 하고 자신을 다른 인간에게 이해받을 수 있는 것은 이들 상징이나 이미지의 총체, 체계에 의해서만이다.

그러나 만일 우리가 이러한 상징의 세계를 자연의 세계와 비교한다면, 양자 간에는 커다란 차이가 발견된다. 상징 표현들은 자연의 대상들에 비해 월등히 불안정하고 변하기 쉬운 성격을 지니고 있다. 그 표현들은 우리의 통상적 환경을 이루는 물질적이고 물리적인 사물들보다도 훨씬 더 변화와 소멸을 겪기 쉽다. 의미의 세계, 예컨대 언어의 세계에 있어서는 '의미의 변화'라고 일컬어지는 특징적인 현상이 항상 발견된다. 언어, 예술, 종교, 이들은 모두 끊임없는 유동 가운데 있다. 의심할 여지 없이 우리는 언어, 예술, 종교 안에서 명확하고 항상적인 구조를 발견할 수 있다. 우리의 통상적인 인간 세계의 구성에 있어 그것들이 갖는 일반적인 역할을 우리는 규정할 수 있다. 그러나 이러한 일반적 구조의 한계 내에서 모든 개개의 현상은 제각기 시시각각 변화할 수 있는 것이다.

이상의 고찰은 역사에 관한 우리의 지식 전체에 커다란 불확실성이 있음을 함축하는 것처럼 보인다. 자연 과학의 대상들과 비교되는 경우, 역사 과학의 대상들은 월등히 변하기 쉽고 쉬이 사라지는 것 같다. 별을 바라보는 천문학자는 별들이 동일한 장소에, 그리고 합당한 질서 속에 있음을 항상 발견할 것이다. 어떤 소재를 분석하는 화학자는 거기에서 동일한 원소들을 항상 발견할 것이다. 그러나 상징의 세계에서는 이 동일한 영속성 내지 지속성은 발견되지 않는다. 인간이 자신의 생각이나 감정, 자신의 정서나 바람, 자신의 사상이나 신조를 표현하는 데 사용하는 상징들은 얼마 지나지 않아 이해할 수 없는 것이 된다. 그리고 여기에서 역사의 참된 과제가 시작되는 셈이다.

이들 상징을 소생시키고 새로운 생명을 되찾게 하고 다시금 판독하고 이해할 수 있게끔 하는 것이 역사이다. 이러한 작업은 투키디데스의 시대로부터 우리 자신의 시대에 이르기까지의 역사에 관한 위대한 고전적 작품들에서 수행되고 있다. 이러한 의미에서 투키디데스가 자기 자신의 저작을 인간 정신의 영원한 소유물(*κτῆμα ἐς ἀεί*)이라고 말했을 때 이는 적절한 표현이었다.[18] 우리는 우리 자신의 인간 세계를 소유하기 위해서는 그것을 부단히 재생하지 않으면 안 된다. 역사 사상이나 역사 연구가 가져오는 이러한 재생이 없다면 우리 인간의 작업과 그 결실은 모두 색이 바래지고 말 것이다. 그것들은 무색, 무의미한 것이 될 것이다. 그러므로 역사가란 과거의 사건들을 우리에게 이야기해 주는 단순한 해설자는 결코 아니다. 그는 과거의 인간 생활의 발견자이자 해석자이다. 단지 어떤 일정한 기간에 일어난 것만을 이야기하려고 하는 자는 연대기의 편자이지 역사가는 아니다. 역사가는 완전히 다른 목적을 목표로 삼는다. 그는 과거를 이야기할 뿐만 아니라 과거를 재구성한다. 그는 과거에 새로운 생명을 불어넣는 것이다.

'역사'라는 말 자체가 이중적인 의미로 사용되고 있다고 자주 말해져 왔다. 그 말은 한편으로는 **행해진 것**(res gestae), 즉 과거의 사실, 사건, 행위를 의미한다. 그러나 다른 한편으로 그것은 전혀 다른 것을 의미한다. 즉 그것은 이 과거의 사건들에 관한 우리의 회상, 지식을 의미한다.

18) 『펠로폰네소스 전쟁사』 제1권 제22장.

단순한 논리적 관점에서 보자면, 이 같은 점은 지식의 다른 분야에서는 발견될 수 없는 기묘하고도 매우 놀라운 애매함을 수반하고 있는 것 같다. 그것은 마치 과학자가 자신의 지식의 형식과 대상을 명확히 구별할 수 없는 것처럼—마치 '물리학'과 '자연'을 혼동하고 있는 것처럼—말하는 것과 다를 바 없다. 하지만 언뜻 보면 매우 이의가 있다고 생각되는 이러한 불일치는 아마도 설명될 수 있을 법하다. 지식의 내용과 형식 간의 결합은 자연 과학의 어떤 분야에서보다도 역사에서 한층 더 밀접하다. 우리는 모두 일상 경험에서 물리적 대상들에 둘러싸여 있다. 과학은 이 대상들을 기술하고 설명해야 한다. 하지만 과학의 도움이 없더라도 우리는 이 대상들을 잃지 않을 것이다. 마치 우리는 그 대상들을 직접적으로 지각할 수 있는 것처럼, 즉 보고 만질 수 있는 것처럼 생각한다. 하지만 우리는 우리 과거의 삶, 인간의 삶을 이런 방식으로 파악할 수 없다. 역사에 의한 부단하고도 끈질긴 노고가 없다면, 이 생은 언제까지나 봉인된 책으로 남아 있을 것이다. 현대의 역사 의식이라고 일컫는 것은 위대한 역사가들의 노고에 의해 한 걸음 한 걸음 쌓아 올려진 것이다.

역사는 우리 인간의 문명을 특징짓는 창조적인 과정을 거슬러 조명하는 것이다. 인간의 문명은 인간의 생이 외적으로 표현되는 데 쓰이는 새로운 형식, 새로운 상징, 새로운 물질적 소재를 필연적으로 창조한다. 역사가는 이 표현들 일체를 그 기원 자체에까지 거슬러 올라가 추적한다. 역사가는 이들 모든 형식 하나하나의 기저에 있는 진짜 생을 재구성하려고 노력한다. 이런 의미에서 역사는 그 부단한 노력이 없다면 소실되고 생명력을 잃게 될 생의 부활이다. 역사의 해석학이 없다면, 역사에 해석의 기법이 포함되어 있지 않다면, 인간의 생은 매우 빈곤한 것이 될 것이다. 그것은 단지 한순간에 한정될 것이며 어떠한 과거도 갖지 않을 것이고 그러므로 어떠한 미래도 갖지 않을 것이다. 왜냐하면 미래에 관해 생각하는 것과 과거에 관해 생각하는 것은 서로 의존해 있기 때문이다.

이 강의를 마치기 전에 나는 다시 한번 텐느의 저작에서 한 구절을 인용하고자 한다. 텐느를 언급하는 경우에 역사에 관한 내 자신의 생각에 호의적인 증인을 예로 들고 있는 게 아닌가 생각해서는 곤란하다. 텐느는 과학이 단일성과 동질성을 갖는다는 테제를 끈질기게, 그리고 지극히 강력한 어조로 옹호했던 철학자 중 하나이다. 그는 과학적 지식과 역사적 지식 간에 어떠한 차이도 인정하지 않는다. 그의 최고의 바람과 이상은 역사를 자연 과학으로 환원하는 것이다. 그러나 이러한 일반적인 격률에도 불구하고 텐느의 저작 내에서는 말하자면 전혀 다른 얼굴을 우리에게 보여 주는, 더 나아가 반대의 방향으로 향하는 많은 암시가 발견된다. 텐느는『영문학사』의 서론에서 이렇게 말하고 있다. “여러분은 자신의 눈으로 눈에 보이는 인간을 고찰할 때, 무엇을 바라면서 보고 있는가?”

눈에 보이지 않는 인간을 기대하면서 보는 것이다. 여러분 귀에 들어오는 말들, 몸짓, 그의 머리 동작, 그가 입고 있는 의복, 온갖 종류의 행동과 행위, 이것들은 단순히 표현에 지나지 않는다. 그것들 아래에 있는 무언가가 나타나고 있는 것이다. 그것은 영혼이다. 내적인 인간이 외적인 인간 아래에 숨어 있는 것이며 후자는 전자를 드러낼 뿐이다. 여러분은 그의 집, 가구, 의상에 눈을 돌린다. 그리고 그것은 그의 습관이나 취미가 어떠한가, 그가 어느 정도로 세련되어 있는가 혹은 소박한가, 사치스러운가 검소한가, 어리석은가 약삭빠른가를 짐작케 하는 표시를 발견하기 위함이다. 여러분은 그의 대화에 귀를 기울이며 그의 음성의 억양이나 그의 태도의 변화에 주의한다. 그리고 그것은 그의 마음의 강도, 즉 무사무욕

한가 쾌활한가, 활기 넘치는가 조심스러운가를 판단하기 위함이다. 여러분은 그의 저작, 그의 예술작품, 그의 상거래 또는 그의 정치적 계획을 고찰한다. 그것은 그의 지성의 범위와 한계, 그의 창작력, 그의 냉정함을 가늠하기 위함이며, 그의 사상의 질서, 그 내용 설명, 그 일반적인 의미, 그리고 그가 사고하고 결단하는 방식을 발견하기 위함이다. 이것들 외부에 나타나는 것 모두는 중심으로 수렴되고 있는 통로들에 지나지 않는다. 여러분이 그 통로들에 들어서는 것은 단지 그 중심에 도달하기 위한 것이다. 그리고 그 중심이 진짜 인간이다. 즉 내적인 인간에 의해 만들어지는 능력이나 감정의 결집체인 것이다. 우리는 새로운 세계에 도달했다. 그리고 이 세계는 무한하다. 왜냐하면 우리가 보는 모든 행위는 무한히 연관된 추리, 정서, 감각을 포함하고 있기 때문이다. 이것들은 그 일체의 행위를 명확하게 하는 데 도움이 되어 왔고, 지면 깊숙이 그 대부분이 묻혀 있는 거대한 바위처럼 그 행위 가운데서 그 말단부와 지상 부분이 발견되는 것이다. 이 지하의 세계가 역사가에게 고유한 새로운 주제이다. 만일 그가 받은 비판적 교양이 충분한 것이라면 그는 건축의 온갖 세부 아래에서, 그림의 한 획 한 획 아래에서, 저작의 한 구절 한 구절 아래에서, 그 세부, 한 획, 한 구절을 분출시켰던 특별한 감각을 다시금 드러낼 수 있다. 그는 예술가나 저작가의 영혼 안에서 일어났던 드라마 속에 있는 것이다. 언어의 선택, 문장의 장단(長短), 비유의 성질, 시의 강세, 논의의 전개, 이것들 모두가 그에게 하나의 상징이다. 그의 눈이 텍스트를 읽고 있는 동안, 그의 영혼과 정신은 그 텍스트가 배태되어 나온 정서나 상념들의 끊임없는 전개와 항상 변화하는 연속을 찾아가고 있는 것이다.[19)]

19) 『영문학사』(영역본), 5~6쪽.

이것이야말로 내가 여기에서 설명하고 옹호하고자 했던 것과 정확히 동일한, 역사에 대한 사고방식이다. 그러나 이 사고방식을 텐느의 일반 원리와 일치시킬 수는 없다고 나는 생각한다. 내가 이해할 수 있는 한에서, 텐느에 의해 이해된 역사가와 역사 철학자가 서로 모순되어 있는 것은 명백하다. 전자가 실제로 하고 있는 것을 후자는 부인하고 있기 때문이다.

언어와 예술

6
언어와 예술 I
(1942)

이 강의는 "논문: 언어와 예술/ 코넬 대학교, 1942년 4월 23일" 및 "언어, 신화, 예술/ 언어-세미나/ 1942년 5월 11일"(MS #209로 약칭함)이라는 라벨이 붙은 봉투 속에 함께 분류돼 있던 두 개의 자료 중 첫 번째 것이다. 안에 들어 있던 별지 한 장에도 같은 내용이 적혀 있다. 이 두 개의 자료 중 두 번째 것은 이 책에 뒤이어 수록해 두었다. "언어와 예술"이라는 첫 번째 글은 타이핑한 것으로, 여기에는 몇 군데 손으로 직접 교정을 본 두 장의 카본지 사본이 포함돼 있다. MS #28은 이 문서 작성에 앞서 손으로 직접 쓴 원문을 포함하고 있다. "언어와 예술 I"의 원문은 영어로 쓰인 것으로, 봉투와 커버의 라벨이 말해주고 있듯이 1942년 4월 23일에 코넬 대학교에서 콜로키움 형식으로 진행될 학문적인 강의로서 준비되었던 것임이 분명하다.—편자

언어와 예술은 우리 인간 활동 전체에 있어 서로 판이한 초점을 이루

는 것으로 여겨질 수 있다. 그러나 이 둘의 관계보다 더 친밀한 관계로 생각되는 것은 별로 없다. 언어는 우리의 삶이 시작된 그 시원에서부터, 그리고 우리의 의식이 떠오른 가장 이른 여명 이래로 우리를 둘러싸고 있다. 언어는 우리의 지적 발전의 모든 발걸음에 수반하고 있다. 인간은 언어라는 매체를 떠나서는 호흡할 수 없다. 언어란 정신적 대기(大氣)와 같은 것으로서, 인간의 사고와 감정 그리고 인간의 지각과 개념 속에 널리 퍼져 가득 차 있는 것이기 때문이다. 예술은 몇 가지 점에서 이것보다는 좀 더 좁은 범위에 제한되어 있는 것같이 생각된다.[1]

예술이란 흔히 특정 개인에 부여되어 있는 천부적 재능인 것같이 여겨지며, 언어처럼 모든 이들이 천부적으로 누리는 것으로는 생각되지 않는다. 그럼에도 불구하고 우리는 예술이 인생에 있어 한갓 부수적 요소이거나 단순한 추가물이 아님을 감지한다. 우리는 예술을 인간 삶을 꾸미는 장식에 지나지 않는 것으로 생각할 수는 없다. 우리는 예술을 인생의 구성요소들 중 하나로서, 나아가 인생의 본질적 조건들 중 하나로서 간주하지 않으면 안 된다. 위대한 예술작품들에 대해 감수성을 지닌 사람

1) 카시러가 출판한 저작들 가운데 예술에 관해 논의하고 있는 주요한 것은 『인간에 관하여』(*An Essay on Man*, New Haven: Yale University Press, 1944) 제 9장 및 「신화적 공간, 미적 공간, 이론적 공간」("Mythischer, ästhetischer und theoretischer Raum," in *Vierter Kongreß für Ästhetik und allgemeine Kunstwissenschaft*, ed. H. Noack, Stuttgart, 1931), 21~36쪽이다. 영역본으로는 다음의 것을 참조. "Mythic, Aesthetic and Theoretical Space," trans. Donald Phillip Verene and Lerke Holzwarth Foster, Man and World 2 (1969), 3~17쪽. 이것과 연관하여 고찰해야 할 것은 카시러의 초기 저작인 『자유와 형식: 독일 정신사 연구(*Freiheit und Form: Studien zur deutschen Geistesgeschichte*)』 및 문학상의 특수한 주제, 특히 괴테에 관한 그의 몇몇 저작들이다(이 책 8장 「예술의 교육적 가치」의 각주 18 참조). 카시러가 예술에 대한 저서 한 권을 쓰려던 계획에 관해서는 이 책 「서문」을 참조.

은, 그러한 작품들이 없다면 인생의 의미가 결여될 것임을, 그리고 삶을 살아갈 가치가 거의 없으리라는 것을 확신한다. 하지만 이 기본적 확신이, 우리가 우리의 직접적 경험의 한계를 넘자마자 혹은 우리가 언어와 예술에 대해 반성을 시작하자마자 불명료한 것이 되거나 적어도 빛을 잃는 것같이 보인다는 것은 기묘하고도 역설적인 사실이다.

철학적 반성이 언어와 예술의 문제에 다다르는 경우 그것은 반드시 곤란한 딜레마와 회의론적 의심에 봉착하지 않을 수 없게 된다. 언어와 예술의 열광적인 상찬과 나란히, 언어와 예술에 대한 뿌리 깊은 불신을 우리는 발견하는 것이다. 이러한 전개를 우리는 초기 그리스 사상으로부터 오늘날 우리의 현재에 이르기까지 추적해 볼 수 있다. 플라톤은 이 모순을 감지했던 최초의 인물이었다.[2] 다른 모든 위대한 그리스 사상가들과 마찬가지로 그는 로고스의 힘에 깊이 감명받고 있었고 그것에 거의 압도되다시피 했다. 로고스, 즉 말은 플라톤에게 있어서는 언어의 능력이기도 하면서 동시에 추론의 능력이기도 했다. 하지만 말이라는 이 천부적 재능이 의심스럽고도 애매모호한 재능이라는 것을 그는 깨닫는다. 말의 사용 여하에 따라 그것은 진리의 원천이 되기도 하고 또 환영의 원천이 될 수도 있다. 말의 참되고도 합법적인 용법은 플라톤에 의해 소크라테스의 대화(dialogue) 속에 밝혀져 있다. 여기에서 그는 철학의 참된 방법, 이른바 로고스를 관철하는(dia-logical) 방법 내지는 변증술적(dialectic) 방법을 발견해 낸다.* 하지만 플라톤은 소크라테스 바로 그 곁에 소피스트

2) 카시러, 「에이도스와 에이돌론—플라톤의 대화편에서의 미와 예술의 문제」("Eidos und Eidolon. Das Problem des Schönen und der Kunst in Platons Dialogen," in *Vorträge der Bibliothek Warburg*, Leipzig: B.G. Teubner, 1924), 1~27쪽 참조.

들이 존재해 있음을 목도한다. 소피스트들은 말의 철학자들이 아니라 말의 기술가(artist)들이다. 그들은 진리 탐구를 위해 말을 사용하는 것이 아니라, 실용적인 목적들을 위해, 즉 인간으로 하여금 감정을 불러일으키고 어떤 행동을 하게끔 자극하기 위해 사용한다. 수사학의 기술은 소피스트의 수중에 있을 때 지극히 위험한 무기가 된다. 그것은 모든 참된 철학과 진정한 도덕성의 적이 되는 셈이다. 플라톤에 따르면, 언어 속에 포함돼 있는 오류와 궤변은 예술 안에 포함돼 있는 오류와 궤변에 의해 증대된다. 수사학 내에서 우리가 발견하는 말의 마술은 시와 미술의 마술에 의해 더욱 강화되는 것이다.

플라톤이 예술에 대한 엄격한 재판관이자 화해할 길 없는 반대자가 되었다는 것은 얼핏 보기에는 역사적으로 하나의 커다란 역설로서 생각될지도 모른다. 하긴 플라톤이야말로 일찍이 철학사에 나타난 가장 위대한 예술가가 아니었는가. 하지만 예술의 온갖 유혹을 누구보다 잘 알아차리고 있던 것은 예술의 온갖 매력에 민감했던 바로 이 사상가이다. 플라톤의 대화편『소피스트』에서, 예술가와 소피스트는 동일한 수준에 있는 것이라고 선언되고 있다. 그들은 인간의 영혼을 실재적 지식, 즉 사물의 영원한 원형들인 이데아들의 직관으로 끌어올리는 일은 하지 않고 이미지들을 절묘하게 다루고 있을 뿐이다. 그들은 우리의 이해력과 공상을 이용하여 속임수를 씀으로써 우리를 꿈의 세계 속에 취하게끔 하는 것이

---

* 고대 그리스에서 생겨난 '변증술(dialektike)'이란 말은 본래 의견이 다른 두 사람이 서로를 설득하고자 할 때 수행되는 '대화'의 기술을 뜻한다. 소크라테스식 대화 내지 문답의 범형을 제시한 플라톤에 따르면, 변증술은 대화 참여자 간에 최소한 의미와 추론 원칙상의 공유를 바탕으로 질문과 대답을 통해 사물들의 본질을 향해 나아가는 능력을 의미한다. 따라서 변증술적 방법은 진리, 즉 로고스를 관철하는 방법으로서의 대화술적(dia-logical) 방법 이외 다른 것이 아니다.

다. 소피스트와 예술가는 철학자와는 달리 이데아의 발견자도 아니고 도덕적 종교적 이상을 가르치는 교사도 아니다. 뿐만 아니라 그들은 단순한 우상을 고안하고 꾸며내는 자들(εἰδωλοποιοί)이다. 그들은 말의 숭배와 이미지의 숭배를 도구로 삼아 우리를 기만하고 있다.

이와 같은 반론들은 우리가 다음과 같은 가정으로부터 출발하여 논의하는 한, 불가피하고 또 재반론도 할 수 없는 것 같이 생각된다. 즉 그 가정이란, 언어와 예술은 사물이 지닌 경험적 실재성을 재생하고 모방하는 것 이외 다른 어떤 목적도, 또 더 고차적인 어떤 목적도 갖지 않는다라는 것이다. 이런 가정이 성립하는 경우, 세계의 사본(寫本)이 원본적인 것의 완전성과 진리에 도달하는 것은 결코 있을 수 없다. 사물의 본성과 본질을 적절한 방식으로 표현할 수 있을 듯한 그런 언어적이거나 예술적인 상징을 발견하기를 바라는 일이 어떻게 가능하겠는가? 상징이라는 것은 필연적으로 단순한 상징에 지나지 않는 것이어서, 이를테면 그 상징이 묘사하고 표현하게 되어 있는 것으로부터 무한히 멀리 떨어져 있을 수밖에 없는 그러한 것이 아닌가? 그러나 우리가 우리의 출발점을 변화시키자마자, 즉 우리가 실재성을 정의함에 있어 플라톤의 이데아의 체계와 같은 어떤 형이상학적 체계를 이용하지 않고 인간 지식의 비판적 분석을 이용하기로 한다면 방금 말한 문제는 그 즉시 새롭고도 매우 상이한 형태의 것이 된다.

그러한 분석을 이용하여 과학과 과학적 진리의 새로운 파악 방식의 길을 개척한 이는 칸트였다. 그러나 이와 동시에 칸트는 그의 최후의 위대한 체계적 저작인『판단력비판』에서 새로운 미학의 창시자가 되었다. 그러나 언어의 문제는 칸트의 저작 내에서 논해지고 있지 않다. 그는 우리에게 지식의 철학, 도덕과 예술의 철학을 주고 있지만 언어의 철학은 우리에게 제공하고 있지 않다. 그러나 만약 우리가 그의 비판 철학이 확립한 몇 가지 일반 원리에 따른다면 우리는 이 공백을 메울 수 있다. 이들 원리에 따르자면 언어의 세계를 연구할 때 우리는 언어를 그 자체의 실재성—본원적이든 파생적이든 그 자체의 실재성—을 지닌 모종의 실체적인 것인 양 여겨서는 안 되고, 오히려 언어란 우리 인간이 자신의 사유에 의해 객관적 세계를 구축하는 데 이용하는 그러한 도구인 것으로 간주하지 않으면 안 된다. 만일 언어가 그러한 객관화의 과정을 의미하는 것이라면 언어는 자발성에 기초해 있는 것이지 단순한 수용성에 기초해 있는 것이 아니다. 칸트에 따르면 우리의 지성의 이른바 순수 개념들 모두는 특정한 활동력, 근본적 자발성을 포함하고 있다. 이들 순수 개념은 절대적 실재, 물자체의 실재를 묘사하기 위한 것이 아니다. 순수 개념들은 현상을 결합하기 위한 규칙들이다. 그리고 칸트가 증명하고자 시도한 바대로, 우리가 경험적 세계를 떠올려 경험 속의 대상을 파악할 수 있는 것은 이러한 규칙에 따른 결합, 다시 말해 현상의 종합적 통일에 의한 것일 뿐이다.

우리가 만일 이 원리를 우리의 현재 문제에 적용한다면, 언어의 의미와 가치는 지금까지와는 다른 장소에서 구해지지 않으면 안 된다. 언어는 사물의 사본으로서 간주될 수 없고 오히려 사물에 대한 우리의 개념들을 가능케 하는 하나의 조건으로서 간주될 수 있는 것이다. 우리가 만일 언어는 사물에 대한 우리의 개념 형성에 있어 최고로 가치 있는 조력자들 중 하나라는 것, 아니 오히려 필수적인 전제라는 것을 보일 수 있다면 우리는 이미 충분한 것을 수행한 셈이다. 이미 우리가 입증한 바와 같이, 언어는 모종의 실체적 사물이거나 또는 상위 내지 하위의 위계를 점하는 실재성인 것과는 무관하게, 우리가 경험적 대상을 표상하기 위한 필요조건인 것이다. 즉 언어는 우리가 '외부 세계'라고 부르는 것에 대한 우리의 개념의 필요조건이다. 나는 이 명제를, 언어가 자신의 과제를 이행해 나가는 여러 특수 단계들을 제시하는 가운데 증명했으면 싶다. 그러나 그러한 과제는 이 짧은 논문의 범위를 훨씬 넘을 것이다.[3] 여기에서는 다만 매우 복잡하고 뒤얽혀 있는 이 문제를 짚고 넘어가는 데 국한할 뿐이다. 나는 내 논점의 기초를 이루고 있는 경험적 증거를 지금으로선 독자 앞에 개진할 수 없다. 인식론에 관한 일반적 고찰을 별개로 한다면, 내가 말한 증거는 세 가지 서로 다른 원천으로부터 도출되고 있는 것들이다. 그것은 언어학, 언어 심리학에 대한 몇 가지 발견, 그리고 정신 병리학 분야에 있어서의 여러 실험들이다.[4]

세 번째 사항으로부터 시작해보자. 정신 병리학은 다음과 같은 점을 우리에게 가르쳐준바 있다. 즉 실어증이라는 언어 능력의 병리학적 손상 또는 상실에 대한 모든 연구에 있어서 두 가지 상이한 언어 형식들을 우리는 구별해야 한다는 사실이다. 일반적으로 말해 그러한 질환을 겪는 환자는 말의 사용을 완전히 상실한 것은 아니다. 그러나 그 환자는 더 이상 일상적인 의미에서 말을 사용할 수가 없다. 즉 그는 경험적 대상을 나

3) 수고(手稿)에서는 카시러가 이 문장을 선으로 그어 지웠는데, 그 대신 그는 자신의 논문 불어본 번역을 독자에게 참조하도록 하고 있다. 그 논문은 다음과 같다. "Le Langage et la construction du monde des objets," trans. P. Guillaume, *Journal de Psychologie Normale et Pathologique* 30, 1933), 18~44쪽. 원문은 「언어 그리고 대상세계의 구축」("Die Sprache und der Aufbau der Gegenstandswelt" in *Bericht über den XII. Kongreß der deutschen Gesellschaft für Psychologie. Hamburg*, Jena: G. Fischer, 1932, 134~145쪽. 또한 다음 문헌을 참조. 「구조주의」(Cassirer, "Structuralism in Modern Linguistics," *Word* I, 1946), 99~120쪽. 그리고 이 책 12장의 「군〔群〕 개념과 지각 이론에 관한 고찰」 참조.

4) 『상징형식의 철학』 제6장 「상징의식의 병리학에 관하여」. 영역본, III, 205~277쪽 참조.

타내거나 지시하는 데에 말을 사용하지 못한다. 환자에게 사물의 '이름들'에 대해 물어보면, 그는 대개 정확한 답변을 내놓을 수가 없다. 하지만 그 환자는 자신의 말을 다른 목적에는 충분히 잘 적용할 수 있다. 즉 자신의 감정을 표현하는 데는 아주 잘 적용할 수 있는 것이다. 만약 그 환자를 난로 곁에 데리고 가서 그곳에서 무엇을 보고 있는지 그 '이름'을 말하도록 요구한다면 그는 '불'이라는 말을 발음할 수 없을 것이다. 그러나 그는 위험에 처하는 경우에는 공포를 알리는 발언 내지는 경고를 나타내는 절규로서 "불이야!"라고 즉각 소리칠 것이다.

영국의 신경학자 잭슨(Jackson)은* 언어 능력의 그러한 손상이나 상실의 경우들을 주의 깊게 연구했던 사람으로, 그는 이 같은 차이를 지적하기 위해 특별한 전문 술어를 도입했다. 그는 언어 능력의 두 가지 형식을 뚜렷하게 구분지어 그것을 '하위' 언어 능력과 '상위' 언어 능력으로 표현한다.[5] '하위' 언어 능력은 우리의 말을 간투사적(間投詞的)으로** 사용한다. 반면 '상위' 언어 능력은 우리의 말을 '명제적 내용을 담은 방식으로(propositionally)' 사용한다. 정서적인 언어는 명제적 내용을 담고 있는 언어와 동일하지 않다. 정서적인 언어에서 우리는 여러 감정을 단지 폭발시킬 뿐이다. 여기에서는 우리 마음의 주관적 상태가 화산의 돌연한 분

* 존 휴링스 잭슨(John Hughlings Jackson, 1835~1911)은 스펜서의 라마르크 이론을 더욱 발전시켜 신경계통을 겹겹이 싸인 층으로 묘사했다. 그에 따르면, 투렛증을 가진 환자에게서 관찰되는 감정적 혹은 갑작스런 소리를 내는 경련은 전두엽과 의식 그리고 자아의 감시에서 벗어나 있는 반사적이고 전의식적이며 충동적인 행위이다.

** 간투사(間投詞, interjection)는 말하는 이의 본능적인 놀람이나 느낌, 부름, 응답 따위를 나타내는 말의 부류로서 흔히 '감탄사'라는 용어로 불린다.

5) 같은 책, 211~220쪽과 229쪽 참조.

화를 수행할 뿐이다. 이에 반해 명제적 내용을 담고 있는 언어에서 우리는 관념들의 객관적인 상호연결을 수행한다. 이리하여 우리는 주어와 술어, 그리고 이들 양자 사이의 관계를 가지게 된다. 인간에게 있어 '객관적인' 세계, 다시 말해 고정되고 항상적인 성질을 지닌 경험적 사물의 세계를 발견함에 있어 첫 번째 단서가 되는 것은 바로 이러한 유형의 언어 능력, 즉 명제적 내용을 담고 있는 언어 능력이다. 이러한 길잡이가 없다면 그런 객관적인 세계로 가까이 가는 것은 불가능하다고 생각될 것이다. 여기서 나는 활발히 논의된 적이 있던 이른바 동물의 언어에 관한 문제에 투신할 생각은 없다. 이 분야의 최근 출판물들이 보여 주는 바대로, 이 문제는 일반적으로 수용될 만한 명확한 해결점을 찾아냈다고 보기에는 아직 매우 요원한 상태에 놓여있는 게 사실이다. 하지만 이러한 논의들로부터 우리가 배우는 것은 다음과 같은 사실이다. 즉 수많은 관찰과 실험에도 불구하고 동물들 내에 명제적 내용을 담은 언어와 같은 것이 존재하고 있음을 지지해 주는 경험적 증거를 우리는 조금도 가지고 있지 않은 것이다.

언어 능력은 결국 특별한 인간학적 개념이자 인간학적인 능력인 셈이다. 인간의 언어 능력과 동물의 우짖는 소리 사이의 밀접한 관계를 인정하고자 하는 철학자와 언어학자들이 내놓는 결론에 우리는 긍정적인 면보다도 부정적인 면을 훨씬 더 강조해야 할 것이다. 예를 들면 가드너(A. H. Gardiner)가 자신의 책 『담화와 언어의 이론(*The Theory of Speech and Language*)』에서 말하고 있듯이,* "동물의 발성과 인간의 담화(speech) 사

* 가드너(Alan Henderson Gardiner, 1879~1963)는 영국의 이집트 상형문자 연구가이자 언어학자로, 특히 일반 언어학 분야에서 획기적인 반향을 가져다 준 그의 저서 『담화와 언어의 이론』은 1932년 발표 이후 오늘날까지 자주 인용 언급되고 있다. 그의 주장은 첫째 언어

이에는 지극히 중요한 차이가 존재하는데, 이는 이 둘 간의 활동이 갖는 본질적 동일성을 거의 무색하게 할 정도이다."[6] 동물의 발성에 언제나 결여되어 있는 것, 즉 인간의 언어가 객관적인 '명제적 내용을 갖는다'는 특성은 인간의 언어가 지니고 있는 가장 확연한 특징이다. 그리고 이 차이가 단순히 우연적인 특징이 아니라는 것은 명백하다. 이것은 우리 인간의 총체적 경험을 지배하고 결정하는 보다 심대한 구별의 한 징후이다.

언어 능력이 없는 존재인 동물은 인간의 현실로부터 멀리 벗어나 있는 어떤 다른 현실 속에 살고 있다. 동물이 이해하고 인식하고 인지하는 여러 방식은 우리 인간의 기준에 의거하여 판정될 수 없다. 동물 심리학을 통해 충분히 알려지게 된 사실들이 우리에게 보여 주는 바는, 동물이 갖는 경험은 우리 인간의 경험에 비해 한층 더 유동적이고 변동이 심한, 그리고 불확정한 상태에 있다는 것이다. 이 상태를 기술하기 위해 근대의 비교 심리학은* 특별한 용어를 만들어 냈다. 그것이 말하는 바는, 동물은 경험적인 '사물들'의 영역 속에 아직은 살고 있지 않다는 것이다. 즉 동물은 복잡하게 난무하는 감각들의 영역 속에 살고 있다. 동물은 명확하고 뚜렷한, 확고부동하고 항구적인 대상들을 알고 있지 않다. 그런데 이런 대상들은 우리 인간 세계가 지니고 있는 특징적인 표지이다. 이러한 대

(language)와 담화(speech)를 구별할 것, 둘째 구체적인 담화의 장소를 중시할 것, 셋째 듣는 사람을 구체적인 담화 성립의 본질적인 요소로 인정할 것과 끝으로 담화의 대상이 되는 사물과 담화할 때 쓰는 말을 명백하게 구별할 것 등이다.

* 비교 심리학은 주로 인간과는 다른 동물의 행동을 연구하는 심리학의 한 분과로서, '동물심리학'과 같은 의미이다. 동물의 진화적 연관을 파악하고자 동물 종(種) 간의 유사성과 차이를 비교하는 방법을 수행한다.

6) Oxford: Clarendon Press, 1932, 118쪽.

상들에 우리는 항상적인 '본성'을 귀속시킨다. 이 대상들은 극히 상이한 조건 아래에서도 그 동일함이 증명될 수 있고 또 인지될 수 있는 것이다.

그러나 동물이 갖는 경험에선 결여돼 있는 것같이 생각되는 것이 바로 이런 동일화이다. 어떤 특정한 자극에 특정 방식으로 반응하는 동물이, 이를테면 그와 동일한 자극이 여느 때와는 다른 환경 아래에서 주어지는 경우에는 아주 다른 반응을, 심지어는 정반대의 반응을 보이는 일이 자주 일어나곤 한다. 이 사실을 특징적인 실례 하나로 설명해 보자. 독일의 한 심리학자는 집안에 사는 거미의 습관을 관찰했다.[7] 이 거미는 깔때기 모양으로 좁아지는 분화구 모양의 거미집을 짜 만든다. 파리가 그 거미집 입구 쪽 그물에 걸리면 거미는 즉각 달려들어 먹이에 독샘을 주입하여 마비시킨다. 그러나 작은 파리일지라도 만약 그것이 그물관 안쪽으로 들어오거나 혹은 그물망 바깥 다른 곳에서 마주칠 때에는 거미는 파리에게 다가가려고 하지 않고 심지어 도망치기도 하는 경우가 있다. 이 예를 통해 우리가 확인하는 바는, 한 동물에게 자극이 나타나는 조건이 조금이라도 변하게 되면 '인지'의 과정이 일어날 수 없게 될지도 모른다는 사실이다.

여러 감각 자료를 사용하되 이것을 결집하고 융합시켜 개념적으로 동일한 하나의 통일성이 보여지는 것은 다름 아닌 인간에 있어서, 그리고 오직 인간에 있어서만 나타나는 일이다. 이러한 개념적 통일은 객관적 사물과 객관적 성질로부터 성립하는 항상적이고 영구적인 실재를 생각하기 위한 바로 그 조건이다. 응축화의 이 과정에서 언어가 결정적인 역할을 수행한다. 우리의 보통 경험이 지니는 단순한 대상의 표상, 가령 집

7) 이 책 7장 「언어와 예술 II」을 참조.

이라는 표상조차도 순전히 단일한 이미지 혹은 감각 자료의 총합으로서의 이미지들의 단순한 집합으로 성립하고 있지 않음은 명백하다. 간단한 현상학적 분석이 우리에게 명료하게 보여 주는 바는, 집이라는 것을 우리가 이해한다는 것은 무수히 많은 요소들을 포함하고 있다는 사실이다. 우리가 집이라는 걸 이해하는 것은 단일한 지각에 주어져 있는 게 아니다. 그것은, 일정한 규칙에 의해 상호 관계하고 상호 결합돼 있는 지각들의 하나의 전체를 포함하고 있는 것이다. 집이라는 외양(현상)은 관찰자로부터의 거리가 멀고 가까운 정도에 따라, 그 관찰자가 보는 시각 지점과 그 특정 시야에 따라, 또 조명이 비치는 여러 조건들에 따라 부단히 그 형태를 변화시킨다. 그럼에도 불구하고 서로 크게 다른 이들 외양들은 동일한 하나의 '대상'의 표상이자 동일한 사물의 표상이라고 생각되는 것이다. 이 객관적인 동일성을 유지하고 보존하는 데에는, 이름이라는 언어적 상징이 갖는 동일성이 가장 중요한 보조물 중 하나를 이루고 있다.

언어 속에서 일어나는 고정화는 경험적 대상들이 이해되고 인지되는 데 기초를 이루는 지성적인 터닦기의 버팀목이다. 만일 한 어린아이에게 아주 상이한 조건들 아래에서 나타나는 갖가지 변화하는 현상들이 동일한 하나의 '이름'으로 표시될 수 있다고 가르쳐 준다면, 그 아이는 그러한 현상들을 단순히 다수이자 다양한 것으로서가 아니라 항상적 통일을 지닌 것으로서 바라보도록 배우는 셈이다. 아이는 개개의 현상들 전부를 관계맺게 하는 고정된 하나의 중심을 이미 확보하고 있는 것이다. 이름은 이른바 새로운 초점을 사고 속에 창출한다. 그리고 바로 사고의 이 초점에서, 여러 상이한 방향에서 나온 온갖 광선들은 서로 만나며 또한 융합하여 지성의 통일을 이루는데, 이는 우리가 자기동일적인 대상에 대해 말할 때 실현하고 있는 그러한 통일이다. 조명의 이 광원이 없다면 우리의 지각 세계는 흐릿하고 희미한 것이 되고 말 것이다. 프랑스의 뛰어난 언어학자인 페르디낭 드 소쉬르(Ferdinand de Saussure)는 그의 『일반언어학 강의』(*Cours de linguistique générale*)에서 다음과 같이 말한다. "언어를 떠나서는 우리의 사고는 무정형이고 무조직화된 하나의 덩어리에 불과하다. ……사고는 그 자체로 받아들인다면 안개로 뒤덮인 베일과도 같다. 언어가 출현하기 전까지는 미리 확립돼 있는 관념이라는 것이 존재하지 않으며 어떠한 것도 다른 것과 뚜렷하게 구별되어 있지 않다."(제2판, Paris, 1922, 155쪽.)

그러나 우리는 이 견해를 아무런 제한 없이 받아들일 수 있는가? 언어가 어떤 의미에서 인간의 지성적 활동 전체의 뿌리임을 우리는 인정하지 않을 수 없다. 언어는 인간에게 있어 주요한 안내자이다. 즉 언어는 점차 객관적 세계의 새로운 파악에 이르는 새로운 길을 인간에게 제시한다. 그러나 이것이 유일한 길이라고 우리는 말할 수 있을 것인가? 언어 없이는 인간은 암흑 속에서 길을 잃을 것이고, 인간의 감정, 사상, 직관은 어두움과 불가해함 속에 둘러싸일 것이라고 말할 수 있는가? 그러한 판단을 내리는 경우에 우리가 잊어서는 안 될 것은 언어의 세계 외에 독자적인 의미와 구조를 지닌 또 다른 인간적 세계가 존재한다는 사실이다. 언어 능력에 의거하는 우주, 언어를 상징으로서 사용하는 우주를 넘어서서 말하자면 또 다른 상징적 우주가 존재한다. 그 우주는 예술의 세계로서, 다시 말해 음악과 시, 회화, 조각과 건축의 세계이다.

언어는 객관적인 것으로의 최초의 입구를 우리에게 제공한다. 그것은 말하자면, 개념의 세계를 향해 이해의 빗장을 여는 열쇠와 같은 것이다. 그러나 개념들이 실재에 이르는 유일무이한 통행로인 것은 아니다. 우리는 실재를 이해함에 있어 그것을 보편적 종(種) 개념과 일반 규칙 아래에 포섭하는 것에 의해서만이 아니라, 실재를 그 구체적이고 개별적인 모양에서 직관하는 것에 의해서도 수행한다. 언어를 통해서만 그러한 구체적 직관에 이를 수 있는 것은 아니다. 우리의 일상 언어가 개념적 성격과 함축만이 아니라 직관적 성격과 함축 또한 지니고 있다는 것은 틀림없는 사실이다. 우리의 통상적 말들은 단순한 의미론적 기호들이 아니라 오히려 이미지와 특정한 정서를 담고 있는 것이다. 우리가 공유하는 보통의 말들은 지성에 대해서만 말하는 게 아니라 우리의 감정과 상상력에 대해서도 말하고 있다.

언어가 지닌 이 시적이고 비유적인 성격은 인간 문화의 초기 단계들에서는 언어의 논리적 성격, 즉 '논증적인' 성격보다 결정적으로 우세했던 것으로 보인다. 그러나 발생론적 견지에서는 인간의 언어 능력이 지닌 이러한 상상과 직관이라는 경향을 언어가 지닌 가장 기본적이고 가장 근원적인 특성으로 간주하지 않을 수 없다고 할지라도, 다른 한편 우리는 언어가 더욱 발전할 때마다 이 경향이 점차로 감소되고 있음을 보게 된다. 언어가 보다 추상적이 되면 될수록 그만큼 더 언어는 언어 고유의 능력을 확장하고 진화시킨다. 우리의 일상생활과 사회적 교류를 위해 필수적인 도구가 되는 언어 활동의 여러 형식으로부터, 언어는 새로운 형식들로 발전해 간다. 세계를 이해하고 파악하기 위해선, 또한 인간의 경험을 통일시키고 체계화하기 위해선, 인간은 일상적인 언어 활동으로부터 과학적 언어로, 즉 논리와 수학과 자연과학의 언어로 나아가지 않으면 안 되는 것이다.

오직 이 새로운 단계에 있어서만 인간은 말의 일상적 용법에서 범하기 쉬운 위험이나 실수, 오류를 이겨낼 수 있다. 이들 위험은 철학 사상의 역사 속에서 거듭 되풀이하여 서술되고 고발되어 왔다. 베이컨은 언어를 환상과 편견의 끊임없는 원천이라고 서술하고 **시장의 우상**(idolon fori)이라고 쓰고 있다.* 그는 이렇게 말한다. "우리는 자신의 말을 제어하고 있다고 생각하지만, 그러나 우리가 말에 의해 지배받고 제어되고 있음이 확실하다. 말은 최고로 현명한 사람의 지성에도 강력하게 영향을 미친다. 그리고 말은 현자의 판단을 뒤얽히게 해 잘못된 길로 접어들게 하는 경향이 있다." 그리고 베이컨은 이렇게 덧붙인다. "우리는 이러한 오류나 그릇된 현상들과 절연하는 것이 가능하지 않음을 고백하지 않으면 안 된다. 왜냐하면 그러한 오류나 그릇된 현상들은 우리의 삶의 본성과 조건으로부터 분리될 수 없기 때문이다. 그럼에도 불구하고 이에 대해 주의하는 것은 인간의 판단 행위가 올바름을 얻는 데 있어 지극히 중요한 것이다."[8)]

통상적 말의 이 같은 위험을 피하기 위한 적절하지 못한 숱한 시도들이 행해진 연후에, 인간의 과학은 마침내 참된 길을 발견한 것같이 생각된다. 과학의 언어는 일상 언어와 같은 것이 아니다. 과학의 언어의 상징

---

* 영국 경험론의 철학적 기초를 놓은 프랜시스 베이컨(Francis Bacon, 1561~1626)은 이 세계를 제대로 이해하려면 관찰과 실험에 바탕한 귀납적 탐구방법이 중요하다고 보았다. 또한 진리를 찾기 위해서는 선입견이라 할 수 있는 네 가지 우상—종족의 우상, 동굴의 우상, 시장의 우상, 극장의 우상—에서 벗어나야 한다고 주장하였다. 이 중 '시장의 우상'은 모든 우상 가운데서 가장 성가신 우상으로서, 수많은 말들이 오가면서 소문과 과장이 끊일 날이 없는 시장의 경우에서처럼, 이른바 언어와 명칭이 결합해 지성을 혼란스럽게 만드는 우상이다. 흔히 이성이 언어를 지배한다고들 믿고 있지만, 언어가 지성에 반작용하여 지성을 움직이는 경우도 있으며, 이때 우리는 인간이 만든 언어로 인해 비진리와 오류에 빠져드는 것이다.

∴

8) 프랜시스 베이컨, 『학문의 진보』 제2권 (*The Advancement of Learning*, Book II in *The Philosophical Works of Francis Bacon*, ed. J. M. Robertson, London, 1905), 119쪽 참조.

은 일상 언어와는 종류가 다른 것이고, 다른 방식으로 형성되어 있다. 인간은 일련의 과학 언어를 전개한다. 그 과학 언어 내에선 모든 개개의 용어가 명료하고도 애매하지 않은 방식으로 정의되어 있고, 또 과학 언어에 의해 인간은 관념들 간의 객관적 관계와 사물의 연결을 기술할 수 있는 것이다. 인간은 일상적 담화에 사용되는 언어적 상징으로부터 출발해서 산술, 기하, 대수(代數)의 상징들과 화학의 공식으로 사용되는 그러한 상징들로 나아간다. 이것이 객관화의 과정에 있어서의 결정적인 단계이다. 그러나 인간은 이러한 수확을 위해 그 대신 심대한 손실을 지불하지 않으면 안 된다. 인간이 보다 높은 지적 목표 쪽으로 근접해 감에 따라, 그의 삶의 직접적이고 구체적인 경험은 그만큼 색이 바래진다. 남아 있는 것은 지적 상징의 세계이지, 직접적 경험의 세계가 아닌 것이다.

만약 실재에로의 이 직접적인 직관적 접근을 재획득하여 보존하려 한다면, 그것은 새로운 활동과 새로운 노력을 필요로 한다. 이 과제가 수행되는 것은 언어에 의해서가 아니라 예술에 의해서이다. 언어와 예술에 공통된 바는, 이들 중 어느 하나도 결코 기존해 있고 주어져 있으며, 외면적인 그러한 실재를 단순히 재생하거나 모방하는 것인양 간주될 수 없다는 것이다. 언어와 예술을 그와 같은 모방 또는 재생으로 바라보는 한, 철학사의 흐름 가운데 언어와 예술에 대해 행해진 모든 반대는 반박할 여지가 없는 것이 된다. 이러한 경우엔 플라톤이 예술가는 모방자보다 못하며, 예술가의 작업은 조금도 독창적인 의미나 가치를 갖지 못하는 것이고 한갓 사본(寫本, copy)의 사본에 지나지 않는다고 말한다 해도, 그의 말은 전적으로 옳을 것이다. 이후의 철학자들은 예술에 보다 높은 목표를 귀속시킴에 따라 이 같은 결론을 피하고자 시도했다. 그들이 말하는 바는, 예술이 재생하는 것은 현상적인 세계, 경험적 세계가 아니라 초

감각적 세계라는 것이다. 이 견해는 이후 관념론적 미학의 체계들 전체에서 우세를 점하고 있다. 예를 들면 플로티누스에서, 셸링에서 그리고 헤겔에서 그러하다. 미는 사물이 지닌 단순히 경험적이거나 물리적 성질이 아니라고 한다. 오히려 미는 예지적이고 초감각적인 술어로서 간주된다. 이러한 이해 방식을 우리는 영국의 문학에서, 예컨대 콜리지(Samuel Taylor Coleridge)와 칼라일(Thomas Carlyle)의 작품들에서 발견한다. 칼라일은 말한다. "모든 개개의 예술작품에서 우리는 시간을 관통해 드러나는 영원성, 가시적인 것으로 된 신적인 것을 깨닫는다."

사변적인 관점에서 보자면 이것은 우리의 문제에 매우 유혹적인 해결책이다. 왜냐하면 이에 따름으로써 우리는 예술의 형이상학적 정당화만이 아니라 예술의 신성화를 기하는 것으로 생각되기 때문이다. 예술은 절대자의 최고 현현(顯現) 가운데 하나가 된다. 셸링에 따르면 미는 "유한한 형상으로 표현된 무한자이다.(das Unendliche endlich dargestellt.)"[9] 이것에 따라 미는 종교적 경배의 대상 가운데 하나가 되지만 동시에 미는 그 근거를 잃을 위험에 처한다. 미는 감각의 세계 너머로 너무나 높이 들어올려져서 그 결과 우리는 미의 지상적인, 다시 말해 인간적인 뿌리를 잊어버리는 것이다. 미를 형이상학적으로 합법화하는 것은 미의 특별한 본질과 본성을 부정하게 될 우려가 있다. 실제로 헤겔의 체계 내에선 예

9) 셸링은 다음과 같이 말한다. "모든 심미적 생산은 두 활동들의 본질적으로 무한한 분리로부터 출발하거니와 자유로운 모든 생산 작용에 있어서 이 활동들은 분리되어 있다. 그러나 이제 이 두 활동들은 산물 내에서 마땅히 통일되어 있는 것으로 표현되어야 하므로 바로 이 산물을 통해 무한한 어떤 것이 유한하게 표현되고 있는 셈이다. 그러나 무한자가 유한하게 표현될 때 그것은 미이다." 『선험론적 관념론의 체계』(*System des transzendentalen Idealismus* (1800), in *Schellings Werke*, ed. Manfred Schröter, 6 vols. München: E. H. Beck and R. Oldenbourg, 1927), 제 II권, 620쪽.

술이 이러한 운명을 피할 수 없었다. 여기에서 예술은 절대 정신의 형식들 중 하나로서 나타난다. 그러나 예술의 광휘는 새로운 빛 앞에서, 즉 철학이라는 일출 앞에서 소실되고 있다. 예술은 상대적이고 종속적인 진리만을 가질 뿐 최종적인 진리는 갖지 않는 것이다. 예술은 종교와 철학보다 하위에 놓인다. 헤겔은 말한다. "우리에게 예술은 진리가 자신의 존재를 획득하는 최고의 방식이 더 이상 아니다. 예술의 형식은 정신에게 있어 최고로 필요한 것을 이미 저버리고 있다. 우리는 더 이상 이미지를 믿지 않는다."[10] 그러나 이미지를 믿지 않고 구체적 직관을 믿지 않는 것은 예술의 철학적 해석 내지 합법화를 의미하는 것이 아니다. 그것은 예술의 죽음을 의미한다.

현대의 헤겔 신봉자들은 이런 위험을 완전히 알아차렸고, 이런 위험을 피하려고 했다. 크로체(Benedetto Croce)가 자신의 철학적 스승으로부터 벗어났던 것은 이 점에서이다. 크로체는 다음과 같이 말한다. 예술이 기초를 두고 있는 것은 인간의 독립적이고 전적으로 자율적인 활동이다. 인간의 이 활동은 그 자체의 척도에 의해 측정되어야 하며, 종교적 내지 철학적 진리와의 비교로부터 벗어나는 내재적 가치를 소유하고 있는 것이다. 그러나 우리가 크로체의 저작을 연구해 보면 우리는 우리 자신의 문제와 관련하여 커다란 놀라움과 마주하게 된다. 크로체는 언어와 예술을 구별하는 가능성을 완전히 부정한다. 그에 따르면 언어와 예술은 단지 밀접하게 서로 관련되어 있을 뿐 아니라 상호 합치되어 있다.

10) 헤겔의 『미학강의』 제1부에 대한 서론을 참조(*Vorlesungen über die Aesthetik, Erster Band*, vol. 12 of *Sämtliche Werke*, Jubiläumsausgabe, Stuttgart: Fr. Frommanns Verlag, 1953), 150쪽.

우리는 이 논지를 미학에 관한 크로체의 저서 제목, 즉『표현의 학 및 일반 언어학으로서의 미학(*Estetica come scienza dell' espressione e linguistica generale*)』에서 발견한다.

철학적으로 볼 때, 미학과 언어는 서로 다른 문제에 관계되어 있는 것이 아니다. 미학과 언어는 철학 내의 두 부문이 아니라 하나의 부문일 따름이다. "일반 언어학, 다시 말해 철학적 언어학을 연구하는 자는 미학의 문제를 연구하는 셈이며, 그 반대도 동일하다."[11] 이 역설적인 언명의 근거로서 크로체가 주장하는 유일한 논거는 바로 예술과 언어 모두 '표현들(expressions)'이라는 것이며, '표현'이란 정도의 차이라든가 그 밖의 다른 어떤 차이도 인정되지 않는 분할 불가능한 과정이라는 것이다. 즉 우리는 종류가 다른 표현에 관해 말할 수 없다. 크로체의 이론에서 문자는 그것이 표현의 한 양식인 한에서 회화나 드라마와 동일한 차원에 놓여 있고, 또한 이들과 동일한 정도로 예술인 것이다. 그러나 나의 생각으로는 이 이론은 두 가지 점에서 실패하고 있다.

우선 첫째로, 표현이라는 단순한 사실을 예술적 사실로 간주할 수는 없다. 만일 내가 경험적 사실에 관한 정보를 제공하거나 획득하기 위해 또는 실용적인 목적을 위해 편지를 쓴다고 할 때, 쓰는 이 행위에 의해 내가 예술가가 되지는 않는 것이다. 하지만 우리 가운데 누구든 간에 지극히 열정적인 연애 편지 한 장을 쓸지도 모른다. 그리하여 그 연애 편지에 자기 마음의 가장 깊은 감정을 거짓 없이, 그리고 진솔하게 표현하는

11) 영역본은 *Aesthetic as Science of Expression and General Linguistic*, Douglas Ainslie, rev. ed., New York: Macmillan, 1922; orig. pub. 1909, 142쪽.『인문학의 논리』(trans. Clarence Smith Howe, New Haven: Yale University, 1961; orig. German ed., 1942), 204~208쪽에서의 카시러의 크로체 논의도 참조.

데 성공할 수도 있다. 그러나 그렇더라도 그가 이 사실만으로 예술가가 되는 것은 아니다. 영국에 있어서의 크로체의 지지자이자 신봉자인 콜링우드(R. G. Collingwood)의 예술의 정의를 나는 옳다고 생각지 않는다. 그는 『예술의 원리(*The Principles of Art*)』에서 예술이란 "우리의 마음속 감정을 남김없이 털어놓게끔 하는" 기능이라고 정의하고, 이로부터 우리 각자가 행하는 발언과 몸짓 하나하나가 모두 예술작품이라고 결론짓는다.[12] 예술가라 함은 자신의 정서나 감정을 내보이는 것에 탐닉하는 사람 혹은 그러한 정서를 표현하는 데 있어 지극히 발군의 능력을 지닌 사람이 아니다. 감정이나 정서에 지배된다는 것은 감상주의를 의미하는 것이지 예술을 의미하지 않는다. 만일 예술가가 자신의 작품에 몰두하는 게 아니라 자신의 개인성에 몰두하고 있어 자기 자신의 기쁨을 느끼거나 또는 '비애의 기쁨'을 즐기고 있는 것이라면, 그때 그 예술가는 일개 감상주의자가 되어 있는 것일 뿐이다. 예술가는 보통의 현실 내에만, 즉 경험적이고 실용적인 사물들로 이루어진 현실 내에만 살고 있는 것이 아니다. 그러나 그와 꼭 마찬가지로 예술가는 자신의 내적 개인적 생(生)의 영역, 즉 자신의 상상과 꿈, 감정이나 정념 내에 살고 있는 것도 아니다. 이러한 두 영역을 넘어서 예술가는 새로운 영역을 창조한다. 그 영역이란 조형적 형식, 건축적 형식, 음악적 형식의 영역이며, 다시 말해 형태와 디자인의, 또한 멜로디와 리듬의 영역이다.

이 영역에 사는 것, 즉 색이나 음, 선과 윤곽, 음정과 운율 속에 사는 것, 이는 어떤 의미에선 참된 예술적 삶의 알파이자 오메가이다. 여기서 나는 **예술을 위한 예술**(l'art pour l'art)이라는 표어를 옹호하고자 하는 것이

12) 특히 다음 부분을 보라. *The Principles of Art* (Oxford: Clarendon Press, 1938), 279~285쪽.

아니다. 예술은 공허한 형식들을 과시하거나 즐기는 것이 아니다. 예술 및 예술적 형식들이라는 매체 속에서 우리가 직관하는 것은 이중의 실재, 즉 자연이라는 실재와 인간의 생이라는 실재이다. 예술의 위대한 작품은 모두 우리에게 자연과 인생에의 새로운 접근법과 새로운 해석방식을 부여한다. 그러나 이 해석이 가능해지는 것은 오로지 직관에 의한 것이지 개념에 의한 것이 아니다. 바꿔 말해 감각적 형식에 의해 가능해지는 것이지 추상적 기호에 의해 가능해지는 것이 아니다. 이러한 감각적 형식을 놓치자마자 우리의 미적 경험의 근저가 상실되고 마는 것이다. 그러므로 우리는 예술을 보다 일반적인 개념, 즉 표현의 개념 아래에 포섭하는 것을 허용하고 있는 것인지도 모른다. 하지만 이 경우 우리는 미적 현상이 다른 표현 현상에 대해 지닌 특별한 차이를 동시에 고려하지 않으면 안 된다.

표현은 그 자체로서 미적인 과정이 아니다. 그것은 하나의 일반적인 생물학적 과정이다. 다윈은 이 점을 깊이 연구한 책『인간과 동물에 있어서의 감정의 표현(*The Expression of the Emotion in Man and Animals*)』을 쓴 바 있다.[13] 이 책에서 그가 제시하고자 하는 것은, 우리가 동물계에서 발견하는 여러 표현 양식들은 생물학적 의미와 내용을 지니고 있다는 점이다. 그러한 여러 양식들은 생물학적인 행동의 자취이거나 생물학적 행동을 위한 준비인 것이다. 예컨대 원숭이가 이빨을 드러내는 것은 적한테 자기가 무서운 무기를 지니고 있다는 것을 보여 주고자 함을 의미한다. 여기서 우리는 이 생물학적 이론의 세세한 점까지 깊이 파고들 필요는 없다. 그러나 우리의 논의를 인간계에다 한정한다 하더라도, 모든 표현

13)『인간에 관하여』(*Essay on Man*), 115~118쪽 참조.

이 동등한 가치를 띠는 건 아니라는 것, 그리고 표현들 모두가 미적 의의를 갖는 건 아니라는 것을 제시하기란 용이한 일이다. 정서나 감정을 단순히 표출하는 것만으로는, 그것이 기쁨이나 비통함의 표출이든 사랑이나 혐오의 표출이든, 혹은 두려움이나 희망의 표출이든 간에 결코 미적인 현상이 되지는 않는 것이다.

크로체에게 언어와 예술은 동일한 것이다. 왜냐하면 그는 이 둘 모두에서 동일한 하나의 결정적 특징, 즉 그의 용어로는 **서정성**(liricità)이라 불리는 특징을 발견하기 때문이다. 크로체에 따르면, 자신의 사상이나 감정을 표현하는 데 성공하는 사람은 누구나 일종의 시인이다. 이는 바로, 우리 모두가 어느 정도 서정주의자들이라는 것을 의미한다. 그러나 언어에 의한 표현 내지 언어적 상징에 의한 표현은 서정적 표현과 같은 것이 아니다. 서정시에서 우리에게 감명을 주는 것은 의미, 즉 말의 추상적인 의미만이 아니라 말이 갖는 음(音), 색, 운율, 조화, 일치와 공명(共鳴)이다.

위대한 서정시인인 워즈워스(William Wordsworth)는 시를 정의하기를 "강력한 감정의 자발적인 분출"이라고 말하고 있다.* 그러나 시를 창조케 하는 것은 감정의 단순한 힘 또는 감정의 단순한 분출만이 아니다. 시인 자신의 감정이 단지 풍부하게 있다고 하는 것이라면 그것은 그저 시에 있어서의 하나의 요소이자 계기에 지나지 않는 것일 뿐이다. 그것은 시의 본질을 구성하고 있는 것이 아니다. 이 풍부함은 형식의 힘이라는 다른 힘에 의해 억제되고 지배되지 않으면 안 된다. 언어적 행위는 모두 형

* "모든 좋은 시는 강력한 감정의 자발적 흘러 넘침(the spontaneous overflow of powerful feelings)이다."라는 구절은 낭만시의 본질을 표현한 명구로 흔히 이야기되는데, 이는 1798년 콜리지와 함께 출간한 워즈워드의 유명한 평론 『서정 담시집』(*Lyrical Ballads*)의 서문에 등장한다.

식이라는 이 힘을 포함하고 있고, 또한 그러한 힘의 직접적인 증거이다. 그러나 보통의 언어는 서정적 표현과는 다른 방향으로 향하기 쉽다. 일상 언어라도 어떤 서정적 요소를 포함할 수도 있고 실제로 포함하지 않을 수 없다는 것은 사실이지만 말이다.

이 순간 내가 청중에게 말하고 있다 할 때, 내가 지니고 있는 의도는 모름지기 일반적인 철학적 문제 하나에 관한 나의 생각과 사상을 청중에게 전하는 것 외엔 다른 아무것도 없다. 그러나 다른 한편 나는 청중들에게 몇몇 다른 인상을 전달하고 있기도 하다. 내가 말하는 방식으로부터, 또 내 음성의 높낮이와 강조, 억양과 음조로부터 청중들은 문제의 특정한 면에 대한 나의 개인적 관심을 느낄 수 있을 것이다. 청중들은 강연하고 있는 나의 기쁨을 느낄 것이고 동시에 나의 불만과 곤혹스러움을 느낄 수도 있다. 나의 불만과 곤혹스러움이라는 것은 이곳에서 내가 모국어가 아닌 언어로, 즉 나로선 아주 미숙한 외국어로 이야기를 하지 않으면 안 된다는 것이다. 하지만 청중이나 나 양쪽 모두 내 강의의 이러한 면에는 관심을 두고 있지 않다. 우리에게 중요하고 또 당면한 문제에 관련된 사안은 전혀 다른 것이다. 그것은 바로 우리의 문제가 지닌 객관적이고 논리적인 내용이다. 우리가 관계하고 있는 바는 다름 아닌 공통의 지적 노력에 의해 우리가 해결하고자 하는 그 어떤 이론적인 문제이다. 그러므로 우리가 사용하지 않으면 안 되는 언어는 정서적 언어가 아니라 명제적 언어이다. 이것은 논리적 언어이지 서정적 언어가 아닌 것이다.

그러나 우리가 미적 영역에 일단 들어가자마자 우리의 모든 말은 갑작스러운 변화를 겪는다. 이때 우리의 말은 단지 추상적인 방식으로 의미를 갖는 것이 아니다. 말하자면 이때 우리의 말에는 의미가 녹아서 융합되어 있다. 경험이 풍부한 자, 가령 어떤 기술자가 철도나 운하를 건설하려 하고 있다고 해보자. 만약 그 기술자가 우리에게 어떤 지역의 모습을 말한다고 한다면, 혹은 어떤 지리학자나 지질학자가 동일한 구역을 과학적인 용어를 사용하여 이론적인 목적을 위해 기술한다고 한다면 그들은 서정시나 풍경화 같은 표현의 미적인 양식으로부터는 매우 멀리 떨어져 있는 것이다. 그들이 관심을 두고 있는 것은 경험적 사실들이며 물리적 사물 또는 성질들이다. 예술가는 이러한 성질을 무시한다. 예술가는 사물들의 순수 형식에 열중한다. 그는 사물의 직접적 현상을 직관한다. 그는 자연을 물리적 사물들의 집합으로서 혹은 원인과 결과의 연쇄로서 이해하지 않는다. 그러나 이에 못지 않게 예술가는 자연을 어떤 주관적 현상으로서, 감각 지각의 총합으로서 간주하지도 않는다.

보통의 감각 지각과 관련해서 우리는 어느 정도 감각론(sensationalism)을 수용해도 무방하다. 우리는 흄과 더불어, 모든 관념은 감각 인상의 사본이라고 말해도 좋을 것이다. 그러나 예술에 관한 우리의 경험 내에서 이 이론은 무너진다. 사물의 미는 단지 수동적인 방식으로 지각되고 향수(享受)될 수 있는 어떤 술어가 아니다. 미를 감지하고 파악하기 위해서는 인간의 마음의 기본적인 활동과 특별한 에너지를 항상 필요로 하는 것이다. 예술에서 우리는 외적 자극에 단지 반응하기만 하는 게 아니다. 우리 자신의 마음이 주장하는 바를 단순히 재생하기만 하는 것도 아니다. 사물의 형식들을 내 것으로서 즐기고 얻으려면, 우리는 이들 형식을 창출하지 않으면 안 된다. 예술은 표현이되, 수동적이 아니라 능동적인 표현이다. 예술은 상상이되, 단순히 재생적이 아니라 생산적인 상상이다.

예술적인 감정은 창조적인 감정이다. 그것은 우리가 형식을 구현하는 생명을 살아 나갈 때에 느끼는 그런 감정 내지 정서이다. 모든 형식은 정적(靜的) 존재를 가지는 것만이 아니다. 그것은 역동적인 힘과 그 자체의 역동적인 생을 가지고 있다. 빛, 색, 질량, 중량도 예술작품 내에서 경험하는 경우에는 우리의 보통의 경험에 있어서의 경우와 같은 것이 아니다. 보통의 경험에서 우리는 빛, 색, 질량, 중량을, 주어져 있는 감각 자료로서, 즉 논리적 사고나 경험적 추론의 과정에 따라 물리적 우주의 개념, 외적 세계의 개념을 수립케 하는 그러한 감각 자료로서 보고 있다. 그러나 예술에서는 우리의 감각적 경험의 지평이 확대되는 것만이 아니라 우리의 시야, 즉 실재에 관한 우리의 조망이 변화한다. 우리는 실재를 새로운 빛 가운데서, 즉 생의 형식들의 매체 가운데서 보는 것이다. 플로티누스는 미에 관한 그의 저작에서 다음과 같이 말하고 있다. 즉 피디아스(Phidias)는 제우스 상을 창조할 때 제우스가 인간 형상으로 세상에 나타나기로 작정하면 스스로 택했을 것 같은 그러한 형식을 제우스라는 신에게 부여했다는 것이다. 피디아스는 제우스라는 신의 생명과 숨결을 수동적인 대리석에 불어넣을 수 있었다. 왜냐하면 위대한 조각가인 피디아스에게는 대리석 자체가 생명이 없는 재료, 물질의 단순한 한 단편이 아니라 내적 생명, 곧 생기에 찬 운동과 에너지로 충만해 있는 것이었기 때문이다.

이 관점으로부터 우리는 크로체의 『표현의 학 및 일반언어학으로서의 미학』의 또 다른 기본적 명제를 부정하지 않으면 안된다. 크로체는 예술 가운데 종류가 다르거나 또는 여러 다른 구별된 종류의 것들이 있다는 것을 강력히 부정하고 있다. 예술은 직관이며, 직관은 독특하고 개별적이다. 그러므로 예술작품을 분류하는 일은 철학적 가치를 결여하고 있다는 것이다. 만일 우리가 예술작품을 분류하려 한다면, 다시 말해 서정시, 서사시 혹은 극시를 서로 종류가 다른 시라고 말하거나 시를 회화나 음악에 대립시킨다면, 우리는 매우 피상적이고 진부한 척도를 사용하고 있는 셈이다. 크로체에 따르면 그 같은 분류는 실용적 목적을 지니고 있을지 모르지만, 전혀 이론적 의의를 가지고 있지 않은 것이다. 이러한 경우 우리가 하고 있는 방식이란, 이를테면 장서(藏書)의 내용에는 관심을 두지 않고 이 책들을 저자 이름의 알파벳 순에 따라 또는 책의 크기나 판형에 따라 배열하기로 작정한 도서관 직원의 방식과 같은 것이다. 그러나 이 역설조차도 우리가 다음과 같은 점을 염두에 둔다면 사라지게 마련이다. 즉 예술은 단지 표현 일반, 즉 특정화되지 않는 방식에서의 표현인 것이 아니라 특정화된 매체 내에서의 표현이라는 점이 그것이다. 위대한 예술가는 자신의 매체를 단지 예술에 관한 아무래도 좋은 외적 재료로서 고르는 것이 아니다. 예술가에게 단어, 색, 선, 공간적 형식과 구도, 음악적인 음향은 재생의 기술적 수단에 불과한 것이 아니라 예술상의 생산적인 과정 그 자체의 본질적 계기들이자, 예술의 바로 그 조건들인 것이다.

그러나 모든 예술이 그 특정 재료에 이처럼 의존해 있다는 것은 시의 경우 하나의 난해한 문제에 이르게 된다. 다른 예술들과 비교해 볼 경우 시는 다른 예술에선 찾아볼 수 없는 어떤 새롭고 심각한 곤란에 직면할 수밖에 없다. 이미 지적한 바와 같이 언어는 서정성이라는 요소를 항상 포함하고 있다. 언어는 시적인 측면을 갖고 있다. 즉 언어는 이미지나 비유적인 표현을 사용하여 말을 거는 것이다. 그러나 언어가 더욱 발전하고, 발전한 언어가 자신의 특유한 이론적 과제를 더욱 많이 수행하면 할수록, 그 만큼 더 이 서정적 요소는 억압되고 다른 요소에 의해 대체된다. 일상 회화의 말과 형식은 예술적 목적을 완수하게끔 고안되지 않았다. 그것들은 실용적인 목적을 수행하기 위해 만들어졌다. 즉 어떤 행동을 촉진케 하거나 우리의 통상적 경험의 대상들을 지시하고 분류하기 위해 만들어져 있는 것이다. 그러나 시는 이같은 실용적 내지 이론적 영역에서 작동하지 않는다. 시는 이와는 다른 목표를 향해 분투하는 것이다. 시가 자신의 목표에 도달하기 위해 일상 언어와 같은 수단을 사용할 수 있다는 것이 어떻게 가능한가? 언어의 일반 명사, 곧 사물의 종(種) 명칭을 과연 완전히 새로운 하나의 과제를 위해 적절한 방식으로, 다시 말해 우리에게 구체적이고 개별적인 직관을 전달할 수 있는 방식으로 사용할 수 있는 것인가?

위대한 시인은 모두 위대한 창조자이다. 이 점은 그의 예술성에서뿐만 아니라 그의 언어에 있어서도 마찬가지다. 위대한 시인은 언어를 사용하는 능력만이 아니라 언어를 고쳐 만들고 재생하는 능력, 즉 언어를 새로운 모양으로 주조하는 능력을 지니고 있다. 이탈리아어, 영어, 독일어는 단테, 셰익스피어, 괴테가 각기 태어났던 날로부터 죽은 날까지 매우 큰 변화를 겪었다. 그 언어들은 단테의, 셰익스피어의, 그리고 괴테의 작품에 의해 본질적인 변화를 겪었던 것이다. 이들 언어는 새로운 어휘에 의해 풍부해졌을 뿐 아니라 새로운 형식에 의해서도 풍부해졌다. 하지만 그렇긴 해도 시인은 완전히 새로운 언어를 주조할 수는 없다. 그는 자신의 언어의 기본적인 구조 법칙을 존중하지 않으면 안된다. 그는 자신의 언어가 지닌 문법적, 어형론적, 통사적 규칙들에 순응해야 하는 것이다. 그러나 이 규칙들에 따르면서도 시인은 그것에 단순히 복종하고 있는 것이 아니다. 그는 이 규칙들을 지배할 수 있고 또 그것들을 새로운 목적으로 향하게끔 할 수 있다.

진실한 시인의 작품이라면 그 무엇이든 현자의 돌을 발견하려는 연금술사의 작업과 비교될 수 있을 것이다. 시인은, 말하자면 일상 언어라는 보다 지위가 낮은 금속을 시(詩)라는 금으로 변환시켜야만 한다. 우리는 변환이라는 이 천부의 재능을 단테나 아리오스토의 스탠자(stanza, 聯)* 하나하나에서, 셰익스피어의 모든 비극에서, 괴테나 워즈워스의 모든 서정시에서 감지한다. 이들 모두는 갖가지 자신에게 특유한 울림, 특징적인 리듬, 흉내낼 수 없고 또 잊기 어려운 멜로디를 지니고 있다. 이들 각각은 말하자면 특정한 시적 분위기로 감싸여 있는 것이다. 레싱은 그의 『함부르크 연극론(*Hamburgische Dramaturgie*)』에서, 셰익스피어의 문구 한 행을 훔치는 것은 헤라클레스의 곤봉을 훔치는 것만큼이나 어려운 일이라고 말한다.[14] 셰익스피어의 한 행 한 행은 그의 마음의 각인을 지니고 있다. 그러한 한 행을 셰익스피어로부터 빌리는 것은 가능하지 않으며, 그 같은 한 행은 다른 시인에 의해 도용될 수 있는 것도 아니다. 게다가 더욱 놀라운 것은 셰익스피어 자신도 결코 그의 예술을 두 번 되풀이하지 않는다는 사실이다. 그는 지금까지 사람들이 일찍이 들어보지 못한 새로운 언어로 표현하는 것뿐만 아니라 그의 작품의 모든 인물들 각자가 서로 뒤섞임 없이 자기 자신만의 언어를 말하는 것이다. 리어왕이나 맥베스에게서, 코리올라누스나 오셀로에게서, 브루투스나 햄릿에게서, 줄

---

* 이탈리아 어로 '정지, 장소'의 뜻으로서, 일정한 운율적 구성을 갖는 시(詩)의 기초 단위이다. 산문의 문단에 해당한다. 스탠자의 길이는 4행이 일반적이지만 2행 또는 더 길고 복잡한 형식의 것도 있다.

14) 레싱은 다음과 같이 말한다. "사람들이 호메로스에 대해 말했던 점, 즉 호메로스로부터 시 한 행을 제거하느니 차라리 헤라클레스로부터 곤봉을 탈취하는 게 더 쉽겠다라는 말은 셰익스피어에 대해서도 똑같이 적용될 수 있다. 훌륭한 셰익스피어 작품의 그 어떤 미세한 부분에도 모종의 각인이 찍혀 있어, 이것은 즉시 전세계를 향해 이렇게 외치고 있는 것이다: 나는 셰익스피어의 것이다!"(*Hamburgische Dramaturgie* vol. V of *Lessings Werke*, ed. Georg Witkowski, Leipzig: Bibliographisches Institut, n. d.), 243쪽.

리엣이나 데스데모나에게서, 베아트리체나 로잘린드에게서 우리가 듣는 것은 개성적인 언어이며, 개인의 영혼의 거울인 개인적 어조이다.

이러한 것이 가능하게 되는 것은, 시인이 일상 언어의 추상적이고 일반적인 명사들을 자신의 시적 상상의 도가니 속으로 투입시켜 그것들을 새로운 형태로 주조해 내는 특별한 재능을 지니고 있는 까닭이다. 이것을 통해 시인은 무수히 많은 뉘앙스를 지닌 온갖 것들을 표현할 수 있게 된다. 그것들은 실로 기쁨과 슬픔의, 환희와 비탄의, 그리고 다른 어떤 표현 양식으로도 나타낼 수 없고, 근접할 수도 없는 절망이나 황홀경의 섬세한 색감을 나타내 보이는 것들이다. 시인은 단지 말로 기술하는 것만이 아니다. 그는 우리의 가장 깊은 감정 내지 정서를 불러일으키고, 불러내는 것이다. 이것이 시의 특권이다. 그러나 동시에 그것은 시의 한계이기도 하다. 왜냐하면 이것으로부터 뒤따르는 사실은 다름 아닌 시의 문맥이라고 불리는 것은 그 형식으로부터 분리될 수 없다고 하는 점이기 때문이다. "그러므로 번역이란 허무한 것이다."라고 셸리(P. B. Shelley)는 그의 저작 『시의 옹호(*Defense of Poetry*)』에서 말하고 있다. 즉 "제비꽃의 색과 향기의 형식적 원리를 찾아내기 위해 제비꽃을 도가니 속에다 던져 넣는 것과, 시인이 창조한 것을 한 언어에서 다른 언어로 수혈하려고 노력하는 것 가운데 어느 쪽이 보다 더 현명하다고 말하기 어렵다. 식물은 그 씨앗으로부터 다시 싹이 트지 않으면 안 된다. 그렇지 않으면 꽃을 피우지 못할 것이다. 그리고 바로 이것이 바벨탑의 저주가 지닌 무거운 짐인 것이다."[15]

15) 『셸리 전집』(*The Complete Works of Percy Bysshe Shelley*, ed. Roger Ingpen and Walter E. Peck, 10. vols, London: Ernst Benn Ltd. and New York: Charles Scriber's Sons, 1930), VII, 114쪽.

이런 점에서 우리는 플라톤 같은 철학자나 톨스토이[16] 같은 도덕가의 공격에 맞서 시와 예술 일반을 진정으로 방어하는 길을 찾아내었다고 생각한다. 톨스토이는 예술에서 위험하고도 부단한 감염의 원천을 본다.* 그는 이렇게 말한다. "감염은 예술이 갖는 어떤 특징일 뿐만 아니라 감염되는 정도가 예술의 가치의 유일한 척도를 이룬다."[17] 그러나 이 이론이 어디에서 실패하고 있는지 간파하는 것은 쉬운 일이다. 톨스토이가 무시하거나 경시하고 있는 것은 시가 지닌 가장 기본적인 계기와 동기, 곧 형식이라는 계기이다. 열정에 형식을 부여하는 자는 우리를 열정에 감염시키는 게 아니다. 셰익스피어의 연극에 귀를 기울일 때 우리는 멕베스의 야심, 리차드 3세의 잔혹, 또는 오셀로의 질시에 감염되고 있는 것은 아니다. 시인이 우리에게 부여하는 것은 가장 깊은 감정 내지 정서이다. 그러나 그것은 워즈워스가 말하는 바와 같이, "평정(平靜) 가운데서 회상된 감정"이다. 시가 가진 가장 감정적인 형식에 있어서나 극시와 비극에 있

---

* 『예술이란 무엇인가』(1898)에서 톨스토이는 예술이 지닌 매우 강력한 감성적 영향력을 인정하되, 바로 이런 이유에서 더욱 의도적으로 예술의 해악에 대해서 강조한다. "예술은 사람들의 의지를 거스르면서까지 감염시키는 큰 위험이 있기에 모든 예술을 허락하기보다 차라리 추방하는 것이 인류에게 훨씬 좋을 것이다." 이런 맥락에서 그는 이데아적 인식을 위해 예술이 장애가 됨을 논한 플라톤의 견해를 지지하고 있음을 직접 밝힌다. 그러나 그가 모든 예술의 폐해를 인정하거나 예술 무용론을 주장하는 것은 아니다. 톨스토이의 예술론은 언어와 유사한 전달의 기능을 통해서 예술적 효과를 발휘하는 '감염 이론'으로 전개되고 있는데, 이때 예술의 미학적 능력이 인류를 고양할 수 있는 최선의 좋은 감정들의 감염에 기여해야만 참된 가치를 지닐 수 있다고 본다.

16) 이 책 7장 「언어와 예술 II」 참조.

17) 톨스토이, 『예술이란 무엇인가』(*What is Art?*, trans. Aylmer Maude, Indianapolis and New York: Liberal Arts Press, 1960), 5장 참조.

어서조차 우리는 이런 갑작스러운 변화를 느낀다. 햄릿이 말하듯이 우리는 우리 자신의 격정의 분출, 폭풍우 그리고 회오리바람 속에서도 절제를 감지한다. 이런 절제를 우리가 얻을 수 있는 것은 오로지 형식의 영역에서뿐이다. 여기서 나는 비극에 관한 아리스토텔레스 이론을 논할 수는 없고, '카타르시스'라는 말의 의미를 해석하고자 시도할 수도 없다.* 이 해석은 우리를 매우 어려운 문헌학적 문제로 빠뜨리게 할 것이다.

그러나 문헌학적 고찰을 일체 제쳐놓는다 해도 우리는 이렇게 말할 수 있을 것이다. 즉 비극이나 여타 다른 예술작품에 의해 생겨난 '카타르시스'란 체계적인 의미에서 볼 때 생리학적인 의미에서는 말할 것도 없고 도덕적 의미에서 이해될 수 있는 것은 아니라는 것이다.[18] 카타르시스는 우리의 감정 내지 정서의 정화나 순화가 아니다. 카타르시스가 의미하는 것은 우리의 감정 내지 정서가 새로운 상태로 끌어올려질 수 있다고 하는 것이다. 소포클레스나 셰익스피어의 비극에 귀를 기울일 때에 우리가 느끼는 온갖 감정을 진짜 현실의 삶 속에서 실제로 겪어야 한다면 우리는 이런 감정의 힘에 중압감을 받을 뿐만 아니라 짓눌리고 제압당하고 말 것이다. 그러나 예술에서 우리는 이러한 위험에 노출되지는 않는다. 예술에서 우리가 느끼는 것은 감정의 충만한 생명이지만, 이 감정은 실질적 내용은 가지고 있지 않은 것이다. 우리의 정념(passion)의 하중이 우리의 어깨에서 내려져 있다. 남아 있는 것은 우리의 정념의 동요와 진동,

* 아리스토텔레스의 '카타르시스'에 대해선 그의 『시학』 1449 b 23에 있는 비극에 대한 정의 참조.

18) 이 책 8장 「예술의 교육적 가치」 참조.

즉 정념의 내적 운동으로서, 이때의 정념에는 인력이나 압력 그리고 무게가 없다. '정념'이라는 바로 이 말은 그것의 본래 어원적 의미에서 본다면 우리 마음의 수동적인 상태를 가리키고 있는 것같이 여겨진다.

그러나 예술에서 정념은 돌연 그 본성을 변화시키는 것 같다. 즉 정념은 능동적인 상태가 된다. 정념은 감정의 하나의 단순한 상태가 아니다. 그것은 정관(靜觀)하는 활동을 동시에 포함하고 있다. 예술은 말이나 이미지의 단순한 환상에 의해서 우리를 기만하고 있는 것이 아니다. 예술은 우리를 예술 자체의 세계, 즉 순수 형식의 세계로 이끌어들임으로써 우리를 매료시킨다. 순수 형식이라는 특정한 매체 속에서 예술가는 세계를 재구성한다. 바로 이것이 예술상의 모든 위대한 천재에게서 발견되는 진짜 힘인 것이다. 에드워드 영(Edward Young)은 그의 『독창적 작품에 관한 몇 가지 추측(*Conjectures on Original Composition*)』(1759)에서 다음과 같이 말한다. "독창적 작가의 펜은, 마치 아르미다의 지팡이처럼, 불모의 황무지로부터 꽃이 피어나는 샘을 불러낸다.……천재가 탁월한 지성과 다른 것은, 마법사가 빼어난 건축가와 다른 이치와 같다. 마법사는 보이지 않는 수단으로 건축물을 세우지만 건축가는 보통의 도구를 능란하게 사용하여 건축물을 건립해 내는 것이다."(ed. Edith I. Morley, Manchester, 1918, 6, 13쪽.)

이 짧은 강의의 범위 내에서 내가 단지 할 수 있었던 것은 어떠한 하나의 문제에 대해 매우 대략적인 개요를 제공하는 일이었다. 그러나 이 문제가 가지는 체계상의 결론들은 매우 풍성하다. 여기에선 특정한 문제에 관해 어떤 상세한 논의에 들어가는 것은 불가능하다. 내가 의도했던 것은, 문화 철학의 관점과 일반적인 인식론의 관점이라는 두 관점에서 볼 때 나로선 가장 중요하다고 생각되는 논점을 강조하는 데 있었다. 언어와 예술은 주어져 있는 기성(旣成)의 실재를 모방할 뿐이라는 전통적 견해에 동의하는 한, 우리는 언어와 예술에 대한 보다 깊은 이해에 들어서는 참된 실마리를 놓쳐 버리게 된다. 유명한 슬로건인 '예술은 자연의 단순한 흉내이다(Ars simia naturae)'에 표현되어 있는 견해는 수세기에 걸쳐 우리의 미학 이론을 지배해 오고 있고, 언어 철학의 발전에 있어서조차 이 견해는 항상 근본적인 역할을 수행해 왔다.

그러나 예술도 언어도 결코 단순히 '제2의 본성'이 아니다. 예술과 언어는 훨씬 그 이상의 것이다. 즉 예술과 언어는 자존적이고 독창적인 인간의 기능이자 에너지이다. 우리가 우리의 지각, 우리의 개념 및 직관의 세계를 만들어 내고 조직하는 데 성공하는 것은 바로 이 에너지에 의한 것이다. 이런 의미에서 예술과 언어는 재생적일 뿐만 아니라 생산적이고 구성적인 특징과 가치를 지니고 있는 것이다. 바로 이 특징이야말로 인간 문화라는 우주 내에서 예술과 언어 양자에 그 참된 자리를 부여하고 있는 것이다.

7
언어와 예술 II
(1942)

이 논문은 MS #209에 포함되어 있는 두 개의 글 가운데 두 번째 것이다. (첫 번째 글에 관해서는 앞 장의 논문에서 말한 것을 참조하라.) 이들 강의록을 넣어 둔 봉투 겉면에는 이 두 번째 것에 「언어, 신화, 예술--언어 세미나, 1942년 5월 11일」이라는 라벨이 붙어 있다. 봉투 안에 표지로서 들어 있는 종이에는 다음과 같이 쓰여 있다. 「언어, 신화, 예술 — 세미나 /언어 철학 — 'L&A'에 관한 재작성을 위한 자료」. 이 제목 및 원문의 내용으로 미루어, 이 두 번째 논문은 카시러가 언어 철학에 대한 자신의 세미나 마지막 수업들을 위해 준비했던 것을 글로 나타낸 것임이 분명해 보인다. 그의 이 세미나는 1941~1942년도 예일 대학교 강의편람에 '철학 126, 언어와 상징적 표현의 원리에 관한 철학 연습'이라고 적혀 있다. 논문의 내용물은 그가 1942년 4월 후반에 행한 '언어와 예술' 강의에 대한 생각들을 수정하고 확장한 것으로 하나의 '개정본'이다. 세미나의 첫 회는 1942년 5월 11일이었으리라고 생각된다. 수고(手稿)는 보통의 손글씨인 영어로 쓰여 있고 여러 곳에 「언어와 예술 I」로부터 삽입되어야 할 페이지가 지시되어 있다. 이 수고는 또한 「언어와 예술 I」에서의 몇몇 인용들이나 거기에서 사용된 예들을 되풀이하고 있다. 예술에 관한 카시러의 논문들에서 드러나는 중복에 대해서는 내가 이 책의 서문에서 언급한 점을 참조하라.—편자

지난 번 두 차례의 모임에서 나는 내 자신이 철학적 인간학의 근본 문제로서 간주하고 있는 문제에 관한 일반적인 개관을 전하고자 했다. 내 스스로 객관화의 과정이라고 부르는 일반적 과정의 여러 단계들을 나는 연구하고자 한다. 나의 명제는 우리는 경험적 대상의 세계를 결코 직접적인 자료로서, 즉 견고하고도 날것 그대로인 사실로서 간주할 수 없다는 것이다. 철학적 분석이라는 관점에서 보자면, 객관성은 **출발점**(terminus a quo)이 아니라 **도달점**(terminus ad quem)이다. 객관성은 인간의 지식이 거기로부터 출발하는 지점이 아니라 거기로 도달해야 하는 지점이다.[1] 물론 모든 철학이 각기 하나의 존재론, 즉 존재에 관한 일반 이론을 포함하고 있다. 이 점에 관해 아리스토텔레스가 형이상학을 존재 그 자체에 관한 학설이자, 존재하는 한에서의 존재에 관한 학설이라고 정의하는 한에서 우리는 그에게 전적으로 동의할 수 있다. 비판 철학은 그러한 존재론의 필요성이나 중요성을 결코 부정하지는 않는다. 그러나 비판 철학은 더 이상 존재론을 절대적 존재에 관한 기술(記述), 물자체와 그 성질들의 기술이라고 이해하지 않는다. 비판 철학은 존재론의 과제를 현상이라는 영역에 제한한다. 다시 말하자면 다양한 양태의 경험적 지식

1) 『상징형식의 철학』 영역본 I, 93~114쪽에서 카시러가 기호(sign)와 '지식 모사설의 극복'에 관해 행하고 있는 논의를 참조하라.

에 의해 우리에게 주어지는 대상들의 영역에 제한한다.

이런 의미에서 칸트는 『순수이성비판』의 유명한 한 장(章), 즉 모든 대상을 현상과 본체로 구분짓는 근거를 논하고 있는 장에서 인간 지성의 기본 개념들 전체는 현상만을 해명하는 원리들이라고 말한다. "그리고 존재론이라는 거만한 명칭은 물자체에 관한 선험적 종합적 인식—예컨대 인과성의 원칙과 같은—의 다양한 종류들을 하나의 체계적인 형식 아래에 제공한다고 참칭하고 있으므로, 그것을 보다 겸허한 명칭, 순수 지성의 단순한 분석이라는 명칭으로 대체하지 않으면 안 된다."[2] 비판 철학적이고 분석적인 이 관점으로부터 우리는 다음과 같이 말해야 한다. 즉 우리가 '객관성'이라고 일컫는 바의 것은 **주어져 있는** 것이 아니라 과제로서 **부과되어 있는** 것이다. 객관성이란 직접적이고 의심할 바 없는 자료가 아니다. 객관성은 하나의 과제로서 간주되어야 하는 것이다.

이 명제가 그 특별한 힘을 획득하는 것은 우리가 물리적 자연 또는 형이상학적 세계로부터 시작하지 않고 출발점으로서 인간의 세계, 문명의 세계를 택하는 경우이다. 인간의 세계, 문명의 세계가 기성의 것으로서 존재하고 있는 것이 아님은 분명하다. 그것은 구축되지 않으면 안 된다. 그것은 인간 정신의 부단한 노력에 의해 쌓아 올려져야 한다. 언어, 신화, 종교, 예술, 과학은 이 방향에서 이루어진 걸음 하나하나와 다름 없다. 이것들은 사물들의 기성 성질을 모방하거나 재생한 것들이 아니다. 그것들은 말하자면 우리가 객관성으로 향하는 도중에 있는 여러 정거장이거나 정류소이다. 우리가 인간의 문화라고 일컫고 있는 것은 우리 인간의 경험을 점진적으로 객관화한 것이라고 정의해도 좋을 것이다. 그것

2) A247; B303.

은 우리의 감정, 우리의 정서, 우리의 욕망, 우리의 인상, 우리의 직관, 우리의 사고와 관념의, 객관화이다.

인간 문화의 세계로 이끄는 이 일반적인 과정을 연구하기 위해 우리는 다양한 방법들을 선택할 수 있다. 권할 만하다고 생각되는 첫 번째 방법은 비교에 의한 방법이다. 인간을 '국가 내에서의 하나의 국가(a state in the state)'로 간주해야 한다는 스피노자의 격언에, 철학적 인간학은 따르지 않으면 안 된다.[3] 인간은 저마다 진화의 광범위한 연쇄 속에 하나의 고리에 지나지 않는다. 문화적 생은 유기체적 생의 조건들과 언제나 밀접한 관계가 있다. 우리는 그러므로 이 조건들을 연구하는 것으로부터 시작해야 한다. 유기체의 생의 다양한 형식에 관한 그러한 비교 연구에 대해서는 근대 생물학이나 근대 동물 심리학은 매우 흥미로운 소재를 제공하고 있다. 생물학자 요하네스 폰 웩스퀼(Johannes von Uexküll)*은 『동물의 환경세계와 내적 세계(*Umwelt und Innenwelt der Tiere*)』라는 책을 쓴 바 있다. 여기서 그가 밝히고 있는 것 중 하나는, 모든 유기체는 저마다 자신의 특정한 환경과 내적 세계를 지니고 있다는 점, 즉 유기체는 각각 그 외적 생과 그 내적 생에 관해 특정한 양식을 지니고 있다는 점이다. 우리는 그러한 두 가지 생의 어느 것도 직접적으로 지각하거나 관찰할 수 없다. 우리는 간접적 방법을 사용해야만 한다. 동물의 해부학적 구조는 우리에게 동물의 내적 외적 경험을 재구성하는 단서를 제공해 준다.

* 야콥 요한 폰 웩스퀼(Jakob Johann von Uexküll)의 오기(誤記)인 것으로 보인다.

3) 카시러의 「일반 정신사에서의 스피노자의 입장」("Spinozas Stellung in der allgemeinen Geistesgeschichte," *Der Morgan*, vol. 3, no. 5, 1932), 325~348쪽 참조.

해부학적 구조 면에서 현저히 동떨어진 차이가 있는 동물들은 동일한 실재계에서 살 수 없다. 뇌나 복잡한 신경계를 가진 동물은 그보다 하위의 유기 조직에 속하는 동물과 동일한 경험을 가질 수 없는 것이다. 그러므로 윅스퀼에 따르면, 인간과 모든 동물 종에게 동일한 공통의 대상 세계는 존재하지 않는다. 그는 말한다. "파리의 세계에서 우리가 발견하는 것은 파리-사물들뿐이며, 성게의 세계에서 우리가 발견하는 것은 성게-사물들뿐이다."[4)]

동물 심리학 분야에서의 윅스퀼이나 그 밖의 연구자들에 의하면, 우리는 문제의 실증적인 해결을 얻을 수 없다는 것이다. 그러나 그들에 의해 확인된 사실들로부터 우리는 하나의 중대한 결론을 끌어낼 수 있다. 동물의 경험은 인간 자신의 경험과 비교해 볼 때, 말하자면 대단히 견고함을 결여한 상태에 있는 것으로 생각된다. 동물이 하는 경험은 말하자면 액화된 상태에 있다. 이 상태를 기술하기 위해 근대의 비교 심리학은 특별히 하나의 용어를 만들어 냈다. 동물은 고정되고 명확한 형태를 가진 사물의 영역에는 아직 살고 있지 않으며, 여전히 착종되거나 산만한 성질들의 세계에 살고 있다는 것이다. 동물은 우리 인간 세계가 지닌 특징적 징표인 그러한 뚜렷하고 명확한, 고정되고 영속적인 대상 사물들을 알지 못한다. 그러한 대상 사물들에 우리는 항구적인 '본성'을 귀속시킨다. 이 대상 사물들은 매우 상이한 조건 아래에서도 그 동일함을 증명할 수 있고 알아볼 수 있다. 그러나 동물의 경험에 결여되어 있다고 여겨지는 것은 바로 이러한 동일하다는 확인(identification)이다. 어떤 특정한 자

4) 『동물의 환경세계와 내적 세계』(*Umwelt und Innenwelt der Tiere*, 1909; 2d ed. Berlin, 1921). 『인간에 관하여』 영역본, 23~24쪽을 볼 것.

극에 대해 일정한 방식으로 반응하는 동물이, 만일 그와 동일한 자극이 여느 때와는 다른 환경 아래에 주어지는 경우, 전혀 다른 반응이나 정반대의 반응까지 나타내 보이는 것은 매우 자주 있는 일이다.

이 사실을 하나의 특징적인 예를 통해 설명해 보자. 독일의 한 심리학자는 집안에 사는 거미의 습관을 관찰했다.[5] 이 거미는 깔때기 모양으로 좁아지는 분화구 모양의 거미집을 짜 만든다. 파리가 그 거미집 입구쪽 그물에 걸리면 거미는 즉각 달려들어 먹이에 독샘을 주입하여 마비시킨다. 그러나 작은 파리일지라도 만약 그것이 관상(管狀) 형태의 거미집 안쪽으로 들어오거나 또는 그물망 바깥 다른 곳에서 마주칠 때에는, 거미는 그 파리에게 다가가려고 하지 않고 심지어 도망치기도 하는 경우가 있다. 이 예를 통해 우리가 확인하는 바는, 동물에 자극이 주어지는 조건이 조금이라도 변화하게 되면 '인지'의 과정이 일어날 수 없게 될지도 모른다는 사실이다. 여러 가지 감각 자료를 결집하고 융합하여 이것을 개념적으로 동일한 것으로서 통일해 내는 것이 드러나는 것은 인간에게서 그리고 오직 인간에 있어서만 나타나는 일이다. 이러한 개념적 통일은 객관적인 사물들과 객관적인 성질들로부터 성립하는, 항상적이고 영구적인 실재를 생각하기 위한 바로 그 조건이다.

인간은 단순히 불특정한 생물학적 상황 일반에 이르는 것만은 아니라는 사실, 그래서 우리의 행동은 그저 흐리멍덩한 어떤 감각 인상이나 정서, 욕구, 감정에 의해 내몰리고 촉진되는 것만은 아니라는 사실, 바로 이것은 실제로 우리 인간 자신의 경험이 지니고 있는 특징이자 특권이다. 물론 우리는 이러한 흐리멍덩한 감각 인상이나 느낌으로부터 면제되

5) 이 책 6장 「언어와 예술 I」 참조.

어 있는 것은 아니다. 어떤 의미에서 그러한 감각 인상이나 느낌, 감정은 우리 인간의 활동 전체의 최초의 자극이라고까지 간주되어도 좋은 것이다. 로크(John Locke)는 전혀 다른 심리학적 관찰과 심리학적 분석에 따르고 있는 사람이지만, 그조차도 논의의 원칙을 다음과 같은 점에 두고 있다. 즉 인간의 마음에서 일어나는 복잡한 현상 전체가 환원되어야 하는, 의심할 바 없는 가장 우선적인 소여(所與)는 감각 지각이 포함하고 있는 단순하고도 고정된 요소들이라는 것이다. 그런 로크가 자신의 『인간 지성론(*Essay on Human Understanding*)』의 매우 흥미로운 한 장에서는 다음과 같은 점을 설명하고자 시도한다. 즉 분명치 않고 매우 막연한 어떤 '불안'(uneasiness)이 인간의 생 전체에, 그리고 우리 인간의 지적 활동에조차 가장 우선하는 동기이자 가장 중요하고 불가결한 동기 중 하나이다.[6)]

그러나 인간은 결코 언제까지나 그 원초적 상태에서 계속 버텨내기만 하지 않는다. 인간은 자신의 감정, 정서, 흐릿하고 막연한 감각 인상의 힘들에 단순히 복종하는 것은 아니다. 원초적인 흐릿함과 불확실함의 이러한 상태로부터 인간은 마음의 새로운 상태로 옮겨 간다. 인간은 실재 속에 살 뿐만 아니라 실재를 의식하게 된다. 그리고 이 새로운 지적 상태에 도달하기까지 인간은 '대상'의 세계, 경험적 사물들이나 이들 사물의 명확하고 항구적인 성질들로부터 이루어진 세계에 관해 말할 수 있게끔 되지 않는 것이다. 이 과정을 우리는 매우 상이한 이름들로 표시할 수 있다. 그리고 철학의 역사에서 우리는 이 과정을 기술하려고 시도하는 여러 용어들과 만난다. 이들 용어가 다양하다는 것은, 우리가 그 과정 자체의 일반적 특징을 명심하고 있는 한, 문제가 되지는 않는다. 가장 일반적

6) Book II, 21장, 29절을 볼 것.

으로 가장 오래된, 어떤 의미에서 고전적인 용어는 물론 '이성'이라는 표현이다. 이것은 그리스어의 '로고스(Logos)'의 번역이다. 인간이 동물과 구별되는 것은 로고스, 즉 이성의 힘에 의한 것이다.

그러나 그리스 철학에서는 매우 명료하고 일정한 무언가를 의미했던 이 용어는 그 장구한 역사의 흐름을 거치는 가운데 불명료한 것이 되어 버렸다. 이 용어는, 철학적 인간학을 논하는 경우에 우리로서는 피하고자 하는 어떤 형이상학적인 함축을 띠어 왔다. 철학적 인간학을 논하기 위해 우리는 다른 것들로부터 독립된 실체적인 것, 즉 이성, 마음, 정신 등으로 불리는 어떤 것이 존재한다고 가정할 필요는 없다. '순수 이성의 오류' 장에서 칸트는 '이성'이라는 용어를 형이상학적 의미로 사용하는 것에 포함되어 있는 오류와 환상에 대해 경계해야 함을 말하고 있다. 우리는 더 이상 이성이나 정신을 실체적이고 존재론적인 방식으로 정의할 수 없다. 우리는 이성이나 정신을 하나의 기능으로서 정의해야 한다. 이성이나 정신은 독립된 실체 또는 능력은 아니다. 이성이나 정신은 우리 인간의 경험을 조직화하는 방식이며 방법이다. 그러한 조직화는 언어에 의해, 신화에 의해, 종교에 의해, 예술에 의해, 과학에 의해 초래된다. 만일 이들 상이한 활동 전체를 망라할 만한 하나의 공통 명칭을 얻으려고 한다면, 우리는 이러한 의미에서의 용법으로 라이프니츠에 의해 최초로 도입된 '통각(apperception)'이라는 용어를 사용하려고 할지도 모른다.

라이프니츠에 따르면, 우리는 동물의 세계를 '지각(perception)'의 세계, **미소**(微小) **지각**(petites perceptions)의 세계라고 해도 좋을 것이다. 이에 반해 인간의 세계는 실재의 통각이라고 말해야 한다. 이 통각은—라이프니츠의 의미에서는—의식의 새로운 상태, 객관성의 새로운 개념을 의미한다. 또는 '반성(reflection)'이라는 용어를 사용하려고 해도 좋다. 이

용어는 매우 길고도 대단히 복잡한 역사를 지니고 있지만, 헤르더는 언어의 기원에 관한 자신의 고전적인 저작에서 하나의 특별한 의미를 지닌 것으로서 정의하고 있다. 헤르더에 의하면 언어는 지각이나 감정·정서에 기원을 둔 것이 아니라 반성 속에 기원을 두고 있는 것이다.

> 인간이 반성을 실제로 행하고 이를 나타내는 것은 다음의 경우이다. 즉 인간의 영혼의 힘이 너무나도 자유롭게 작용하여, 모든 감각 기관으로부터 영혼 속으로 흘러 들어오는 감각의 바다 속에서 단 하나의 물결을 분리해내고 정지시켜 자신의 주의력을 이 물결로 향하게 해서 자신이 그렇게 하고 있음을 의식할 수 있는 경우이다. 인간이 반성을 실제로 드러내는 때는, 우리의 감각들을 휙 스쳐가는 심상들의 모호한 꿈에서 빠져 나와 각성의 지점에 주의를 집중하고 의지적으로 단 하나의 심상에 머물러서, 그것을 평온하고 명료하게 관찰하며 다른 것이 아니라 바로 이것이 대상이 되고 있음을 증명하는 특징들을 식별할 수 있는 경우이다. 인간이 반성의 실례를 나타는 것은 모든 속성들을 생생하고도 명료하게 인식할 뿐만 아니라 하나 또는 그 이상의 두드러진 속성을 인식(recognize)하는 경우이다. 이렇게 인식하는 최초의 행위가 명석한 개념을 산출한다. 최초의 인식행위는 영혼의 최초의 판단이다. 그런데 무엇이 이 인식을 가능하게 하는가? 인간이 분리시켜야 했던 하나의 특징이자 반성의 특징으로서 인간에게 명석하게 나타났던 하나의 특징이 있다. 알았다! 바로 이것이야(εὕρηκα!)*라고 외쳐 보자. 반성의 최초의 특징은 영혼의 말이었다. 그것

* '유레카'(εὕρηκα, heúrēka)라는 말은 고대 그리스 어로 "내가 (그것을) 발견했다."라는 뜻이다. 아르키메데스가 한 말이자 하나의 발견을 세상에 알리는 감탄사이다.

과 함께 인간의 언어는 발명되었던 것이다.[7)]

나는 여기에서 용어의 사용법에 관해 논쟁을 벌이고자 하는 것은 아니다. 나의 논점은 이러하다. 즉 우리가 이성, 통각, 반성이라는 말로 기술하는 전 과정은 상징들의 항상적인 사용을 수반하고 있다는 점이다. 여기서 말하는 상징은 신화적 종교적 상징이거나 언어상의 상징이거나 예술적 상징 내지 과학상의 상징이다. 상징들이 없다면 인간은 동물의 경우와 동일한 실재 속에 살게 될 것이다. 물론 인간은 다양한 물리적 자극에 대해 특징적인 반응을 일으킴으로써 자신의 상태를 보존할 수는 있을 것이다. 그러나 인간이 자신을 단지 생물학적인 존재로서만 그렇게 보존하기 위해서는 동물이라는 한계, 즉 본능적 생의 한계를 넘어설 필요는 없을 것이다. 윌리엄 제임스는 자신의 『심리학의 원리(*Principles of Psychology*)』에서 동물의 본능은 모두 그 동물과의 실제적인 연관을 포함하고 있다고 말한다.(2 vols., New York: Henry Holt and Co., 1890, II, 442쪽.) 인간의 생이 포함하고 있는 다수의 분야나 인간의 무수한 행동도 여전히 이와 동일한 수준에 있다. 그것들은 실제상의 필요에 대한 반응이다. 그러나 인간의 상징의 세계에서는, 그것이 언어이든 예술이든 과학이든 간에, 인간은 새로운 길을 밟기 시작한다. 이것은 점진적이고도 연속적으로 인간을 객관적 세계에 대한 새로운 이해로 이끄는 이론적 또는 반성적인 생의 과정이다.

7) 헤르더, 『언어의 기원에 관하여』(Herder, "Über den Ursprung der Sprache", 1772, *Werke*, ed. B. Suphan, vol. 5, 34쪽 이하. (『상징형식의 철학』 영역본 I, 152~153쪽을 참조).

객관화 과정상의 이 점진적 이행을 추적하고 기술하는 일이 용이한 것은 아니다. 처음 나타나는 듯 보이는 것은 결코 물리적 대상의 세계도 아니고 또 자연 과학이 그 연구 대상으로 삼는 '자연'의 세계도 아니다. 자연 과학은 인간의 사고가 산출한 것 중에서 극히 최근의 것이자 매우 복합적인 것이다. 인간이 자연과 처음 접하는 것은 신화적 사고에 의해서이지 물리적 내지 수학적 사고에 의해서가 아니다. 그리고 신화적 사고는 불변적인 규칙에 제약된 대상들의 고정된 질서라는 것을 전혀 인식하지 않는다. 신화에는 결코 어떠한 원칙도 없다는 것은 아니다. 신화는 사물의 실재에 관한 불합리하고 부정합하며 모순되는 언명들의 집합에 지나지 않는 것이 아니다. 그러나 신화는 사물의 실재를 해석하는 가운데, 과학적 사고와는 전혀 다른 원칙에 따른다. 과학적 사고가 전제하는 것은 칸트가 정의한 자연 개념, 즉 일반 법칙에 의해 결정되고 있는 한에서의 사물의 존재라는 의미에서의 자연 개념이다. 그러나 신화는 어떠한 일반 법칙도 인식하지 않는다. 신화의 세계는 인과 법칙에 따르는 물리적 사물의 세계가 아니라 인격적 세계이다. 그러므로 신화의 세계는 어떠한 인과 법칙으로 환원되는 자연력의 세계가 아니라 극적인 세계이다. 그것은 행동의 세계, 초자연적 힘의 세계, 신들과 정령들의 세계이다. 이 신화의 세계도 의심할 여지 없이 일종의 객관화이긴 하다. 그러나 그 세계는 특정한 방향과 경향을 지닌 객관화이다.

신화에서 인간은 인간 자신의 가장 깊은 감정 · 정서를 객관화한다. 인간은 그러한 감정 · 정서를 마치 그것이 외적인 존재를 지니고 있는 것처럼 바라본다. 그러나 이 새로운 객관성은 철두철미 인격성이라는 한계 내에 제한되어 있다. 유기체적 세계 속에서, 동물의 생의 세계 속에서 우리는 신화적 상상과 신화적 사고의 이 과정에 유비되는 것을 어느 하나도 발견할 수 없다. 물론 고등 동물들은 매우 광범한 범위의 감정을 지니고 있을 뿐만 아니라 이 감정을 수많은 여러 방식으로 표현하는 능력을 갖고 있다. 다윈은 이 문제에 관해 특정한 연구를 한바 있다. 그리하여 그는 매우 흥미롭고 중요한 책『인간과 동물에서의 감정의 표현』을 썼다. 그러나 이 책에서도 동물은, 자신의 감정을 표현하기는 하지만, 그러한 자신의 감정의 영역 내에 붙잡혀 있다. 동물은 감정을 외화할 수 없다. 즉 동물은 감정을 외적인 형식으로 실재화할 수 없는 것이다.

그러나 우리가 신화적 사고 속에서 발견하는 것은 바로 이 외화와 실재화이다. 모든 종류의 감정, 예를 들면 두려움, 슬픔, 고뇌, 흥분, 희열, 절정감, 고양 등은 그 자신의 모양이나 표정을 갖고 있다. 이 점에 관해 말하자면, 우리는 신화를 우주의 이론적 내지 인과적인 해석으로서가 아니라 우주의 관상학적 해석이라고 정의해도 좋을 것이다.[8] 신화적인 사고 속에 있는 것은 모두 특정한 관상을 상정하고 있다. 인간은 이들 관상학적 특징이 다종다양하게 있는 곳에 살고 있으며, 이러한 다종다양한 관상학적 특징에 의해 항상 영향을 받고 감동을 받고 있다. 인간이 세계를 본다는 의미는 우리가 인간들 간의 교제 중에 타인, 곧 우리의 동료를 본다는 것과 동일한 의미이다. 인간을 둘러싸고 있는 사물들은 죽은 물질이 아니다. 우리 인간을 둘러싸고 있는 사물들은 감정 · 정서로 채워져 있다. 그것들은 유익하거나 유해하거나, 우호적이거나 두렵거나, 친밀하거나 기분 나쁜 것이다. 그것들은 자신감을 불어넣거나 경외나 공포를 불어넣는다. 이런 점에 의해 우리는 신화적 사고의 기본적인 특색 중 하

8)『상징형식의 철학』 제III권 제1부에서의 표현기능(Ausdrucksfunktion)에 관한 카시러의 논의를 참조하라.

나로 보이는 것을 용이하게 설명할 수 있다. 설령 신화적 사고가 어떤 명확한 규칙에 속박되어 있다고 할지라도, 그러한 규칙은 자연이나 과학적 사고의 규칙들과 비교될 수 있는 규칙은 아니다. 과학적 사고는 항상 사물들의 항구적인 성질과 항상적인 상호관계를 발견하려고 노력한다.

그러나 신화는 그러한 항구적인 특징을 인정하지 않는다. 신화는 통상적인 우리의 경험적 사고 또는 물리학에 의해서 자연을 해석하지 않는다. 신화는 오히려 자연을 우리의 관상학적인 경험에 의해 해석한다. 그러나 이러한 경험보다 더 불안정하고 변동하는 것은 없는 듯하다. 인간의 얼굴은 매우 자주, 매우 신속하게, 그리고 예기치 않게, 어느 한 상태에서 그 정반대의 상태로 옮겨갈 수 있다. 예를 들면 기쁨에서 슬픔으로, 득의만면에서 절망으로, 온화와 선의에서 분노와 격분으로 옮겨진다. 신화적 사고는 이 경험을 우주 전체로 확장하는 것이다. 어떤 무엇도 판명하고 항구적인 모습을 갖지 않는다. 모든 것이 갑작스런 변환과 변모를 일으키기 쉽다. 우리는 오비디우스의 작품에 나오는 이러한 온갖 변신(Metamorphose)을 알고 있으며, 그 시적인 묘사를 상기한다. 인간은 매순간마다 새로운 형태로 변화되는지 모른다. 니오베는 돌이 되고, 다프네는 월계수가 되며, 아라크네는 거미가 되는 등등이다.

그럼에도 불구하고 신화의 세계를 단순한 꿈으로, 혹은 조잡한 미신, 착각과 환상이 전혀 체계를 갖지 않은 채로 모여 있는 것으로 간주하는 것은 그릇된 생각일 것이다. 신화도 그 자신의 규칙을 따르고 있다. 신화는 그 속에서 나오는 감정이나 상상을 그저 무작위로 꾸며 내는 것만이 아니라 그러한 감정과 상상을 조직화하는 경향을 지니고 있다. 신화적 사고의 초기 단계에서는 독일의 학자 헤르만 우제너(Hermann Usener)가 자신의 저서에서 순간신(Augenblickgötter)이라고 말하곤 했던 신화적 존재들이 발견된다. 이들 순간신은 돌연한 순간의 착상에 의해 무의식적이고 의도되지 않은 채 만들어지는 것처럼 보인다. 그것들은 아직 고정되고 명확한 형상을 얻지 않았다. 그것들은 일시적인 것이자 변하기 쉬운 것이다. 즉 다이몬적인 힘이다. 그러한 힘이 존재하는 것을 인간은 느끼긴 하지만 묘사할 수는 없고 그러한 힘에 명확한 형태나 일정한 이름을 부여할 수 없는 것이다. 그러나 우제너의 이론에 의하면 신화적 사고의 이 원시적 상태는 신화가 더욱 진화해 가면서 변화를 겪는다. 순간신은 우제너가 **활동신** 및 **인격신**이라고 부르는 신들에 의해 대체된다.[9]

나는 여기에서 이 이론에 관해 논의할 수 없다. 종교의 역사와 문명의 철학에 있어 이 이론이 갖는 중요성에 관해 나는 별도의 논문「언어와 신화(Sprache und Mythos)」에서 강조한바 있다. 나의 이 논문은 1925년 '바르부르크연구소 연구 총서'의 하나로서 출판되었다.[10] 그러나 만약 앞서 말한 발전 과정을 철저히 구명한다면, 우리는 다음과 같이 말해도 좋을 것이다. 즉 종교의 역사나 문명의 철학이라는 영역에서 우리는 특이성에서 개별성으로, 개별성에서 보편성으로 우리를 이끌고 있는 연속적인 발전을 발견한다는 점이다. 다신교적 사고에서는 세계라는 것이 더 이상 예측될 수 없는 영적인 힘에 좌우되는 무정형인 하나의 덩어리가 아니다. 세계는 분할되어 명확한 몇 가지 권역을 갖게 되고 행동상의 몇몇 영역을 지니게 된다. 그리고 이들 각각은 특정한 신의 지도와 제어 아래 있

9) 헤르만 우제너, 『신들의 이름—종교적 개념 형성에 관한 학설의 시도』(Hermann Usener, *Götternamen. Versuch einer Lehre von der religiösen Begriffsbildung*, Bonn: F. Cohen, 1896), secs. 16 and 17.

10) 『언어와 신화』(*Language and Myth*, trans. Susanne K. Langer, New York: Harper & Brothers, 1946), 특히 1~3장.

는 것이다. 그리하여 이 신들 가운데서 우리는 계층적 질서를 발견한다. 우리는 최고 신이 있다는 것을 발견한다. 우리는 제우스가 우주적 기능 및 윤리적 기능이라는 이중적 기능을 가지며, 천계의 신으로서, 신들과 인간의 아버지로서, 그리고 정의의 후원자 및 수호자로서 존재하고 있음을 발견한다. 이들 모두는 신화적 사고조차 조직화나 객관화에 대한 매우 명확하고도 매우 날카로운 감각을 결여하고 있지 않음을 매우 명료하게 보여 주고 있다. 그렇지만 신화적 사고에 의한 객관화는 지성의 소산이 아니라 상상력의 소산인 것이다.

그리고 앞서 말한 바와 동일한 진보의 과정을 우리는 신화적 이미지나 신화적 표상의 영역에서만 발견하는 것이 아니라, 모든 신화적 종교적 사고의 동기를 이루고 있다고 여겨지는 기본적인 감정·정서 속에서도 발견한다. 모든 종교의 기원은 두려움에 있다고 자주 말해진다. "이 세상에 우선적으로 신들을 만든 것은 두려움이다.(Primus in orbe deos fecit timor.)"[11] 그러나 단순한 두려움이라 함은 인간 마음의 수동적인 상태이다. 그러한 수동적인 상태는 우리가 신화적 사고나 종교적 사고에서 언제나 발견하는 자유로운 활동, 창조성, 생산성을 거의 설명할 수 없다. 두려움은 여러 다이몬(영적 힘)을 만들어 낼지도 모른다. 그러나 그것은 보다 고도의 신들을 만들어 내지 않는다. 더욱이 우리는 두려움으로부터 일신론의 교설, 즉 유일신의 교설을 도출해 낼 수도 없다. 극히 심원한 종교적 사상가들에서조차 종교를 근원적이고 자율적이며 능동적

11) 이곳의 수고(手稿)는 "루크레티우스는 말한다(says Lucretius)"로 되어 있는데, '루크레티우스'에 선을 그어 지운 상태이다. 인용은 실제로는 페트로니우스, 단편 27(Petronius, Fr. 27)에서 가져온 것이다.

인 기능으로 환원하기보다는 오히려 수동성의 감각으로 환원하는 경향이 보이는 것은 사실이다. 슐라이어마허는 자신의 『종교론(*Reden über die Religion*)』에서 종교를 "신적인 것으로의 절대적 귀의의 감정"이라고 정의한다.[12] 키르케고르는 모든 종교적 사상, 특히 모든 그리스도교적 사상은 그 가장 깊은 뿌리의 하나를 불안이라는 우리의 감정에 두고 있다고 생각한다. 불안은 키르케고르의 종교 철학 내에서의 중심 문제이다. 그는 불안의 개념에 관해 특별한 논문 하나를 썼는데, 그 속에서 그는 한 인간이 보다 더 근원적일수록 그 인간의 불안은 그만큼 더 깊다고 단언하고 있다.[13]

그러나 나는 이 교설이 수용될 수 있는 것이라고는 생각지 않는다. 나는 발생론적인 의미에서는 두려움과 불안이 우리의 종교적 의식의 최초의 것이자 가장 중요한 현상 중 하나로 간주되어도 좋다는 것을 부정하지 않는다. 그러나 종교가 발전하고 진화함에 따라 두려움과 불안은 물러나고 완전히 다른 감정이나 정서에 자리를 넘겨 준다. 영국의 인류학자 마렛(Robert R. Marett)의 책에서 종교가 걸어간 길은 "주문(呪文)으로부터 기도로"의 길이라고 기술되어 있다.[14](『종교의 발단』(*The Threshold of*

12) 슐라이어마허, 『종교에 관하여: 종교를 경멸하는 문화인에 대한 강연』(Friedrich Schleiermacher, *Über die Religion: Reden an die Gebildeten unter ihren Verächtern*, trans. John Oman, London: Kegan, Paul, Trench, Trübner and Co., 1893, "Second Speech"), 45쪽 참조. 『상징형식의 철학』 제2권 제4부 「신화적 의식의 변증론」 및 『인간에 관하여』 제7장 「신화와 종교」를 참조.

13) 쇠렌 키르케고르, 『불안의 개념』(Søren Kierkegaard, *Begrebet angest*, 1844, trans., Walter Lowrie, Princeton, N.J.:Princeton University Press, 1944).

14) 『상징형식의 철학』 영역본, II, 16쪽 참조.

Religion, London, 1909.) 주술적 사고나 주술적 의례는 두려움의 산물이라고 해석되어도 좋으며, 다이몬들이나 신들의 힘을 제어함으로써 이러한 두려움을 제거하려는 시도들이라고 해석되어도 좋을 것이다. 그러나 종교적 사고는 또 다른 세계 파악으로 도달하는 것이다. 보다 고등한 종교들의 원리가 되고 있는 것은 더 이상 두려움이나 불안도 아니며, 단순한 순종이나 단순한 수동적 복종도 아니다. 보다 고등한 종교들에서 우리가 발견하는 것은 좀 더 다른 감정들이다. 예를 들면 자신감과 희망의 감정이며, 사랑과 감사의 감정이다. 그리고 종교적 신념의 기초를 이루는 것은 이러한 감정들이다. 철학적인 종교, 무엇보다도 플라톤의 종교에서는 신의 관념 그 자체는 선의 관념과 동일한 것이 되며, 관념의 영역 전체의 정점이 된다.

그러나 우리가 신화적 사고의 영역에서 이제 또 다른 영역, 즉 언어의 영역으로 나아간다면, 우리는 우리 자신이 하나의 새로운 세계로 이행하고 있음을 발견한다. 신화와 언어가 그처럼 강하게 서로 연결되어 있고 언뜻 보기에 양자를 분리하는 것은 불가능하다고 생각될지도 모른다는 것은 사실이다. 언어적 사고는 신화적 사고로 충만해 있고 또 고루 퍼져 있는 것이다. 신화적 사고의 이러한 충만함은 우리가 언어의 보다 원시적인 단계로 거슬러 올라가면 갈수록 더욱 더 명백하다. 그러나 우리 자신의 고도의 발달된 언어들에서조차 신화적 사고는 아직도 결코 그 힘을 잃지 않았다. 통상의 일상 회화에서 우리는 개념을 사용해 이야기하지 않는다. 우리는 비유를 사용해 이야기한다. 우리는 비유를 사용하지 않을 수 없다. 이 상상적이고 비유적인 언술은 신화적 사고의 기본적 기능과 긴밀하게 연관되어 있는 것처럼 생각된다. 동시에 인간의 언어는 모두 어떤 감정, 바람, 욕구를 전하려고 한다. 인간의 언어는 관념과 추상적인 사상을 전달하는 것만이 아니다. 그것은 감정·정서로 가득 차 있다. 그러나 만일 우리가 언어를 하나의 전체로서 본다면, 그리고 우리가 언어의 일반적 발전을 추적해 본다면, 언어를 이러한 감정적이고 정서적인 배경으로 환원하는 것은 불가능하다는 것이 판명된다.

언어의 기원에 관한 추정적인 이론에서는 두 가지 이론이 발견된다. 이 이론들은 언어의 역사에서도, 철학의 역사에서도 서로 간에 끊임없는 투쟁을 계속하고 있다. 그 하나는 의성어 이론이고 다른 하나는 간투사(間投詞) 이론이다. 이 두 이론은 막스 뮐러나 그밖의 사람들에 의해 익살맞게도 멍멍 이론과 쯧쯧 이론으로 명명되고 있다.* 의성어 이론은 모든 언어가 자연 내의 소리들을 모방한데서 시작되었다고 하는 이론으로서, 지금까지 중요한 역할을 해 왔다. 이 이론의 윤곽을 묘사하면서 결국에는 이 이론을 조롱감이 되게끔 하고 있는 것이 플라톤의 『크라튈로스(*Cratylus*)』라는 대화편에서 제시되고 있다. 현대에서 이 설은 그 영향력을 잃어버린 것처럼 생각된다. 우리는 현대에 이르기까지 이해되고 있던 의미에서 이 설을 지지하는 현대의 철학자나 언어학자를 거의 발견할 수 없다. 그러나 또 하나의 이론, 즉 간투사 이론은 아직도 많은 지지자들을 갖고 있는 것으로 생각된다.

인간의 언어를 설명하는 유일한 가능성은 그것을 일반적인 현상, 즉 동물의 울음소리라는 현상으로 환원하는 데 있다는 주장은, 예를 들면 미국의 철학적 문헌 가운데서는 그레이스 드 라구너(Grace de Laguna)의

---

* 동물의 울음소리를 흉내낸 것이 언어의 기원이 되었다는 의성어 이론은 흔히 개의 울음소리인 멍멍설(bow-wow theory)로, 인간의 감정 표현에서 언어가 시작되었다는 간투사 이론은 인간의 감정 중 하나로서 타인을 업신여기는 소리인 쯧쯧설(pooh-pooh theory)로 불린다.

『언어—그 기능과 발전(*Speech, Its Function and Development*)』이라는 책에서 지지되고 있다.[15] 그리고 근대 언어학의 태두 중 한 사람인 오토 예스베르슨(Otto Jespersen)은 동일한 설을 지지하면서 언어사의 모든 사실들은 이 방향으로 향하고 있다고 생각한다. 예스베르슨은 이 설을 1894년에 출판된 그의 초기의 책 『언어의 진보(*Progress in Language*)』와 그가 쓴 최후의 포괄적인 저작 『언어—그 본성, 발전 및 기원(*Language, Its Nature, Development and Origin*)』(1922)에서 전개하고 있다. 그는 어떤 일반적인 추론적 논거에 호소하려고 하지 않는다. 그는 자신의 논점이 단순한 경험적 분석에 의해 증명될 수 있다고 생각한다. 그는 이렇게 말한다. "내가 권고하는 방법이자, 그리고 나야말로 그것을 최초로 일관되게 사용하고 있는 사람인 그 방법이란, 20세기 우리 현대 언어들을 역사와 우리의 자료가 허용하는 한에서 시간적으로 쭉 거슬러 올라가 족적을 조사하는 데에 있다.……만일 우리가 언어의 보다 초기 단계에 있어 일반적으로 전형적인 어떤 성질들을 보다 이후의 언어 발전의 단계들과 대립되어 있는 것으로서 발견하는 데 성공한다면, 그 성질들은 가장 초기 단계에서 보다 높은 정도로 획득된 것이라고 결론내려도 정당할 것이다."

"그러나 근대의 언어가 언어의 보다 오래된 형식으로부터 진화하는 과정 속에서 입증되는 변화가 이와 같이 대규모로 인류의 유년기로까지 거슬러 올라가 투사된다면, 그리고 만일 이러한 과정을 통해 우리가 최종적으로 도달하는 것은 발음된 소리이며, 이것은 더 이상 실재적인 언어라고 부를 수는 없고 언어에 선행하는 어떤 것이라고 설명된다고 한다면, 그 경우 어떤 근거에서 문제가 해결되었던 것일까? 왜냐하면 변환이

15) New Haven: Yale University Press, 1927.

라는 것은 우리가 이해할 수 있는 것이지만 무로부터의 창조는 결코 인간 지성이 이해할 수 있는 것은 아니기 때문이다."(*Language, Its Nature, Development and Origin*, New York: Henry Holt, 1922, 418쪽.) 그러나 바로 이 점에서 진정한 방법론적 난문(難問)이 시작된다. 우리는 일련의 중간적인 연쇄에 의해 우리의 언어와 단지 감정적이고 정서적인 울음소리를 연결하고자 궁리할지도 모른다. 그러나 이 경우에도 우리가 인정해야만 하는 '변환'은 일종의 논리적 창조임에는 변함이 없다. 원시 상태에서 단순한 본능적 발성이나 감정적이고 정서적인 울음소리에 지나지 않는다고 여겨졌던 것이 보다 높은 단계에서는 그것과 완전히 다른 어떤 것으로서 언명되어야 하는 것이다. 감정의 발현이자 기쁨, 두려움의 외침이었던 것이 하나의 객관적 언명, 즉 사물이나 사물의 연결에 관한 명제나 판단이 되는 것이다.

언어의 이 새로운 용법은 예스베르슨 자신의 이론상의 필요조건이다. 이러한 새로운 용법은 그가 인정하는 점일 뿐만 아니라, 그가 자신의 사고방식을 설명하기 위해 택한 실례들 자체에 의해 입증되고 있다. 그는 말한다. "우리가 본래의 언어에 최초로 도달할 수 있는 것은 의지의 전달이 절규에 우선하는 것이 될 때이며, 또한 동료들에게 무언가를 '말'하기 위해 음성이 내어지는 때이다.……원래는 의미를 결여한 같은 음의 반복이었던 것이 어떻게 사고의 도구가 되기에 이르는 것인가?……어떤 무서운 적이 패배하여 살해당했다고 가정해 보자. 승리한 무리는 그 시신을 돌면서 춤을 출 것이고 승리의 노래를 부를 것이다.……음의 이러한 결합을 어떤 멜로디에 맞춰 노래한다면 이것은 이제 특수한 사건에 대한 고유 이름으로 불려도 좋은 것이 되기 쉬울 것이다. 그저 조금 변화된 환경 아래에서는 방금 말한 음의 결합은 적을 죽인 사람의 고유 이름이 될

지도 모른다. 유사한 상황에로의 비유적인 전이(轉移)에 의해 이제 한층 더 발전을 진행시킬 수 있을 것이다."(같은 책, 437쪽.)

그러나 이 설명은 우리의 문제를 해결하고 있지 않다. 그것은 논점 선취의 오류를 범하고 있다. 언어를 감정적 정서적 울음소리로 환원하는 것과 동시에 이들 소리가 어떤 단계에서 그 의미를 변하게 했다는 것, 즉 그 소리들은 '이름'으로 사용되었다고 가정하는 것, 이것은 악순환이다. '이름'이라는 개념 자체가 그 한 마디 말로 우리의 문제를 전부 포함하고 있다. '이름'이라는 개념은 새로운 기능으로의 이행, 즉 엄밀하고도 본래적인 의미에서의 '상징적' 기능으로의 이행을 전제로 하고 있는 것이다. 예스베르슨의 말을 사용하자면, 의사전달이 절규보다도 우위에 있는 것은 이 기능에 의해서이다.

이 유형에 속하는 이론들 모두는 실제로 동일한 하나의 논점에 초점을 두고 있고 따라서 동일한 반대론에 빠지기 쉽다. 가장 단순한 형식의 언어를 고찰함으로써 이들 이론은 언어의 여타 기본적 과정들로부터의 거리를 감소시키거나 극소화하려고 한다. 그러나 이 방향으로 불과 몇 걸음 내디딘 후에 그 이론들은 불가피하게 정지 상태에 이르고 만다. 이들 이론은 어떤 차이를 인정해야만 한다. 이 차이는 단지 양적인 것이 아니라 질적인 것이다. 이 차이는 언어의 보다 낮은 단계에서나 보다 높은 단계에서도, 또한 '원시적'인 단계에서나 매우 고도로 발달한 단계들에서도 변하지 않고 동일한 것이다. 가드너(Alan Henderson Gardiner)는 『언어 활동과 언어의 이론(*The Theory of Speech and Language*)』에서 인간의 언어와 동물의 언어 사이에 '본질적인 등질성'이 있음을 인정하려는 경향을 보인다. 그러나 그는 곧 다음과 같이 덧붙이고 있다. 즉 우리가 동물의 세계에서 발견하는 이러한 '정서적 감정적 독백'은 언어 활동과는 멀리 떨어져 있는 것이라는 점이다.[16] 자극이나 반응 면에서 아무리 다양함이 있다고 해도 '실재적인' 언어와 유사한 무언가가 생겨날 수 있는 것은 결코 아니라고 그는 단언한다. "동물의 발성과 인간의 언어 활동 사이에는 매우 결정적인 차이가 있으며, 이 차이는 양자의 활동의 본질적 동질성을 거의 무색하게 할 만한 것이다."라고 그는 말한다. 외견상의 등질성은 단순한 질료상의 등질성에 지나지 않으며, 이것은 형식상의 이질성이나 기능상의 이질성을 배제하지 않고 오히려 강조한다. "간투사와 말 사이에는 우리가 다음과 같이 말하기에 족할 만한 넓고 깊게 갈라진 틈이 있다. 즉 간투사란 언어의 부정으로서, 간투사가 사용되는 것은 우리가 이야기를 할 수 없거나 또는 이야기를 하고 싶지 않을 때뿐이다."(벤파이, 『언어 과학의 역사』(*Benfey*, *Geschichte der Sprachwissenschaft*, München, 1869, 295쪽 및 예스베르슨의 책, 415쪽 참조.) 이것은 정확한 진단이다.

사물에 이름을 부여함으로써 그 사물을 기술하거나 표시하는 기능은 하나의 새로운 독립적인 기능이라는 것, 그 기능은 '객관화'로 향하는 새로운 단계를 의미하는 것으로, 감정적 · 정서적으로 낮은 수준의 언어 활동으로 환원될 수 없다는 것, 이러한 측면들은 언어 활동에 관한 근대 정신 병리학에 의해 우리에게 알려진 여러 사실들을 언급하는 것으로도 제시될 수 있다. 이 점에 관해 나는 특징적인 예를 하나만 들고자 한다. 이른바 기억상실적 실어증의 연구—이것이 의미하는 바는 뇌의 손상을 입은 환자가 이름들을 사용할 수 없게 된 사례의 연구이다—가 우리에게 가르쳐 준 것은 우리가 인간의 언어 활동의 두 가지 상이한 형식을 구별하지 않으면 안 된다는 점이다. 일반적으로 말해 그러한 병을 앓고 있는

16) Oxford: Clarendon Press, 1932, 118쪽 이하.

환자는 말의 사용을 완전히 상실해 버린 것은 아니다. 하지만 환자는 이러한 말을 그러한 보통의 의미에서는 더 이상 사용할 수 없다. 환자는 그러한 말을 경험적 대상들을 지시하거나 표시하는 데에는 사용하지 못한다. 만일 환자에게 사물의 '이름'을 묻는다면, 대체로 그는 올바른 대답을 할 수 없다.[17] 그러나 그는 다른 목적에서는 자신의 낱말을 매우 잘 사용할 수 있다. 즉 자신의 감정을 표출하거나 사물의 용법을 기술하거나 하는 일에는 낱말을 사용할 수 있는 것이다. 환자에게 물 한 컵을 보여 주면 그는 그것을 물 한 컵이라고 부르진 않을 것이다. 그러나 환자는 자신이 보고 있는 것은 무언가 마시는 것이라고 말할 것이다. 만일 칼을 보여준다면, 환자는 그것이 무언가를 자르는 것이라고 말할 것이다. 환자를 난롯가에 데려간다고 해도 그가 '불'이라는 낱말을 발음할 수는 없을 것이다. 그러나 위험이 닥쳐오는 경우에는 경악에 의한 발성 또는 경고의 외침으로서 "불이야!"라고 즉각 외칠 것이다.

언어 활동(능력)의 그러한 손상 또는 손실의 사례들을 주의 깊게 연구했던 영국의 신경학자 잭슨은 앞서 말한 차이를 지적하기 위해 하나의 전문용어를 도입했다. 그는 자신이 '하위' 언어 활동과 '상위' 언어 활동이라고 일컫는 언어의 두 형식을 날카롭게 구별한다. 전자에서는 우리의 어구들은 간투사적으로 사용된다. 후자의 언어 활동에서는 우리의 어구들은 '명제적으로' 사용된다. 감정적 정서적 언어는 명제적인 언어와 동일한 것이 아니다. 감정적 정서적 언어에서는 우리의 감정이 갑자기 분출할 뿐이다. 즉 말하자면 주관의 마음 상태가 돌연 격렬하게 분출하는 것이다. 명제적 언어에서 우리는 관념들의 객관적인 연접을 수행한다.

17) 이 책 6장 「언어와 예술 I」 참조.

즉 우리는 주어와 술어 그리고 이 둘 간의 관계를 갖는다. 그리고 이 유형의 언어 활동, 즉 명제적 언어 활동이야말로 인간이 '객관적' 세계, 다시 말해 고정되고 항상적인 성질들을 지닌 경험적 사물들의 세계를 발견하는 최초의 단서가 되는 것이다. 명제적 언어의 이러한 인도 없이는 그러한 객관적 세계로 들어가는 것은 불가능해 보인다. 우리가 우리 자신의 지각들을 분류하는 것을 최초로 배우는 것은 언어에 의해서이다. 즉 우리의 지각을 일반 이름과 일반 개념 아래에 이끄는 것을 우리가 습득하는 것은 언어에 의해서이다. 그리고 '객관적' 세계의 파악과 인식, 경험적 사물의 파악과 인식이 달성되는 것은 분류와 조직화라는 이러한 노력에 의해서이다.

간단한 현상학적 분석이 다음과 같은 점을 매우 명료하게 우리에게 보여 줄 수 있을 것이다. 즉 일반적인 경험적 대상의 파악, 예컨대 집 한 채에 관한 파악조차도 매우 많은 요소들을 포함하고 있고 매우 복잡한 심리학적 논리적 조건들에 의존해 있다는 사실이 그것이다. 그러한 대상은 단 하나의 지각으로 우리에게 주어진 것이 아니다. 그것은 어떤 일정한 규칙에 의해 서로 결합되고 서로 관련되어 있는 일군의 지각이다. 관찰자로부터의 거리가 멀리 떨어져 있는가 가까운가에 따라, 관찰자의 관점과 시야가 어떠한가에 따라, 그리고 조명의 여러 조건들에 따라 그 집의 외관은 끊임없이 그 모습을 변화시켜 간다. 그러나 대단히 다양한 이들 외양 전체는 그럼에도 불구하고 동일한 하나의 주체의 표상, 자기동일을 지닌 하나의 사물의 표상이라고 생각되는 것이다. 이 객관적 동일성을 지지하고 보존하기 위해 이름의 동일성, 즉 언어적 상징의 동일성은 가장 중요한 도움 중 하나이다.

언어 속에서 달성되는 고정화는 경험적 대상의 파악과 인식의 기초인 지성적 협동 체제의 버팀목을 이루는 것이다. 매우 상이한 조건 아래에서 나타나는 여러 변화하는 현상들이 유일무이한 이름으로도 표시되어야 한다는 것을 만일 어린아이가 배울 수 있었다고 한다면, 그 아이는 그러한 현상들을 항상적 통일로서 보는 것을 배우는 셈이며, 단순한 다수성과 다양성으로서 보는 법을 배우는 것은 아니다. 그 아이는 이제 현상 하나하나를 모두 관계지을 수 있는 하나의 고정된 중심을 지니게 된다. 말하자면 이름은 사고의 새로운 초점을 만들어 내는데, 그 초점에서는 다른 방향들에서 생긴 온갖 광선들이 모두 서로 만나며, 그 광선들은 융합하여 우리가 자기동일성을 지닌 대상에 관해 말할 때에 염두에 두는 그러한 지성상의 통일체가 되는 것이다. 조명의 이러한 광원이 없다면 우리의 지각 세계는 아마도 어둡고 막연한 상태일 것이다. 이 점에 의해 우리는 다음과 같은 것을 이해한다. 즉 언어의 비교 연구는 단지 문헌학적 또는 역사적 관심을 지닐 뿐만 아니라 철학에 대한 기본적인 관심과 가치를 지닌다는 것이다.

왜냐하면 이 비교에 의해 우리는 언어의 참된 기능을 한층 더 잘 이해하고 파악할 수 있기 때문이다. 개개 언어의 개성적 특색을 식별하는 것에 의해서만 우리는 언어의 일반적인 본성과 기능에 대한 참된 통찰을 획득할 수 있다. "외국어를 알지 못하는 자는 자신의 모국어에 대해 무지한 것이다."라고 괴테는 말한다. 자국어와 외국어의 참된 차이는 새로운 어휘의 학습에 있는 것이 아니라는 것, 그 차이는 낱말의 형성에 있는 것이 아니라 개념의 형성에 있다는 것을 확신하기 위해서는 우리는 외국어를 이해하고 통찰하지 않으면 안 된다. 그러므로 새로운 언어를 배운다는 것은 항상 일종의 정신적 모험이다. 그것은 우리가 하나의 새로운 세계를 찾아내는 발견의 여행과도 같은 것이다. 독일어와 스웨덴어 같이 밀접한 관계가 있는 언어를 연구하는 경우에도, 우리는 실질적인 동일어, 즉 의미와 용법상의 외연을 완전히 동일하게 갖는 낱말을 좀처럼 발견하기 어렵다. 서로 다른 낱말들은 언제나 약간의 차이를 띤 의미를 전달한다. 차이를 띤 낱말들은 우리의 경험에 주어지는 자료들을 상이한 방식으로 결합하고 상관 맺게 하며, 그러므로 상이한 양태의 이해로 이끄는 것이다. 두 언어의 어구들은 상호 진정한 합치를 보이는 것은 아니다. 두 언어의 어구는 말하자면 여러 사고 영역을 덮고 있는 것이다.

서로 다른 언어를 비교할 때 우리는 항상 다음과 같은 점을 깨닫는다. 즉 그 언어들이 감각적 경험의 세계를 분류하고 조직하는 방식은 어떤 엄격하고 독특하며 미리 규정되어 있는 유일무이한 논리적 도식에 따르고 있는 것은 아니라는 점이다. 언어적 개념의 어떤 틀이 만들어질 때에 우리가 따르지 않으면 안 되는 사고, 또는 직관의 고정된 형식(型式)이란 존재하지 않는다. 모든 곳에서 우리가 발견하는 것은 최대의 탄력성과 유동성이다. 언어가 한 국민, 또는 그 언어를 말하는 공동 사회의 생활 전체를 반영할 수 있게 되는 것은 바로 이 유동성에 의한 것이다. 이름의 함축이 갖는 풍부함 또는 빈곤함, 이름 수(數)의 많음 또는 불충분함은 감정과 생활이 어떤 특정한 방향으로 향하고 있는가에 대한 각 언어의 특징을 항상 여실히 나타낸다. 그러나 언어의 일반적 목표는 언제나 동일한 것으로, 즉 우리의 지각적 세계의 조직화와 분류에 있다. 현대의 뛰어난 언어학자 소쉬르는 그의 『일반 언어학 강의』에서 이렇게 말하고 있다. "언어를 제쳐 놓고서는 우리의 사고는 무정형이자 무조직의 덩어리에 지나지 않는다.……사고는 그 자체로 보자면 희미한 장막과도 같다. 언어가 출현하기까지는 미리 확립되어 있는 관념이란 존재하지 않으며 어떤 무엇도 다른 것과 뚜렷이 구별되지 않는 것이다.(2d. ed., Paris,

1922, 155쪽)."[18]

나는 내 자신의 입장과 완전히 일치하는 이러한 진술을 반박하고자 하는 것은 결코 아니다. 그러나 포괄적인 철학적 관점에서는 이 진술을 아무런 제한 없이 수용할 수는 없다고 나는 생각한다. 언어가 어떤 의미에서는 인간의 지적 활동 전체의 뿌리라는 것을 우리는 인정하지 않을 수 없다. 언어는 인간의 주요한 길잡이이다. 언어는 객관적 세계의 새로운 이해로 점진적으로 이르게 하는 새로운 길을 인간에게 보여 준다. 그러나 이 길이 유일한 길이라고 우리는 말할 수 있는가? 언어가 없다면 인간은 암흑에서 길을 잃을 것이며 인간의 감정, 사고, 직관은 어두컴컴한 신비에 싸일 것이라고 말할 수 있을 것인가? 이러한 판단을 할 때의 우리는, 언어의 세계 이외에도 독자적인 의미와 구조를 지니는 또 다른 세계가 존재하고 있다는 점을 망각하고 있음에 틀림없다. 언어 활동의 우주, 언어 상징의 우주를 넘어선 곳에, 말하자면 또 다른 상징적 세계가 존재한다. 이 우주는 예술의 세계이다. 즉 음악의, 시의, 회화의, 조각 또는 건축의 세계이다.

언어는 개념의 세계로 들어가는 최초의 입구를 우리에게 제공한다. 그러나 개념은 실재에로 접근하는 유일한 길은 아니다. 우리가 실재를 이해하는 것은 그것을 일반적인 부류(class) 개념과 일반적 규칙 개념 아래에 포섭하는 것에 의해서만이 아니다. 우리는 구체적이고 개별적인 형상을 지닌 실재를 직관하고자 하는 것이다. 그러한 구체적 직관은 언어만으로는 도달될 수 없다. 우리의 일상적 언어 활동이 개념적인 성격을 가

18) 소쉬르, 『일반 언어학 강의』(Saussure, *Course in General Linguistics*, trans. Wade Baskin, New York: McGraw-Hill, 1966, 111~112쪽 참조.

질 뿐아니라 직관적인 성격도 가지고 있는 것은 사실이다. 우리의 통상적인 말은 단순한 의미론적 기호가 아니다. 우리의 말은 심상이나 여러 가지 정서를 담고 있는 것이다. 우리의 말은 지성에 말을 걸 뿐만 아니라 우리의 감정과 상상력에도 말을 건다. 우리의 말은 시적이고 비유적인 표현이지, 단지 논리적 또는 '논증적'인 표현은 아니다. 인간 문화의 초기 단계에서는 언어의 이 시적이고 비유적인 성격이 언어의 논리적이고 '논증적'인 성격보다도 우세했던 것으로 생각된다. "시는 인류의 모국어이다." 라고 독일의 사상가 게오르크 하만은 말한다. 그는 헤르더의 스승이자 친구이기도 했다. 그러나 발생적 관점에서 만일 우리가 이 상상적이고 직관적인 경향을 인간의 언어 활동의 가장 기본적이고 가장 근원적인 특색의 하나로서 간주해야 한다고 하더라도, 우리는 다른 한편으로 언어가 더욱 발전해 나감에 따라 이 경향이 점차 감소해 왔다는 것을 발견한다. 언어는 더욱 더 확충되고 언어 고유의 능력을 진화시킴에 따라, 그만큼 더 추상적으로 되는 것이다. 언어는 발전하되, 그것은 우리의 일상 생활과 우리의 사회적인 교제에 있어 필요한 도구인 언어 활동의 형식으로부터 새로운 형식으로 발전한다.

인간은 세계를 파악하고 자신의 경험을 통일하여 체계화하기 위해서 일상적 언어 활동으로부터 과학적 언어로 나아가며, 논리의 언어나 수학 또는 자연과학의 언어로 나아가지 않으면 안 된다. 이 새로운 단계에 도달함으로써만 인간은 언어의 일상적 용법에서는 피할 수 없는 위험, 실패, 오류를 극복할 수 있다. 여기서 말하는 위험은 철학적 사고의 역사 속에서 몇 번이고 되풀이하여 언급되고 고발되어 왔다. 베이컨은 언어를 환상과 편견의 부단한 원천이라고 말하면서 **시장의 우상**(idola fori)이라고 적고 있다. 그는 말한다. "우리는 자신의 말을 통제한다고 생각하지만 그러나 우리가 말에 의해 지배되고 제어되어 있는 것이 확실하다." 말은 가장 현명한 사람의 지성에게도 강력하게 영향을 끼친다. 그리고 말은 그 현자의 판단을 혼란시키고 그릇되게 하기 쉽다. 베이컨은 여기에 덧붙여 말한다. "우리는 이러한 오류와 그릇된 현상들로부터 결별하는 것이 가능하지 않음을 고백해야만 한다. 왜냐하면 그러한 오류나 그릇된 현상들은 우리 생의 본성과 조건으로부터 분리할 수 없는 것이기 때문이다. 그러나 그럼에도 불구하고 그러한 오류나 그릇된 현상에 대해 주의하는 것은 인간의 판단의 올바른 행위를 위해서는 지극히 중요한 것이다."[19]

우리의 통상적 언어가 지니고 있는 이러한 위험들을 피하기 위한 많은 시도들이 헛된 결과를 낳은 후에, 인간의 과학은 마침내 참된 길을 발견한 것처럼 생각된다. 과학의 언어는 일상의 언어와 동일한 것은 아니다. 과학은 상징(기호)을 사용하지 않을 수 없다. 그러나 과학의 언어가 사용하는 상징은 종류상 다른 것이며, 다른 방식으로 형성되어 있다. 인간은 일련의 과학 언어를 전개한다. 그 과학 언어에서는 각 용어가 명료하고 또한 애매하지 않은 방식으로 정의되어 있고, 과학 언어에 의해 인간은 관념들 간의 객관적 관계와 사물들의 연결을 기술할 수 있다. 인간은 일상적인 담화에서 사용되는 언어적 상징으로부터 출발하여 산술, 기하학, 대수학(代數學)의 상징으로, 또한 화학의 공식으로 사용되는 상징으로 나아간다. 이것이 객관화 과정에서의 결정적인 첫걸음이다. 그러나 인간은 이러한 수확 대신에 견디기 어려운 손실을 지불해야만 한다. 인간의 생의 직접적이고 구체적인 경험은 인간이 보다 고도의 지적 목표에 가까워

19) F. 베이컨, 『신 오르가논』(Bacon, *Novum Organum*) 43절 및 59절 참조. 또한 이 책 6장의 「언어와 예술 I」 참조.

짐에 따라 그것과 동일한 정도로 퇴색해 사라져가는 것이다. 남아 있는 것은 지적인 상징의 세계이지, 직접적 경험의 세계는 아닌 것이다.

실재에의 이 직접적이고 직관적인 접근법이 만일 보존되고 재획득되는 것이 당연하다고 한다면 그것은 새로운 활동과 새로운 노력을 필요로 한다. 이 과제가 수행되는 것은 언어에 의해서가 아니라 예술에 의해서이다. 언어와 예술에 공통적인 점은, 이들 둘 다 기성의 주어져 있는 외면적 실재의 단순한 재생 내지 모방은 아니라는 점이다. 예술과 언어를 그러한 모방 또는 재생으로 보는 한, 철학사의 흐름 속에서 예술이나 언어에 대해 행해진 모든 반대는 사실상 논박될 수 없는 것이 된다. 그 경우 플라톤이 예술가는 모방자보다 가치가 덜하며, 예술가의 작업은 창조적인 의미나 가치를 갖지 않으며 단지 모사의 모사에 지나지 않는다고 말했다고 해도 이는 완전히 정당한 것일 터이다.

이러한 논의를 논박할 수 있기 위해서는 우리는 다음과 같은 점을 상기할 필요가 있다. 즉 예술과 언어는 모방이나 모사이기는커녕 자율적이고 독립적이며 자기충족적인 활동이라는 점, 그리고 인간이 객관적 경험의 세계를 만들어 낼 수 있는 것은 오로지 이들 활동의 매개에 의해서만이라는 점이다. 그러나 세계의 객관화라는 과제를 이루어 낼 때 예술과 언어는 동일한 길을 가는 것은 아니다. 예술과 언어는 서로 다른 방향으로 향한다. 일상의 언어는 일반화와 추상화의 방향으로 발전하고 이러한 노력에 의해 최종적으로 새로운 단계, 즉 과학적 언어의 단계로 도달한다. 그러나 예술에서는 추상화와 일반화라는 이 과정은 새로운 노력에 의해 저지되고 정지되어 버린다. 여기에서 우리는 반대 방향의 길을 취한다. 예술은 우리의 감각적 자료를 분류하는 과정은 아니다. 예술은 더욱 더 일반적인 개념들을 향해 나아가기는커녕, 개별적인 직관으로 흡수

되는 것이다.

예술에서 우리는 세계를 개념화하는 것이 아니라 지각화한다. 그러나 예술에 의해 우리가 도달하는 지각 표상은 결코 전통적인 감각론 체계의 언어에서 감각 지각의 모사라든가 희미한 심상으로 표현되고 있는 지각들은 아니다. 예술의 비유적 묘사(imagery)는 전적으로 다른, 아니 반대의 성격을 갖는 것이다. 예술은 감각 인상의 재생이 아니다. 예술은 형식의 창조이다. 그러한 형식은 추상적이 아니라 감각적이다. 그러한 형식은, 우리가 감각적 경험의 영역을 포기할 경우, 그 즉시 근거를 잃고 증발해 버리고 말 것이다. 그러나 예술에서 우리에게 주어지고 있는 것은 사물의 이른바 이차적 성질은 아니다. 예술가가 아는 것은 그러한 성질이 아니다. 이차적 성질이라는 개념은 단지 인식론적인 추상 개념으로서, 이는 물론 지식에 관한 일관된 이론, 즉 과학의 철학을 형성하기 위해서는 효과적이고 필수적이기도 한 개념이다.

그러나 예술과 예술가는 그것과는 전혀 다른 문제에 직면하며 또한 그 문제를 해결해야만 한다. 예술과 예술가는 개념의 세계에 살고 있지 않으며, 그렇다고 감각 지각의 세계에 살고 있는 것도 아니다. 예술과 예술가는 독자적인 영역을 가지고 있다, 그 세계를 기술하고자 한다면 우리는 새로운 용어를 도입하지 않으면 안 된다. 그것은 개념의 세계가 아니라 직관의 세계이며, 감각 경험의 세계가 아니라 관조의 세계이다. 칸트가 미에 관해 부여한 정의, 즉 '미란 순수 관조에서의 쾌(快)'라는 정의는 이런 의미에서 이해되어야 한다고 나는 생각한다. 이 미적 관조는 객관화라는 일반적 과정 내에서의 하나의 새롭고 결정적인 단계이다.

예술의 영역은 순수 형식의 영역이다. 그것은 단순한 색, 음, 촉각만으로 이루어진 세계가 아니라 모양과 구도, 멜로디와 리듬의 세계이다. 어떤 의미에서 모든 예술은 언어라고 말해도 좋다. 그러나 예술이 언어라는 것은 매우 특수한 의미에서이다. 예술은 언어적 상징을 사용하는 언어가 아니라 직관적 상징을 사용하는 언어이다. 그러한 직관적 상징을 이해하지 못하는 사람, 즉 색과 모양, 공간적 형식 내지 양식, 화성과 멜로디 등이 지닌 생명을 느낄 수 없는 사람은 예술 작품과 인연이 없는 것이며, 게다가 그러한 사람은 이로 인해 미적 쾌를 빼앗기고 있을 뿐아니라 실재의 가장 깊은 측면의 하나에 이르는 통로를 잃고 있는 셈이다.[20)]

신화, 언어, 예술에 관해 우리가 행한 일반적인 분석을 되돌아보면, 우리는 이 분석의 결과들을 간단한 공식으로 축약하고 싶은 유혹에 빠질지도 모른다. 우리는 이와 같이 말할 수 있다. 즉 우리가 신화에서 발견하는 것은 상상에 의한 객관화이다. 또한 예술은 직관적 내지 관조적 객관화이며, 그리고 언어와 과학은 개념에 의한 객관화라는 점이다. 이러한 공식은 가치 없다고는 할 수 없을 것이고, 그것은 확실한 진리를 포함하고 있을 것이라고 나는 생각한다. 그러나 물론 우리는 그러한 공식을 적용함에 있어서는 주의를 기울여야 한다. 그러한 공식을 이용할 때 우리는 이른바 **능력 심리학**(Vermögens-Psychologie)이 범하는 오류에 빠져서는 안 된다. 인간의 마음속에 엄밀하게 구획될 수 있는 몇 개의 영역이 있는 것은 아니다. 우리의 과학적 분석이라는 관점에서 볼 때 인간의 마음의 여러 가지 현상들을 몇 개의 일반적인 제목 아래에 분류하는 것은 허용될 수 있고 필요하다고까지 여겨질 수 있다. 그러나 그러한 분류를 하는 경우 우리는 윌리엄 제임스가 '심리학자의 오류'라고 표현하면서 비난했던 그러한 오류에 의해 기만당한 채로 있어서는 안 된다. 우리가 각

20) 예술에 대한 카시러의 저작에 관한 사항은 이 책 6장의 「언어와 예술 I」 각주 1을 보라.

기 독립된 이름으로 불렀던 것은 하나의 독립된 실재이거나 하나의 독립된 기능을 의미한다고 생각해서는 안 된다. 인간은 개별적이고 상호 고립된 몇 개의 능력들을 혼합하여 이루어진 것이 아니다. 인간의 활동은 서로 다른 방향으로 향하고 있지만, 그러한 활동은 서로 다른 부분으로 나뉘어 있는 것은 아니다.

이러한 활동들 모두에 걸쳐 우리는 인간 본성 전체를 발견한다. 인간 문화의 한 부문을 이루면서도 거기에 감정이나 정서, 상상이나 관조, 사고나 추론이 그 명확한 몫을 지니고 있지 않은 그런 부문이란 존재하지 않는다. 그러므로 우리는 신화, 예술, 언어를 위에서 말한 능력들의 어느 하나로, 다른 모든 능력들을 전부 배제한다는 식으로 환원할 수 없는 것이다. 신화는 결코 상상력의 단순한 산물에 지나지 않는 것이 아니다. 신화는 불합리하거나 불균형한 마음의 소산도 아니고, 꿈이나 환상의 집합도, 엉뚱하고 망상적인 관념의 집합도 아니다. 인간의 마음의 발전 속에서 신화는 그러한 것과는 전혀 다른 역할을 수행한다. 신화는 우주의 수수께끼에 대해 표명된 최초의 대답이다. 신화가 완수하려고 시도하는 것은, 비록 불완전하고 부적절하다고 할지라도 사물의 시원과 원인을 발견하는 것이다. 이 점에서 신화는 단순히 공상의 산물로서가 아니라 인간 최초의 지적 호기심의 소산인 것으로 생각된다. 신화는 사물이 무엇인가라는 것을 기술하는 데에만 만족하지 않는다. 신화는 사물의 근원으로 거슬러 올라가고자 노력하며 사물이 왜 그러한 모습으로 존재하고 있는가를 알고자 희구한다. 신화는 우주론과 일반 인간학을 포함하고 있는 셈이다. 그리고 많은 위대한 신화적 우주론은 사고의 참된 예민함과 심원함을 결여하고 있지 않다. 그 예로서 이집트와 유대의 우주론을 떠올리면 좋을 것이다.

다른 한편으로 예술은 그 성립과 시원에 있어 신화와 연관을 맺고 있는 것으로 보인다. 그리고 예술은 그 진보에 있어서도 신화적 내지 종교적 사고의 영역과 힘으로부터 결코 완전히 벗어날 수 없다. 확실히 가장 위대한 예술가들의 경우에서—단테나 밀턴, 바흐의 미사곡, 또는 미켈란젤로의 시스티나 예배당에서—우리는 그러한 힘을 가장 강력하게 감지한다. 현대의 위대한 예술가들도 신화적 세계를 계속 동경하고 있음을 스스로 느끼고 있다. 그들은 신화적 세계를 잃어버린 낙원이라 생각하고 그것의 상실을 슬퍼한다. 독일 문학사 내에서는 이러한 동경이 쉴러의 시 「그리스의 신들」 속에 표현되어 있으며, 우리는 횔덜린의 시에서 그러한 동경을 끊임없이 가장 강렬하게 느낀다.[21] 참된 시인이라면 그는 죽어 있는 사물의 세계, 즉 물리적 내지 물질적인 세계에서는 살지 않을 뿐더러 살 수도 없다. 시인은 자연에 항상 활력을 주고 생명을 불어넣는 바로 이러한 접근 방법에 의하지 않고서는 자연에 다가갈 수 없다. 이러한 의미에서 진정한 시인은 신비적 감정과 신비적 상상이 가지는 기본적 구조를 언제나 유지하고 있는 것이다. 신화와 예술이 살고 있는 것은 인격적 세계이지 물리적 세계가 아니다. 영국의 문학에서는 워즈워드가 시인의 감정의 이러한 면을 가장 강력하고도 가장 인상적으로 표현하고 있다고 나는 생각한다. 그것을 그는 「서곡」의 유명한 한 구절에서 묘사하고 있다.

21) 카시러, 「횔덜린과 독일 관념론」("Hölderlin und der deutsche Idealismus", *Logos* 7~8, 1917~1918, 262~282쪽, 30~49쪽; reprinted in *Idee und Gestalt*, Fünf Aufsätze, Berlin: Bruno Cassirer, 1921) 참조. 또한 「쉴러의 철학적 저작에서의 관념론의 방법」("Die Methodik des Idealismus in Schillers philosophischen Schriften", in *Idee und Gestalt*) 및 「쉴러와 샤프츠베리」("Schiller und Shaftesbury, in *Publications of the Englisch Goethe Society*, New Series, 11, 1935), 37~59쪽.

자연의 온갖 형상들, 바위나 과실 또는 꽃에
도로를 덮고 있는 자갈 돌들에도
나는 정신의 생이 있다고 믿었다. 나는 만물에서 감정을 보았다.
아니 만물을 어떤 감정과 연결시켰다. 거대한 물질계는
생명의 숨결을 불어넣는 어떤 혼 속에 가로누워 있고
내가 본 모든 건 내면의 의미를 지닌 채 호흡하고 있었다.*

이러한 구절—혹은 다른 어떤 위대한 시 한 편—을 읽으면, 시적 언어가 개념적 언어와 근본적으로 다른 것은 어떤 점인가를 우리는 즉각적으로 감지한다. 시적 언어는 가장 강력한 정서적이고 직관적인 요소를 포함하고 있다. 언어의 상징은 단순한 의미론적 상징이 아니라 그것은 동시에 미적 상징이기도 하다. 시적 언어에서만이 아니라 일상 언어에서도 이 미적 요소는 배제될 수 없다. 미적 요소를 결여할 때 우리의 언어는 퇴색하고 생명을 잃게 될 것이다.[22)]

지난 번 모임에서 나는 인간 문화의 가장 특징적이고 본질적인 특색의 하나로서 간주되어야 한다고 내 스스로 생각하고 있는, 더디지만 계속적인 과정에 관한 전반적인 개관을 제시하고자 시도했다. 이 과정을 나는 객관화의 과정으로 설명하고자 시도했던 것이다. 인간이 신화나 종교,

---

* 「서곡」(Prelude) 제3권, 124~129행.

22) 원문은 여기에서 "이것은 명백하다(This is evident)"로 시작되나 문장이 완성되지 않은 채 중단되어 있다.

예술, 언어, 과학 등 여러 형식들의 인간 활동에 의해 도달하려고 노력하며, 또한 실제로 도달하는 것은 자기의 감정과 정서, 바람, 지각, 사고와 관념을 객관화하는 일이다.

지난 모임의 말미에서 나는 페르디낭 드 소쉬르의 저작『일반언어학 강의』의 한 구절을 인용했다. 그는 언어와 관련하여 이러한 견해를 표명하고 있다. "언어를 제쳐 놓고서는 우리의 사고는 무정형이자 무조직의 덩어리에 지나지 않는다.……사고는 그 자체로 보자면 희미한 장막과도 같다. 언어가 출현하기까지는 미리 확립되어 있는 관념이란 존재하지 않으며 어떤 무엇도 다른 것과 뚜렷이 구별되지 않는 것이다." 이 점은, 언어의 비판 철학의 창시자인 빌헬름 폰 훔볼트에 의해 처음 언어 연구에 도입된 고안에 따를 경우 그 즉시 분명해진다. 그는 끊임없이 우리가 언어를 작품으로서가 아니라 활동으로서, 즉 에르곤(Ergon, 소산)으로서가 아니라 에네르게이아(energeia, 현실태)로서 보도록 권고하기를 그치지 않았다.[23] 언어는 결코 고정적인 문법 형식의 체계 내지 논리적인 체계로서 단지 정적인 방식으로 정의될 수 없다. 우리는 언어를 그 실제적인 수행이라는 면에서, 즉 언어 활동의 작용이라는 면에서 고려해야만 한다. 이러한 언어 활동의 작용에는 우리의 주관적이고 인격적인 생의 총체성이 항상 스며들어 있다. 언어 활동의 리듬, 박자, 강세, 강조, 멜로디는 그러한 인격적 생이 지닌, 즉 우리의 정서와 감정과 관심이 지니고 있는, 피할 수 없고 의심의 여지가 없는 징후인 것이다. 우리의 분석이 만일 문제

23)「빌헬름 폰 훔볼트의 언어철학에서의 칸트적 요소」("Die Kantische Elemente in Wilhelm von Humboldts Sprachphilosophie", in *Festschrift für Paul Hensel*, Greiy i.V.: Ohag, 1923), 105~127쪽 및『상징형식의 철학』I, 영역본 155~163쪽 참조. 카시러의 원문에서는 소쉬르로부터의 인용문의 시작 부분과 이 인용문 사이에 중단이 있다.

의 이러한 측면을 항상 염두에 두지 않는다면, 그것은 결국 불완전한 분석이 되어 버린다. 현대 언어학은 자주 이 사실에 특별한 강조를 두어 왔다.[24)]

그러나 언어의 개념적 의미와 개념적인 가치가 이상의 고찰에 의해 감소된 것은 아니다. 크로체가 서정성(liricità)을 언어의 고유하고도 본질적인 근간이라고 생각하는 것은 잘못된 것이다.[25)] 서정성이 언어에 결여되어 있다는 것은 아니다. 그러나 언어는 항상 다른 요소에 의해, 즉 언어에 본래 구비되어 있는 논리주의에 의해 균형을 이루고 있다. 칼 포슬러(Karl Vossler)는 크로체에 대해 언급하면서, 문법이 아니라 문체론이 언어의 실질적인 기초라고 말한다. 그러나 문법을 결여한 문체론이 어떻게 가능할는지 나로서는 알 수 없다. 게다가 우리의 일상적인 언어의 말에 구속되어 있는 것은 시만이 아니다. 다른 모든 예술도 엄밀한 의미에서의 객관적인 측면을 지니며 각 예술 자체의 논리를 가지고 있다. 이러한 논리는 음악 속에서 아마도 가장 뚜렷하게 느껴질 것이다. 또한 그러한 논리가 존재하지 않는다면 '음악 이론' 같은 것은 존재하지 않을 것이다. 우리 모두는 플라톤의 다음과 같은 주장, 즉 일종의 신적인 영감(θεία

24) 여기서 카시러가 인용하고 있는 것은 J. 벤드리에스, 『언어: 역사에 대한 언어학적 입문』(J. Vendryes, *Language, A Linguistic Introduction to History*, trans. Paul Radin, New York: Knopf, 1925)으로서, 이 저작에서 한 구절을 인용하려고 하는 의도를 보이고 있지만 특정한 구절이 제시되어 있지는 않다. 카시러가 염두에 두고 있는 것은 아마도 벤드리에스가 음(音)과 언어 행위를 기초로 한 언어에 강조를 두고 있는 점, 그리고 벤드리에스가 언어 발전의 문화와 사회 구조 발전의 연구 내에 위치시키고 있는 점일 것이다. "언어는 그러므로 특히 사회적 사실이며 사회 계약의 결과이다.……심리적인 측면에서 보자면, 근원적 언어 활동이란 기호에 상징적인 가치를 부여하는 것이다. 이 심리적 과정이 인간의 언어를 동물의 언어로부터 구별짓는다"(11쪽). 카시러가 『인간에 관하여』에서 인간을 상징적 동물(animal symbolicum)로서 정의하고 있는 논의라든지, 기호와 상징의 차이를 '동물의 반응'과 '인간의 응답'에 관련짓고 있는 논의를 참조.(제3장을 보라).

25) 이 책 6장 「언어와 예술 I」 참조.

μανία) 없이는 어떤 사람도 예술가가 될 수 없다는 주장을 인정한다. 그러나 영감이라는 것이 예술의 유일한 원천은 아니다. 탁월한 지적 노력, 독창적인 생각의 명확화와 강화와 집약, 건전한 판단, 통렬한 비판, 이들 모두는 예술의 위대한 작품을 산출하는 데 필요한 것이다.

그러므로 신화, 언어 또는 예술에 있어 특징적인 것은 다음과 같은 사실이 아니다. 즉 이들 중 하나에서는 발견되지만 다른 것에선 완전히 결여되어 있는 어떤 두드러진 과정 또는 능력이 드러난다는 사실은 아닌 것이다. 신화, 언어, 예술을 정말로 제각각의 것이 되게끔 하는 것은 그러한 능력들 중 하나가 나타나거나 결여되어 있어서가 아니라 이들 삼자가 서로에 대해 지니는 관계가 진짜 차이를 만들어 내기 때문이다. 신화에서는 상상력의 힘이 우세하다. 더욱이 신화의 초기 단계에서는 상상력의 힘은 압도적인 것 같다. 언어에서는 논리적인 요소, 본연의 의미에서의 로고스가 점차 증대된다. 그리고 일상 언어에서 과학 언어로 변화함에 따라 논리적 요소가 명백하게 승리를 거둔다. 그러나 예술에서 이 투쟁은 화해되는 듯 보인다. 그리고 이 화해는 예술의 본질적 특권의 하나이자 예술의 가장 심원한 매력의 하나이다. 예술에서 우리는 상반된 경향들 간의 알력을 더 이상 느끼지 않는다. 우리가 지닌 여러 힘들과 여러 요구가 모두 융합되어 완전한 조화를 이루는 듯이 보인다. 이러한 방식으로 우리는 미에 관한 칸트적 정의를 해석해도 좋을 것이다. 우리가 미로서 즐거움을 얻는 것은 "표상 능력들의 자유로운 유희," 즉 "표상력들이 인식 일반과 관계되면서 자유로이 유희하는 것"이다.(『판단력비판』 제9절.)

예술의 위대한 천재인 경우, 이 자유로운 유희는 그 최고의 발전 단계에 이르러 그 풍부한 힘을 발휘하기에 이른다. 천재를 형성하는 심적 능력이란 무엇인가라고 칸트는 묻는다. 그리고 그는 그 물음에 답하여 말한다. '천재'란 정신(Geist)을 의미하며, 정신은 마음의 여러 능력들 전체의 완전한 조화와 균형을 가져오는 바의 것이다. "따라서 정확히 말하면, 천재란 학문에 의해 가르쳐지거나 근면에 의해 획득되거나 할 수 없는 행운의 생득적 성질에 있다. 이 생득적 성질은 우리로 하여금 주어져 있는 어떤 개념에 대해 이념을 발견하게 하고 더욱이 그 개념에 동반되어 있는 주관적인 심적 상태가 타인에게 전달될 수 있는 식으로 이념을 표현할 수 있게끔 하는 것이다."(같은 책, 제49절.) 이러한 이유에서 칸트는 위대한 과학자들을 칭찬하지만, 그들에게 '천재(Genius)'라는 이름을 부여하는 것은 거부하는 것이다. 왜냐하면 과학은 예술과 비교한다면 항상 일방향적인 활동이기 때문이다. 즉 과학의 활동에서는 지성이 지배하고, 지성이 어떤 의미에서 다른 인간적 힘 모두를 억제하고 있는 것이다. 우리는 프랑스의 한 유명한 수학자가 라신(Jean Racine)의 '이피게니에(Iphigénie)' 상연을 보고 난 후에, 자신의 친구에게 "이것은 무엇을 증명하는 겁니까?"라고 물었다는 일화를 떠올려 보아도 좋을 것이다.

그러한 물음은 예술의 정신과는 정반대의 것이다. 예술작품은 다양한 요소들로 구성되어 있는 것만이 아니다. 예술작품은 서로 반대의 극을 이루고 있는 것들을 항상 포함한다. 헤라클레이토스의 말을 사용한다면, 우리는 예술상의 작품을 그 자체에서 분할되고 구분되어 있는 통일체(*ἕν διαφερόμενον ἑαυτῷ*)라고 불러도 좋을 것이다. 예술상의 작품은 통일이면서 또한 다양함이다. 그것은 상상력과 지성에 말을 건다. 그리고 그것은 감동이자 감정이며 그 휴지(休止)이다. 왜냐하면 예술을 감정의 단순한 표현으로 환원해버리는 것은 그릇될 터이기 때문이다. 감정을 표현하는 재능은 크로체나 그의 신봉자들에 의해 미학적으로 기본적인 사실로서 간주되고 있다. 그러나 여기에서도 우리는 어떤 제한과 예리한 하나의 구별을 하지 않으면 안 된다. 물론 우리는 예술가가 가장 깊고 가장 풍요로운 감정을 지닐 수 있다는 사실을 부정할 수 없다. 예술가들이 지닌 감정은 우리들 중 어느 누구도 도달하거나 모방할 수 없는 정도의 규모와 강도, 다양성을 지닌 것이다. 그러나 그것은 정도상의 차이를 이룰 뿐이지 질적 차이를 이루는 것은 아니다. 자신의 감정 · 정서를 표현하는 인간의 능력은 특정 인간에 제한된 천부적 재능이 아니라 인간이라면 누구라도 일반적으로 가지고 있는 천부적 재능이다. 인간은 자신의 여러 감정을 그대로 성실하게 표현할 수 있는 지극히 열정적인 연애편지를 쓰는 데 성공할지도 모르지만, 그러나 그렇다고 해서 이 사실만으로 예술가가 되는 것은 아니다. 게다가 비록 그 사람이 운문 형식을 사용하고 있다고 해도, 그것 때문에 필연적으로 시인이 되는 것은 아니다.

그러므로 크로체의 지지자이자 신봉자인 콜링우드(R.G. Collingwood)의 최근의 책 속에서 발견되는 다음과 같은 의견에 나는 동의할 수 없다. 그는 예술이란 우리의 흉중의 감정을 숨김 없이 털어놓는 기능이라고 설명해도 좋다고 말한다. 이것은 누구라도 할 수 있는 일이다. 그런데 실제로 콜링우드는 이 정의로부터 추론하여 "우리 각자가 하는 모든 발화와 몸짓은 하나의 예술작품이다."라고 결론짓고 있다.[26](『예술의 원리들』(*The Principles of Art*, Oxford: Clarendon Press, 1938, 279~285쪽.) 그러나 이것은 대단히 문제가 있는 역설적인 주장이다. 예술가란 자신의 감정 · 정서를 드러내는 데에 탐닉해 있는 인간도 아니고, 이러한 감정 · 정서의 표출을 하는 데에 가장 뛰어난 솜씨를 지닌 인간도 아니다. 감정 · 정서에 지배되어 있다는 것은 감상주의(sentimentalism)를 의미하는 것이지 예술

26) 이 책 6장 「언어와 예술 I」 참조.

을 의미하지 않는다. 만일 예술가가 자신의 소재인 음이나 청동 또는 대리석에 관한 직관에, 혹은 형식들의 창조에 전념하지 않고 자기 자신의 개인적인 면에 마음을 빼앗기고 있다면, 즉 예술가가 자기 자신의 즐거움을 느끼거나 '비애의 기쁨'을 즐기고 있는 것이라면, 그 예술가는 하나의 감상주의자에 그칠 뿐이다. 그는 예술가이기를 그만두고 있는 셈이다.

예술은 우리의 통속적이고 평균적이며 경험적인 물질적 사물들의 실재 속에서 살고 있지 않다. 하지만 예술이 개인적이고 내적인 생의 영역 내에만, 즉 상상 내지 몽상 속이나, 감정 또는 정념 속에만 살고 있다는 것 역시 참일 수 없기는 마찬가지이다. 물론 예술가가 창조하는 것 모두는 그의 주관적 객관적 경험에 기초를 두고 있다. 단테나 괴테 같은, 모차르트나 바흐 같은, 렘브란트나 미켈란젤로 같은 예술가는 자연에 대한 자신의 직관과 인간의 생에 대한 자신의 해석을 우리에게 부여하고 있다. 그러나 이러한 직관과 해석은 항상 변형과 실체적 변화(transubstantiation)를 의미한다. 생명과 자연은 더 이상 경험적 내지 물질적인 형상에서 나타나고 있는 것은 아니다. 생명과 자연은 더 이상 불투명하고 불침투성의 사실들이 아니라 여러 형식들의 생명으로 가득 차 있는 것이다.

참된 예술가의 생은 이러한 형식들 속에 있는 것이지 단순히 그 예술가의 개인적 감정·정서 속에 있는 것이 아니다. 참된 예술가의 생은 여러 형상과 구도, 선과 도안, 리듬과 멜로디와 조화 속에 있다. 그리고 그것은 생의 맞은편에 위치한 새로운 한 극(極)을 의미한다. 워즈워드는 시를 "강력한 감정의 자발적인 유출, 범람"이라고 정의한다. 그러나 워즈워드 속에서 우리는 이와 다른 두 번째 정의를 발견한다. 시는 "평정 가운데서 회상된 감정"이라고 그는 말하고 있다. 가장 정서적인 형식의 시,

희곡이나 비극에서조차 우리는 이러한 돌연한 변화를 느낀다. 우리는 햄릿이 말하듯이 우리의 격정의 분출, 폭풍, 회오리바람 속에서의 어떤 절제를 느끼는 것이다. 이것은 예술에 의해 인간의 생을 객관화하기에 이른 것이다. 그리고 이것은 아마도 우리가 다른 어떠한 영역에서도 발견할 수 없는 예술의 가장 특징적인 성과이다.

괴테의 저작에서 한 대목을 인용하는 것으로 지금까지의 일반적 고찰을 종결 짓도록 해보자. 괴테는 말한다. "참된 것은 신적인 것과 동일한 것으로서 그것은 결코 직접적으로는 인식될 수 없다. 우리가 참된 것을 간파하는 것은 반조(返照)된 빛, 하나의 예, 즉 상징에서만이며, 개별적이지만 상호 관계되어 있는 현상들 속에서만이다. 우리가 참된 것에서 알아채는 것은 불가해한 생으로서이지만, 우리는 참된 것을 파악하고자 하는 바람을 저버릴 수는 없다."[27] 근본적 실재, 괴테의 의미에서의 **근원현상**(Urphänomen)은 실제로 '생'이라는 말로 표시되어도 좋다.[28] 이 근원현상은 어느 누구에게나 접근 가능하지만, 그러나 그것은 정의를 허용하지 않고 어떠한 추상적 이론적 설명을 허용하지 않는다는 의미에서 '불가해'한 것이다. 만일 설명이라는 것이 미지의 사실을 잘 알려져 있는 사실로 환원하는 것을 의미한다면, 우리는 근원현상을 설명할 수 없다. 왜냐하면 근원현상보다도 더 잘 알려져 있는 기지의 사실이라는 것은 존재하지

27) 「기상학 시론」("Versuch einer Witterungslehre(1825)", in *Schriften zur Naturwissenschaft*, Zweiter Teil, vol. 40, in *Goethes Sämtliche Werke*, Jubiläumsausgabe, Stuttgart and Berlin: F.G.Cotta'sche Buchhandlung Nachfolger, n.d.), 55쪽.

28) '생'(life, Leben)과 '정신'(spirit, Geist)의 관계에 관한 카시러의 논의를 참조하라. 「현대 철학에서의 '정신'과 '생'」("'Spirit' and 'Life' in Contemporary Philosophy", in *The Philosophy of Ernst Cassirer*, ed. P.A. Schilpp, Evanston, Ill.: Library of Living Philosophers, 1949), 857~880쪽; orig. German pub. 1930).

않기 때문이다. 우리는 생의 논리적 정의, 즉 가장 근접한 유(類)와 종차(種差)에 의한 정의(per genus proximum et differtiam specificam)를 내릴 수도 없고 생의 근거, 시원을 발견할 수도 없는 것이다.

생, 실재, 존재, 실존은 동일한 하나의 기본적 사실에 관계하고 있는, 다른 용어들에 다름 아니다. 이들 용어는 고정되고 엄격하며 실체적인 사물을 기술하고 있는 것은 아니다. 이들 용어는 하나의 과정에 대한 이름들로서 이해되어야 한다. 인간은 그러한 과정에 관여하고 있을 뿐만 아니라 그러한 과정을 의식하고 있는 유일한 존재이다. 신화, 종교, 예술, 과학은 인간이 자신의 의식 속에서, 즉 자신의 생을 반성적으로 해석하면서 걸었던 각기 다른 걸음들이다. 신화, 종교, 예술, 과학 각각은 말하자면 제각기 독자적인 반사경을 지닌 인간의 경험을 충실히 반영하는 거울이다. 반성의 최고 단계이자 가장 포괄적인 양식인 철학은 신화, 종교, 예술, 과학의 일체를 이해하려고 노력한다. 철학은 이것들을 하나의 추상적인 공식으로 포괄해 버릴 수는 없다. 그러나 철학은 신화, 종교, 예술, 과학의 구체적인 의미를 통찰하고자 하는 것이다. 여기서 말하는 의미는 몇 가지 일반적 원리에 기초를 두고 있다. 그리고 이들 원리는 언어의 철학, 예술의 철학, 종교나 과학의 철학에 의해 연구되는 것이다.

지금까지 수행한 논의에서 나는 자주 다음과 같은 인상을 받았다. 즉 몇몇 사람들은 내가 여기서 변호하고 있는 것이 주관적 관념론의 체계라고 생각하고 있다는 점이다. 그 체계에서는 자아, 주관적 정신, 생각하는 자기가 세계의 창조자이자 중심으로서, 유일하거나 궁극적인 실재로서 간주되고 있다는 것이다. 나는 여기에서 용어들에 관해 논할 의향은 없다. 칸트는 자신의 『순수이성비판』이 세상에 처음 나왔을 때 동일한 반론에 부딪치자, 즉 이 책이 한 비평가에 의해 주관적 관념론의 체계라고 평가되자 매우 놀라워하면서 크게 분개했다는 것을 우리는 알고 있다. 칸트는 그러한 의견을 반박하기 위해 하나의 저작, 즉『프롤레고메나』를 특별히 집필했다. 본 세미나에서 우리는 이 문제에 관해 가볍게 언급할 수밖에 없다. 여기서 말하고 있는 점을 해명하려면 우리는 지식에 관한 일반 이론으로 들어가야만 한다. 왜냐하면 지식에 관한 그러한 일반 이론에 기초를 두지 않으면 우리는 다음과 같은 물음, 즉 '실재론'과 '관념론', 주관과 객관, 의식과 존재라는 여러 용어가 의미하는 바가 실제로 어떠한 것인가라는 물음에 대해 명료하고도 만족스러운 대답을 발견하려는 희망을 가질 수 없기 때문이다. 철저한 인식론적 분석 없이는 이들 용어는 모두 애매모호한 채로 남을 것이다. 예를 들면 헤겔과 같이 존재, 현존재, 실존, 현실성이라는, 서로 주의깊게 구별되어야 하며 서로 의미가 현저하게 다른 용어를 넷이나 가지고 있는 철학자를 이해하는 것은 용이하지 않다.

그러나 나의 생각으로는 우리가 여기에서 관계했던 문제들은 이와 같은 인식론적인 치밀함을 거의 필요로 하지 않는 것이다. 우리가 관계했던 문제들은 사물의 절대적 본성에 관해 논하는 어떤 형이상학적 이론에서 상당한 정도로 독립한 것이다. 형이상학적 실재론자와 형이상학적 관념론자는 그러한 문제들에 대해 동일하게 대답할지도 모른다. 왜냐하면 인간 문화의 사실이란 결국 경험적인 방법 및 원리에 따라 탐구되어야 하는 경험적 사실이기 때문이다. 생각하건대 어떤 형이상학적 내지 인식론적 이론을 우리가 가정한다고 해도, 우리 모두는 경험론적 실재론자이다.

자아, 개체적 정신은 실재를 창조할 수 없다. 인간은, 자신이 만든 것이 아니라 궁극적 사실로서 수용해야만 하는 실재에 의해 둘러싸여 있다. 그러나 실재를 해석하고, 실재를 일관적이게끔 하며, 이해 가능하고 지성에 의해 파악 가능하게끔 하는 것은 인간이다. 그리고 이 과제는 여러 방면의 인간 활동들에서, 즉 종교나 예술, 과학이나 철학에서 다양한 방식으로 수행되는 것이다. 이들 활동의 어느 것에서도 인간은 외적 세계의 수동적 수용자에 지나지 않는 것이 아니다. 인간은 능동적이며 창조적임이 입증된다. 그러나 인간이 창조하는 것은 물질적인 새로운 사물이 아니다. 인간이 창조하는 것은 경험적 세계의 표현이며 객관적 기술(記述)인 것이다.

8
예술의 교육적 가치
(1943)

이 강의는 보통 글씨체인 영어로 쓰여 있으며, 이 원고를 넣어 둔 봉투 위에 「교육학 세미나, 1943년 3월 10일」(MS #219)이라고 적혀 있다. 이것이 1942~1943년 봄학기 카시러의 세미나를 위한 강의였을 가능성이 있는데, 이 세미나는 예일 대학교의 수업 목록에 "철학 123b, 미학 세미나: 상징의 문제들"이라는 제목 아래 다음과 같은 설명이 붙어 있다. 즉 "선, 미 그리고 진. 모방. 자연과 천재. 감정과 표현. 미적 형식. 미의 객관성 등등." 이것은 1년에 걸친 세미나의 후반을 이루는 것이며, 전반은 "철학 123a, 미학 세미나: 기본적 형태들"이라는 제목 아래에 고대 및 근대 미학 이론의 형태들을 다루고 있다. 이 강의는 또한 교육을 논하는 세미나 자리의 방문 강의였을 가능성도 있다. 왜냐하면 이 강의에는 그러한 제목이 주어져 있는데다 그 필체 또한 전적으로 완결된 양식을 띠고 있기 때문이다. 카시러는 다른 세미나 강의에서는 연이은 여타 강의들에 대해 자주 언급하는 데 반해 여기에서는 수업 교과상의 다른 강의에 대해 전혀 언급하고 있지 않다. 그러나 이 강의는 "철학 123b"로서 표기되어 있는 '상징의 문제들' 중 몇몇 문제들과 관계되어 있다.—편자

우리가 교육 철학에서 연구해야 하는 온갖 문제들 가운데서 '예술의 교육적 가치'라는 문제는 가장 어려운 것 중 하나이다. 철학은 그 시작의 최초에서부터 이 문제에 직면해야만 했다. 그러나 여전히 우리는 일반적으로 인정되는 해결과는 매우 멀리 떨어져 있는 것처럼 보인다. 우리는 아직도 그리스의 몇몇 위대한 사상 체계들에서 발견되는 것과 동일한 기본적인 딜레마에 직면하고 있다. 우리는 플라톤이나 아리스토텔레스와 동일한 체계적인 난문(難問)들과 싸우고 있는 것이다. 플라톤은 이 문제를 지극히 강력한 형태로 감지한 최초의 위대한 사상가였다.[1] 그러나 그는 고르디우스의 매듭을 풀 수 없었다. 그는 그것을 잘라 버릴 수밖에 없었다.

오래된 하나의 전승이 있는데, 그것에 따르면 플라톤은 처음에는 철학자가 아니라 시인이었다고 한다. 그러나 그가 소크라테스와 처음 알게 되었을 때 그는 마음을 바꾸었다. 즉 플라톤은 자신이 이행해야 하는 새로운 사명을 깨닫게 되었던 것이다. 이 사명, 이 철학적 소명은 커다란 희생을 필요로 했다. 그는 그때까지 썼던 시들을 모두 불태워 버렸다. 이 이야기가 만일 사실이라면,—이 이야기를 의심할 이유는 하나도 없는 것처럼 생각된다—이 이야기는 상징이라는 점에서 매우 특징적이고 의

1) 「에이도스와 에이돌론. 플라톤의 대화편에 있어서의 미와 예술의 문제」("Eidos und Eidolon. Das Problem des Schönen und der Kunst in Plations Dialogen", in *Vorträge der Bibliothek*, vol. 2, Leipzig: B.C. Teubner, 1924), 1~27쪽.

미심장한 행위를 말하고 있다. 그것은 플라톤의 개인적 생애에서 일어난 변화의 상징일 뿐만 아니라 그리스 문화와 그리스의 교육 체제에서의 변화의 상징이기도 했다. 이때까지는 호메로스의 시가 그리스에서의 교육의 중심이자 바로 그 초점이었다. 그리스의 소년들은 누구나 호메로스의 시를 외어서 알고 있었다. 호메로스의 시는 그리스 소년 교육의 주요한 원천이었다. 그 시들은 소년의 종교적 도덕적 이상을 형성하고 있었다. 그러나 이러한 것 모두는 플라톤에 의해 부정되고 파괴되지 않으면 안 되었다. 자기 자신의 이론을 건립하기 위해, 다시 말해 이상국가 이론을 구축하기 위해, 플라톤은 그리스의 문화적 삶의 가장 깊고도 가장 강력한 본능에 이의를 제기하고 도전해야만 했다. 만일 우리가 플라톤의『국가』에 담겨 있는 유명한 말을 읽는다면, 우리는 이 새로운 과제가 지니고 있는 체계적이고도 개인적인 온갖 어려움을 지금도 역시 느끼게 마련이다. 플라톤이 자신의 목표를 달성하기 위해 극복해야만 했던 온갖 장애물을 우리는 알아차리는 셈이다. 그러나 플라톤의 지적 용기는 이런 장애들로부터 물러서지 않았다. 그는 타협을 구하지 않았다. 그는 우리에게 하나의 근본적 해결을 제시하고 있다.

만일 교육이 국가가 이루어야 할 주요한 과제의 하나라면, 즉 교육이란 다른 모든 것들을 포함하고 집약하고 있는 그러한 과업이라면, 시나 미술은 국가 구조 속에 자리를 차지할 수 없는 것이다. 시나 미술은 건설적인 힘이 아니라 해체시키는 힘이다. 시나 미술은 파괴적이고 무질서한 힘이다. 무질서를 일으키는 이러한 힘을 제한하는 것은 철학자나 입법가이다. 플라톤은 다음과 같이 말한다.

마치 한 나라에 있어서 누군가가 사악한 사람들을 강력해지도록 만든 다음 이들에게 나라를 넘겨 주게 될 때, 그가 고상한 사람들을 몰락시키듯이, 바로 그와 마찬가지로 모방적인 시인도……혼의 비합리적인 본성에 영합함으로써, 그리고 진실에서 아주 멀리 떨어져 있는 상(像)들을 제작함으로써 개개인의 혼 안에 나쁜 통치 체제가 생기게끔 한다고 우리는 말할 것이네.……그렇지만 우리는 아직 시에 대한 최대의 비난을 하지는 않았네. 시가 선량한 사람들까지도 수치스럽도록 능히 만들 수 있기 때문인데, 이는 확실히 아주 무서운 것일세.……우리 가운데서 제일 낫다는 사람들도 호메로스나 비극 시인들 중의 누군가가 영웅들 중의 한 사람이 슬픔에 잠겨 있는 걸, 그리고 비탄 속에서 긴 사설을 늘어놓는 걸 모방하는 것이나 또는 노래를 하면서 제 가슴을 치는 걸 모방하는 것을 듣게 되면, 자네도 알겠네만, 우리는 즐거워하며, 우리 자신을 내맡긴 상태로 그걸 따라가네. 우리는 동정을 하며 진지해져서, 우리를 그런 상태에 최대한 있게끔 하는 시인을 훌륭한 시인으로 칭찬하네. 그러나 우리 가운데 어떤 이에게 개인적인 슬픈 일이 생길 때, 우리가 침착성을 유지하며 그걸 견디어 낼 수 있을 경우에, 이를 남자다운 것으로, 반면에 앞서 우리가 칭찬했던 그것은 여성적인 것으로 여겨, 이번에는 그 반대의 것을 우리가 자랑한다는 걸 자네는 알고 있네. 그런데 어떤 사람이 자신이 그렇게 되었으면 하고 생각하기는커녕 오히려 그렇게 되는 걸 부끄러워할 그런 사람을 보는 걸 혐오하지 않고 즐거워하고 칭찬하는 것이, 그래 이 칭찬이 잘한 것일까?……성욕이나 격정 그리고 모든 욕구적인 것, 또 우리의 모든 행위에 수반되는 것으로 우리가 말하는 혼에 있어서의 괴로운 것들과 즐거운 것, 이것들과 관련해서도 시작(詩作)을 통한 모방은 우리에게 같은 작용을 한다네. 이 모방은, 이것들을 말려야 하는데도, 이것들에 물을 주어 키워서, 우리들의 지배자들로 들여 앉히기 때문인데, 이것들은 오히려 지배받아야만 하는 것들이라네. 우리가 더 못하고 더 비참하게 되느니보다는 더 낫고 더 행복하게 되기 위해서는 말일세.[2)]

예술의 교육적 가치에 대한 이러한 비난은 과연 반박되어 버린 것일까? 우리는 미학의 역사 전체에서 플라톤의 이러한 고발의 끊임없는 반향을 듣는다. 플라톤과 같은 논거를 반박하거나 또는 적어도 약화시키는 것이 예술에 관한 모든 이론에 있어 가장 중요한 과제 중 하나가 되어 있다. 플라톤의 가장 위대한 제자는 시의 권리를 변호하려고 노력하는 최초의 사람이었다. 비극에 관한 아리스토텔레스의 이론은 이 같은 경향에 그 기초를 지니고 있는 것이다. 나는 여기서 아리스토텔레스의 용어인 정화(catharsis)의 문헌학적 해석에 관해 논의를 하려고 하지 않는다. 그러나 분명하고도 부정할 수 없다고 생각되는 것은 아리스토텔레스의 이론의 본연의 목적이 플라톤의 의구심을 푸는 데 있다는 사실이다. 아리스토텔레스는 반박한다. 예술은 우리의 감정 · 정서를 자극하고 환기시키도록 본래 정해져 있는 것은 아니다. 그러한 예술, 특히 비극이라는 예술은 이와 정반대의 영향을 우리에게 보여 준다. 아리스토텔레스는 자신의 『정치학』에서 이렇게 말한다. "우리는 종교적인 시가의 경우에는 다음과 같은 것을 보게 된다. 즉 그러한 시가가 마음에 미치는 영향은 보통 일종의 도취이지만, 그러한 시가가 황홀 상태에 있는 사람들에게 들려지는 경우에는 그러한 사람들은 평온해지고 마치 치료를 받고 정화되는 것처럼 되는 것이다."[3)]

2) 『국가』 X, 605b~606d.

3) 1342[a].

위대한 비극의 시구를 들음으로써 우리는 격렬하고 서로 모순되는 감정들의 혼돈 속에 빠지는 것은 아니다. 그렇기는커녕 오히려 우리는 평정과 위안을 얻는다. 이것은 두려움과 연민으로부터의 해방이다. 그리스 윤리학에서는 이 평정 상태는 에우튀미아(euthymia)라는 말로 표현되고 있었다. 데모크리투스의 윤리학 체계에서는 에우튀미아는 최고의 도덕 목표, 최고선(summum bonum)으로 여겨지고 있다. 그것은 특정한 하나의 실제적인 쾌를 의미하지 않는다. 그것이 의미하는 것은 혼의 내적 조화이며, 압도적이고 지배적인 정념들에 의해 현혹되지 않은 마음의 평화이다. 그것은 폭풍우가 없는 바다의 맑은 거울과도 같은 평정함과 평온함이다. 그러나 예술은 원래 이처럼 정화시키는 효력을 지닐 수 있는 것인가? 예술은 이러한 평정함에 이를 수 있는 것일까?

만일 우리가 근대 미학의 발전에 눈을 돌려본다면, 우리는 위에서 말한 곤란이 현재 해결되어 있지 않은 것을 발견한다. 이 문제는 지금까지 그러했듯이 여전히 논쟁의 여지가 있는 상태이다. 여기에선 하나의 예를 드는 것만으로 충분할 것이다. 그 예란 심오한 사상가였을 뿐 아니라 위대한 현대 작가의 한 사람이었던 레오 톨스토이에게서 가져온 것이다. 그는 자신의 저작『예술이란 무엇인가』에서 플라톤이 예술의 도덕적 교육적 가치에 대해 말했던 모든 비난들을 되풀이하고 있다. 톨스토이는 말한다. "우리는 예술적이라고 간주되는 여러 작품들에 의해 둘러싸여 있다. 수천 개의 시구와 시편, 수천 개의 소설과 희곡, 회화, 작곡이 서로 앞다투어 세상에 나오고 있다.……그러나 예술의 여러 분야에서의 이러한 작품들 중에는 각 분야마다의 수백 수천 가운데서 어떤 하나의 작품이 다른 작품들에 비해 다소 나을 뿐만 아니라 다른 작품과는 다이아몬드가 모조 보석과 다른 만큼 그렇게 다른 경우가 존재한다. 그 하나는 값을 매길 수 없을 만큼의 가치를 지닌 것이며 나머지 것들은 가치를 지니지 않을 뿐 아니라 가치가 없는 것보다 더 못한 것이다. 왜냐하면 그러한 것들은 속이는 것이자 취미를 저하시키는 것이기 때문이다. 하지만 그럼에도 불구하고 외면상으로 그것들은……완전히 똑같이 보인다."[4]

자신을 예술작품이라고 자처하는 이 모든 것들을 제대로 식별하는 규준을 우리는 어디에서 찾을 수 있는가? 톨스토이에게는 이 규준은 오로지 도덕적이고 종교적인 규준으로서만 있을 수 있다는 것은 명료하고도 부정할 수 없는 것이었다. 예술이 내적인 가치를 지니는가 아닌가는 표현 양식에 의존하는 게 아니라 표현되어 있는 사물 또는 그 작품이 묘사되어 있는 감정의 성격에 의존하는 것으로 여겨졌다. 만일 그 작품이 단순하고 순박하며 훌륭한 감정을 묘사하고 표현하고 있다면 그 작품은 좋은 것이다. 만일 그 작품이 조야하고 폭력적이며 무질서한 감정을 야기한다면, 그 작품은 나쁜 것이다. 톨스토이는 자신의 딸이 결혼식 후에 집에 돌아온 것을 환영하고 축하하면서 한 무리의 농가 아낙네들이 큰 소리로 노래 부르는 것에서 받은 인상을, 같은 날 저녁 훌륭한 음악가가 톨스토이 집에서 연주했던 베토벤의 소나타와 비교하고 있다. 그는 후자보다도 훨씬 더 전자를 선호한다. 그는 말한다. "농가 아낙네들의 노래는 명확하고 강력한 느낌을 전해 준 진짜 예술이었다. 그에 반해 베토벤의 '101번 소나타'는 성공하지 못한 시도였을 뿐이고 명확한 감정을 하나도 포함하고 있지 않다."[5]

4) *What is Art?* trans. Aylmer Maude, Indianapolis and New York: Bobbs-Merrill, 1960, 132~133쪽.

5) 같은 책, 135쪽.

톨스토이가 공격하고 있는 것은 결코 그의 시대의 예술—19세기의 이른바 데카당 예술—만이 아님은 분명하다. 모든 시대에 걸쳐 가장 위대하고 가장 강력한 예술가로 여겨지는 베토벤과 셰익스피어에 대해서도 그는 판정을 내린다. 모든 종류의 심미주의, 예술을 위한 예술(l'art pour l'art)이라는 주제의 모든 변종은 불건전하고 위험한 것이다. 목적을 갖지 않는 예술이라든가 혹은 목적을 자신 속에 갖는 예술이라 말하는 것은 단순히 말을 꾸미고 조작하는 것에 불과하다. 예술은 매우 명확한 목적을 지니고 있다. 예술의 목적이란 우리의 감정을 단지 묘사하거나 표현하는 것만이 아니라 개량하는 것이다. 예술이 만약 이 목적을 망각한다면 예술은 자기 자신을 망각하고 있는 것이다. 그 경우 예술은 무익하고도 의미없는 유희가 된다. "지식의 진화는 잘못된 것이나 불필요한 것을 제거해 가면서 보다 참되고 보다 필연적인 지식에 의해 나아가는 것이듯이, 감정의 진화도 예술을 통해 나아간다. 즉 이해심이 적고 인류의 행복에 있어 필요도가 적은 감정은, 보다 이해심이 깊고 인류의 행복에 있어 보다 필요한 감정에 의해 대체되는 것이다. 그것이 예술의 목적이다.……예술이 그러한 목적을 보다 많이 이룰수록 그 예술작품은 보다 뛰어난 것이며, 그 목적을 이루는 것이 적으면 적을수록 그 예술작품은 보다 나쁜 것이 된다."[6)]

워즈워드는 시를 "강력한 감정의 자발적 분출"이라고 했다. 톨스토이는 그러한 정의를 수용할 수 없었다. 그에 따르면 예술작품의 가치에 있어 결정적인 것은 감정의 힘이 아니라 감정의 질이며, 예술작품에 내재하는 종교적 도덕적 가치이다. "예술은 즐거움도 위안도 오락도 아니다.

6) 같은 책, 143쪽.

예술은 위대한 사태이다. 예술은 인간의 생에 있어서의 하나의 기관이며, 인간의 합리적인 통찰을 감정으로 전하는 것이다. 우리 시대에서 인간에 관한 종교적인 공통의 통찰은 인간의 형제애에 대한 의식이다—우리는 인간의 행복이란 동료 인간과 결합되는 것에 있음을 인식하고 있다. 참된 학문은 이러한 의식을 생에 적용하는 여러 방법을 지시해야 한다. 예술은 응당 이러한 통찰을 감정으로 변형시켜야 한다."[7)]

플라톤과 톨스토이의 예술 이론을 살펴볼 경우, 우리는 동일한 커다란 역사적 파라독스와 만난다. 우리는 이렇게 자문하지 않으면 안 된다. 즉 예술의 가치에 대한 가장 심각한 공격이 이들 두 사상가로부터 생겨난 것이 대체 어떻게 가능했는가? 이들 두 사람은 예술의 힘을 낮게 평가하거나 경멸하기는커녕 예술적으로 가장 풍부한 경험을 지녔으며 예술의 힘을 가장 깊게 느낄 수 있는 감정을 지녔던 인물들이다. 플라톤은 철학의 역사에 나타났던 최대의 예술가이며, 톨스토이는 현대적 삶에 대한 가장 깊고 풍부한 묘사를 몇몇 소설들 속에 펼쳐 보인, 위대하고도 유례를 찾기 어려운 창작가이다. 플라톤의 경우에서도 톨스토이의 경우에서도 예술을 그 결점 때문에, 즉 예술에 내재해 있는 위험과 유혹 때문에 책망하게끔 한 것은 다름 아닌 예술이 지닌 온갖 매력과 지극히 미묘한 뉘앙스에 대한 이 같은 감수성이었다. 그들은 인간이 이러한 유혹에 저항할 수 있기 위한 예술 이론을 만들어 내고자 시도했다. 플라톤은 정치가로서 그리고 이상주의적 철학자로서 말했다. 톨스토이는 도덕가로서 그리고 종교적인 사상가로서 말했다. 그러나 그들의 비판은 바로 동일한 하나의 요점으로 향해 있다. 그들이 공격하는 것은 쾌락론적 예술 이론

7) 같은 책, 189쪽.

이다. 이 이론은 예술작품의 최고 목표, 아니 유일한 목표는 우리에게 어떤 특정하고 특수한 쾌(快)를 주는 데 있다는 사고방식이다.

만일 이 쾌락론적 해석이 옳다고 한다면, 예술에 어떤 교육적인 가치를 귀속시키는 것은 확실히 거의 불가능할 것이다. 교육은 쾌보다 더 강한 힘과 견고한 기초를 필요로 한다. 예술의 쾌락론적 해석은 현대의 미학 이론들, 예를 들면 크로체의 이론에서도 신랄하게 비판을 받았다. 그럼에도 불구하고 그러한 미학 이론은 여전히 그 지위를 유지하고 있다. 그러한 이론이 많은 강력한 옹호자들을 얻고 있는 것은 특히 미국의 철학적 문헌들에서이다. 미국의 철학적 문헌 가운데 가장 잘 알려져 있는 책 중 하나인 산타야나(Gorge Santayana)의 『미의 감각(*The Sense of Beauty*)』은 이 미적 쾌락론의 전형적인 예이다. 산타야나는 말한다. "학문은 정보에 대한 수용에의 대응이며, 우리가 학문에서 찾는 것은 온전한 진리이고 진리 이외의 어떤 것도 아니다. 예술은 즐거움 내지 재미(entertainment)에 대한 수요에의 대응이며, 진리가 예술에 가담하는 것은 예술이 이러한 목적에 쓰이는 한에서만이다."(New York: Charles Scribner's Sons, 1896, 22쪽.) 이 정의가 만일 옳은 것이라면, 예술은 플라톤이나 톨스토이가 행한 모든 반론을 실제로 피하기 어려울 것이다. 미를 "상대적으로 안정된 또는 진정한 쾌"라고 말하는 것—이 표현은 마샬의 책에 실려 있는 것이지만—은 실로 우리의 미적 경험의 표현으로서는 매우 부적절하고 오해를 낳는 것이다.[8] 즐거움이나 재미에 대한 수요는 훨씬 더 저렴하면서도 더 좋은 수단으로 충족될 수 있다. 위대한 예

8) H. R. 마샬, 『아름다운 것』(Henry Rutgers Marshall, *The Beautiful*, London: Macmillan, 1924) 78쪽.

술가가 그런 목적을 위해 작업을 한다고 생각하는 것, 가령 미켈란젤로가 성 베드로 대성당을 건축하고 단테나 밀턴이 시를 지으며 바흐가 B단조의 미사곡을 작곡한 것이 즐거움을 주기 위해서였다고 생각하는 것은 어리석은 일이다. 그들 모두는 아리스토텔레스가 『니코마코스 윤리학』에서, 오락을 위해 자신의 전력을 다하는 것은 몹시 어리석고 유치한 것으로 보인다(1776^{b} 33.)는 말에 동의하고는 있을 것이다.

쾌락론의 체계들은 윤리학과 미학의 두 분야에서 드러나는 공통적인 하나의 결함을 갖고 있다. 이들 체계가 권장되는 것은 그것들의 단순성에 있다. 심리학적인 견지에서 말하면, 인간의 생의 모든 현상을 하나의 균일한 원리로 설명하고 그 현상들을 동일한 기본적인 본능으로 환원하는 것은 언제나 매우 유혹적이다. 그러나 체계적으로 보다 면밀하게 분석해 보면, 여기서 말한 이점이라는 것은 매우 의심스러운 것임이 드러난다. 여기서 맨 먼저 우리가 설명해야만 하는 것은 전통적인 윤리학적 또는 미학적 쾌락론이 완전히 무시했거나 감추어 버린 여러 개별적인 차이이다. 쾌와 고통은 가장 일반적인 현상으로서, 인간의 생만이 아니라 생각건대 모든 유기체적 생에서 나타나는 현상이다. 쾌와 고통이란 우리의 모든 행동에, 즉 우리의 신체적 기능 및 우리의 지적 기능의 작용 전체에 수반해 있다. 그러나 바로 이 같은 이유 때문에 쾌와 고통은 어떤 **특수한** 기능—그러한 기능의 특징이나 특정한 효능—을 정의하거나 설명하는 데 사용될 수 없는 것이다.

만일 쾌를 예술의 공통 요소로서 간주한다면 실제로 중요한 것은 쾌의 정도가 아니라 종류이다. 칸트의 『실천이성비판』에는 이 점에 강조를 둔 매우 인상적인 견해가 서술되어 있다. 칸트는 말한다. "만일 의지의 결정의 기초를 이루는 곳이, 우리가 어떤 원인으로부터 기대하는 쾌 또는 불쾌의 감정이라면, 우리가 어떤 종류의 표상 관념에 의해 영향을 받더라도 우리에게는 모두 같은 것으로 변화가 없는 것이다. 우리의 선택을 결정하기 위해 우리와 관계되어 있는 것이라곤 오로지 이 쾌가 얼마나 강한 것인가, 얼마나 오래 지속되는가, 얼마나 용이하게 얻어지는가 그리고 얼마나 자주 반복되는 것인가라는 것뿐이다. 그리고 돈을 쓰고 싶은 사람에게 있어서는, 황금이 산에서 캐 온 것이든 모래에서 적출해 낸 것이든, 그것이 어디에서건 동일한 가치로 받아들여지기만 한다면 특별히 변하는 게 없는 것과 마찬가지로, 삶의 쾌락을 즐기는 것만을 관심사로 여기는 사람은 그 표상 관념들이 지성의 것이든 감각의 것이든 문제가 되지 않고, 단지 그 표상 관념들이 얼마나 많고 얼마나 커다란 즐거움을 가장 오랜 시간 가져다 줄 것인가만을 문제로 여기는 것이다."(『실천이성비판』(trans., T. K. Abbott, London: Longmans, Green and Co., 1873, 110쪽.)[9]

미적 쾌락론의 이론을 변호하기 위해 언제라도 제출될 수 있을 법한 하나의 논거가 있다. 우리가 이 미적 쾌락론을 수용한다면 우리는 '예술'과 '생' 간의 단절을 모두 피할 수 있다. 양자 간의 깊은 간격은 메워진다. 예술은 더 이상 분리된 영역, 국가 안의 국가가 아니다. 예술은 우리의 가장 깊고 불가피한 자연적 본능을 만족시키는 것이 된다. 예술을 위한 예술이라는 원리의 변호자들은 매번 예술작품을 대단히 높은 지위에 두어, 그 결과 예술작품은 배움을 얻지 못한 대중이 가까이할 수 없는 것이 된다. 시인 스테판 말라르메(Stéphane Mallarmé)는 말한다. "시는 속된 군중에게는 불가해한 것이고 교육을 받은 자에게는 실내악임에 틀림없다."[10]

9) 카시러는 인칭 대명사를 삼인칭 단수에서 일인칭 복수로 바꾸고 있다.

10) W. A. 닛체, E. P. 다간, 『프랑스 문학사』 제3판 (William A. Nitze and E. Preston Dargan,

이러한 비교적(秘敎的)인 견해는 예술에 그 최고의 가치를 부여하는 듯 하지만 동시에 예술로부터 그 주요한 과제들 중 하나를 박탈하고 있는 것이다. 왜냐하면 우리 인간 현실의 구체적인 생의 체제 속에서 그 힘을 증명하지 않는 에너지라는 것은 무익할 터이기 때문이다. 그리하여 예술을 우리의 일상 생활의 경험의 하나이자 보다 '대중적인' 것으로 만드는 편이 더 나은 것처럼 보였다. 비교적인 견해에 대해서는 다음과 같은 반대가 있다. 즉 "우리가 그림을 보거나 시를 읽거나 음악에 귀를 기울일 때, 그것은 우리가 런던 국립미술관으로 가는 도중이거나 아침에 옷을 입을 때 하고 있었던 것과는 전혀 닮지 않은 무언가를 하고 있는 것은 아니다.……우리의 그러한 행동은 기본적으로 종류가 다른 것이 아니다." (리차즈, 『문예 비평의 제 원리』(I. A. Richards, *Principles of Literary Criticism*, New York: Harcourt, Brace, 1926, 16~17쪽.) 그러나 과연 어느 위대한 예술가가 이런 식으로 느끼고 있는 것일까? 그는 자신의 활동 자체를 평범하고 일상적인 것으로 간주하고 있는가? 관객인 우리마저도 다음과 같은 두 경우, 즉 셰익스피어의 연극이나 베토벤의 협주곡에 귀를 기울이는 경우와 우리에게 지극히 크고 의심할 여지가 없는 쾌를 가져다 주는 다른 수많은 것들의 경우 사이에는 매우 선명한 차이가 있다는 느낌을 갖기 마련이다. 이 차이의 느낌은 일반적인 경험에 의해 주어진다. 그

A History of French Literature, 3d. ed., New York: Holt, Rinehart and Winston, 1950), 708쪽 참조. 『인간에 관하여』 영역본, 166쪽 각주 39 참조. 그곳에서 카시러는 캐서린 길버트의 『최근의 미학』(Katherine Gilbert, *Studies in Recent Aesthetic*, Chapel Hill: University of North Carolina Press, 1927,, 18쪽[sic], 20쪽)에 전거를 두고 인용을 하고 있다. 길버트가 인용하고 있는 것은 닛체와 다간의 『프랑스 문학사』이다. 그런데 이 인용문이 거기에 실려 있기는 하지만, 그것은 말라르메로부터의 직접 인용인 것처럼 보인다.

러나 이 특별한 차이를 설명하는 것은 미학 이론의 가장 우선하고 기본적인 과업 중 하나이다.

미학의 역사는 두 대극(對極), 즉 예술에 대한 지성적인 접근과 정서적인 접근 사이를 끊임없이 요동하는 듯이 보인다. 전자는 예술에 대한 고전적 및 신고전적 이론 전체에서 우세하며, 후자는 오늘날 현대의 이론들 대부분이 수용하는 것으로 보인다. 예술은 "자연의 모방"으로도 혹은 "감정의 표현"으로도 설명되고 해석될 수 있을 것이다. '모방'이라는 말은 항상 이론적 요소를 포함하고 있다. 아리스토텔레스는 모방(μίμησις)을 인간 본성이 지닌 기본적 본능이자 움직일 수 없는 사실이라고 설명한다. 그는 말한다. "모방이라는 것은 어린아이 때부터 인간에게 본성적인 것이며 인간이 보다 하위의 동물들보다 뛰어난 점들 중 하나는 바로 이 점이다. 즉 인간은 이 세상에서 가장 모방적인 동물이며 처음에는 모방을 통해 배우는 것이다."[11] 이것은 우리가 예술에서 느끼는 쾌를 설명해 준다. 왜냐하면 무언가를 배우는 것은 철학자에게 가장 커다란 쾌일 뿐만 아니라 철학자 이외의 사람들에게도, 설령 그들의 학습 능력이 부족하다고 해도 가장 커다란 쾌이기 때문이다. 그림을 보면서 우리가 즐거워하는 이유는 우리가 동시에 배우고 있다는 점에 있다. 즉 그것은 우리가 사물의 의미를 헤아려서, 예컨대 거기에 있는 인간은 이러이러하다라고 추정하는 것이다. 모방에 관한 이 일반 이론은 수세기에 걸쳐 지배적이었고, 미학 사상의 발전 전체에 그 흔적을 남겨 놓았다.

그러나 18세기 초엽부터 새로운 경향이 점차 힘을 얻어 온 것을 우리는 알고 있다. 만일 프랑스 비평가 바퇴(Charles Batteux)가 1747년에 출

11) 『시학』 1448^b 5~10.

판한 저작 『여러 미술의 동일 원리로의 환원』(*Les beaux arts réduits à un même principe*)을 읽는다면, 우리는 바퇴가 전통적 견해를 강하게 지지하고 있음을 발견할 것이다. 그럼에도 불구하고 그조차도 예술의 한 분야인 서정시에 대해 말할 때는 모방에 대한 그의 이론의 진리성에 관해 모종의 불안감을 감추지 않는다. 그는 자문한다. "서정시는 모방과는 매우 다른 것이 아닐까? 서정시는 기쁨, 찬양, 감사에 고무되어 불린 노래가 아닌가? 서정시는 마음의 외침이요, 신에 사로잡힌 것 같은 하나의 열광으로서, 그 열광에선 자연이 모든 것을 행하고 예술은 아무것도 하지 않는 것은 아닐까? 나는 서정시에서 어떤 회화나 색채를 보지 않는다. 내가 보는 것은 오히려 불, 감정, 도취이다. 그렇다면 두 가지 점이 참이다. 첫째는 서정시가 진정한 시라는 점, 둘째는 서정시는 모방은 아니라는 점."[12] 고전적 내지 신고전적인 미의 이론의 결연한 옹호자의 관점에서는 이것은 매우 흥미로운 고백이었다. 바퇴 자신은 이 반론이 반박될 수 없을 것이라고는 생각하지 않았다. 하지만 서정시도 다른 모든 종류의 예술과 마찬가지로 모방이라는 일반 틀 아래에서 파악될 수 있음을 증명하고자 했던 그의 논의는 취약하고도 불확정적인 것이 되었다. 그러한 식의 논의는 새로운 힘이 나타남에 따라 갑자기 불식되어 버렸던 셈이다. 여기에서도 루소라는 이름은 관념의 역사에서 예술의 이론에서나 교육의 이론에서 하나의 결정적인 전환점을 이루고 있다. 루소는 고전적

12) 바퇴는 다음과 같이 말한다. "서정시를 표면적으로만 음미할 때에는 서정시는 다른 종류의 예술만큼, 모방에 모든 것을 돌리는 일반 원리에 합치하지 않는 것처럼 보인다.…… 〔이하 본문 속의 인용문이 이어짐〕", 『여러 미술의 동일 원리로의 환원』(*Les beaux arts réduits á un même principe*, vol. I of *Principes de la litérature*, nouvelle édition, Paris, 1764), pt.3, sec.1, ch.12, 299~300쪽.

및 신고전적 전통 전체를 거부했다. 루소가 그의 『신 엘로이즈』(*Nouvelle Héloïse*)를 썼을 때 그의 저작은 하나의 새로운 혁명적인 힘이 되었다.[13)] 모방원리는 그 이후 하나의 새로운 사고방식과 예술의 새로운 이상에 길을 양보하지 않으면 안 되었다. 예술은 경험적 세계의 재생이나 자연의 모방이 아니다. 예술은 감정과 정념의 분출이며, 그리고 예술작품에 그 진정한 의미와 가치를 부여하는 것은 이러한 정념들의 힘과 깊이이다.

서정 예술이 그야말로 모든 예술의 원형이라는 것은 현대 철학에서는 베네데토 크로체의 저작에서 가장 훌륭하고도 가장 전형적인 표현을 얻고 있는 이론이다. 고전적 및 신고전적인 이론들에 따르면, 예술의 최고 과제는 자연의 모방이었다. 그러나 이 견해에는 항상 제한이 따른다. 예술가가 지금까지 드러낸 것은 자연의 단순한 모방만이 아니다. 예술가는 자연을 완전화하고 아름답게 하고 이상화하지 않으면 안 된다. 예술가의 대상은 무엇이든 구별 없이 포함되어 있는 일반적인 의미에서의 자연이 아니라, 프랑스의 고전주의자들이 일컫은 바대로 '아름다운 자연(la belle nature)'인 것이다. 그러나 크로체가 힘주어 부정했던 것은 바로 이 아름

13) 카시러, 『장 자크 루소의 문제』 trans. Peter Gay, New York: Columbia University Press, 1954, orig. pub. 1932), 43쪽, 85쪽, 93~99쪽. 그리고 『루소, 칸트, 괴테』 (trans., James Gutmann, Paul Oskar Kristeller, and John Herman Randall, Jr., Princeton, N.J.: Princeton University Press, 1945), 14쪽 참조. "프랑스어와 시에 기대고 있던 주문(呪文)이 분쇄된 것은 오로지 루소에 의한 것이다. 서정시라고 온전히 불려도 좋을 만한 단 한 편의 작품도 창조하지 않은 채 루소는 서정시의 세계를 발견하고 소생시켰다. 그의 시대 사람들을 그처럼 깊고 강력하게 뒤흔들었던 것은 바로 서정시라는 거의 잊혀져 있던 세계를 루소의 『신 엘로이즈』에서 되살려 낸 점이었다. 그의 동시대인들이 이 소설 속에서 간파한 것은 결코 상상력의 단순한 창출이 아니었다. 그들은 스스로 문학의 영역으로부터 새로운 존재의 핵심으로 옮겨져 있음을, 그리고 생에 대한 새로운 느낌으로 풍부하게 되었음을 느꼈던 것이다." 『장 자크 루소의 문제』, 85쪽.

다운 자연이라는 개념이었다. 크로체의 철학은 정신에 관한 철학이지 자연에 관한 철학은 아니다. 이러한 철학의 개념의 견지에서 볼 때, 이상적인 또는 아름다운 자연이라는 것은 나무로 된 철과 같은 용어상의 모순이었다. 크로체는 말한다. "아름다움이란 나무든 물감이든 사물의 어떠한 성질이 아니다. 오히려 그것은 다른 모든 가치와 마찬가지로 정신적 활동의 결과로서만 존재하는 것이다."[14] 크로체의 이론에서는 예술은 언어와 동일시되고 있다. 『표현의 학이자 일반 언어학으로서의 미학』(*Estetica come scienza dell'expressione e linguistica generale*)이라는 것이 그의 책의 제목이었다. 철학적으로 말해, 미학과 언어학은 서로 상이한 문제들에 관계되어 있는 것이 아니다. 이들 양자는 철학의 두 분야가 아니라 오로지 하나의 분야를 이루고 있다. "일반 언어학, 즉 철학적 언어학을 연구하는 사람은 누구든지 미학상의 문제를 연구하게 되어 있으며, 그 역 또한 그러하다."[15] 예술과 언어는 '표현'이며, 표현은 불가분적인 하나의 과정인 것이다.

크로체의 이 이론이 진리의 요소를 포함하고 있음은 의심의 여지가 없다. 그는 전통적인 모방 이론과 쾌락론적 이론을 단호하게 공격하고 매우 훌륭하고 설득력 있는 이유를 들어 반박했다. 그러나 어떤 하나의 점에서 그 자신의 명제도 동일한 반론에 노출되어 있었다. 그조차도 미적 활동이 지니는 종차(種差)의 참된 차이를 인식하지 못하고 있는 점이다. 그가 서술하고 있는 것은 미적 활동을 포섭할 수 있는 공통된 유(類,

14) 『표현의 학 및 일반 언어학으로서의 미학』(*Aesthetic as Science of Expression and General Linguistic*, trans. Douglas Ainslie, rev. ed., New York: Macmillan, 1922), 97쪽 참조.

15) 같은 책, 142쪽. 이 책 「언어와 예술 I」 및 「언어와 예술 II」에서 카시러가 크로체의 미학에 관해 말하고 있는 견해 참조. 또한 카시러의 『인문학의 논리』 영역본, 204~208쪽도 참조.

genus)이다. 그러나 그것은 미적 활동의 특수한 종(種)으로서의 성격은 아니며, 미적 활동을 다른 것과 구별하는 징표도 아니다. 크로체는 '표현' 일반과 '미적 표현' 간에 종류상의 어떠한 차이가 있다고는 인정하지 않는다. 이 점에 의해 그는 매우 역설적인 결론에 도달한다. 즉 우리는 표현 가운데에 종류상의 차이가 있다고 말할 수 없다. 표현은 하나의 독특한 행위로서, 거기에서는 정도의 차이도 구별화의 가능성도 인정되지 않는다. 그러므로 예를 들면 내가 내 자신의 생각이나 감정을 표현할 수 있었던 편지 한 장은 회화나 희곡과 전적으로 동일한 하나의 예술작품이게 된다. 크로체의 이론은 단지 표현의 **사실**에만 관심을 두고 있을 뿐, 표현의 양식에는 무관심하다. 크로체에게는 모든 표현이 서정적인 행위로서, 그것은 그가 "감정의 서정적 유출"이라는 말로 나타내는 특징적인 요소를 포함하고 있는 것이다.

그러나 나의 생각으로는, 크로체의 이 이론은 두 가지 점에서 성립되지 않는다. 표현이라는 단순한 사실만으로는 하나의 예술적 사실이라고 볼 수 없는 것이다. 만일 내가 실용적인 목적을 위해 편지 한 장을 쓴다고 해보자. 나는 쓴다는 이 행위를 하고 있다 해도 그것으로 결코 예술가가 되는 것은 아니다. 또한 어떤 사람이 지극히 열정적인 연애편지를 쓰는데, 그 글에서 그는 자신의 마음속 가장 깊은 곳에 있는 감정을 충실하고도 성실하게 표현할 수 있을지도 모른다. 하지만 이 사실만으로는 그가 예술가가 되어 있다고는 말해질 수 없다. 물론 위대한 예술가들은 가장 깊은 감정을 지니고 있을 수 있다. 그들은 평균적인 인간에게선 발견될 수 없는 규모의 감정, 아주 드물고도 강렬한 감정을 지니고 있다.

그러나 감정이 이와 같이 강력하고 또 많은 형태를 취한다는 것이 그 자체로서 위대한 예술적 능력을 소유하고 있음을 증명하는 것은 아니며,

또한 예술작품이 지녀야 하는 결정적인 특색도 아니다. 예술가라 함은 자신의 감정 · 정서를 과시하는 것에 제멋대로 탐닉하는 사람도 아니며, 그러한 감정 · 정서를 지극히 손쉽게 표현하는 능력을 지닌 사람도 아니다. 감정 · 정서에 지배되어 있다는 것은 감상주의를 의미하는 것이지 예술을 의미하는 것은 아니다. 만일 예술가가 자신의 작품의 창조나 자신의 직관의 구상화에 몰두하기를 그만두고 자신의 개인성 속으로 매몰된다고 한다면, 그리하여 예술가가 자기 자신의 즐거움을 느끼거나 '비애의 기쁨'을 즐긴다고 한다면 그 예술가는 하나의 감상주의자가 되어 버리는 것이다. 예술가는 예술가인 한에서 우리의 통상적 실재성, 다시 말해 경험적 사물이나 경험적 목표로부터 성립되어 있는 실재의 세계에 살고 있는 것은 아니다. 하지만 그 예술가가 오직 자신의 내적이고 개인적인 생의 영역 속에 살고 있다는 것도, 그리고 자신의 감정과 정념, 상상과 꿈속에 살고 있다는 것도 마찬가지로 참은 아니다. 예술가를 특징짓는 것은 그리고 예술가에게 그 특정한 장소를 할당하는 것은, 이러한 두 가지 영역을 넘어서는 하나의 새로운 경계, 즉 감각의 순수형식이라는 경계를 창출하는 예술가로서의 힘인 것이다.

단지 표현만이 아니라 창조적 표현이야말로 예술의 기본적 특징이다. 표현이라는 것은, 특정화되지 않고 무차별적인 의미에서 받아들여질 경우 하나의 일반적인 생물학적 현상이다. 다윈은 이 점에 관해『인간과 동물에서의 감정의 표현』이라는 특별한 책을 쓴바 있다. 이 책에서 그가 제시하고자 하는 것은, 동물계에서 발견되는 여러 표현 양식들은 생물학적인 의미와 함축을 지니고 있다는 점이다. 그 양식들은 과거의 생물학적인 행동의 잔재이거나 미래의 생물학적 행동을 위한 준비이다. 예컨대 원숭이가 이빨을 드러내는 것은 그 동물이 자신의 적에 대해 자신은 무서운 무기를 지니고 있다는 것을 보여 주고자 함을 의미한다. 나는 여기서 다윈의 이 이론의 세부 사항들에까지 들어갈 생각은 없다. 하지만 다윈의 이 이론이 매우 명료하게 보여주고 있는 것은, 표현이 지니고 있는 생물학적 부분과 미적 부분 사이에는 날카로운 경계선이 존재한다는 점이다. 인간계에 있어서조차, 어떠한 미적 의의도 가지지 않지만 실제적인 내지 생물학적인 의의나 연관성을 지니고 있는 표현 행동을 무수히 우리는 발견한다. 이 사실은 크로체에 의해 그리고 크로체 이론의 신봉자들 모두에 의해 간과되거나 그 의의가 경시되고 있다. 콜링우드는 자신의 저작 『예술의 원리』에서 서정시의 기능 그리고 예술의 기능 일반은 단적으로 말해 예술가가 "자신의 마음속 감정을 남김 없이 털어놓는" 데에 있다고 단언한다. 그는 말한다. "예술가가 하려고 하고 있는 것은 주어진 감정 · 정서를 표현하는 데에 있다. 그러한 감정 · 정서를 표현하는 것과 그것을 뛰어난 방식으로 표현하는 것은 동일한 것이다.……우리들 각각이 하는 어떤 발화도 어떤 몸짓도 하나의 예술작품인 것이다."[16]

그러나 이 정의에서 전적으로 망각되어 있는 것은, 예술작품의 산출에서나 예술작품에 대한 사려깊은 감상 모두에서 반드시 필요한 전제조건이자 결정적인 특질이기도 한 구성적인 전체 과정이다. 우리의 보통의 몸짓이 예술작품이라고는 말할 수 없는 것은, 우리가 갑자기 지르는 소리가 언어 행위가 아닌 것과 같다. 우리의 보통의 몸짓은 본능적 반응이지 의지적인 것이 아니다. 그것은 진정한 자발성을 전혀 가지고 있지 않다. 합목적성이라는 요소는 언어적 표현에서도 미적 표현에서도 모두 필

16) Oxford: Clarendon Press, 1938, 279, 282, 285쪽. 이 책 6장 「언어와 예술 I」 및 7장 「언어와 예술 II」 참조.

요한 것이다. 어떠한 언어 행위에서도 어떠한 예술적 창조에서도 우리는 거기에서 명확한 목적론적 구조를 발견한다. 어떤 희곡을 상연하고 있는 배우는 실제로 그의 역할을 행하고 있는 것이다. 그의 발성 하나하나는 모두 긴밀히 연관된 하나의 구조적 전체를 이루는 부분들이다. 이때 전체를 구성하는 것은 배우의 말의 악센트와 리듬, 목소리의 억양, 신체의 외관이나 태도, 얼굴 표정의 움직임 등이다. 이들 모든 것은 동일한 목표로 향하고 있다. 즉 모든 것은 하나의 인간적 성격의 표현과 구체화로 향하고 있는 것이다. 예술 중에서도 가장 '주관적'인 형식인 서정시조차도 결코 이 경향을 결여하고 있지는 않다. 서정시도 동일한 종류의 구체성과 객관화를 포함하고 있다. 프랑스의 시인 말라르메는 말한다. "시는 관념들로 쓰여 있는 것은 아니다. 시는 언어로 쓰여 있는 것이다."[17] 시는 이미지, 음성, 리듬으로 쓰여 있어, 이것들은 극시나 희곡의 상연에서와 같이 서로 융합하여 분할할 수 없는 하나의 전체를 형성하고 있다.

괴테의 생애와 예술은, 이와 같은 여러 요소들이 서로 삼투하는 가운데 하나로 결합되어 서정시라는 작품을 구성하고 있는, 아마도 가장 탁월하고도 가장 전형적인 사례일 법하다.[18] 요소들이 삼투하여 결합되는 이 과정을 괴테 스스로가 자신의 자서전에 기술하고 있다. 그는 자신의 청년 시대 초기에 대해 언급하면서 이렇게 말한다. "내가 전 생애를 통

17) 『인간에 관하여』 142쪽 참조.

18) 카시러의 괴테 해석에 대해서는 다음을 참조. 『자유와 형식. 독일 정신사 연구』 제4장 및 『이념과 형태』 1~2장, 그리고 『괴테와 역사적 세계: 세 편의 논문』. 또한 「토마스 만의 괴테 상(像). 바이마르의 로테에 관한 연구」("Thomas Manns Goethebild. Eine Studie über Lotte im Weimar", *Germanic Review* 20, 1945, 166~194쪽) 및 「괴테와 칸트 철학」("Goethe and the Kantian Philosophy", in *Rousseau, Kant and Goethe*), 61~98쪽.

해 벗어날 수 없었던 정신의 어떤 성향은 이와 같이 해서 시작되었다. 즉 나를 기쁘게 했거나 괴롭게 했던 것, 또는 그와 다른 방식으로 나의 주의를 빼앗았던 것 모두를 하나의 이미지, 하나의 시로 변화시켜, 그것에 의해 내 자신을 어느 정도까지 이해하는 것만이 아니라, 동시에 외부 사물들에 대한 나의 이해를 교정하고 나의 정신이 그것들에 관한 평온함을 얻게 되는 성향이 시작되었던 것이다. 이런 능력은 누구보다도 나에게 필요했는데, 왜냐하면 나의 천성적인 성향은 나를 끊임없이 한 극단에서 다른 극단으로 급격하게 휘몰아갔기 때문이다. 내가 지금까지 발표한 모든 저작은 그러므로 하나의 커다란 고백의 단편들에 지나지 않는 것이다."〔『시와 진실』(*Dichtung und Wahrheit*, VII); *Truth and Poetry*, trans. Parke Godwin, 2 vols., New York: Geo. P. Putnam, 1850, vol. II, pt. 2, book 7, 66쪽.〕 크로체가 서정성이 모든 예술에서 필요하고 불가결한 요소라고 말하는 것은 정당하다. 그러나 서정시조차도 감정의 단순한 유출인 것은 아니다. 예술의 다른 모든 형식들과 같이, 서정시도 주관적인 극단만이 아니라 객관적인 극단도 지니고 있는 것이다. 우리가 위대한 서정적 시 모두에서, 괴테나 횔덜린의 시에서,[19] 그리고 워즈워드나 레오파르디의 시에서 느끼는 것은 이들 두 극단 간의 긴장이며, 이 긴장의 전개이다.

우리가 예술작품이 지닌 이 이중의 성격을 유념한다면 우리는 예술의 교육적 가치에 관한 물음에 답할 수 있다. 우리는 예술의 마력을 더 이상 두려워할 필요는 없다. 우리는 예술 안에서 우리의 윤리적 삶이 어지럽혀지는 것을 볼 필요는 없다. 플라톤이나 톨스토이 같은 위대한 도덕가

19) 이 책 7장 「언어와 예술 II」의 각주 21을 참조.

들이나 종교적 사상가들은 언제나 예술이 우리를 나쁜 습성으로 감염시키는 것을 두려워했다. 그 감염성이 '예술의 징조'의 하나일 뿐만 아니라 감염의 정도가 예술의 유일한 가치 규준이라고 톨스토이는 말한다. 그러나 이 이론이 어떤 점에서 성립하지 않는가는 용이하게 드러날 수 있다. 그 이론은 예술의 가장 기본적인 요소이자 동기, 즉 형식이라는 계기를 망각하고 과소평가하고 있다. 정념(passion)에 형식을 부여하고 정념에 객관적인 외형을 부여하는 자는 우리를 정념으로 감염시키지 않는다. 셰익스피어의 드라마에 귀를 기울이고 있을 때, 우리는 맥베스의 야심이나 오셀로의 질시, 리차드 3세의 잔혹함에 오염되고 있는 것은 아니다. 여기에서 우리가 느끼는 것은 우리의 온갖 정념들의 최고의 긴장이지만 그것은 동시에 창조적 형식이 지닌 최고의 활력(energy)이다. 그리고 정념들 자체를 변형시켜, 햄릿이 말하듯이 우리의 정념들의 급류와 폭풍우와 회오리바람 속에서도 자신을 유지하는 절도를 우리에게 부여하는 힘을 소유하고 있는 것은 이 능동적이고 창조적인 활력인 것이다.

아리스토텔레스가 말하고 있는 비극의 정화 작용(catharsis)은 심리학적인 의미에서는 말할 것도 없고 도덕적인 의미에서도 이해되어선 안 된다. 정화 작용이란 우리의 감정·정서의 순화나 정화가 아니다. 정화 작용이 의미하는 것은 우리의 감정·정서 자체가 우리의 능동적 생의 일부가 되는 것이지, 수동적 생의 일부로 되는 것이 아니다. 우리의 감정·정서는 하나의 새로운 상태로 고양된다. 소포클레스나 셰익스피어의 비극에 귀를 기울일 때에 느끼는 온갖 감정·정서들을 실제 생활에서 체험하지 않을 수 없는 사람은 이들 감정·정서의 힘에 의해 압도되고 무력화되어 버릴 것이다. 예술에서는 이와 같은 위험에 우리는 노출되어 있지 않다. 예술에서 우리가 느끼는 것은 감정·정서의 충만한 생명과 충만한 힘이지만 이들 생명과 힘의 실질적 내용은 거기에 포함되어 있지 않다. 우리의 감정 · 정서가 우리에게 가하는 짐은 우리의 어깨에서 내려져 있다. 우리가 느끼는 것은 감정 · 정서의 내적 운동, 진동 그리고 진폭이지만 그것의 중력, 압박하는 힘, 중량과 압력은 거기에 들어 있지 않다.

자연의 모방과 감정의 표현은 예술의 두 가지 기본적인 요소이다. 이 둘은 말하자면 예술의 의복을 엮어 내는 소재이다. 그렇지만 그것들은 예술의 기본적 성격을 나타내지는 않는다. 그것들은 예술의 의미와 가치를 남김 없이 길어 내는 것은 아니다. 예술이 만일 자연의 단순한 모사이거나 인간 생의 단순한 재현 이외 아무것도 아니라면, 예술에 내재하는 가치나 인간 문화에 있어서의 예술의 기능이란 도리어 의심스럽고 문제가 있는 것이다. 예술은 자연의 모방이나 인간 생의 재현 이상의 것이다. 예술은 인간의 생에 새로운 차원을 부가한다. 다시 말해 예술은 우리가 사물을 통상적으로 이해할 때에는 도달할 수 없는 깊이를 인간의 생에 부여한다. 예술은 자연과 생의 단순한 반복이 아니다. 예술은 일종의 변환이자 실체적 변화(transubstantiation)이다. 이 실체적 변화는 미적 형식의 힘에 의해 성취된다. 미적 형식은 단순한 소여가 아니다. 즉 미적 형식은 우리의 직접적인 경험 세계의 자료가 아니다. 미적 형식을 알아차리기 위해서는 우리는 미적 형식을 산출하지 않으면 안 된다. 그리고 이 산출은 인간 정신의 자율적인 특수한 작용에 기초를 두고 있다. 미적 형식은 자연의 일부라든가 자연의 한 요소이다라는 식으로 말해선 안 된다. 미적 형식은 자유로운 활동의 산물이다. 이러한 이유 때문에 예술의 영역에서는 우리의 보통의 감정, 정념, 정서의 일체조차 기본적 변화를 겪게 되는 것이다, 수동성 그 자체가 능동성으로 전화되며 단순한 수용성은 자발성으로 변화된다. 여기에서 우리가 느끼는 것은 어떤 단일하거나 단순한 정서적 상태인 것이 아니다. 우리가 여기에서 느끼는 것은 인간의 생의 전 영역이며, 인간의 생이 그 극단에서 극단으로, 즉 환희와 비애, 희망과 공포, 고양과 절망 사이를 끊임없이 흔들리며 움직이는 진자와 같은 운동이다.

어쩌면 이것은 미적 과정의 일면적인 서술에 지나지 않는다는 반론이 있을지도 모른다. 물론 예술작품의 창조는 최고의 활동과 활력을 수반하고 있다고 말해도 좋을 것이다. 그러나 이 원리는 우리 자신, 즉 관객과 청중에 대해서도 성립할 것인가? 바흐의 푸가나 모차르트의 협주곡을 듣고 있을 때, 우리는 흔히 '미적 평정'의 상태라고 기술되어 온 일종의 평안 내지 정적(靜寂) 속에 있는 것처럼 생각된다. 만일 '미적 평정'이라는 것에 의해 우리가 이해하는 것이 정념이나 감정 · 정서의 직접적인 힘과 압력이 주어지고 있지 않다는 것이라면, 우리는 이 용어를 수용해도 좋다. 그러나 그것은 결코 미적 상태를 단순한 수동의 상태로 환원해 버리는 것은 아니다. 그것이 의미하는 것은 바로 그 반대이다. 예술작품의 감상자조차도 단순한 수동적 역할에만 제한되어 있는 것은 아니다. 감상자가 예술작품을 정관(靜觀)하고 향수하기 위해서는 예술작품을 그 나름대로 창조하지 않으면 안 된다. 예술작품을 존재하게끔 한 창조적 과정을 우리가 어떤 정도까지 재생산하고 재구성하지 않고서는 위대한 예술작품을 이해하거나 느낄 수 없는 것이다.

미적 경험은 항상 역동적인 태도이지, 정적인 태도가 아니다. 이것은 예술가 자신에게서도 감상자 측에서도 그러하다. 우리가 예술적 형식의 영역에 사는 것은 예술적 형식의 창조에 참여함이 없이는 가능하지 않다. 예술가적인 눈은 단지 외적 사물이 부여하는 인상을 받아들이거나 기록할 뿐인 수동적인 눈이 아니다. 예술가의 눈은 구성하는 눈이다. 실러는 자신의 『인간의 미적 교육에 관한 서한(*Über die ästhetische Erziehung des Menschen in einer Reihe von Briefen*)』에서 다음과 같이 말하고 있다. "아름다움은 우리에게 있어 하나의 대상이다. 왜냐하면 우리가 아름다움에 대한 감정을 가지기 위한 조건이 반성이기 때문이다. 그러나 아름다움은 동시에 우리의 주관 (우리의 자아)의 상태이기도 하다. 우리가 아름다움에 대한 표상 관념을 가지기 위한 조건은 감정이기 때문이다. 한마디로 말하자면 아름다움은 우리의 상태이며 동시에 우리의 행위이다. 그리고 바로 아름다움이 동시에 이 두 가지 다이기 때문에 그것은 우리에게 과정이 결코 형식을 배제하지 않음을 분명히 입증해 준다. 그러므로 인간이 필연적으로 묶여 있는 물리적인 것에의 의존은 조금도 인간의 도덕적 신념을 파괴하는 것이 아님을 입증해 준다."[20]

우리가 받아들인 미학적 이론들에서는 이 대극성(polarity)—이것은 미에 있어 하나의 내재적 필요조건이다—이 두 요소의 의미로 표현되고 설명되었던 셈이다. 그리하여 그 대극성은 서로 정반대의 해석들로 이끌렸던 것처럼 보인다. 한편에서 우리가 발견하는 것은 정신주의적인 이론들로서, 이 이론들은 예술의 미와 자연의 미 사이의 어떠한 연관도 단호하게 부정한다. 이들 이론은 '자연미'와 같은 그러한 현상이 존재하는 것조차 부정하는 것이다. 크로체는 미에 관한 그 같은 사색의 전형적인 대표자 중 한 사람이지만 그에 따르면, 아름다운 나무라든가 아름다운 강이라고 말하는 것은 단순한 수사(修辭)에 지나지 않는 것이다. 그러한 것은 모두 단순한 비유이자 비유적 표현에 불과한 것이다. 크로체는 자연

20) *On the Aesthetic Education of Man*, trans. Reginald Snell, New Haven: Yale University Press, 1954. 제25서한, 122쪽.

은 예술과 비교한다면 시시하기 짝이 없다고 말한다. 만일 인간이 자연으로 하여금 말하게끔 하지 않는다면, 자연은 그저 묵묵히 있을 뿐이라는 것이다. 다른 한편에서 위대한 예술가들은 거듭 되풀이하여, 자신들이 미를 창조하는 것은 불가능하다고 느끼고 있음을 우리에게 확언해 왔다. 즉 자신들은 미를 발견한 것으로, 자연 가운데서 미를 보았으며 그 미를 거기에서 단지 바깥으로 이끌어 냈을 뿐이라는 것이다. 알브레히트 뒤러는 말한다. "왜냐하면 예술은 진정코 자연에 고착해 있기 때문이며, 거기에서 예술을 끌어내는 자만이 예술을 소유하는 것이다."[21]

그렇지만 우리는 여기서 이른바 '유기체적 미'와 '미감적 미'를 구별함으로써 이 딜레마를 해결할 수 있다고 나는 생각한다. 만일 우리가 미를 정의함에 있어 고전적 정식이 지닌 의미에 따라 미란 "다양에 있어서의 통일"이라고 한다면, 우리가 미를 예술의 분야에만 한정할 수 없다는 것은 분명하다. 미는 유기체적 자연에 대한 일반적 술어도 된다. 칸트는 두 가지 과제, 즉 예술과 유기체적 자연 간의 긴밀한 연결을 증명하고, 그 연결을 그 본래의 조건에 한정짓는 두 가지 과제를 자신에게 부과한 최초의 사상가였다. 『판단력비판』에서 칸트는 이 두 문제를 병렬시켜 밀접한 관계 아래에서 논하고 있다. 미적 판단은 목적론적 판단의 일반적 기능의 특수한 경우가 되어 있다. 그러나 다른 한편으로 자연에 관한 목적론은 예술작품의 목적론과는 날카롭게 구별되었다. 나는 여기서 칸트의 학설에 대한 역사적 해석이나 흥미롭고 복잡한 이 문제의 체계적 논의에 들어갈 수는 없다. 그것은 아마도 추후에 논의할 수 있을 것이다. 당분간

21) 콘웨이, 『알브레히트 뒤러의 문학적 유고』(William Martin Conway, *Literary Remains of Albrecht Dürer*, Cambridge: Cambridge University Press, 1889, 182쪽.

나는 약간의 일반적 소견을 말하는 것에 만족하고자 한다.

'자연'이라는 것은 여러 다양한 의미로 사용되는 상당히 애매한 용어이다. 과학자의 '자연', 즉 이른바 물리적 세계이자 원자와 전자의 세계, 인과 법칙의 세계인 '자연'은 우리가 직접 경험하는 자연은 아니다. 이러한 과학적인 자연은 결코 경험적 소여가 아니다. 과학적인 자연은 오히려 이론적인 구성물이며, 이 구성물의 논리적 의미 및 가치는 인식론적 분석, 즉 일반 지식론에 의해 설명되고 해명되어야 한다. 자연에서 우리가 처음 경험하는 것은 결코 명확한 성질들을 지닌 물리적 대상도, 단순한 감각 인상도 아니다. 우리는 표현적 성질로 이루어진 세계 속에 살고 있으며, 그러한 표현적 성질 각각은 어떤 일정한 정서상의 방향을 지니고 있다. 그 정서들의 방향이란 이를테면 엄격함, 사랑스러움, 순조로움, 조잡함, 단호함이나 엄밀함, 온화함이나 상냥함 등이다. 아이의 세계나 미개인의 세계는 아직 상당한 정도까지 그러한 정서적 성질들로 이루어져 있는 것처럼 보인다. 그러한 정서적 성질들은 듀이의 언어로 말하자면, 제3성질이라고 일컬어도 좋을 것이다.[22] 예술작품조차 이 제3성질들에 의해 채워져 있고 그것들에 의해 충만해 있는 것이다. 그러나 예술작품에서 제3성질은 더 이상 결정적 특질을 이루지 않는다. 제3성질은 예술작품의 재료이지만 예술작품의 본질을 구성하는 것은 아니다.

구체적인 예를 하나 들어 이 점을 명확하게 해보자. 한 풍경이 갖는 자연적 미는 그 풍경의 미감적 미와 동일한 것은 아니다. 나는 아름다운 풍경 속을 거닐면서 그 풍경의 자연적 매력 전부를 느낄 수 있을 것이다. 나는 감미롭고 부드러운 공기를 느낄 뿐만 아니라 청명한 날씨, 마음을

22) 『인간에 관하여』 78쪽에서 카시러가 이 점에 관해 듀이에 대해 말하고 있는 견해를 참조.

밝게 하는 다양한 색들, 개울의 나지막한 시냇물 소리 또는 꽃들의 향기를 느낄 수 있을 것이다. 이들 모두는 나에게 특별하고 특징적인 종류의 매우 강렬한 즐거움을 가져다 준다. 그러나 이런 종류의 즐거움은 아직 미적 경험은 아니다. 미적 경험은 나의 정신의 틀 내부에서의 어떤 돌연한 변화와 함께 시작된다. 나는 풍경을 단순한 관찰자의 눈이 아니라 예술가의 눈을 가지고 보기 시작한다. 나는 내 마음속에 그 풍경의 '그림'을 형성한다. 이 그림에는 그 이전에 풍경 속에 있던 성질들이 모조리 잊혀지거나 지워져 있는 것은 아니다. 예술적으로 가장 강력하고 가장 유능한 상상력조차 새로운 세계를 무로부터 창조할 수는 없다. 그러나 예술가가 자연에 가까이 갈 때 자연의 모든 요소는 하나의 새로운 형상을 띤다. 예술적 상상력과 감상력은 물리적인 죽은 사물이나 아무 소리도 내지 않는 감각적 성질들의 측면을 우리에게 부여하는 것이 아니다. 예술적 상상력과 감상력은 활동하고 살아 있는 형식들로 이루어진 세계, 즉 빛과 그림자의 균형, 리듬과 멜로디의, 그리고 선과 윤곽의, 형태와 구도의 균형을 우리에게 부여한다.

이 모든 것은 수동적인 방식으로 지각되고 수용될 수 있는 것이 아니다. 우리가 그러한 형식들을 의식하고 발견하고 느끼기 위해서는 그러한 형식들을 구성하고 만들어 내지 않으면 안 된다. 이 역동적인 측면이 정적이고 물질적인 측면에 새로운 색조와 새로운 의의를 부여하는 것이다. 우리의 수동적인 상태 전체는 이제 능동적인 에너지로 변화된다. 이때 내가 주시하는 형식들은 나의 상태만이 아니라 나의 행위이기도 하다. 미적 경험의 이러한 성격이야말로 인간 문화에서 점하는 그 특별한 위치를 예술에 부여하며, 또한 예술로 하여금 인간 자유를 위한 교육 체계에서의 본질적이고 불가결한 요소가 되게끔 하는 것이다. 예술은 자유에 이르는 길이자 인간 정신의 자유—이것이야말로 모든 교육의 참되고 궁극적인 목표이다—를 향한 과정이다. 예술은 그 본연의 과제를 이행하지 않으면 안 된다. 그 과제는 다른 어떠한 기능에 의해서도 대체될 수 없다.

국가의 신화

9
철학과 정치
(1944)

카시러는 1944년 4월 3일, 코네티컷 주(州) 뉴 런던 소재 코네티컷 컬리지에 초빙되어 이 강의를 하였다.(MS #212) 이 강의에는 두 개의 원고가 남아 있는데, 하나는 카시러가 직접 손으로 쓴 초고이고 다른 하나는 타이핑 문서를 복사한 것이다. 타이핑 복사본에는 이것이 "총 29~30회 연속강의"를 위한 1회 강의라고 적혀 있다. 타이핑 원고는 몇 가지 사소한 점에서 손으로 쓴 초고와 다르긴 하지만 아래의 텍스트는 타이핑 원고를 손으로 쓴 초고와 비교하여 바로잡은 것이다.—편자

철학 사상이 이론적이고 과학적인 문화 전반의 필수불가결한 구성 요소임은 일반적으로 인정되고 있다.[1] 철학은 인간의 여러 활동 전체를 포

1) 본래의 원고에는 다음과 같은 한 단락이 포함되어 있다. "나는 우선 수강자 여러분들에게 강의할 기회를 열어 준 하프크스브링크(Hafkesbrink) 교수의 친절한 초대에 깊은 감사를 드리지 않을 수 없다. 이 초대를 나는 큰 기쁨으로 수락했다. 왜냐하면 여러분들이 지금 씨

괄하고 통일하는, 그리하여 그것들을 하나의 공통 초점으로 맞추는 사고의 위대한 노력이다. 이 점에서의 철학의 임무와 사명에 대해서는 아무런 논의의 여지도 없다. 그렇지만 철학을 인간의 사고만이 아니라 인간 행동의 추진력으로서도 말하는 것은 과장된 견해인 것 같이 생각된다. 현실 생활에서 우리는 철학과는 아주 다른 것들에 의해 영향을 받고 있다. 우리가 자극을 받는 것은 사상에 의해서가 아니라 정서적 감정에 의해서이다. 즉 자극은 우리의 직접적인 요구가 가져오는 절박함이나 긴급함에 의한 것이지, 일반적인 원리에 의한 것은 아니다. 철학은 너무나 추상적이며, 우리의 직접적 요구라는 이 영역으로부터 너무 멀리 떨어져 있다. 그것은 고매한 사변으로 되어 있어, 우리의 현실적 세계, 우리의 정치 생활이나 사회 생활과는—설령 있다고 해도—극히 몇 안 되는 관계밖에 갖지 않는 것처럼 보인다. 그러한 사변은 우리의 지적 호기심을 환기시킬지는 모르지만, 구체적인 실제적 문제들에 관계되자마자 우리는 그것을 망각하고 무시하기 십상이다. 확실히 철학은 조직화하는 위대한 힘이다. 그러나 이 힘은 우리가 사상의 영역에서 행동의 영역으로 넘어갈 때 갑자기 정지되고 마비되는 것처럼 보인다.

그럼에도 불구하고 정치 사상이나 사회 사상의 역사가 우리에게 제시하고 있는 것은, 철학의 역할에 대한 이러한 견해는 오히려 근시안적이고

⁚

름하고 있는 문제는 매우 중요한 것이기 때문이며, 또한 내게도 그것은 일반적인 이유에서만이 아니라 많은 개인적 이유에서도 흥미로운 것이기 때문이다. 하지만 나는 이러한 광범한 주제에 관해 짧은 시간 내에 말하는 것이 매우 곤란하다는 것도 충분히 알고 있다. 이 자리에서는 두세 가지 일반적 고찰을 행하는 데 만족해야만 하지만 머지 않아 이들 고찰을 두 독일 철학자, 즉 오스발트 슈펭글러와 마틴 하이데거의 저작들을 언급함으로써 자세히 논할 생각이다. 이 두 철학자는 1차 세계대전 이후 시기의 정치사상의 전개에 현저하게 커다란 영향을 미쳤던 인물들이다."

부적절하다는 사실이다. 인간의 사상에서의 모든 커다란 위기야말로 항상 인간의 도덕적 사회적 행동상의 심각한 위기를 수반했기 때문이다. 하나의 구체적인 역사적 실례를 들어 이 점을 설명해 보자. 18세기에서 19세기로 눈을 돌려볼 때 우리는 철학 사상의 전반적인 방향 정립에서 하나의 뿌리 깊은 변화가 일어남을 발견한다. 18세기는 계몽의 시대였다. 그것은 합리적 사고의 승리였다. 합리적 사고는 자연의 정복을 개시하고 있었다. 이미 뉴턴은 자연 해석에 새로운 통로를 연 보편적 법칙, 즉 인력의 법칙을 발견하고 있었다. 그가 내놓은 것은 매우 단순한 하나의 공식이었지만, 이 공식이야말로 그때까지 인간의 사고로는 도달하기 어렵다고 여겨져 왔던 가장 복잡한 자연 현상에 대한 해명을 포함하고 있는 것으로 보였다.

"자연과 자연의 법칙은 밤의 어둠 속에 숨겨져 있었다. 그때 신이 말하길 '뉴턴이여 나타나라.' 그러자 모든 것이 밝아졌다."라고 알렉산더 포프는 유명한 시 한 구절에서 말했다. 그러나 거기에는 아직, 더 크고 곤란한 과제가 남아 있었다. 자연적 세계의 정복은 정치적 사회적 세계의 정복에 의해 보완되고 완성되어야만 했다. 인간에게는 자연 법칙을 논의하는 것만으로는 충분하지 않다. 인간 특유의 세계, 즉 사회적 역사적 세계의 구조를 인식하거나 이해하지 않는 한, 인간은 아직 혼돈된 마음의 상태에 살고 있는 것이다. 정치적 세계의 이러한 혼돈을 합리적 사고의 통제 아래 가져오는 것이야말로 계몽 시대의 가장 중대한 문제가 되었다. 이 시대의 모든 철학자나 위대한 과학자들은 이 커다란 문제의 해결에 서로 협력하였다.[2] 영국에서는 로크와 그의 제자 및 신봉자들의 정치 철

2) 『계몽주의의 철학』(trans. F.C.A. Koelln and J.P. Pettegrove, Princeton, N. J.: Princeton University Press, 1951; orig. German ed. 1932), 제6장.

학이 발견된다. 프랑스에서는 백과전서파 사람들, 즉 대백과전서의 제작자들이나 협력자들이 존재한다. 독일에서는 칸트와 그의 이론 이성과 실천 이성의 비판이 발견된다. 이들 서로 다른 민족이나 여러 철학적 학파 간에는 현저한 차이가 존재한다. 그러나 이 모든 차이들을 무색하게 한 것은 동일한 하나의 기본적 사상 경향, 즉 인간의 정치 생활과 사회 생활의 가장 긴급한 문제들에 철학적 합리적 해답을 찾아내려고 하는 공통의 노력이었다.

이 노력은 어떤 특수한 나라에만 한정되지 않았다. 그것은 모든 문명화된 민족들의 지적 생활에서 발견되는 전반적 양상이다. 이 점에서는 서로 다른 국가 간의, 심지어 서로 다른 대륙 간의 모든 경계선이 폐기된다. 우리는 동일한 기본적인 정치적 사상과 신념들이 문화 세계 전체에 널리 퍼져 있음을 발견한다. 아마도 그것들의 가장 명료하고 특징적인 표현은 미국의 권리장전, 특히 버지니아 주의 권리장전에서 발견될 수 있을 것이다. 동일한 이념은 미국의 독립선언에서도 표명되고 있었다. 이들 모두는 유럽의 정치 사상의 발전에까지 최고도의 중요성을 지니는 것이었다. 프랑스의 지도적 철학자 중 한 사람인 콩도르세는 프랑스혁명의 분쟁에도 적극적으로 참가했지만 다음과 같이 썼다. "이들 근원적인, 법적으로 규제되지 않는 권리들은 철학자들의 저작이라든가 모든 공정한 사람들의 마음속에 살고 있다는 것만으로는 충분하지 않다. 우리는 위대한 한 민족의 실례에서 그러한 권리들을 읽어 내지 않으면 안 된다. 미국은 우리에게 이 실례를 제시했다. 미국 독립선언이야말로 그처럼 오랜 기간 망각되고 있던 이 같은 신성한 권리들의 간결하고도 탁월한 표현인 것이다."〔콩도르세, 『미국 혁명이 유럽에 끼친 영향』(*De l'influence de la Révolution d Amérique sur l'Europe*), 1786, 제1장.〕

'인간 및 시민의 권리선언'은 1789년 8월 26일 프랑스 국민의회에 의해 공포되었지만 그 역사적 기원을 둘러싼 문제는 아직도 중요하게 논의되고 있다. 독일의 저명한 헌법학자 게오르크 옐리네크(Georg Jellinek)은 1895년에 발표한 매우 흥미로운 한 논문에서, 이 선언을 18세기 프랑스 철학자들의 관념으로부터 무르익은 직접적인 성과로서 간주하는 것은 잘못이라는 주장을 제기하였다. 옐리네크에 따르면, 프랑스혁명의 법적 정치적 관념의 참된 원천은 몽테스키외나 루소의 저작들에서가 아니라 미국의 권리장전에 있다는 것이다. 다른 논자들은 이 견해를 격렬하게 공격했다.〔(마르카지, 『1789년의 인권 선언의 기원』(V. Marcaggi, *Les origines de la déclaration des droits de 1'homme de 1789*, Paris, 1904): 이 문제에 관한 보다 상세한 점에 대해서는 F. 클뢰베크론, 「인간 및 시민의 권리 선언의 성립」(Fritz Klövekron, "Die Entstehung der Erklärung der Menschen und Bürgerrechte", in *Hist. Stud.*, Heft XC, Berlin, 1911.) 및 G. A. 잘란더, 「인권의 생성에 관하여」(G. A. Salander, "Vom Werden der Menschenrechte", in *Leipziger rechtswissenschaftliche Studien*, Heft 19, Leipzig, 1926.) 참조.〕

여기서 우리는 매우 활발히 논의되었던 이 문제에 가담할 필요는 없다. 왜냐하면 이들 중 어느 쪽이 우위를 갖는가라는 문제는 여기에서는 중요하지 않기 때문이다. 프랑스혁명의 옹호자들이나 '미국 민주주의의 아버지들' 모두 이러한 문제는 개의치 않았을 것이다. 그들 가운데 어느 누구도 결코 자신들의 기본적 원리가 지닌 독창성을 주장하지 않았다. 이들 원리는 어떤 의미에서는 세계만큼이나 오래된 것이라고 그들은 확신했다. 인권이란 파기할 수 없는 것이라는 인식이 하나의 '공유 관념', 즉 "언제나 어느 곳에서나 모든 사람에 의해서(Quod semper, quod ubique et quod ab omnibus) 믿어져 온" 것으로 간주되었다. 제퍼슨(Thomas Jefferson)이 자신의 편지 중 하나에서 썼듯이, "독립선언의 목적은 지금까지 생각할 수 없었던 새로운 원리라든가 새로운 논증을 발견해 내는 것도 아니었고, 또 단순히 이전에는 전혀 말해지지 않은 것들을 말하는 것도 아니었다. 그것의 목적은 당면 문제의 상식적 의견을 사람들의 동의를 구할 만큼 간명하고 확고한 말로 인류 앞에 내놓는 데 있었다."〔1825년, 제퍼슨이 리(Lee)에게 보낸 편지. 칼 베커, 『독립선언: 정치사상사의 한 연구』(Carl Becker, *The Declaration of Independence: A Study in the History of Political Ideas*, 2d. ed, New York, 1942), 25쪽 이하에서 인용.〕

이 기대는 어긋나지 않았다. 미국과 프랑스에서의 이 선언에 표명된 원리들은 문명 세계 전체에서 승리를 얻었다. 어디에서나 그 원리들은 최대의 열광으로 환영을 받았다. 독일의 위대한 사상가 임마누엘 칸트는 프랑스혁명의 열렬한 찬미자였다. 그리고 칸트의 정신과 성격상의 강고함을 나타내는 의미심장한 면모는, 프랑스혁명의 대의가 파괴된 것처럼 보였을 때에도 그가 자신의 판단을 바꾸지 않았다는 점에 있다. '인간 및 시민의 권리 선언' 속에 표현된 사상의 윤리적 가치에 대한 그의 신념은 흔들리지 않은 채 남아 있었다. 그는 다음과 같이 말했다. "그러한 사건은 인간에 의해 이루어진 중요한 위업 내지 악행에서 일어나는 것이 아니다. 그러한 위업이나 악행을 통해서는 위대했던 것이 하찮은 것이 되거나 예로부터의 영광스러운 정치 형태가 소멸되거나 또 다른 한편에서는 다른 형태가 돌연 출현하기도 한다. 그러나 저 사건은 이런 류의 어떠한 것과도 다른 것이다!……우리가 살면서 목도하는 이 재기 넘치는 민족에 의한 혁명은 성공할지도 실패할지도 모른다. 그 혁명은 비참과 잔학으로 가득 차 있어, 정상적인 사람이 비록 운 좋게도 혁명의 성취를 확신할 수 있다고 할지라도 그러한 값진 희생을 들여 실험을 되풀이하기로 결정하지는 않을 것이다. 그럼에도 불구하고 이러한 혁명은 모든 목격자의 마음속에 실로 열광에 가까운 공감을 불러일으킨다.……그러한 현상은 결코 망각될 수 없다. 왜냐하면 인간적 본성 속에는 그 어떤 정치가가 과거의 여러 사건들의 경과를 요약해 봐도 예측할 수 없는, 보다 나은 것에로 향하는 경향과 소질이 있음을 그 현상은 증명하기 때문이다.〔칸트, 『학부들의 싸움』(*Der Streit der Fakultät*, 1798, 2절, *Works*. Edited by E. Cassirer, vol. VII, 391쪽 이하.)〕"[3)]

그러나 칸트의 이 예언은 실현되지 않았다. 독일에서는 적어도 프랑스혁명과 미국 독립선언의 원리들이 단순히 망각되었던 것만이 아니었다. 그 원리들은 거의 모든 정치학이나 철학의 유파들에 의해 공공연히 거부되고 공격되었다. 피히테는 자신의 초기 저작들에서 여전히 칸트와 같은 기질을 가지고 인권에 관해 말한 유일한 독일 사상가였다. 그 외의 모든 낭만파 저술가들, 셸링과 헤겔, 프리드리히 슐레겔과 아담 뮐러는 법적으로 좌우되지 않는 타고난 자연권이라는 관념을 경멸했다. 최초의 열광—헤겔이나 셸링조차 이 열광에 참여했다—에 뒤이어 나타난 것은 깊은 환멸과 불신이었다. 그러한 태도를 가져온 정치적 이유는 명백했다. 프랑스혁명은 공포 정치와 나폴레옹 전쟁의 시대 속에서 종결되었다. 벤자민 프랭클린은 혁명이 시작될 무렵 파리에서 보낸 한 통의 편지에서 이렇게 썼다. "전 유럽을 휩쓰는 자유의 이 불꽃이, 마치 황금에 작용할 때와 같이 인권이라는 헤아리기 어려운 가치에도 미치기를 나는 희망한다. 그 불꽃이 인권을 파괴하지 않고 정화할 수 있기를 바란다."〔『벤자민 프랭클린 서한집』

3) *Immanuel Kants Werke*, ed. Ernst Cassirer (Berlin: Bruno Cassirer, 1912) 참조.

(*Correspondance de Benjamin Franklin*, traduite et annotée par Ed. Labouty, 2 vols., Paris, 1866.)] 하지만 이 기대는 최종적으로 좌절되는 듯이 보였다. 프랑스혁명이 내세웠던 위대한 약속은 이행되지 않은 채로 남아 있었다. 정치적 사회적인 전 질서는 완전한 좌절에 봉착한 듯이 생각되었다. 낭만주의 저술가들에게 최대의 권위를 지닌 사람인 에드먼드 버크는 1793년의 프랑스 체제를 '무정부 상태의 축약판'이라고 불렀다. 그리고 양도할 수 없는 권리라는 신조는 그에게 '폭동에의 권유이자 무정부 상태의 영속적 원인'에 다름 아니었다.〔찰스 그로브 헤인즈, 『자연법 개념의 부활』(Charles Grove Haines, *The Revival of Natural Law Concepts*, Cambridge, 1930.)〕

이제 견고하게 확립된 어떤 절대적인 권위로 되돌아가는 것이야말로 거기에서 탈출하기 위한 유일한 방도인 것처럼 생각되었다. 대부분의 낭만주의 사상가들에게는—헤겔은 예외로 하되—정치는 제일의 주요 관심사는 아니었다. 그들은 엄격한 정치적 현실의 세계에서보다는 훨씬 더 많이 '정신'의 세계, 시와 예술, 철학의 세계 속에 살았다. 그리고 이 세계 속에서 그들은 하나의 새로운 영토를 발견하고 있었다. 그 이후 그들의 주의력 전체는 자신들을 최대의 열광으로 채웠던 이 발견에로 집중되었다. 초기의 낭만주의에서는 역사에의 관심이 다른 모든 관심을 덮어버리고 있다. 그들이 국가의 자연권을 주장하는 이론들을 공격하는 것도 이러한 견지에서이다. 사회 계약은 역사적 사실이 아니라 단순한 허구이다. 그러한 전제들로부터 출발하는 모든 국가 이론은 말하자면 사상누각(砂上樓閣)과 다를 바 없다. 법이나 국가는 인간이 '만들어 낸' 것이 아니다. 그것들은 어떠한 개인적 의지의 산물이 아니며, 따라서 이들 의지의 관할 아래에 놓여 있지 않다. 그것들은 우리의 이른바 개인의 권리들에 의해서는 속박되지도 제한되지도 않는다. 자비니(Friedrich Karl von

Savigny)가 상세하게 논했던 역사법학파의 원리에 따르면, 인간이 법을 만들 수 없는 것은 정확히 언어나 신화, 종교를 만들 수 없는 것과 같은 이치이다. 인간 문화는 인간의 자유롭고 의식적인 활동에 의한 소산이 아니다. 그것은 '보다 높은 필연성'에서, 즉 무의식적으로 작동하고 창조하는 민족 정신에서 비롯된다.

만일 우리가 이들 낭만파 이론들—이른바 역사법학파의 이론들—을 수용한다면, 우리는 인간의 사회적 정치적 생활에서의 철학의 역할에 관해 18세기 대사상가들 전체가 공유해 온 모든 구상을 정정할 뿐만 아니라 폐기하기까지 해야 한다. 사실 이러한 변화는 19세기 가장 위대한 사상가의 체계 속에서, 즉 헤겔의 체계 속에서 가장 특징적인 방식으로 나타나고 있다. 확실히 헤겔은 결코 철학적 이성의 생득적인 권리들의 하나를 희생할 생각은 없었다. 오히려 반대로 그는 철학사상 전혀 나타난 적이 없었을 정도의 가장 견고한 이성주의의 옹호자였다. 그에게는 현실적인 것과 이성적인 것 간의 차이는 존재하지 않는다. 모든 현실적인 것은 이성적이며 모든 이성적인 것은 현실적이다. 그러나 다름 아닌 이 '이성'이라는 말은 더 이상 헤겔에 의해서는 칸트나 그 외 18세기 사상가들에 의해 이해되었던 것과 동일한 의미에서는 이해되지 않는다. 칸트에 따르면, 이성은 인간의 이론적 실천적 생에서, 지식과 인간의 도덕적 의식에서 스스로를 나타내는 것이다. "무릇 이 세계 내에서 또는 세계 밖에서조차도, 아무런 제한 없이 선(善)으로 간주될 수 있는 것은 아마도 선의지 이외에는 생각될 수 없을 것이다."라고 칸트는 자신의 『도덕형이상학의 정초』에서 말했다.[4)]

4) 『칸트의 실천이성비판과 윤리학 이론에 관한 저작들』(*Kant's Critique of Practical Reason*

그러나 칸트의 이러한 윤리적 원리는 헤겔에 의해 끊임없이 공격되었다. 헤겔은 『정신현상학』에서 이 이른바 선의지, 또는 그의 서술에 따르면 이 '심정의 법칙'은 키마이라적 관념에 지나지 않는다고 단언했다. 그러한 법칙은 우리 개개인의 사적 생활에서는 하나의 규칙으로 간주될지도 모르지만 참된 현실, 즉 역사나 정치 및 국가 생활 위에서는 아무런 힘도 갖지 않는다. 우리는 세계의 경과나 커다란 정치적 활동을 개개인의 도덕적 의식이라는 사소한 기준에 따라 측정할 수 없다. 그것들은 하나의 현실성을 지니며 따라서 그것들 고유의 정당성을 지닌다. 헤겔에 따르면, 역사는 '절대적 이념'의 구체화(incarnation)이다. 그것은 "시간에 있어서의 정신의 발전"인 것이다. 그리고 국가는 지상에 현존하는 바의 '신적인 이념'으로서 규정된다. 이 신적인 이념에 대면할 때 개인 그 자체는 아무런 권한도 갖지 않는다. 헤겔은 말한다. "국가란 윤리적 실체, 즉 자기확신적인 절대적 정신으로서, 선과 악, 치욕과 비천, 우둔과 기만이라는 추상적인 규정을 승인하지 않는다."[5)]

이는 정치적 역사적 세계에 대한 철학적 사고의 전적으로 새로운 태도를 의미한다. 왜냐하면 이제 철학적 사고는 이 세계를 개량하여 새로운 형태로 주조한다는 일체의 요구를 포기하기 때문이다. 이 세계를 이해하고 해석하는 것, 즉 역사적 현실의 있어야 할 모습이 아니라 있는 그대로를 서술하는 것, 이것이 철학적 사고의 최고이자 유일한 목표가 된다. 헤겔이 선언했듯이, 철학자는 필연적으로 자신의 시대의 현실에 따르지 않

and Other Works on the Theory of Ethics, trans. T. K. Abbott, 6th. ed., London: Longmans, Green, 1909), 6쪽 참조.

5) 헤겔, 『정신현상학』(*Phänomenologie des Geistes*, Hamburg: Felix Meiner Verlag, 1952), 355쪽 이하 참조.

으면 안 된다. 그는 그 시대의 자식이며, 그 시대를 뛰어넘을 수 없는 것이다. 그는 정치적 사회적 생의 주어진 조건을 받아들이지 않으면 안 된다. 우리는 이 새로운 태도를 나타내는 가장 특징적이고 특출한 표현을 헤겔의 『법철학』 서문의 유명한 문구에서 발견한다. 헤겔은 말한다. "세계가 어떻게 존재해야 하는가의 지식에 관해서 한 마디 덧붙인다면, 그 목적을 위해 철학은 원래 항상 발걸음이 너무 더디다는 사실을 지적하고자 한다. 세계의 사상으로서의 철학은 현실이 그 형성 과정을 종결하고 완수하고 나서야 등장한다. 개념이 이와 같이 가르치는 것을 역사도 필연적인 것으로서 보여 준다. 오로지 현실의 성숙 속에서만 이념적인 것은 현실적인 것에 대해 나타나며, 또한 그것은 그 실체에서 파악된 동일한 세계를 자신의 하나의 지적 왕국으로 건설한다. 철학이 자신의 회색을 회색으로 칠할 때, 삶의 모습은 이미 노후해지고 만다. 회색에 회색을 칠함으로써 삶의 모습이 다시 젊어질 수는 없고 다만 인식될 뿐이다. 미네르바의 올빼미는 황혼이 찾아들면 비로소 날기 시작한다."[6]

여기서 우리는 한 걸음 더 나아가 헤겔 철학에서 우리 동시대의 독일 사상으로 옮겨가 보기로 하자. 1차 세계대전이 종결된 직후인 1918년에 오스발트 슈펭글러는 자신의 저서 『서구의 몰락(*Der Untergang des Abendlandes*)』[7]을 출판했다. 이 책은 즉각 선풍적인 성공을 거두었다. 그것은 독일뿐만 아니라 다른 모든 나라들에서도 읽히고 연구되었고, 거의

6) 『법철학 강요』(*Grundlinien der Philosophie des Rechts*, ed. Johannes Hoffmeister, 4th. ed. Hamburg: Felix Meiner Verlag, 1955), 17쪽.

7) 영역본(*The Decline of the West*, trans. C. F. Atkinson, 2 vols., New York: Knopf, 1926 and 1928). 카시러, 『국가의 신화』 289~292쪽 및 이 책 11장 「현대의 정치적 신화의 기술」과 2장 「문화 철학으로서의 비판적 관념론」 참조.

모든 언어로 번역되었다. 인간의 문화적 생이라는 슈펭글러의 구상은 어떠한 것일까? 그의 책에서 새로운 걸음이 내디뎌졌지만 그 걸음은 어떤 의미에서 헤겔의 체계보다도 훨씬 중요한 의의를 나타냈으며 이로부터의 여러 정치적 귀결은 훨씬 멀리까지 영향을 미쳤다. 슈펭글러는 주어져 있는 구체적인 역사적 상황을 변화시키려고 하는 조금의 시도도 하지 않았다. 그의 유일한 의도는 그 상황을 서술하고 해석하는 것, 그리고 그것을 그의 독자들에게 명료하게 하는 것이었다. 그는 우리의 일체의 문화적 이상의 몰락과 붕괴가 불가피하다고 말했다. 그의 책은 지극히 음울한 전망으로 가득 채워져 있다. 사고나 의지의 어떠한 노력도 우리의 숙명을 변화시킬 수 없다고 그는 단언했다.

헤겔조차도 스스로 절대적 이념의 행진으로 여겼던 역사의 경과를 찬미하고 심지어 신성시했다. 그에게서도 세계사는 세계의 심판이었다. 이 최고 법정의 판결에 대해서는 어떠한 항소도 불가능했다. 그러나 헤겔은 역사의 알려지지 않은 진보를 믿었다. 그리고 이 진보는 그에게 "자유의 의식상의 진보"를 의미했다. 헤겔이 『역사철학 강의』에서 부여한 역사의 정의는 이러한 것이었다.[8] 슈펭글러의 견해는 이와는 정반대의 것이다. 그의 철학에서는 자유의 관념은 필연성과 운명의 관념으로 바뀐다. 그의 체계는 역사적 운명론의 체계이다. 그의 판단은, 우리의 문화적 생이란 최종적으로 운명지워져 있다는 것이다. 우리는 자신의 운명에서 벗어날 수 없으며 위험을 피할 수도 없다. 그럼에도 불구하고 절망해서는 안 된다. 만약 우리가 더 이상 이전의 문명의 이상에 따라 살아갈 수 없다면 새로운 생을 시작해야 하지 않겠는가! 이 점을 슈펭글러 자신의 말로 서

8) 이 책 4장 「헤겔의 국가론」에서의 카시러의 논의 참조.

술해 보자.

"우리는 인간 문명의 시신을 소생시킬 수 없다."고 그는 단언한다. "우리는 새로운 사상을 낳거나 새롭고 위대한 예술작품을 창조하기를 바랄 수 없다. 위대한 회화나 음악에 관해 서양인에게는 더 이상 어떠한 문제도 있을 수 없다.……단지 광범위한 가능성만이 그들에게 남아 있을 뿐이다. 그러나 무한한 희망으로 채워져 있는 원기왕성한 세대에게, 이러한 희망 중 약간은 무로 돌아가지 않을 수 없음을 때맞춰 알아차리는 것이 손실이 된다고는 나는 생각지 않는다.……확신이 있는 사람들이 그들의 결정적인 시기에 건축, 연극, 회화의 영역에서 더 이상 정복되어야 할 아무것도 자신들에게는 남아 있지 않다는 확신에 차 있을 때, 그 종말은 비극적인 게 될 것임에 틀림없다. 하지만 그들이 몰락한다고 해서 그것이 어떻단 말인가라고 말하는 것일까.……이제 마침내 몇 세기에 걸친 과업이 서구인에게 자신의 생의 위치를 전반적인 문화 기획과 연관시켜 관찰하게 하고, 또 자신의 능력과 목적을 음미할 수 있게끔 하고 있다. 내가 단지 희망할 수 있는 것은 새로운 세대의 사람들이 이 책에 감화되어 서정시 대신 공예에, 그림 붓 대신 해양에, 인식론 대신에 정치에 몰두하게 되는 것이다. 그 이상의 것은 그들로서는 할 수 없을 것이다."[9]

'서정시 대신 공예를, 인식론 대신 정치를'이라는 한 철학자의 이같은 권고는 용이하게 이해될 수 있었을 것이며, 또한 독일에서 성장한 신세대에 의해 열심히 수용되었다. 실제로 슈펭글러가 쓴 것은 역사에 관한 책이 아니라—이 점에서의 그의 오류는 무수히 많고 확연히 눈에 띈다—바로 예언서였다. 이 책의 첫머리 문장에서 슈펭글러는 인간 문명의 진로를

9) 『서양의 몰락』 영역본 I, 40쪽 이하.

오류 없이 예언할 수 있는 새로운 기술을 발견했노라고 자랑스럽게 말했다. "이 책에서 최초로 시도되는 것은 역사를 선행적으로 규정하려는 모험이다. 그것은 한 문화의 숙명을, 특히 오늘날 이 지구상에 실제로 완성의 국면에 있는 유일한 문화인 서유럽 및 미국인에 의한 문화의 숙명을 아직 걸어 보지 않은 단계에까지 탐색해가는 그러한 모험인 것이다."[10]

아마도 운명이라는 개념보다 더 오래되고 심원하며 보편적인 신화적 개념은 존재하지 않을 것이다. 하늘과 땅 위의 만물을 지배하는 신비적이고 불가해하며 이겨낼 수 없는 이 힘의 개념은 바빌로니아, 중국, 이집트, 그리스, 페르시아, 게르만 등 모든 민족의 신화 속에서 발견된다. 호메로스의 시에서 올림포스의 신들조차도 운명의 명령에 따르지 않을 수 없는 것이다.

슈펭글러의 책과 동시대 독일의 다른 저술가들에게서 운명이라는, 이 태고의 신화적 개념은 소생되었을 뿐만 아니라 바야흐로 역사적 세계의 중심을 이루는 것이 되었다. 이러한 슈펭글러의 체계를 수용한다면 우리는 마치 우리 각 개인의 모든 지능이 돌연 마비된 것처럼 느낄 것이다. 우리는 비참하고 냉혹한 운명의 멍에에 얽매여 있는 것이다.

동일한 점이—비록 다른 의미에서이지만—마르틴 하이데거의 철학과 그의 저서 『존재와 시간(*Sein und Zeit*)』[11]에서도 나타난다. 하이데거는 후설의 제자였다. 그의 이 저작은 후설의 『현상학 및 현상학적 연구 연보』[12]

10) 『서양의 몰락』 서문.

11) 영역본(*Being and Time*, trans., John Macquarrie and Edward Robinson, Oxford: Basil Blackwell, 1962). 또한 『국가의 신화』 292~293쪽 및 이 책 2장 「문화 철학으로서의 비판적 관념론」 참조. 카시러와 하이데거에 관한 언급에 대해서는 이 책 「서문」 4절 참조.

12) *Jahrbuch für Phänomenologie und phänomenologische Forschung*, 1927.

에 발표되었다. 오랜 기간 그는 독일 현상학파의 걸출한 대표 인물 중 한 사람으로 생각되었다. 그러나 이 책의 전반적 태도는 후설 철학의 정신과 전적으로 대립하는 것이다. 후설은 논리학의 원리들의 분석으로부터 출발했다. 그의 철학적 저작 전체는 이 분석으로부터의 귀결에 의존한다. 그의 궁극적인 목표는 철학을 하나의 '엄밀한 학'으로 만들어 이것을 부동의 사실들과 의심할 수 없는 원리들 위에 기초짓는 데에 있었다. 그러한 경향은 하이데거와는 전혀 맞지 않은 것이다. 하이데거는 '영원한' 진리라든가 철학적 사고의 엄격한 논리적 방법 같은 것이 존재한다는 것을 인정하지 않는다.

그러한 것은 모두 파악할 수 없다고 언명된다. 우리가 논리적인 철학을 건립하고자 해도 그것은 헛된 일이다. 우리가 드러낼 수 있는 것은 '실존 철학' 뿐이다. 철학자가 '객관적'이고 보편타당한 진리를 추구하려고 노력하는 것은 불가능하다. 그가 제시할 수 있는 것은 개인적인 실존의 진리뿐이며, 이 실존은 항상 역사적 성격을 지닌다. 그것은 그 개인이 생존해 있는 역사적 조건들과 결부되어 있다. 이들 조건을 바꾸는 것은 불가능하다. 하이데거는 자신의 사상을 표현하기 위해 하나의 새로운 술어를 만들어 내야 했지만 이것을 영어로 번역하는 것은 거의 불가능하다. 그는 인간의 '피투성(被投性, Geworfenheit)', 즉 인간의 내던져져 있음에 관해 말한다. 시간의 흐름 속에 내던져져 있는 것은 인간적 생의 기초적이고 불변하는 조건이다. 인간은 이 흐름으로부터 빠져나올 수 없으며, 그 진로를 바꿀 수도 없다. 인간은 그 실존의 역사적 조건들을 수용해야만 하며, 그 운명을 감수하지 않을 수 없다.

그러나 오해가 없기를 당부하고 싶다. 내가 여기서 말하려고 하는 것은 슈펭글러의 문화적 비관주의나 하이데거의 『존재와 시간』 같은 저작이 독일에서의 여러 정치적 이념의 발전에 대해 상당한 정도로 책임이 있었다는 것은 아니다. 민족사회주의의 이데올로기는 철학 사상가들에 의해 만들어진 것은 아니다. 그것은 전적으로 다른 토양에서 자라나온 것이다. 그렇지만 슈펭글러나 하이데거의 경우에서 배울 수 있는 사상의 전반적 경향과, 1차 세계대전 이후 독일의 정치적 사회적 생활 사이에는 어떤 간접적인 관계가 존재한다. 철학이 더 이상 자기의 힘을 신뢰하지 않게 되자마자, 그리고 철학이 단순히 수동적인 태도에 굴복하자마자, 그것은 더 이상 자신의 가장 중요한 교육적 과제를 완수할 수 없게 된다. 그 경우 철학은, 인간이 개인적 사회적 생활을 형성하기 위해 어떻게 자기의 활동 능력을 발전시켜야 하는가를 가르쳐 줄 수 없다. 인간 문화의 몰락이나 피할 수 없는 붕괴에 관한 음울한 예언에 빠지는 철학, 그리고 그의 온 주의력을 오로지 **피투성**에 기울이는 철학은 더 이상 철학으로서의 의무를 수행할 수 없는 것이다.[13)]

그러나 이러한 위험을 매우 일찍 감지하고 우리에게 끊임없이 이 위험을 경고하고 있었던 독일인 사상가가 한 사람 있었다. 그는 통상적으로 일컫는 의미에서의 철학자는 아니었다. 그는 한번도 철학 교수직을 맡은 적이 없었고, 또 그의 생애는 흔히 밟는 코스를 전혀 취하지 않았다. 그의 인격은 풍부하고, 일반적 기준으로는 거의 가늠할 수 없는 정도로 개성적이다. 내가 말하고 있는 인물은 알베르트 슈바이처(Albert Schweizer)

13) 슈펭글러와 하이데거에 관한 카시러의 견해는 『국가의 신화』에서의 논의를 계속 잇고 있는 것이지만, 여기에서의 그의 결론은 한층 강력한 화법을 사용하고 있다. '의무'에 대한 강조는 슈바이처의 말에 의한 것이다. 슈바이처, 『문화 철학(*Kulturphilosophie*)』(1923)의 제1부 「문화의 퇴폐와 재건(Verfall und Wiederaufbau der Kultur)」의 영역본(C. T. Campion, New York: Macmillan, 1953), 8쪽 참조.

이다. 만일 여러분들이 그의 자서전—그것은 대단히 흥미롭고 매력적인 책이다—을 눈여겨본다면, 슈바이처는 우선 종교사가로서, 그리고 신학 평론가로서 출발했음을 알게 될 것이다. 그의 최초의 저작은 『예수전(傳) 연구사』(*Die Geschichte der Leben-Jesu-Forschung*) 및 『바울 연구사』(*Geschichte der paulinischen Forschung*)이다. 여기에서 슈바이처는 음악과 음악 이론으로 옮겨 간다. 그는 탁월한 오르간 연주자일 뿐 아니라, 요한 제바스티안 바흐의 작품에 관한 최고의 해석 중 하나를 내놓았다. 그러나 이것이 전부는 아니다. 그 후 슈바이처는 선교사이자 의사가 되었다. 그는 프랑스령(領) 아프리카에서 흑인들을 위한 대형 병원의 설립자이자 지도자가 되었다. 그 후 내내 그는 자신의 삶 전체를 이 일에 바쳤다. 지금도 여전히 그는 람바레네에 있는 이 병원의 관리자로서 활동 중이다.*

슈바이처는 그의 저서 『물과 원시림 사이에서—적도 아프리카의 원시림에서의 한 의사의 체험과 관찰(*Zwischen Wasser und Urwald*)』[14]에서 자신이 겪은 체험을 우리에게 말하고 있다. 그러나 이 "원시림의 끝머리에서" 그는 1차 세계대전 중인 1917년, 즉 지금으로부터 25년도 더 전에, 문화의 퇴폐와 부흥에 관한 자신의 최초의 착상을 세우기 시작했다. 후에 그는 이 생각들을 스웨덴의 웁살라 대학교에서 행한 연속강연에서 발표했다. 만약 여러분들이 1922년에 이루어진 이 강의들을 읽어 본다면—그리고 나는 이것들을 부디 권하고 싶지만—여러분들은 거기에서 현대 인

---

* 슈바이처는 1965년 90세에 사망했다.

14) 영역본(*On the Edge of the Primeval Forest: Experience and Observations of a Doctor in Equatorial Africa*, trans. C. T. Campion, New York: Macmillan, 1922).

간 문화의 위기에 대한 정확한 진단을 발견하고 놀랄 것이다.[15] 슈바이처는 이 위기를 낳은 책임은 두 가지 사태로 귀착된다고 생각한다. 첫째는 민족주의의 우세라는 사태이다. 둘째는 그가 '집합적 정신'이라고 말하는 것의 압도적인 영향이다. 그 자신의 대단히 특징적인 서술을 그대로 옮겨와 보자. "민족주의란 무엇인가?"라고 슈바이처는 묻는다. "그것은 극도로 과장된 저열한 애국심으로서, 그것이 고귀하고 건강한 애국심에 대해 갖는 관계는 정확히 우둔한 자의 고정관념이 정상적인 확신에 대해 갖는 관계와 같다."[16] 또한 우리가 보다 고도의 윤리적 생의 형태를 실현하고자 한다면 반드시 싸우지 않으면 안 되는 저 '집합적 정신'이란 무엇일까? 슈바이처는 말한다. "현대인은 역사상 선례가 없는 방식으로 집단 속에서 길을 잃고 있다. 아마도 이 점이 현대인을 규정하는 가장 두드러진 특징일 것이다. 자기 자신의 본성에 관한 현대인의 관심은 감퇴하고 그 결과 그는 사회나 그 보도기관이 유포시키는 기성화된 견해에 대해 거의 병적일 정도로 민감하게 되어 있다. 뿐만 아니라 사회가 그 정비된 조직을 갖추고서 이제까지 알려지지 않은 강력한 힘을 정신 생활 속에 발휘하게 된 이래, 인간이 사회에 대해 독립적이고자 하는 욕구는 위협받게 되었고, 인간은 거의 자기 자신의 정신적 존재를 주장하는 일도 포기하고 있다. 그는 마치 탄력성을 잃은 고무 공처럼 되어, 그것에 힘이 가해지면 어떤 형태로도 변모한다. 인간은 집단이 생각하는 대로 되어, 생활상의 여러 의견을—당면 문제가 국가나 정치에 관한 것이든 그 자

15) 『문화 철학』의 제1부 「문화의 퇴폐와 재건」 영역본 각주 278 참조. 또한 이 책 2장 「문화 철학으로서의 비판적 관념론」도 참조.

16) 『문화 철학』, 영역본 29쪽.

신의 신념이나 의혹에 관한 것이든—집단으로부터 끌어내는 것이다."[17]

독일이나 다른 나라들에 있어서의 현 정신 상황을 표현함에 있어, 20년 이상 전에 이야기된 이 말보다도 딱 들어맞는 것이 있을 수 있을까? 그리고 철학은 이 위험을 피하기 위해 무엇을 했는가라고 슈바이처는 묻는다. "18세기와 19세기 초반에는 사상 전반을 이끌었던 것이 철학이었다.……당시의 철학은 그 자신 내에 인간, 사회, 민족, 인간성, 문명에 관한 기초적인 사고를 포함하였다. 그리하여 그것은 일반 사고를 제어하거나 문명에 대한 열광을 유지하기 위한 하나의 살아 있는 세속 철학을 지극히 자연스럽게 낳고 있었다."[18] 이 모든 것이 19세기 후반 동안에 상실되었다. 그리고 철학은 이 상실을 알지조차 못했다. 문명에 관한 여러 사상이 지닌 힘은 일찍이 철학에 맡겨져 있었지만 이제 이 힘이 의심스러운 것이 되고 있음을 철학은 깨닫지 못했다. 철학은 그 지식의 풍부함에도 불구하고, 세계에 대해 그리고 인간을 지배하는 생의 문제들에 대해 하나의 국외자가 되었으며, 이렇게 해서 시대의 사상 전체가 시대의 여러 활동에 관여하지 않게 되었다. 철학은 문명 이외의 모든 것에 관해서는 사고했다. 그러나 "철학이 문명에 관해 사고하는 일이 너무 적었던 까닭에, 철학 자신 및 그것과 함께 진행된 시대가 점점 더 문명을 잃고 있다는 것을 알아차리지조차 못했다. 위험에 처한 때에 우리를 각성하게끔 해야 했던 파수꾼 자신이 잠들어 있었던 것이며, 그 결과 우리는 문명을 위한 싸움을 펼치는 일이 전혀 없었던 것이다."[19]

17) 같은 책, 17쪽.
18) 같은 책, 3쪽.
19) 같은 책, 8쪽.

이상의 언급은 우리 동시대의 철학에 대해 이루어진 가장 심각하고 중요한 고발의 하나이다. 그렇지만 최근 수십년 간 우리의 사회적 정치적 생활의 전개에 눈을 돌릴 때 우리는 조금도 이러한 고발이 부당하다고는 말할 수 없다.

10

유대교와 현대의 정치적 신화

(1944)

이 글은 MS #162의 일부분으로, '유대 문제 기록(Jewish Record)'이라는 제목이 붙어 있다. 아마도 카시러의 논문 「유대교와 현대의 정치적 신화」(Contemporary Jewish Record 7, 1944, 115~126쪽)의 초고라고 생각된다. 아래 텍스트가 이 논문의 기초적인 논거를—더욱이 초점을 보다 예리하게 하고 좀 더 선명한 언어를 구사한다는 점에서—마련하고 있기도 하지만 동시에 여러 점에서 중복되어 있기도 하다. 이 글은 차후에 고쳐쓰고 간행 형태로 확장시킨 『당대의 유대 문제 기록(*Contemporary Jewish Record*)』에 실린 논문*의 서론 또는 제1부로서 의도되었던 것으로 보인다. 텍스트는 손으로 직접 쓴 영어로 되어 있다.—편자

* 이 논문은 『당대의 유대 문제 기록(Contemporary Jewish Record)』 7호(1944), 115~126쪽에 처음 발표되었다. 이 잡지에 발표된 글 전문은 최근 완간된 함부르크 판 『카시러 전집(Ernst Cassirer, *Gesammelte Werke*)』, 24권(Aufsätze und kleine Schriften, 1941~1946), 197~208쪽에 수록되어 있다.

최근 수십년간 나타난 우리의 사회적 정치적 생활의 완만한 해체와 돌연한 붕괴의 이유를 찾고자 할 경우, 우리는 이론적이거나 '철학적인' 문제에 관계되어 있는 게 아니라 실제적인 문제에 관계되어 있음이 자명한 듯 보인다.[1] "무기가 말을 할 때 법은 침묵한다.(*silent enim leges inter arma*)"라는 경구는 가장 먼저 철학에 적합한 것이다.[2] 철학의 목소리는 너무나 약해서 무기의 소요(騷擾) 한가운데서는 알아들을 수가 없다. 게다가 최근 30년 간이 끊이지 않는 전쟁의 기간이었다는 것은 어떠한 의심도 있을 수 없다. 1919년에 세계대전이 종결되었다고 생각하면서도 우리는 예사롭지 않은 위험한 환영(幻影)에 고통을 겪고 있었다. 그로부터 이어진 수년 간은 고작해야 일시적인 진정, 일종의 정전(停戰) 상태에 지나지 않았던 것이다.

이 정전 동안에도 무기는 결코 버려지지 않았다. 단지 무기의 형태가 변화되었을 뿐이다. 여러 나라 국민들은 더 이상 기관총과 잠수함을 사용하여 서로 전쟁을 벌이고 있는 것이 아니었다. 그들은 전쟁 행위의 훨씬 더 정교하고 한층 더 세련된 방식을 찾아냈고 이를 밀고 나가고 있다. 철학이 예기치 않은 새로운 역할을 하기 시작했던 것도 바로 이 시기였다. 철학은 어떤 의미에서 물질적 병기를 보강하고 완성할 책임을 지닌

1) 아래의 고찰은 카시러의 논문 「유대교와 현대의 정치적 신화」(*Contemporary Jewish Record* 7, 1944)와 내용적으로 긴밀히 관련되어 있지만, 또한 신화가 당대 국가와 맺는 관계에 대한 그의 보다 커다란 구상과도 관련되어 이해되어야 한다. 이러한 구상의 요약으로서 쓰인 「국가의 신화」(*Fortune*, vol. 29, no. 6, 1944년 6월) 165~67쪽, 198쪽, 201~202쪽, 204쪽, 206쪽 등 (이 논문에 관해서는 카시러 부인의 『에른스트 카시러와의 나의 생애』, New York: 비공식 간행, 1950, 291~296쪽에서의 설명 참조), 이 책 11장 「현대의 정치적 신화의 기술」, 그리고 『국가의 신화』(*The Myth of the State*, New Haven: Yale University Press, 1946) 제3부 참조.

2) 인용은 키케로의 연설 『밀로를 위한 변론』(*Pro Milone*, IV, 11)에서 가져온 것이다.

'정신적인' 무기를 제공하지 않으면 안 되었다. 그것에 의해서 우리의 공동 생활의 전반적인 형태는 심각한 변화를 겪게 되었다. 여러 새로운 문제와 새로운 세력이 전면에 등장하게 되었다. 정치적 조직 간의 갈등은 '이념'과 '이데올로기'의 투쟁이 되었다.

이러한 싸움에서 상이한 각 진영에 할당된 몫은 똑같은 것이 아니었다. 서구 민주주의의 각 진영은 실로 처음부터 수세적인 위치에 처했다. 그들은 새로운 세력을 신장시키지 못했다. 다만 민주주의의 오랜 이상, 즉 프랑스혁명의 이상을 위해 싸웠을 뿐이다. 그러나 이 이상은 오래 전에 그 여세와 본래의 추진력을 상실하고 있었다. 그것은 혁명적 세력으로부터 보수 세력으로 전향해 버렸다. 따라서 거기에는 수행해야 할 새로운 과제로 나아가는 채비가 되어 있지 않았다. 프랑스혁명은 **이성**의 승리와 찬미 속에 종언을 고했다. 이성은 인간의 정치적 사회적 생활의 조직화에 있어 기초적인 힘으로 간주되었다. 그렇지만 이 모두는 돌연 실효를 얻지 못하고 전환되었다. 새로운 정치 조직들은 이성에 대하여 그 가장 오래되고 위험한 적대물을 대치시키기 시작한 것이다. 이 명백하고도 장중한 **신화**의 즉위야말로 20세기의 정치 사상을 다른 것과 구별짓게 하는 가장 특징적인 면모이다.

그 이후 전적으로 새로운 하나의 요인이 우리의 정치 생활의 진전 속으로 도입되었다. 물론 신화 그 자체가 미지의 새로운 사실이라고는 말할 수 없다. 19세기 초 이래 우리는 비교 신화학을 가지고 있었다. 자신의 말년에 셸링은 『신화 철학』을 산출해 냈다.[3] 세계의 모든 대(大)종교에

3) 셸링의 유고로서 출판된 『신화 철학(*Philosophie der Mythologie*)』을 카시러가 자신의 신화이론의 하나의 원천으로서 논의하고 있는 점에 대해서는 1923~1927년 출간된 『상징

포함돼 있는 신화적 요소들이 주의 깊게 연구되었지만 후에는 인류학자나 민족학자들이 그 작업을 인계하였다. 세계의 모든 지역과 역사상의 모든 시기에 대한 방대한 양의 자료들이 모아졌다. 게다가 이런 여러 자료들뿐만 아니라 신화적 사고의 형식 또한 더욱 더 광범한 관심을 불러일으킨 중요한 문제가 되었다. 인류학자, 심리학자, 심리 분석가, 사회학자 그리고 철학자들이 이 형식을 연구하고 분석했다.[4] 그렇지만 이 분석을 통해 발견된 모든 사실은 우리의 학문적 호기심을 불러일으키긴 했지만, 우리의 현실 생활로부터는 한참 동떨어진 것이라고 생각되었다. 그러한 사실들은 어떠한 실천적 관심을 끌지는 못했다. 우리가 거기에서 확신했던 것은 신화는 이미 지나가 버린 문화적 정신적 단계에 속하는 것이라는 점이었다. 이러한 '원시적' 형식이 언젠가 소생되리라는 것, 그리고 현대의 정치 생활 내에서 어떤 결정적인 역할을 하게 되리라는 것은 우리의 확고한 이론적 확신과는 완전히 대립되는 것이었다. '20세기의 신화'는 유례가 없는 전대 미문의 것이었다. 그것은 우리의 모든 사고원리를 뒤집는 것으로서 나타났다.

신화가 인간 문화의 발전에 있어 필연적인 한 요인이자 기초적인 요소이라는 것은 일반적으로 인정되고 있었다. 낭만주의는 항상 이 사실을 주장해 왔다. 즉 낭만주의는 언어, 시문학, 예술, 종교, 심지어는 형이상학이나 과학마저도 어떠한 방식으로, 또 얼마나 고도로 이들의 기원에서 신화적 요소와 결부되어 있고 신화적 상상력에 잠식되어 있는지를 제시

형식의 철학』의 영역본(Ralph Manheim, 3 vols., New Haven: Yale University Press, 1953~1957), II, 3~16쪽 참조.

4) 『국가의 신화』 제1부 참조.

해 왔다. 그러나 낭만파 사상가들은 우리의 현대의 정치적 신화로부터는 매우 멀리 떨어져 있었다. 그들이 신화에서 보았던 것은 '무의식적인' 활동이었다. 그들은 그 활동을, 미지의 깊이로부터 솟아나오는 생생하고도 풍부한 흐름으로 본 것이다. 현대의 정치에서는 이 흐름이 제방으로 막혀져 있고 운하에 의해 흐름이 제어되어 있다. 신화는 더 이상 자유롭고 자발적인 상상력의 유희가 아니었다. 그것은 규제되고 조직화되었다. 그것은 또한 정치적 요구에 적합하게끔 되어 구체적인 정치적 목적을 위해 이용되었던 것이다.

그 이전에는 제어될 수 없는 과정이라고 생각되었던 것이 이제는 엄격한 규제를 받게 되었다. 그것은 통제 아래 놓였고 생각대로 된 질서정연한 것으로 만들어졌다. 우리의 현대의 정치적 신화는 어떤 어둡고 신비적인 힘으로부터 자라난 것이 결코 아니다. 그것은 천천히 무의식 가운데서 '민족적 정신' 속으로부터 성장한 것도 아니었다. 그것은 신중하게 만들어졌고 특수한 목적을 위해 정해졌으며, 또한 정치적 지도자들의 명령에 의해 존립하기에 이른 것이다. 바로 이것이, 현대의 정치 전쟁에 있어서의 최대의 승리들 중 하나였다. 그것은 새로운 방식의 정치적 전술과 전략 바로 그 중심이 되었다. 이제부터 신화는 더 이상 예측할 수 없다든가 통제할 수 없는 것이 아니었다. 그것은 하고 싶은 대로 만들어낼 수 있었다. 신화는 정치라는 커다란 실험실 안에서 제조된 인공적 합성물이 되었던 것이다.

우리가 여기서 발견하는 것은, 인류사에서의 최대의 역설 가운데 하나이다. 여기에서 신화는 어떤 의미에서 완전히 '합리화'된 것이다. 신화는 그 내용에서는 비합리적인 채로 남아 있지만 그 목적에 있어서는 매우 명료하고 의식적이다. 20세기는 기술의 세기이거니와 그 기술적인 방법들은 이론적 실천적 활동의 모든 분야에 적용된다. 하나의 새로운 기술적 수단, 즉 정치적 신화의 기술의 발명과 그것의 교묘한 이용은, 독일에 있어서의 민족 사회주의 운동의 승리를 결정지었다. 나치즘의 반대자들은 그 전투가 시작되기 이전부터 이미 승리의 목표를 상실했다. 이렇게 말하는 까닭은, 정치적 투쟁에서는 적을 아는 것, 적의 사고와 행동방식 속으로 들어가는 것이 항상 결정적인 중요성을 지니기 때문이다. 바이마르 공화국의 정치 지도자들은 이 같은 임무를 충분히 감당해 내지 못했다. 그들은 자신들을 향해 사용되었던 새로운 병기의 성격과 그 강력함을 이해하지 못했다.

냉정하고 경험에 기반한 '실제적인' 사고방식을 가지고 있던 그들은 정치적 신화에 포함돼 있는 위험한 파괴력을 간파해 내는 안목을 갖지 못했다. 그들은 이런 위험들을 심각하게 고려하도록 설복될 수 없었다. 그들 대부분은 마르크스주의자였다. 그들은 경제학의 용어로 생각하고 논증했다. 경제가 곧 정치적 생활의 추진력이자 온갖 사회 문제의 해법이라는 것을 그들은 확신하고 있었다. 이러한 이론을 추종하는 가운데 그들은 현안이 되고 있는 진짜 문제점을 놓쳐 버렸고 실제로 무엇이 위태로워진 것인지를 이해하지 못했다. 분명 경제적 조건들은 독일 민족 사회주의 운동의 전개와 급속한 성장에 크게 관여했다. 그렇지만 가장 심층적이고 가장 강력한 원인은 독일이 견뎌내야 했던 경제 위기 내에서 찾아서는 안 된다. 그 원인은 그들 마르크스주의자들로서는 어떤 의미에서 근접하기 어려운 또 다른 분야에 속해 있다. 그들이 위험의 기운을 감지했을 당시, 때는 이미 늦어 버렸다. 정치적 신화의 힘은 이미 손을 쓸 수 없는 것이 되어 있었다.

이들 신화의 제작자들은 좋은 신념 아래에서 활동한 것일까? 그들은 그들 자신의 이야기를 '진리'라고 믿었던 것일까? 이 물음에 답하는 것은 불가능하다. 이 같은 물음을 정립하는 것마저도 불가능하다. 왜냐하면 새로운 정치 이론의 최초의 행보 중 하나가 방금 말한 '진리'라는 그 개념을 부인하고 파괴하기 때문이다. '객관적' 진리라고 불리는 것이 단순한 환상에 지나지 않는다는 것을 우리는 알게 되었다. 그러므로 정치적 신화의 '진리'를 묻는 것은 기관총이나 전투기의 진리를 구하는 것과 마찬가지로 무의미하고 어리석은 일이다. 그것들은 둘 다 병기이다. 그리고 병기가 지닌 진리는 그 효력에 의해 입증된다. 만일 정치적 신화가 이 테스트에 합격할 수 있으면 이것 이외의, 그리고 이것 이상의 어떠한 증명도 필요하지 않을 것이다. 이런 점에서 그 이론은 어떠한 공격에도 초연하고 꿈쩍도 하지 않았다. 중요한 것은 정치적 신화를 실행에 옮기는 일이고, 그것의 건설적 혹은 파괴적인 힘을 내보이는 일일 뿐이다.

원시적인, '소박'하며 기교화되어 있지 않는 형태에 있어서조차 신화는 단지 이론적인 목적으로는 도움이 되지 않는다. 그것은 우리에게 세계의 단순한 '표상'을 건네 주지 않는다. 신화의 주요한 역할은 감정을 야기시키고 사람들로 하여금 어떠한 행동을 유발하는 것이다. "미개한 공동체에 있어서의 신화, 즉 생생한 원시적 형태에서의 신화는 단지 말해진 이야기가 아니라 살아 있는 하나의 현실이다.……우리의 성서의 이야기가 우리의 의례(儀禮) 및 도덕 가운데에 살아 있고 그것이 우리의 신앙을 지배하고 행동을 제어하듯이, 미개인에게 있어서도 신화는 그와 동일한 역할을 한다.……따라서 신화는 인간 문명의 중추적인 구성 요소이다. 그것은 지적 설명이나 인위적 심상이 아니라 원시적인 신앙과 도덕적 지혜의 실제적인 강령인 것이다."라고 말리노프스키(Bronislaw Malinowski)는 그의 책 『원시 심리학에 있어서의 신화(*Myth in Primitive Psychology*)』에서 말한다.[5] 이 같은 견해는 민족학과 비교 신화학 분야에서의 연구 전반에 새로운 형식을 가져다 주었다.

그런데 의례(rite)는 어떤 의미에서는 신화보다 우선한다고 하는 것이 일반적으로 인정되어 있다. 즉 신화의 본질을 이해하기 위해서는 항상 의례에 관한 연구로부터 시작하지 않으면 안 된다. 의례는 언제나 개인적 현상이 아니라 하나의 사회적 현상이다. 그것은 사상 혹은 관념의 표현이 아니다. 그것은 어떤 근본적인 집단적 감정 및 욕구를 표현하는 하나의 집합적 사태이다. 프랑스인 학자 두떼(Edmond Doutté)는 다음과 같은 말로 신화에 대한 간결하고도 적절한 정의를 내리고 있다. 우리가 원시적 신화 안에서 만나는 마력적이거나 신적인 힘들은 자연력의 인격화라기보다는 오히려 사회적 힘들의 인격화이다. 원시적 신화란 "인격화된 집단적 욕구(le désir collectif personifié)"이다.[6] 이 근본적 성격은 오늘날 우리의 모든 정치적 신화 안에 보존되어 있다. 여기에서 발견되는 것은 하나의 '사상' 체계가 아니라 가장 격렬한 감정의 소요(騷擾)이다.

'20세기 신화'의 창출과 함께 이른바 사회적 감정들의 대음향은 가장 낮은 음색으로부터 가장 높은 음색에 이르기까지 크게 울려퍼졌다. 그리고 마침내 이들 격한 감정들 모두는 하나의 점으로 초점이 모아졌다. 그것들은 '총통(總統, Leader)' 속으로 투여되어 인격화되고 신성화되었다. 총통은 모든 집단적 바람의 실현이 되었다. 그에게로 희망과 모든 두려움이 향해 있다. 세계의 온갖 신화들 가운데서 드러나는 가장 오래되고

5) Bronislaw Malinowski, *Myth in Primitive Psychology*, London 1926, Psyche Miniature, Vo.6, 21, 23쪽.

6) 『북아프리카의 마법과 종교』(*Magie et religion dans l'Afrique du Nord*, Algiers: Typographie Adolphe Jourdan, 1909).

가장 널리 퍼졌던 주제들 중 하나는 '천년왕국(millennium)'의 관념, 즉 모든 희망은 충족되고 악은 송두리째 제거되는 시간이라는 관념이지만, 이와 같은 천년왕국이 현대의 정치적 신화를 통해 게르만 민족에게 약속되었던 것이다. 그러나 그것은 예전처럼 평화의 천년왕국이 아니라 전쟁의 천년왕국이었다. 왜냐하면 전쟁이 인간의 사회적 정치적 생활에 있어서의 참된 이상이자 유일한 영원한 것으로서 선포되었기 때문이다.

그렇지만 만일 우리가 신화 안에서 그리스어의 함의에 따라 단순한 '이야기(narrative)'만을,* 즉 영웅들이나 신들의 빛나는 행위를 회고하고 음송하는 것만을 떠올린다면, 우리는 신화의 참된 특질과 충분한 의의를 이해하고 있지 못한 셈이다. 이러한 서사시적 양상이 신화의 유일하거나 결정적인 측면인 것은 아니다. 신화는 항상 극(劇)으로서의 성격을 지닌다. 그것은 세계를 한 편의 장대한 드라마로서, 즉 신적 힘과 마술적인 힘 간의, 빛과 어둠 간의, 그리고 선과 악 간의 투쟁으로서 생각한다. 신화적 사고와 상상력 안에는 언제나 부정적인 것과 긍정적인 것이라는 양극이 존재한다. 정치적 신화라도 거기에 악마적 힘을 도입하지 않는 한 불완전하다. 신격화의 과정은 마땅히 '악마화'의 과정을 통해 완성된다.

신화의 복마전 내에선 항상 사악한 정령들과 자애로운 정령들이 대립하고 있음을 우리는 보게 된다. 거기에선 언제나 신에 대한 사탄의, 비밀스러운 또는 공공연한 반항이 보인다. 독일의 대혼란에서는 이 역할이 유대인에게 부여되었다. 우리가 여기서 발견하는 것은 보통 '반(反)셈족주의(anti-Semitism)'**라는 이름으로 불리는 것보다도 훨씬 더 가혹한 것

* 신화로 번역되는 'myth'는 본래 '이야기'를 뜻하는 뮈토스(mythos)에서 나온 말이다.

** 반(反)셈족주의는 '반유대주의'로도 불린다. 이는 인종적 종교적 경제적 이유에서 유대인을 배척 절멸시키려는 사상으로, 팔레스타인을 제외하고 유대인이 정착해 있는 지역이라면

이다. 반셈족주의는 특별히 새로운 현상이 아니다. 그것은 모든 시대에 걸쳐 여러 가지 형태로 존재해 왔다. 그런데 독일에 있어서의 박해의 형태는 이전에는 결코 존재한 적이 없는 것이었다. 이것의 뿌리는 다른 곳에서 찾아야 한다. 이것은 보다 더 뿌리 깊고 한층 더 해악을 끼치는 것이다. 반셈족주의가 사회적 차별대우나 온갖 형태의 억압을, 그리고 각종 합법적 제한이나 이례적인 입법을 유도했던 적은 있었을지 모른다. 그러나 단지 반셈족주의로는 독일의 반(反)유대인 선전 활동의 특수한 방법을 설명할 수 없다. 여기에서 선포되었던 것은 죽음의 전투, 즉 유대인의 완전한 섬멸로서만 종식될 수 있을 생사를 건 투쟁이었다. 모든 개인적 증오나 계급적 증오, 그리고 경제적 질시나 인종적 편견이 이 투쟁에 관여되어 있다는 점을 나는 부정하지 않는다. 하지만 이들 모두가 있었다고 해도 만일 그것들이 훨씬 더 위험하고 강력한 어떤 동인으로부터의 힘에 의해 지지되지 않았다고 한다면 그와 같은 사태는 일어날 수 없었을 것이고, 거기에서 의도되었던 목적은 달성되지 않았을 것이다.

〔카시러의 초고는 여기서 끝난다. 그의 논문「유대교와 현대의 정치적 신화」의 맨 앞부분과 끝부분 각각 두 단락(Contemporary Jewish Record 7, 1944, 115, 126)

고대 이후 어느 곳에나 존재해 왔다. 그리스 로마 시대에는 종교적인 차이가 반유대주의의 주요한 근거였다. 이민족들은 유대교의 우상숭배 거부를 좀처럼 이해하지 못했고 유대인들이 황제를 숭배하지 않는 것은 애국심이 없기 때문인 것으로 간주했다. 초기 그리스도교도에게 유대인이란 그리스도를 십자가에 못박은 죄인들이었는데, 이러한 생각은 수백년 동안 반유대주의를 정당화하는 근거가 되었다. 20세기에 와서는 주지하듯이 1933년 아돌프 히틀러가 정권을 잡으면서 반유대주의가 독일에서 맹위를 떨쳤을 뿐만 아니라 현대 역사상 유례를 찾아볼 수 없는 범세계적인 반유대주의 운동이 일어났다.

은 위에 개진된 논점과 관련, 특별히 중요한 의미를 갖는다. 그 부분들을 아래에 수록한다.—편자]

새로운 독일의 지도자들에 의해 개시된 반(反)유대주의 운동을 이해하기 위해서는 통상적으로 제시되는 이유들을 고찰하는 것만으로는 충분하지 않다. 애당초 민족 사회주의의 선전 활동은 그 유일한 목표가 독일의 정치적 문화적 생활에 있어서 유대인의 영향력을 제거하는 일이라고 자주 주장되었다. 그러나 어떤 이유로 이 선전 활동은 지속되었으며 또 어떤 이유로 그것은 그 목적이 달성된 이후에도, 즉 이미 어떠한 유대인도 독일 내에서 발언하거나 심지어는 호흡하고 생존하는 것조차도 불가능해진 시기에 와서도, 광포한 성격을 띠게 된 것일까? 이 모든 점에 대해 우리는 보다 깊은 이유를 찾지 않으면 안 된다. 이러한 시도의 과정 중에 사람의 시야에 보이는 것 이상의 무언가가 드러날 수 있다. 확실히 유대인에 대한 인격적 혐오와 반감, 그리고 뿌리 깊은 편견이 이 선전 활동에 관여되어 있다. 그러나 그것들은 이 선전 활동의 특수한 성격, 그것의 잔악무도함과 광포함을 설명할 수 없다. 우리는 이 현상을, 그것의 정서적 측면에서만이 아니라 그 지적 측면으로부터도 이해하려고 시도해야만 한다.

우리가 어느 정도 독일의 정치 제도에 이의를 제기할 수는 있다고 해도, 이 제도가 정치적 사회적 생활에 있어서의 '이념'의 힘을 전혀 경시했다고는 말할 수 없다. 처음부터 나치 지도자들은 물질적 무기들만으로는 승리를 얻을 수 없다고 확신했다. 그들은 자신들의 이데올로기가 최강의 것이자 동시에 그들의 정치 제도 전반 내에서 가장 커다란 약점이라는 것을 충분히 알고 있었다. 이 이데올로기를 부정하거나 혹은 의심하는 것조차 그들에게는 치명적인 죄에 해당했다. 이는 전능하고 무오류인 전체주의적 국가에 맞서는 심한 대역죄(*crimen laesae majestatis*)가 되었다. 유대인들이 이 죄를 범했다는 것은 분명했다. 그들은 자신들의 전(全) 역사에 의해, 또한 그들의 전통과 문화적 종교적 삶에 의해 이를 입증했다. 인류 역사상 그들은 새로운 국가의 건립에 있어 기초가 된 구상을 최초로 부정하고 거부했던 무리들이었다. 왜냐하면 유대교야말로 신화적 종교로부터 윤리적 종교로 나아간 결정적인 일보를 최초로 수행했기 때문이다. 〔……〕[7)]

나치즘 정권의 11주년을 기념하는 히틀러의 최후 연설을 읽어 볼 때, 우리는 하나의 기묘한 현상과 만나게 된다.* 히틀러는 자신의 어조를 완전히 변화시키고 있다. 그는 더 이상 게르만 민족에 의한 세계 정복을 약속하고 있지 않다. 그는 자신의 패배를 인정하기 시작하고 그 귀결을 감지하고 있다. 그러나 이 위기의 시기에 그는 대체 무엇을 말하는 것일까? 그가 독일인에, 유럽에 그리고 온 세계에 가져다준 무수한 악에 관하여 말하는 것일까? 그의 군대의 패배와 독일의 여러 도시들의 파괴에 대해 생각하고 있는 것일까? 이 중 어느 것도 아니다. 그의 온 관심은 여전히 한 점에 고정되어 있다. 그는 오직 하나의 것에 사로잡혀 있고 최면에 걸려 있다. 그

---

* 이하 부분이 「유대교와 현대의 정치적 신화」 논문의 마지막 두 단락이다.

7) 카시러는 나치즘의 반(反)셈족주의에서 인간 사회의 원시적인 '토템 및 터부' 체계와, 종교적 의식에 있어서의 윤리적 입장의 고양 간의 고대로부터의 갈등의 재현을 보고 있다. 이 점을 그는 『인간에 관하여』(*An Essay on Man*, New Haven: Yale University Press, 1944) 제1장 「신화와 종교」의 말미에 다음과 같이 쓰고 있다. "고등의 모든 윤리적 종교들—이스라엘의 예언자들의 종교, 조로아스터교, 기독교—은 스스로에게 공통의 과제를 부과하고 있다. 그것들은 터부 체계가 갖는 견딜 수 없는 하중을 경감시킨다. 그러나 다른 한편으로 그것들은, 이미 구속이나 강제가 아니라 인간 자유의 적극적이고 새로운 이상의 표현인 종교적 책임이라는 한층 더 깊은 의미를 찾아내는 것이다."(108쪽).

가 말하는 것은 유대인에 관해서이다. 만일 내가 패배하게 된다면 유대 민족은 제2의 퓨림제(祭)*를 성대히 거행할 수 있을 것이라고 그는 말한다. 그의 마음을 괴롭히고 있는 것은 독일의 미래의 운명이 아니라 유대인의 '승리'인 것이다.

이러한 발언은 그가 얼마나 유대인의 생활과 감정에 대해 무지한가를 다시 한 번 증명한다. 우리의 생활, 현대 유대인의 생활 가운데에는 환희나 승리는 말할 것도 없고, 어떠한 종류의 기쁨이나 만족도 남아 있지 않다. 이 모든 것은 영원히 사라져 버렸다. 어떠한 유대인도 그가 무엇을 하든 간에 최근 수년간의 소름끼치는 시련을 결코 이겨낼 수 없을 것이다. 이 시련의 희생자들은 잊혀질 수 없다. 우리에게 가해진 숱한 상처는 치유될 수 없다. 그렇지만 이 모든 공포와 비참의 한가운데에 적어도 하나의 위안은 있다. 우리는 이 모든 희생이 헛되지 않았음을 굳게 확신할 수 있는 것이다. 현대의 유대인이 이 전투에서 방어해야 했던 것은 그의 신체적 존재나 유대 민족의 존속만이 아니었다. 훨씬 그 이상의 것이 위태로운 상태였다. 우리는 모두의 윤리적 이상을, 즉 유대교가 산출해 내었고 그로부터 인간 문화 전반과 온 문명 국민의 생활로 확산되었던 윤리적 이상을 다시 표방하지 않을 수 없었다. 그리고 바로 이 지점에서 우리는 확고한 지반 위에 서 있었다. 이러한 이상은 파괴되지 않고 또한 파괴될 수 없다. 이 이상은 이 같은 위기의 시대에 그 입장을 견지해 왔다. 유대교가 현대의 정치적 신화의 위력을 분쇄하는 데에 기여했다고 한다면, 그것은 다시 한번 그 역사적 종교적 사명을 이행함으로써 그 의무를 다한 점에 있다.

---

* 퓨림(Purim)절(節)은 하만(Haman)이 유대인을 죽이려다가 실패한 기념일로서 유대인의 축절 중 하나이다. 에스더서(書) Ⅸ 참조.

11
현대의 정치적 신화의 기술
(1945)

이것은 카시러가 컬럼비아 대학교에서 가르치던 때인 1945년 1월 18일에 프린스턴 대학교에서 행한 강의이다. 카시러 부인은 『에른스트 카시러와의 나의 생애』(*Aus meinem Leben mit Ernst Cassirer*, New York, 1950, 비공식 출판)에서 그가 이 강의를 당시 집필 중이던 저작 『국가의 신화』(*The Myth of the State*, New Haven: Yale University Press, 1946)의 개요로서 준비했다고 보고하고 있다.(그것의 완성에 대한 상세한 사항은 찰스 W. 헨델의 서문을 참조.) 그의 부인의 보고에 따르면, 카시러의 의도는 이 저작이 출간될 때 그의 이론이 이해되는 기반을 미리 마련해 두기 위해 이 문제에 관한 그의 연구 내용을 여러 대학교에서 잘 알려져 있게끔 하는 데에 있었다.(『에른스트 카시러와의 나의 생애』 303쪽 참조). 이 텍스트는 MS #205의 타이핑 원고이지만, 보통의 손글씨 초고 부분을 포함하고 있다. 텍스트는 영어로 쓰여 있으며, 그 제목은 『국가의 신화』의 마지막 장(「현대의 정치적 신화의 기술」)과 거의 동일하다. 또한 후반 부분에서 이 강의 텍스트는 이 책의 마지막 장

의 단락들과 대응하고 있다.—편자

최근 수십 년, 즉 두 차례의 세계대전 사이의 기간은 우리의 정치적 사회적 생활의 형태에 근본적 변화를 가져왔을 뿐 아니라 정치 사상의 형태에도 완전한 변화를 만들어 냈다.[1] 이 분야에서도 우리는 19세기의 사상가들에게는 알려지지 않았던 전적으로 새로운 문제들에 직면하고 있다. 이들 문제에 대한 과거의 적절한 해결책과는 여전히 우리는 거리가 멀다. 우리의 사고나 철학적 과학적 분석의 탐구 방법에 따를 때, 우리는 이들 문제를 그 참된 빛 가운데서 파악하고 또한 그것들의 의미와 영향을 이해하는 데 대단히 커다란 어려움을 갖고 있는 것이다. 아마도 우리의 현대의 정치 생활의 전개에서의 가장 중요하고도 놀라운 특징은 하나의 새로운 힘, 즉 신화적 사고의 힘이 돌연 부상한 점일 것이다. 명백히 20세기의 여러 정치 이론에서는 신화적 사고가 이성적 논리적 사고보다 우위를 점하고 있다. 단기간의 격렬한 투쟁 후에, 신화적 사고는 거칠 것 없는 확정적인 승리를 거둔 것처럼 보인다. 이 승리는 어떻게 해서 가능했던 것인가? 우리의 정치적 지평에 갑자기 나타나 엄청난 실제적 영향을 미쳤던 이 새로운 현상을 우리는 어떻게 설명할 수 있을 것인가?

1) '국가의 신화'의 이론 그리고 정치적 생활과 기술의 관계라는 두 문제는 카시러 생애의 마지막 2년 간의 집필에 있어 중심적인 의미를 갖지만, 이들 문제는 정치적 문제나 또는 인간적 세계의 일반적 차원으로서의 기술의 본성에 관한 그의 저술들 가운데 최초의 것은 아니다. 『공화국 헌법의 이념』(*Die Idee der Republikanischen Verfassung*, Hamburg: Friederichsen, De Gruyter and Co. M.B.H., 1929); 「자연법의 본질과 생성」("Vom Wesen und Werden des Naturrechts" in *Zeitschrift für Rechtsphilosophie* 27, 1932, 1~27쪽) 및 「형식과 기술」("Form und Technik", Leo Kestenberg ed. *Kunst und Technik*, Berlin: Wegweiser Verlag, 1930), 15~61쪽.

이 현상이 그 자체로서 새롭다거나 또는 우리에게 생소한 것이었다고 말한다면 그것은 정확하지 않을 것이다. 어떤 의미에서 우리는 이제까지의 어떤 세기보다도 신화적 사고의 참된 성격을 훨씬 더 잘 알고 있었다. 18세기의 사상가들은 신화를 소박한 미신들의 어수선한 모음, 즉 지극히 알 수 없고 터무니없는 환상적 관념들의 집적으로서밖에 볼 수 없었다. 계몽 철학자들에 반대했던 독일의 낭만주의자들은 이러한 견해를 거부하고 공격했다. 이들이 신화 속에서 보았던 것은 전적으로 다른 것으로서, 즉 위대하고 필수불가결한 건설적인 힘이자 인간의 문화 생활, 시작(詩作), 예술, 종교, 역사의 기반이 되는 것이었다.

지금으로부터 약 100년 전, 셸링은 신화 철학과 계시 철학에 관한 유명한 강의를 베를린 대학교에서 행하였다.[2] 신화가 철학 체계 속에 인정되고 그럼으로써 사상 영역 내에서 하나의 정식 시민권을 얻은 것은 이것이 최초였다. 셸링의 저작 속에 포함되어 있는 신화의 형이상학적 분석은 그 후 더욱 비판적이고 경험적인 성격을 지닌 다른 시도들이 나타남에 따라 그것들에 의해 바뀌었다. 신화는 언어, 예술, 종교, 과학과 마찬가지로, 하나의 '상징형식'으로서 연구되거나 또는 생성론적인 관점에서 연구되었다. 민족학, 사회학, 인류학, 심리학의 연구자들은 다같이 이러한 연구들에 참여했다. 그들은 막대한 양의 매우 흥미로운 자료들을 세계의 온갖 지역으로부터 수집했다. 그들은 신화가 인간 생활에서의 하나의 공통 요소이며, 그것은 가장 다양하고 상이한 조건들 아래에서도 유사한 형태로 나타난다는 것을 보여 주었다.

2) 『신화 철학』 전 2권(*Philosophie der Mythologie*, 2 vols. Darmstadt: Wissenschaftliche Buchgesellschaft, 1957) 참조.

그러나 이들 연구는 모두 하나의 전제에 기초를 두고 있었다. 철학자, 민족학자, 사회학자들은 인간 문화가 아득한 옛날에 그 신화 시대를 지내 왔다는 점에 의견을 같이 했다. 그러한 시대는 이미 지나가 버렸다. 왜냐하면 그것이 나타내는 사고의 유형은 우리 자신의 사고나 논의의 방법과는 전적으로 다르기 때문이다. 레비 브륄(Lucien Lévy-Bruhl)의 잘 알려진 이론에 따르면, 미개인의 마음과 우리 자신의 마음 사이에는 깊이 갈라진 틈, 하나의 넘을 수 없는 장벽이 있다. 이들 두 마음은 동일한 종류에 속하지 않는다. 그것들은 비교 불가능하며 양립할 수 없는 것이다.[3)]

나는 이 레비 브륄의 이론의 중요성과 공적을 부인하지는 않는다. 그러나 만일 이 이론을 그대로 인정한다면, 우리는 거의 절망적인 문제에 직면하게 될 것이다. 신화가 미개인의, 다시 말해서 전(前) 논리적이고 신비적인 마음의 전형적인 소산이라고 한다면, 우리의 고도로 정교한 문화의 조건들 아래에서 그것이 돌연 재등장한 것을 우리는 어떻게 설명하면 좋을 것인가? 우리의 현대의 정치적 신화의 작자가 된 사람들, 이들 신화를 창조하고 선전한 사람들은 결코 '미개'하지 않았다. 그들은 바로 정반대이다. 그들은 매우 유능하고도 냉정한 타산가였다. 그들은 자신들의 목적과 수단을 알고 있었다. 이들 신화에 운명을 걸었던 사람들은 결코 미개하지 않았다. 그들은 고도의 교육을 받았다. 그들 다수는 학자, 과학자, 철학자였다. 이 사람들이 그때까지 배웠던 모든 것을 잊어버렸다고

3) 수고(手稿)에서는 여기에 여백이 있는데 그것은 카시러가 레비 브륄로부터 한 구절을 인용하려고 했음을 나타낸다. 카시러는 분명히 레비 브륄이 '전(前) 논리적' 심성과 논리적 심성의 구별을 설명하는 한 구절, 즉 『원시인은 어떻게 사고하는가』(*How Natives Think*, auth. trans. Lilian a. Clare, London and New York: George Allen and Unwin, 1926)의 제1부에 쓰여 있는 한 구절을 염두에 두고 있다.

할 만큼 어떻게 그처럼 깊이 현대의 신화에 영향을 받을 수 있었던 것일까? 신화를 일종의 선조회귀(先祖回歸, atavism)라고 보는 사람도 많다. 그러나 이 또한 우리의 물음에 대답하는 것은 아니다. 선조회귀는 예외적인 것이지 규칙은 아니다. 전 국민의 선조회귀라고 하는 것은 매우 모순적이고 거의 설명 불가능한 일일 것이다. 실제로 신화는 일종의 유물, 다른 세계로부터 다시 찾아온 망령이다. 그러나 설령 우리의 정치적 신화가 동일한 친족에 속하는 것이라고 할지라도 그것은 그 형제들과는 전연 닮지 않은 것이다. 그것은 특수한 유형의 것이다. 다른 망령들이 나타난다. 햄릿의 말을 사용한다면, "너희들은 그렇게도 괴이한 모습으로 나타나……밤을 무시무시한 것으로 만든다." 그러나 우리의 정치적 신화의 경우는 아주 다르다. 그것은 백주 대낮에 나타난다. 그것은 태양 빛을 두려워하지 않고, 내쫓거나 지워 없앨 수도 없다. 그것은 자신의 지반을 단단히 그리고 완강하게 굳힌다.

신화가 단순한 유물, 죽은 과거의 잔존물에 지나지 않는다면 이러한 것 모두는 이해 불가능할 것이다. 그러나 신화는 그 이상의 것이다. 그것은 원시적 심성의 산물이 아니다. 그것은 여전히 인간 문화의 가장 진보된 단계에서도 자리를 점하고 있다. 신화를 추방하고 그것을 완전히 근절해 버린다면 그것은 단순한 불모화일 것이다. 우리가 더 이상 신화의 언어를 이해할 수 없다고 한다면, 시나 예술은 어떻게 되는 것일까? 만일 이 언어가 우리에게 있어 그 문법 규칙 면에서 재구성될 수는 있어도 그 이상의 것이 느껴질 수는 없는 사어(死語)에 불과하다면, 도대체 어떻게 되는 것일까? 그때 우리는 우리의 위대한 시인, 화가, 조각가들의 세계에, 즉 아이스퀼로스, 핀다로스, 피디아스의 작품이나 단테, 셰익스피어, 밀턴 또는 미켈란젤로의 작품에 가까이 다가가지 못할 것이다. 하지만 인류가 신화의 언어를 언젠가 망각하거나 저버린다는 위험은 전혀 없다. 왜냐하면 이 언어는 어떤 특정한 영역에 한정되는 것이 아니라 인간의 생존 전체에 널리 미치고 있기 때문이다.

몰리에르의 희극 『서민 귀족』의 주인공 주르댕은 자신이 알아차리지도 못한 채 50년 이상 동안 산문을 말해 왔다는 것을 그의 철학 교사로부터 처음 전해 듣고 대단히 놀란다. 우리도 정확히 이와 동일한 상태에 있다. 우리는 그 사실을 눈치채지 못한 채 신화를 말하고 있는 것이다. 인간의 말은 은유(Metaphor)로 채워져 있지만 이 은유의 기원은 신화적 사고의 주요한 원천의 하나인, 사물이나 사건을 인격화하는 동일한 경향에서 찾아질 수 있다. 만일 인간의 언어에서 모든 은유적 비유적 요소가 제거되었다고 한다면, 언어는 그 모든 형상적인 표현력을 잃어버린 셈이 될 것이다. 그 경우 언어는 마치 수학적 공식의 상징체계와 같이, 하나의 추상적인 상징체계로 바뀌어 있을 것이다.

실제로 신화는 인간 문화에서의 단지 일시적이 아니라 영속적인 요소이다. 인간은 전면적으로 이성적 동물인 것은 아니다. 인간은 신화적 동물이며 또한 그렇게 존속한다. 신화는 인간 본성의 본질적인 부분이다. 우리는 다음과 같은 호라티우스의 말을 신화에 적용해도 좋을 것이다. "자연적 본성은 힘으로 추방해도 언제든 되돌아온다."(Naturam expellas furca, tamen usque recurret.)[4] 우리는 인간의 본성을 완전히 억압 또는 추방할 수 없다. 그것은 항상 새로운 형태로 되돌아온다. 이 사태를 철학적인 언어로 표현하고자 한다면, 헤겔과 함께 이렇게 말할 수 있을 것이다. 즉 인간의 문화와 활동의 모든 영역, 곧 언어, 종교, 시작(詩作) 그리고 예

4) 『서한집』 I, X, 24.

술 속에서 신화는 항상 지양된 계기로서 현전한다. 그것은 파괴되거나 무화되는 것이 아니다. 그것은 단지 그 형태를 변화시켰을 뿐이다. 그러나 바로 이 변화가 가장 중요한 것이다. 인간 문화의 유기적 구조는 신화적 요소들을 뿌리채 배제하는 것이 아니라 그 요소들을 제어하는 법을 가르친다. 그것은 논리적 과학적 사고를 구성하는 새로운 힘이나 새로운 윤리적 실천력, 예술적 상상의 새로운 창조적 에너지를 전개한다. 이들 새로운 힘의 출현에 의해 신화는 전적으로 압도되는 것이 아니라, 그와 반대되는 힘으로 균형이 잡히며 통제 아래에 놓인다. 실제로는 이 균형은 정지 상태의 균형이라기보다는 오히려 불안정한 균형이다. 그것은 견고하게 확립되어 있는 것이 아니라 온갖 종류의 방해에 노출되어 있는 것이다.

이들 방해의 특성은 정치 생활의 영역에서 특히 명료해진다. 정치 철학의 최초의 시작, 즉 플라톤이나 아리스토텔레스의 시대부터 우리는 로고스(logos)와 뮈토스(mythos) 간에 끊임없는 갈등이 있음을 발견한다. 그것은 또한 국가의 이성적 개념과 신화적 개념 사이의 갈등이기도 하다. 그러나 최종적으로 그것은 종식되는 듯이 보인다. 정치의 합리적 성격이 확고하게 확립되는 것처럼 보인다. 하지만 이 승리는 언제까지나 의심스럽고 불안정한 것으로 남는다. 정치에 있어 우리는 결코 확고하고 안정된 지반 위에 살고 있지 않다. 평온하고 평화로운 시대, 상대적인 안정과 안전의 시기에는, 모든 것의 합리적 질서를 유지하는 것이 용이하다. 그러나 우리는 늘 화산 지대에 서 있으며, 갑작스러운 격동과 폭발에 대비하지 않으면 안 된다. 인간의 정치적 사회적 생활이 위험에 직면하는 때에, 신화는 그 오래된 위력을 회복한다. 그것은 그 시기와 기회가 오기를 기다리면서 언제나 배후에 잠복해 있었던 것이다. 이 시기가 도래하는 것은 우리의 사회 생활의 다른 구속력들이 이런저런 이유에서 그 영향력을 상실하는 때이다. 그것은 또한 이들 구속력이 신화의 마력에 더 이상 대항할 수 없게 될 때이다.[5)]

로고스와 뮈토스, 이성적 동기와 신화적 동기, 이들 간의 모든 갈등은 미개 사회에서는 알려져 있지 않았다. 미개 사회에서는 여전히 신화가 유일한 통치자였다. 신화의 지고성(至高性)은 무제한적이었고 반박되지 않았다. 그리고 신화의 규정은 절대적이었다. 거기에서는 어떠한 예외도 면제도 인정받지 못했다. 어떤 견해에서 본다면, 이러한 사태는 미개한 사회 생활의 커다란 특권의 하나로 간주될지도 모른다. 보다 진보하고 정교한 단계의 인간 문화는 자주 일종의 선망을 가지고 이러한 상태를 회고하기 십상이었다. 문명화된 상태와 대비하여, 자연 상태(status naturalis)는 참된 낙원, 단순함과 조화와 무구함의 파라다이스로서 묘사되었다. 민족학적 연구의 진보는 불행하게도 18세기 사상가들의 철학적 목가를 완전히 파괴해 버렸다. 현대의 인류학은 루소의 유명한 자연 상태의 서술을 그것과 정확히 반대의 것으로 변화시켜 버렸다. 루소가 그린 야생의 상태란 완전한 고독 속에 살면서 자신의 자연적 충동이나 본능에 따르는 자유라고 생각되었다.

오늘날 우리가 배워 알고 있는 것은 미개 사회에서만큼 사회적 압박이 강렬하고 무자비하며 저항하기 어려운 곳은 없다는 사실이다. 원시인은 특수한 터부를 범하지나 않을까라는 끊임없는 공포 없이는 단 한 걸음도 내디딜 수 없다. 그러한 위반은 모두 비참과 죽음을 의미하고 더욱이 그것은 단지 개인에게만이 아니라 집단 성원 전체에게 그러한 것이다. 행

5) 『국가의 신화』(*The Myth of the State*, New Haven: Yale University Press, 1946), 280쪽 참조.

위는 아무리 사소하고 시시한 것이든 간에 이미 결정된 집단적 규칙에 의해 규제된다. 이러한 사회적 규칙은 보편적이고 영원하며 변하지 않는 것인 데 반해, 이른바 자연의 법칙은—만일 어떤 자연법칙이 있다고 한다면—언제라도 변화할 수 있고 융통성이 있는 것이다. 왜냐하면 자연법칙은 주술적인 말의 영향에 따르며, 우리 인간의 소망을 받아들이는 것이기 때문이다. 모든 사회 생활과 자연적 생명은 종교적 주술적 의례의 엄격한 집행에 의존한다. 이들 의례가 만약 응당 치러져야 할 시기에, 합당한 장소에서, 정당한 기회에 집행되지 않는다면, 그리고 주문이나 기도의 말이 언제나 어길 수 없는 순서에 따라, 항상 동일한 운율적인 순환 속에서 말해지지 않는다면, 그때 사회 생활 전체와 자연의 생명 전체는 위험에 빠진다. 비가 내리는 것도, 곡물이 익는 것도, 땅이 과실을 맺게 하는 것도 모두 인간의 한결같은 도움 없이는 일어나지 않는다. 이 도움은 결코 기술상의 도움이 아니라 항상 주술적인 도움이라고 생각된다.

이와 같은 점으로 미개 사회에서 신화가 지닌 기초적이고 불가결한 역할을 알 수 있다. 신화는 인간의 사회적 문화적 생활에서 독립적이거나 분리적인 요소가 아니다. 그것은 오로지 의례의 상관물이며, 의례와 대응관계에 있는 것이다. 그것은 설명적 기능을 갖지만 그 주요한 임무는 자연 현상을 설명하기보다는 인간 행동을 설명하는 데에 있다. 인간의 개인적 사회적 생존에서의 중요한 단계는 모두 특수한 의례를 수반한다. 탄생, 죽음, 입문 등의 여러 의례들이 있다. 미개인은 이들 의례의 역사나 성립에 관한 설명을 필요로 하지 않는다. 그는 무엇보다도 의례의 기원에 관심이 없다. 왜냐하면 엄밀히 말해 이들 모든 것에는 기원이라는 것은 없기 때문이다. 그것들은 예로부터 줄곧 있던 것이다. 태곳적부터 그것들은 동일하고 규칙적이며 변화 없는 방식으로 행해져 왔다. 그것들은 신화적 선조로부터 계승되어 온 위대한 유산이다. 따라서 이 유산을 본래대로 보존하고 계승하는 것이야말로 인간의 지고한 종교적 의무이다. 주술 표현의 문구, 주문이나 주술의 말, 희생 제의나 기도의 짧은 구절, 이것들은 모두 불변하는 동일한 순서로 되풀이되지 않으면 안 된다. 만일 조금이라도 변화가 생긴다면, 그 즉시 주술적 세계나 종교적 제의가 지닌 위력과 효과가 파괴될지도 모른다.

그러나 인간은 이들 행위를 몇 번이고 되풀이할 때에, 그것들을 이해하려는 욕구를 느끼지 않을 수 없다. 인간은 그 행위들을 단지 기계적인 방식으로 수행하는 것이 아니다. 그는 자동 기계처럼 움직이는 것은 아니다. 그는 자신의 행위에 대해 이유를 묻고 그 의미나 목적을 파악하기를 원한다. 모든 인간은 본성적으로 알기를 욕구한다고 아리스토텔레스는 말한다. 이 말은 인간 문화의 가장 낮은 단계에서도, 보다 고도의 단계에서도 똑같이 타당하다. 알고자 하는 욕구는 문명인만의 특권이 아니다. 그것은 모든 인간에 공통된 목표이다. 그러나 미개 사회의 조건들 아래에서는 이 욕구가 보다 진보된 단계들에서와 같은 방식으로 충족될 수 없다는 것도 명백하다. 인류에 대한 이 같은 최초의 온갖 물음들에 이론적 내지 과학적 대답을 한다는 것은, 미개인에게는 불가능하고도 이해할 수 없는 일이었을 것이다. 신화가 밀고 들어오는 것은 이 지점에서이다. 인간은 매우 비이성적으로 행위할 수도 있다. 그러나 가장 비합리적인 행위에서조차 인간은 그 행위의 동기들을 묻지 않을 수가 없다. 신화만이 그러한 동기를 제공할 수 있다. 신화는 의례의 해석자가 된다. 즉 그것은 인간으로 하여금 자신이 행하는 것을 이해할 수 있게 한다. 오늘날 우리의 관점에서 보자면, 신화가 부여하는 대답은 불합리하고 터무니없다고 여겨질지 모른다. 그러나 가장 기묘하고 가장 과장된 동기 부여도, 전혀 없는 것보다는 나은 것이다. 미개 사회에서의 신화의 이러한 일반적 성립은 최근의 인류학적 연구에 의해 매우 명백하게 되었다.

브로니스와프 말리노프스키는 수 년에 걸쳐 남태평양 트로브리안드 섬들의 원주민 사이에서 생활하면서 이들 원주민의 관습, 신화적 신념, 주술적 의례에 관해 상세한 보고와 예리한 분석을 행하였다. 그의 서술 중 오늘날 여전히 우리의 문제라는 점에서 특별한 관심을 끄는 하나의 논점이 발견된다. 말리노프스키의 관찰에 입각해서는 레비 브륄의 논점을 지지하기가 적절하지 않다. 후자의 논점에서는 우리 자신의 심성과 미개인의 심성 사이에 아무런 접촉점이 없으며, 또한 미개인의 행위는 우리의 합리적 경험적 사고의 원리와는 반대되는 '신화적' 원리에 따르고 있다고 주장되고 있기 때문이다. 그런데 말리노프스키가 지적한 것은 미개인의 생활에서조차 세속적 영역이라고 기술되어도 좋은 일정한 행위 영역이 발견된다는 점이었다. 인간은 이 영역 내에서 움직이고 있는 한, 여러 신화적 동기들로부터 좀처럼 영향을 받지 않으며 또한 주술적 의례에서 위안을 구하지도 않는다. 이러한 점은 모두 그 다음 단계에서만, 즉 하나의 문제가 통상적 수단으로는 처리될 수 없을 정도로 곤란해지게 되는 때에 시작되는 것이다.

> 원주민은 어떤 도구를 만들어 내야 할 때 주술의 힘에 의지하지 않는다. 그 재료의 선택에서도, 또한 칼날을 날카롭게 벼리고 연마하는 방식에서도 그는 문자 그대로 경험적, 즉 과학적이다. 그는 전적으로 자신의 기능에, 자신의 두뇌와 인내에 의지한다. 그것에 관한 지식이 충분한 사안에 있어서는 원주민은 오로지 그 지식에만 의존한다고 말해도 결코 과언은 아니다.……중앙 오스트레일리아의 원주민은 참된 과학과 지식, 즉

경험과 두뇌에 의해 완전히 통제되고 어떤 신화적 요소에도 영향받지 않는 전통을 소유하고 있다.〔……〕

거기에는 세대에서 세대로 전해진 일련의 규칙이 있는데, 이들 규칙이란 사람들이 비바람을 견디는 작은 움막에서 살고, 마찰에 의해 불을 일으키고, 식물을 모아 요리하고, 서로 사랑하고 반목하는 여러 방식에 관한 것들이다.……이러한 세속적인 전통이 유연하고 잘 선택되며, 이지적이고 확실한 근거를 지니고 있었던 점은 원주민이 언제나 새롭고 적당한 것을 채택하고 있다는 사실로부터도 간파할 수 있다.[6]

주술에의 신념은 단순한 이론적 행위는 아니다. 그것은 하나의 정서적 행위이다. 이 신념을 낳는 데는 하나의 특수한 정서적 압박이 필요하다. 인간이 아직도 그의 일상적 경험의 좁은 한계 내에 머물러 있는 한, 즉 그가 스스로 처리하고 지배할 수 있는 비교적 용이한 상황에 관계되어 있는 한, 아무래도 그는 주술에 의지하지는 않을 듯하다. 우리가 그러한 것과 같이 그는 경험적이고 기술적으로 행위한다. 단순하고 흔히 있는 문제들을 해결하기 위해서 그는 자신의 간단한 도구만을 사용한다. 그러나 그것이 그의 개인적인 힘을 훨씬 넘어선다고 여겨지는 한층 더 중대하고 어려운 과제가 될 경우, 인간은 불가피하게 보다 고도의 유력한 수단을 모색하게 마련이다. 극단적인 상황에 대처하기 위해서는 극단적인 수단에 호소하지 않으면 안 되는 것이다.

6) 『신앙과 도덕의 정초』(Malinowski, *The Foundations of Faith and Morals*, London: Oxford University Press, 1936), 32쪽 이하. 카시러의 텍스트는, 말리노프스키의 이 책에서의 인용이 여기에 삽입되어야 함을 가리킨다. 이 한 구절은 카시러의 『국가의 신화』, 278쪽에서의 이 점에 관한 논의로부터 취한 것이다.

심리학적으로 말하면, 주술에의 신념은 항상 우리에게 이중의 얼굴을 보여 준다. 그것은 절망과 과신(過信)의 결합이다. 인간은 그 자신과 그의 개인적 능력에 깊은 불신을 느낀다. 그러나 다른 한편으로 그는 집단적 바람과 행동의 힘에 과도한 신뢰를 보낸다. 주술사, 마법사, 마술사에게 실제로 힘을 부여하는 것은, 그들이 개인으로서 행위하는 것이 아니라 부족 전체의 힘이 그들 속에 응축되어 있다는 생각이다. 토템 사회에서는 선조인 토템에 의해 식별된 다양한 씨족들이 각각 특수한 주술적 의례를 소유하고 있으며, 그것들은 비밀로 유지되고 세대에서 세대로 계승된다. 사냥꾼, 어부, 농부 같은 직업군도 각기 고유한 주술적 의례를 지니며 어떤 특별한 노력을 필요로 하는 상황에서만, 즉 부족이 어떤 곤란하고 위험한 모험에 착수하려고 할 경우에만 그 의례를 집행한다. 그러나 아무것도 이들 주술적 의례에는 저항할 수 없다. 어떠한 자연력도 인간의 집단적 바람에는 굴복한다. "정말로 주문의 울림은 천상에서 달을 끌어내릴 수도 있다"(Carmina vel caelo possunt deducere lunam)고 오비디우스의 『변신이야기(*Metamorphoses*)』에서 메데이아도 말한다. 주술적인 마력이나 주문은 천상에서 달을 끌어내리는 힘을 갖고 있는 것이다.[7)]

현대의 정치적 신화가 지닌 참된 성격을 이해하기 위해 우리는 이상과 같은 짧지 않은 일반적 서론을 필요로 했다. 언뜻 보기에 이들 정치적 신화는 고도로 복잡하고 기교적인 산물이라서, 미개 사회에서 보여지는 신화와는 동일한 수준에 놓을 수 없는 것 같이 생각된다. 그러나 이들 크게 다른 현상들 내에는 공통되는 두 가지 요소가 있다. 양자 모두 집단적 바람의 표현이라는 점, 그리고 양자 모두 이 바람이 전례 없는 강렬함에 이

7) 오비디우스, 『변신이야기』 제7권, 207~209행 참조.

르렀을 때에만 일어날 수 있었다는 점이다. 우리의 현대의 정치적 신화 내에서도, 갈등하는 경향들 사이의 기묘한 혼합이 동일하게 발견된다. 이들 신화는 똑같이 동일한 양의 절망과 확신으로부터 생겨난 것이다. 우리의 정치적 신화의 전개에로 이끈 것은 실제로 하나의 절망적 상황이었다. 이러한 상황에 대처하는 모든 합리적 수단은 다 써 버린 것처럼 생각되었다. 모든 수단은 내던져져야 했다. 그것들은 쓸모 없고 무익하다고 선언되었다.

그러나 통상의 기술적 수단 모두가 쓸모 없게 된 경우에도, 여전히 최후의 논법(ultima ration)이 남아 있다. 그것은 우리의 통상의 추론이나 논증 방식의 전면적인 부정과 역전 속에서 성립하는 것이다. 우리는 고르디아스의 매듭을 풀 수 없지만 이것을 자를 수 있다. 주술적인 말은 그 마력을 아직 잃지는 않았다. 그러나 그것은 정당한 방식으로, 정당한 때에, 정당한 인간에 의해 사용되지 않으면 안 된다. 우리의 모든 노력도, 만일 그것을 한 점으로 집중할 수 없다면, 헛된 일일 것이다. 바로 그것은 미개 사회에서 부족의 집단적 힘이 마술사의 인격 속으로 응축되고 구현되는 경우에도 마찬가지이다. 마술사는 그때 자연의 힘들에 명령을 내리며, 주술적 치료사로서 모든 해악의 치료를 떠맡는 것이다.

프랑스 학자 두떼(E. Doutté)는 『북아프리카의 주술과 종교』(*Magie et religion dans l'Afrique du Nord*)[8]라는 매우 흥미로운 책을 썼는데, 이 책에서 그는 북아프리카의 몇몇 원시 부족의 종교적 의례와 예식을 다루었다. 또한 신화의 기원에 관한 간결하고 명확한 정의를 내리려고 시도했다. 그는 신화적인 신들이나 정령들을 "인격화된 집단적 바람"이라고 여

8) Algiers: Typographie Adolphe Jourdan, 1909.

긴다. 신화적 사고 속에서 발견되는 신적 다이몬적 힘들은 집단적 소원의 인격화에 다름 아닌 것이다. 이 정의는 약 35년 전에 내려진 것으로, 저자는 우리의 정치적 문제들을 생각도 하지 않았다. 그럼에도 불구하고 현대의 모든 지도자의 원리에 대해, 두떼의 이 정의 이상으로 적절하고도 명쾌한 서술은 아마도 없을 것이다. 지도자에의 바람은 강렬한 집단적 소망에 항상 기인하는 것이다. 그러나 이 집단적 소망이 존재한다는 것만으로는 충분하지 않다. 그것은 인격화되지 않으면 안 된다. 그것은 구체적인, 형체로 만들어진 개성적인 형태를 취해야만 한다. 그 순간에 결정적인 진일보가 일어난다. 그때 더 이상 우리는 합리적인 세계 안에 살고 있는 것이 아니다. 우리는 신화적 세계에 살고 있는 것이다. 우리는 더 이상 법률이나 법령에, 헌법 또는 정치 헌장에 관계되지 않는다. 이들 모든 것은 소멸하여 자취를 감춘다. 법, 정의, 헌법, 권리 선언은 그 의미와 효력을 상실해 버릴 것이다. 단 하나 남는 것, 단 하나 중요한 것은 신화적인 신의 위력과 권위이다. 즉 "총통의 의지야말로 지고의 법이다."

그러나 어떻게 이 새로운 원리가 전 민족에게 강제될 수 있었던 것인가? 어떻게 그것은 효과를 발휘하고 모든 저항을 타파할 수 있었던 것일까? 이 점에서 현대의 정치적 신화는 가장 곤란한 시련을 겪지 않으면 안 되었다. 문명화된 하나의 대민족이 미개 사회에서나 가능하고 합당할 법한 매우 단순하고 초보적인 원리에 따라 통치될 수 없다는 것은 명백하다. 문제는 무한히 복잡화되어 있다. 그 해결을 위해선 전적으로 새로운 방법을 발견해 내고 이전의 어떤 시대에서도 알려져 있지 않은 지배의 기술을 개발하는 것이 필요했다. 이 일은 새로운 인간들에게 최초의 과제 중 하나가 되었다. 그러나 논리적인 관점에서 보자면 이 과제는 어떤 의미에서는 훨씬 더 원(圓)의 구적법(求積法)의 문제*와도 유사한 것이었다.

문명사가들은 인류가 그 역사에서 두 가지 다른 단계를 통과해야 했음을 우리에게 말했다. 인간은 **주술자**(homo magus) 또는 **예언자**(homo divinans)로서 출발했다. 그는 주술적 정식(定式)을 사용함으로써 자신의 의지를 자연 위에 강요하고자 했다. 그러나 그의 희망은 끊임없이 기대에 어긋나고 좌절되었다. 인간은 그를 에워싸던 주술 권역을 돌파하여 자신의 길을 힘으로 밀고 나아가야만 했다. 주술자는 **공작자**(工作者, homo faber)가 되었다. 기술 시대가 주술 시대의 뒤를 이었으며 이를 대신했다.[9] 만일 우리가 이상과 같은 구별을 인정한다면, 현대의 정치적 신화는 매우 기묘하고 역설적인 것이 될 것이다. 왜냐하면 우리가 여기에서 발견하는 것은 주술적 사고와 기술적 사고라는 두 가지 모순되고 양립 불가한 요소 간의 혼합이자 완전한 융합이기 때문이다. 현대의 정치가는 자신 속에서 두 가지 전적으로 상이한 기능들을 결합시키지 않으면 안 되었다. 그는 **주술자**인 동시에 **공작자**여야만 했다. 그는 하나의 새롭고도 전적으로 비합리적이며 신비적인 종교의 대변자이자 사제였다. 그러나 그와 그의 협력자들이 이 비합리적 종교를 변호하고 선전해야만 했던 경우에, 그들은 결코 비합리적이지 않았다. 그들은 예민하고 냉정한 사상가였고 매우 유능한 계산가였다. 그들은 매우 철저하게 그리고 방법론적으로 일을 진행시켰다. 어떤 것도 우연 그대로에 맡겨지지 않았고

* '주어진 원과 같은 면적의 정사각형을 만들다'라는 작도 불능의 문제.

9) 카시러, 「형식과 기술」, 28쪽 참조.

매 걸음마다 미리 숙고되고 잘 준비되고 있었다.

이러한 기묘한 결합이 현대의 정치적 신화의 전개에 있어서의 가장 두드러진 특징의 하나이다. 신화는 무의식적인 사회적 행위의 소산이라고 항상 기술되어 왔다. 그런데 현대에 와서 사람들은 매우 신중하게 "계획에 따라" 행동했다. 그들은 자신들이 나아갈 길을 알고 있었고 그 한 걸음 한 걸음에 주의를 게을리하지 않았다. 이때부터 신화는 더 이상 마음 가는 대로 자유롭게 육성되도록 허용되지 않았다. 새로운 정치적 신화는 결코 풍부한 상상력의 소박한 결실이 아니었다. 그것은 매우 교묘하고 교활한 직인들의 손에 의해 만들어진 인공물이었다. 거칠게 말해, 이제 우리의 눈앞에 보이는 것은 완전히 합리적인 신화의 새로운 유형이라고 말해도 좋을 것이다. 20세기는 역사상 선례가 없는 신화적 사고의 기술을 개발했다. 신화는 그 이후 기관총이나 비행기를 제조하는 것과 동일한 의미에서, 또 동일한 방법에 의해, 고찰되고 제조되는 것이 되었다. 그것들은 동일한 목적을 위해, 즉 대내적 대외적 전쟁을 위해 사용되었다. 이는 전혀 전례가 없는 것이며, 이 사실이야말로 우리의 현대의 정치생활의 전모를 변질시켰던 것이다.

이 강의의 좁은 범위 내에서, 현대의 정치적 신화의 매우 세련되고 복잡한 기술에 관해 충분한 인상을 제공하는 것은 무리한 일이다. 내가 할 수 있는 것은 두세 가지 실례를 들어 그 요점을 설명하는 일일 뿐이다. 그런데 거기에서 필요한 첫걸음은 언어의 기능상의 변화와 관련된 점이다. 일상적 회화에서 우리의 말은 이중의 기능, 즉 서술적 기능과 정서적 기능을 가지고 있다. 즉 여기에서의 우리의 말은 인간의 감정을 표현하거나, 여러 대상 혹은 대상의 관계들을 기술한다. 정상적인 상황 아래에서는 두 기능이 조화로운 평형 상태에 있으며 서로 보완하고 협력한다.

'주관적' 언어와 '객관적' 언어, 또는 정서적 언어와 명제적 언어는 함께 사회적 소통과 상호이해라는 동일한 목적으로 이끄는 수단으로서 이용된다. 그런데 정치적 신화에 의해 도입된 언어에서는 이러한 평형 관계가 매우 어지럽혀졌다. 오로지 정서적인 측면에만 역점이 두어지고, 서술적이거나 논리적인 말들은 주술적 언어로 변형되었다. 수많은 신조어가 주조되고 낡은 말들은 근본적인 의미 변화를 겪었다. 이 모든 일들이 불과 20~30년 안에 이루어졌고 게다가 그것은 무시무시한 효과를 발휘했다. 근래에 만일 내가 과거 10년 간 출판된 독일의 책 가운데서 철학, 역사학, 정치학, 경제학 같은 이론적 문제들을 다루고 있는 것을 읽어 본다면, 나는 더 이상 독일어를 이해할 수 없다는 것을 알고서 놀랄 것이다. 지금까지 들어 본 적이 없던 많은 용어들이 생겨났으며, 낡고 친숙한 용어가 다른 기묘한 의미를 얻고 있음을 발견할 것이다. 일상적인 말들이 감정이나 격렬한 정서로 가득 차 있다.

1944년, 뉴욕의 프레드릭 웅가 출판사에 의해 매우 흥미있는 책 한 권이 출간되었다. 그 제목은 『나치 독일어. 현대 독일어 관용어 사전』(*Nazi-Deutsch. A Glossary of Contemporary German Usage*)[10]이고, 저자의 이름은 하인츠 페히터(Heinz Paechter)이다. 이 책에는 과거 20년 간 나치 정권의 지도자나 신봉자들에 의해 독일어에 편입된 용어들의 전체 리스트가 포함되어 있다. 저자는 이들 용어를 영어로 번역하고자 시도했지만 그 시도는 그다지 성공적이지 않다. 그 용어들은 참된 번역이 아니라, 단지 우회적으로 말하는 식이거나 독일어의 단어 및 관용구를 다른 말로 바꾸어 표현한 것에 지나지 않았다. 왜냐하면 불행하게도 혹은 어쩌면 다행스럽

10) 『국가의 신화』 283~284쪽 참조.

게도, 이 말들을 적절하게 영어로 번역한다는 것은 원래 불가능했기 때문이다. 이들 급조어, 신유행어를 특징짓고 있는 것은 그 객관적인 의미보다는—많은 경우 그것들은 전혀 아무런 의미도 갖지 않는 것처럼 보인다—오히려 그 말들의 주위를 감싸고 있는 정서적 분위기이다. 이 분위기는 감지될 수는 있어도 번역하는 것은 불가능하다. 이 점에 관해 적어도 하나의 특징적이고 두드러진 예를 하나 들어 보자.

나는 페히터의 책에서, 현대의 독일어 관용어법에서는 'Siegfriede'〔지그프리데〕와 'Siegerfriede'〔지거프리데〕라는 두 단어 사이에 명확한 차이가 있다는 것을 배웠다. 독일인의 귀에서조차 이 차이를 포착하는 것은 쉽지 않다. 이 두 낱말은 정확히 동일한 것을 의미하고 있는 것처럼 생각된다. Sieg는 승리를 의미하고 Friede는 평화를 의미한다. 그러므로 Siegfriede 또는 Siegerfriede는 승리가 가져오는 평화라는 뜻이 될 것이다. 그런데 이들 두 용어가 의미하는 것은 결코 동일하지 않다는 것이다. Siegfriede의 의미는 Siegerfriede와 정반대이다. 저 『관용어 사전』이 말하는 바에 따르면, Siegfriede는 독일의 승리에 의한 평화를 의미하는 데 반해, Siegerfriede는 연합국 측의 정복자들이 지칭한 평화를 의미하기 때문이다. 두 단어 사이에는 하늘과 땅 만큼의 차이가 있는 셈이다. 하지만 대체 이러한 기묘한 어법이 생겨난 이유는 무엇인가? 『관용어 사전』은 그 이유를 제시하지 않았다. 그러나 나치 정치 체제의 언어와 이데올로기에 정통한 사람이라면 그 이유를 발견해 내는 것은 어렵지 않다. 이들 두 단어 사이의 단 하나 명료한 차이는 문법적인 어형상의 차이이다. Siegfriede라는 말에서 Sieg(승리)는 단수형이다. 그런데 Siegerfriede에서는 동일한 부분이 복수형이다. 전자의 단수형은 오로지 독일 국민에게만 적용시킬 수 있게 된다. 독일 국민은 혼성된 것(mixtum compositum),

즉 수천만 남녀의 단순한 집합이 아니다. 그것은 동질적인 전체, 신비적 일체(corpus mysticum), 깊고 신비적인 통일체인 것이다. 그런데 독일의 적대자들의 경우에는 그러한 통일을 말할 수 없다. 그들 스스로 '연합국'이라고 부르고 있다. 게다가 그들은 실제로는 결코 연합되어 있지 않고 분리되고 나뉘어 있다. 여기에서 드러나는 것은 혼란스럽고 잡다한 집단일 뿐이며, 이는 민족이나 정치 목표가 서로 다르고 이데올로기에서 극단적으로 대립하는 이질적인 혼합에 지나지 않는다. 이러한 사태 모두를 Siegfriede와 Siegerfriede라는 두 단어는 표현하고 있다. 확실히 이들 단어를 만들어 낸 사람들은 그 기술에 있어, 즉 정치적 선전술에 있어 달인이었다. 그들은 그저 얼마 안 되는, 게다가 극히 사소한 듯한 방법으로 자신들의 목적을 달성했던 것이다. 그들은 인간 격정의 전 영역, 즉 증오, 분노, 격분, 오만, 경멸, 거만 그리고 무시를, 하나의 음절 속에 압축할 수 있었던 것이다.

그러나 이 같은 주술어의 교묘한 사용이 전부는 아니다. 이미 지적한 대로, 미개 사회에서조차 주술어는 결코 그것만으로 존립하는 것은 아니다. 오히려 그것은 다른 하나의 힘에 결부된 부속물이다. 그것은 주술적 의례에 수반되며, 이 의례를 해석하는 것이다. 새로운 정치적 신화가 그 효력을 충분히 발휘하는 데에는 새로운 의례에 의한 지원이 반드시 필요했을 것이다. 이 점에서도 나치즘의 지도자들은 매우 철저하고 또 매우 방법론적으로 이것을 진행시켰다. 그리고 이 점에서도 독일 사회생활은 과거 20~30년 간, 즉 1차 세계대전과 2차 세계대전 사이의 시기에 근본적으로 변질되었다. 어떠한 정치적 행동이든 특수한 의례를 수반하지 않은 것은 없었다. 게다가 전체주의 국가에서는 사적 생활과 공적 생활은 분리되지 않았기 때문에 사적 생활까지도 갑자기 새로운 의례의 범람 속에 말려들었다. 이들 의례는 모든 원시적 의례와 마찬가지로 규칙적이고 엄격한, 그리고 용서가 없는 것이었다. 모든 계급, 모든 성별, 모든 세대마다에 각기 고유한 의례가 주어졌다. 어느 누구든 의례 행위를 행하지 않고서는 거리를 활보하거나 이웃 또는 친구와 인사를 나눌 수 없었다. 지정된 의례를 하나라도 소홀히 하는 것은 매우 위험한 일이 되었다. 어린아이들에게서조차 그것은 단순한 태만의 죄로서 간주되지 않았다. 그것은 대역죄(crimen laesae maiestatis), 곧 총통과 전체주의 국가의 존엄에 대항하는 죄였다.

이들 모든 새로운 용어와 의례의 목적은 무엇이었는가? 그것들이 그것들 자체를 위해 만들어진 것이 아님은 명백하다. 그것들에는 매우 명확하고 계획적인 목표가 있었다. 미개 사회에서의 의례의 기능에 관해 생각해 본다면 이 목표는 용이하게 이해될 수 있다. 의례는 개인적 행위는 아니다. 의례는 언제나 하나의 집단에 의해, 또한 대부분의 경우 그 부족의 모든 구성원에 의해 집행된다. 이들 의례에 참여하는 남녀가 자신들의 개체성의 감각을 상실한다는 것은 의례의 주요한 효과이다. 그들은 서로 융합한다.그들은 하나의 전체로서 행위하고 사고하며 느낀다. 시드니 하틀랜드(E. Sidney Hartland)는 자신의 저서 『원시법(元始法), (*Primitive Law*)』에서 다음과 같이 말한다. "루소가 상상한 것처럼 원시인은 자유롭고 속박받지 않는 것과는 거리가 멀다. 오히려 반대로 그는 모든 면에서 그의 종족의 관습에 의해 봉쇄되어 있고, 태곳적부터의 전통의 사슬에 속박되어 있다.……이 속박은 당연한 것으로서 수용된다. 그는 결코 그것에서 빠져나오려고 하지 않는다.……문명인에게서도 이와 유사한 관찰이 들어맞을지 모르지만, 문명인은 너무나 성급하고 너무나 변화를 갈구하며 너무나 자신이 처한 환경에 끊임없이 의문을 품기 때문에, 묵종(默從)의 태도에 오래 머물지 않는 것뿐이다."[11]

이 글이 쓰였던 것은 1924년이었다. 그 후 20년 동안 상황은 실로 얼마나 많이 변화했는가! 그 성급함에도 불구하고—그리고 아마도 정확히는 그 성급함 때문에—여러 국민들은 그들이 처한 환경에 의문을 품을 만한 욕구나 충동을 아예 잃어버린 것처럼 보인다. 그들은 완전한 묵종의 태도로 살고 있으며, 새로운 신, 즉 전체주의 국가라는 신에 대한 맹목적인 신앙을 지니고 있다. 도대체 어떻게 저 자유로운 국민이 이러한 견딜 수 없는 억압을 받아들이게끔 유도될 수 있었던 것일까? 이 물음에 답하기 위해 우리는 자유라는 말에 대한 분석에서 시작하지 않으면 안 된다. 자유는 가장 양의적(兩義的)이고 분명히 정의하기 어려운 용어들 중 하나이다. 서로 대립하는 형이상학적인 학파들이 벌인 끝없는 논의와 정치적인 당파 간의 투쟁에 의해, **윤리적인** 자유의 개념은 거의 인지할 수 없을 정도로까지 몹시 혼탁해져 버렸다. 여기에서 나는 윤리적 자유라는 이 커다란 문제에 들어갈 수 없다. 그러나 나는 이 개념의 최선의 정의이자 어떤 의미에서는 고전적인 정의가, 칸트에 의해 제시되었다고 생각한다. 칸트가 자신의 『실천이성비판』에서 지적했듯이, 자유란 여러 구속적 규칙으로부터 면제되어 있는 것은 아니다. 도리어 자유란 도덕적 의지가 자신에게 부과하는 규칙이다. 그것은 '자율'의 의미이며, 자기규제와 개인적 책임을 의미하는 것이다. 칸트가 말하듯이, 자유는 **주어진**(gegeben) 것이 아니라 **부과된**(aufgegeben) 것이다. 그것은 증여된 선물이 아니라 하나의 과제이며, 아마도 우리가 스스로에게 부과할 수 있는 가장 어려운 과제이다. 이 과제를 수행하는 것은 우리 시대처럼, 험난한 사회적 위

11) London: Methuen and Co., 1924, 138쪽.

기와 격렬한 정치적 동요의 시대에서는 더욱 더 어려운 일이 되었다.

이러한 시대에 개개인은 각자의 창조적인 형성력에 깊은 불신감을 갖기 시작한다. 그는 외부로부터 온갖 영향을 받기 쉬워진다. 자신들의 목적을 위해 상황을 개척하는 정치적 당파들이 신화나 의례 같은 강력한 무기를 갖추고 있는 경우에는, 개인은 이들 당파의 손쉬운 희생양이 된다. 동일한 주술적 정식의 한결같은 반복 또는 동일한 의례의 끊임없는 집행, 이것보다 더 우리의 비판적 판단을 억압하고 개인 편에서의 모든 저항을 막는 데 효과적인 것은 없다. 생활 전체가 주술과 의례에 지배되어 있는 미개 사회에서는 실제로 어떠한 명료한 개인적 책무나 자기책임의 개념도 발견되지 않는다. 개개인이 아니라 집단이 참된 '도덕적 주체'인 것이다. 부족, 씨족 그리고 가족 전체가 각각의 구성원 모두의 행위에 대해 책임이 있다. 하나의 죄가 범해지는 것, 그것은 한 개인의 탓이 아니다. 일종의 독기(毒氣)나 사회적 감염에 의해, 집단 전체가 그 죄에 감염되는 것이다. 보복과 처벌도 전체로서의 집단에게 향한다. 피의 복수가 최고의 도덕적 종교적 책무의 하나로서 간주되는 사회에서 살해자 개인에게 보복한다는 것은 전혀 필요하지 않다. 그의 가족이나 씨족 중 한 사람을 죽이는 것으로 충분한 것이다. 어떤 경우에는, 예컨대 뉴기니아나 아프리카의 소말리족처럼, 보복 살해되는 것은 가해자 자신보다는 오히려 가해자의 가장 나이많은 형제이다.

이러한 점은 모두 우리의 현대의 정치적 생활 속으로 되돌아온다. 여기에서는 더욱이 이 같은 현상들이 생활의 한층 더 복잡화된 형태들에 따라 더욱 더 대규모로 일어난다. 개개인의 행위에 책임이 있는 것은 부족이나 가족으로 그치지 않는다. 그것은 전 국민 또는 전 민족이 된다. 모든 도덕적 기준의 그러한 왜곡, 그리고 개인적 판단이나 자기책임의 완전한 배제가 지극히 통상적이지 않은 수단을 필요로 했음은 명백하다. 그러나 정치적 신화는 인간의 사회 생활의 가장 원초적 형태로 되돌아감으로써 이들 수단을 준비했던 것이다.

하지만 정치적 신화에 대한 우리의 서술에서 그 묘사가 불완전한 모습으로 남아 있지 않기 위해서는 하나의 특징이 더 검토되지 않으면 안 된다. 이미 지적한 바대로, 전체주의 국가에서의 정치적 지도자들은, 미개 사회에서 주술사의 손에 맡겨져 있었던 모든 기능을 떠맡지 않으면 안 되었다. 그들은 정치적인 통치자, 모든 사회적 해악을 치유할 수 있는 치료자, 사회의 전 조직을 배후 조종하는 기능자라고 주장했다. 그러나 미개 사회에서 주술사에게는 여전히 또 하나의 보다 중요한 임무가 있다. 그는 **예언자**(homo divinans)이다. 그는 신들의 의지를 드러내며 미래를 예언한다. 희망과 공포는 아마도 인간의 가장 일반적이고 깊은 감정일 것이다. 희망과 공포 속에 사는 것, 그리고 사고와 감정으로 미래를 내다보는 것은 인간의 생을 동물적 생으로부터 근본적으로 구별하는 특징 중 하나이다. 신화는 이 감정을 조직화하는 최초의 시도이다. 예언자는 미개한 사회 생활 내에서 확고한 자리를 점하며 긴요한 역할을 갖는다. 고도로 발전된 정치적 문화 단계들에서조차 그는 여전히 그 정의와 특권을 충분히 소유하고 있음을 발견한다. 로마에서는 복점관이나 점성사의 조언 없이는 어떤 중요한 정치적 결정도 내리지 않았고, 어떠한 곤란한 계획도 착수하지 않았으며, 어떠한 전쟁도 치르지 않았다. 로마 군이 파병되었던 때에는 언제나 그 점성사들이 동행하였다. 아피우스 클라우디우스 플케르*의 『조점술(鳥占術, *De disciplina augurali*)』이라는 책은 키케로

* 아피우스 클라우디우스 플케르(Appius Claudius Pulcher, ? ~ 서기전 48년)는 로마의 귀족 출신 정치가로서, 복점관을 지냈고 후에 집정관의 자리에 올랐다.

에게 헌정되었지만, 키케로의 정치적 이력 속에는 복점(卜占)의 직무를 맡았던 적이 있었다.

이 점에서도 우리의 현대 정치 생활은 갑작스럽게 전적으로 잊혀진 것처럼 보였던 형태로 되돌아갔다. 확실히 우리는 훨씬 더 세련되고 정교한 예언 기술을 가지고 있다. 우리는 더 이상 원시적인 종류의 점이라든가 제비에 의한 예언을 하지 않으며, 더 이상 새가 나는 방법을 관찰하거나 살해된 동물의 내장을 조사하지도 않는다. 이것들은 우리에게는 불합리하고 터무니없는 것으로 여겨진다. 하지만 현대의 방법은 변했다고 할지라도 사태의 본질 자체는 결코 없어지지 않았다. 현대의 정치가들은, 대중이 순전한 물리적 힘에 의해서보다 상상력에 의해 훨씬 더 쉽게 움직인다는 것을 매우 잘 알고 있었다. 따라서 그들은 최대한의 기교와 숙련을 가지고 이 수단을 활용했다. 현대의 정치가들은 **대중적 예언자**(*vates publicus*)가 되었다. 예언은 정치의 새로운 기술의 본질적 부분이었다. 이 자리에서 이들 정치적 예언에 대한 상세한 서술로 들어갈 필요는 없다. 우리는 그것들을 너무나 잘 알고 있다. 천년왕국은 거듭 되풀이되면서 예언되었다. 그러나 이 시대는 더 이상 인류의 천년왕국이 아니라 특수한 한 국민과 한 민족의 천년왕국이었다.[12)]

기묘하게도 이러한 새로운 예언술이 최초로 나타난 것은 독일의 정치가 아니라 독일의 철학에서였다. 1918년, 오스발트 슈펭글러의 저서 『서구의 몰락(*Der Untergang des Abendlandes*)』[13)]이 출간되었다. 아마 하나의

12) 『국가의 신화』 289쪽 참조.

13) 『서구의 몰락』 영역본(C. F. Atkinson, 2 vols., New York: Knopf, 1926 and 1928). 슈펭글러에 관해서는 이 책 2장 「문화 철학으로서의 비판적 관념론」 및 9장 「철학과 정치」 참조.

철학서가 그처럼 선풍적인 성공을 거둔 것은 이 이전에는 없었을 것이다. 이 책은 거의 모든 외국어로 번역되고 온갖 종류의 사람들에게, 즉 철학자나 과학자, 역사가나 정치가, 학생이나 상인, 그리고 학자나 시정 사람들에게 읽혔다. 이러한 전례 없는 성공의 이유는 무엇이었는가? 이 책이 그 독자들에게 끼친, 믿기 어려운 마력은 무엇이었던가? 내가 생각하기에, 이러한 성공의 이유는 이 책의 내용에서보다도 오히려 그 제목에서 찾아질 수 있다. 『서구의 몰락』이라는 제목은 슈펭글러의 독자들의 상상력을 타오르게 했던 전기 불꽃이었다. 이 책이 출판되었던 것은 1918년 7월로서, 이때는 1차 세계대전이 끝날 무렵이었다. 이 시기에 수많은 사람들이—대부분은 아니었다고 해도—높이 찬양받고 있는 서구 문명 속에 무언가가 부패되어 있음을 실감하고 있었다. 슈펭글러는 이러한 일반적 불안에 하나의 명확하고 통렬한 표현을 제공했다. 그의 논제는 이 불안을 설명하고 또 그것을 정당화하는 것처럼 여겨졌다. 그는 결코 하나의 과학자로서 말한 것은 아니다. 그는 모든 과학적 방법들을 경멸하고 그것들에 공공연히 도전했다. "역사를 과학적으로 취급하고자 하는 것은 결국에는 항상 모순을 지닌 것이다. 자연은 응당 과학적으로 다루어져야 하지만 역사는 시적으로 다루어져야 한다."고 슈펭글러는 말한다.

그러나 이것마저도 슈펭글러 책의 진정한 의미를 표현하고 있는 것은 아니다. 시인은 자신의 상상의 세계에 살고 있으며, 만일 그가 단테나 밀턴 같은 위대한 종교적 시인이라면, 그는 예언자적 환상의 세계에도 살고 있을 것이다. 하지만 그 시인은 이 환상을 현실이라고 생각하지 않으며, 또한 환상으로부터 하나의 역사 철학을 만들어 내지도 않는다. 그런데 슈펭글러의 경우에는 바로 이러한 일이 행해졌던 것이다. 그는 실로 천문학자가 일식이나 월식을 예언하는 것과 동일한 의미에서 인간 문화의 미래를 예언할 수 있는 하나의 새로운 방법을 발견했노라고 자랑했다. "이 책에서 처음으로 시도되는 것은 역사를 선행적으로 규정하려는 모험이다. 그것은 하나의 문화적 숙명, 특히 오늘날 이 지구상에 실제로 완성의 국면에 있는 유일한 문화, 즉 서유럽·아메리카 인에 의한 문화의 숙명을, 아직 해명되지 않은 단계에까지 탐색해 가는 그러한 모험이다."[14]라고 슈펭글러는 말했다.

여기에서 슈펭글러의 책과 그것의 막대한 영향을 해명해주는 단서가 발견된다고 나는 생각한다. 인간 문명의 역사를 말할 뿐만 아니라 그것을 선행적으로 규정하고 그 미래의 운명을 보여 주며 그 운명이 불가피하고 움직일 수 없다는 것을 증명할 수 있다면, 이는 실제로 커다란 진전을 이룬 셈이 될 것이다. 다른 역사 철학자들, 예컨대 헤겔은 세계 정신의 행진을 드러내려고 시도했다. 그들은 인간 역사에는 명확한 계획이 있음에 틀림없으며, 그러한 계획 없이 역사는 무의미한 것이 되리라는 전제로부터 출발하고 있었다. 슈펭글러는 이들 모두를 거부한다. 인류가 어떠한 목적도 갖지 않고 어떠한 의도나 계획을 지니지 않는 것은, 예를 들면 나비나 난초 꽃에게 그러한 목적이나 의도가 없는 것과 같다고 그는 단언한다. 역사의 진행도 또한—만약 '원인'과 '결과'가 경험적인 의미에서 이해되는 것이라면—'원인'을 갖지 않는다. 문명들의 융성, 몰락 그리고 붕괴는 우리의 이른바 온갖 자연 법칙보다도 훨씬 더 높고 숭고한 규칙에 의해 결정된다. 이 규칙은 운명의 규칙이다. 인과성이 아니라 운명이 역사에서의 참된 작용력이다. 문화적 혼의 탄생과 죽음은 언제나 신비적인 행위이다. 그것은 우리의 빈약하고 추상적인, 과학적 또

14) 『서구의 몰락』 서론.

는 철학적 개념들에 의해서는 설명될 수 없다. "하나의 문화가 탄생하는 것은 위대한 하나의 혼이 영원히 무구한 인류의 혼의 원초적 상태로부터 깨어나는 그 순간이다.(Eine Kultur wird in dem Augenblick geboren, wo eine grosse Seele aus dem urseelenhaften Zustande ewig-kindlichen Menschentums erwacht.)"[15] 슈펭글러의 이 신비적인 말을 평범한 관용적 영어로 번역하려는 시도를 나는 하지 않으려고 한다. 그러한 시도는 이 말이 지니는 독특한 어감을 제거해 버리고 전체적인 효과를 빼앗는 것이 될 것이다.

슈펭글러가 말하는 운명의 관념에서야말로 나는 그의 책 전체와 그것의 성공을 해명하는 열쇠가 발견된다고 생각한다. 내가 최초로 이 책을 읽었던 것은 마침 내가 이탈리아 르네상스의 철학 연구에 몰두하고 있던 때였다. 그때 나의 마음에 강하게 떠올랐던 것은 그 무렵 내가 연구했었던 14, 15세기의 점성학에 관한 몇 개의 논문과 슈펭글러의 책 사이에 밀접한 유사성이 있다는 생각이었다. 물론 슈펭글러는 문명의 미래를 별들의 운행 속에서 읽어 내려는 시도는 하지 않았다. 그럼에도 불구하고 그의 예지는 점성학자들이 행한 예지와 같은 유형의 것이자 그것과 정확히 동일한 사고법을 보여 주고 있다. 르네상스 점성학자들도 개개 인간의 운명을 탐색하는 것에 만족하지 않았다. 그들은 그 방법을 커다란 역사적 문화적 현상에도 적용했다. 그들 중 한 사람은 그리스도 탄생시의 별의 위치를 점치는가 하면, 그리스도의 탄생으로부터 그리스도교 시대의 종말, 그리스도교 자체의 몰락 및 붕괴가 다가옴을 추론했다는 이유에서 교회로부터

15) 이 인용의 원문은 독일어이다. 『서구의 몰락』 독일어판(C.H. Beck'sche Verlagsbuchhandlung, Oskar Beck: München, 1923, 2d. ed.), I, 144쪽.

단죄받고 화형에 처해졌다. 사실상 슈펭글러의 책은 과학적 저작도 아니었고, 역사시나 역사 철학도 아니었다. 그것은 역사의 점성학이며, 인간 문화의 점술가가 자신의 음울한 묵시록적 환상을 피력한 것이었다.

여기서 하나의 중요한 물음이 제기되지 않으면 안 된다. 우리는 슈펭글러의 예언을 그 이후의 이른바 예언자들의 그것과 실제로 연결시킬 수 있는 것일까? 이들 두 현상을 과연 동일한 수준에 놓을 수 있는 것일까? 언뜻 보기에 이는 불가능한 것처럼 보인다. 슈펭글러가 말하는 문화적 혼의 신화는 어떤 의미에서는 알프레드 로젠베르크(Alfred Rosenberg)의 유명한 책*에 서술된 20세기의 신화와는 완전히 대립되는 것이다. 슈펭글러는 재앙의 예언자였다. 그러나 나치즘의 정치 지도자들은 그들의 지지자나 신봉자들에게 전혀 터무니없는 희망을 불러일으키려고 했다. 슈펭글러는 서구의 몰락에 관해 말했던 데 반해, 그들은 게르만 민족에 의한 세계 정복을 말했다. 슈펭글러는 보수주의자였고 프로이센 군국주의의 심취자, 찬미자였지만 새로운 사람들에 의해 선전된 착상에 대해선 혐오와 경멸을 품고 있었다. 그럼에도 불구하고 거기에는 그의 책이 대단한 정치적 영향을 끼칠 수 있었던 점 하나가 있었다. 슈펭글러가 그의 심각한 문화적 비관주의로부터 이끌어낸 결론은 무엇이었는가? 그가 단언했던 것은 현대인은 자신의 운명을 피할 수 없다는 점이었다. 현대인은 그것을 받아들이지 않을 수 없다. 인간의 의지에 의한 어떠한 노력도 결코 문명의 사체(死體)를 소생시킬 수 없을 것이다. 그러므로 우리는 더 이상 헛된 시도를 고집하기를 그만두자. 철학 체계의 구축이나 예술작품의 창조를 단념하기로 하자. 슈펭글러는 다음과 같이 선언한다.

---

*『20세기의 신화』

위대한 회화나 음악에 관해, 서양인에게는 더 이상 어떠한 문제도 있을 수 없다.……오로지 외연적 가능성만이 그들에게는 남아 있을 뿐이다. 그럼에도 무한한 희망으로 가득 찬 원기 왕성한 세대에게, 이러한 희망 중 몇 가지는 허무로 되돌아가야 함을 일찌감치 깨닫는 것이 손실이 된다고는 나는 생각지 않는다.……확실히 어떤 개인들이 그들의 결정적인 시기에 건축, 연극, 회화의 영역에서 더 이상 이루어야 할 아무것도 자신들에게는 남아 있지 않다는 확신에 사로잡힐 때, 그 결말은 비극적인 것이 될 것이다. 그런데 이러한 사람들이 몰락한다 한들 그것이 무슨 문제라고 말하는 것일까!……이제 마침내 몇 세기에 걸친 위업은 서유럽인들로 하여금 그들 자신의 생의 위치를 전반적인 문화 체계와 관련해서 관찰하게끔 하고, 그들의 능력과 목적을 음미하는 것을 가능케 하고 있다. 내가 단지 희망할 수 있는 것은 새로운 세대의 사람들이 이 책으로 감화되어 서정시 대신 공예에, 화필 대신 바다에, 또 인식론 대신 정치에 몰두하게 되는 것이다. 그 이상의 것은 그들로서는 할 수 없을 것이다."[16]

우리가 멸망하지 않을 수 없다면 영웅적으로 멸망하도록 하자. 우리의 과학, 예술, 철학이 파멸할 수밖에 없는 것이라면 우리는 새로 다시 시작하기로 하자. 우리는 세계의 통치자가 되자. "서정시 대신 공예를, 인식론 대신 정치를"이라는 슬로건은 독일에서 성장한 신세대 정치가들에 의해 용이하게 이해될 수 있었고 신속하고 열렬하게 행동으로 옮겨졌다.

점성술적 사상과 현대의 정치 사상 사이의 이러한 기묘한 유사성과 병행 관계로부터 우리는 다시금 또 하나의 추론을 끌어낼 수 있다. 우리는

16) 『서구의 몰락』 I, 40쪽 이하.

현대의 자연 과학을 자랑하고 있지만 자연 과학은 결국 극히 최근의 것임을 결코 잊어서는 안 된다. 17세기, 즉 데카르트나 뉴턴, 갈릴레오나 케플러의 이 위대한 세기에서조차, 자연과학의 승리는 결코 확보되어 있지 않았던 것이다. 르네상스에서는 이른바 신비 과학—마술, 연금술, 점성술—이 여전히 지적 세계에 커다란 힘을 발휘하고 있었다. 케플러는 최초의 위대한 경험주의적 천문학자이며 천체 운동의 엄밀한 법칙의 발견에 성공한 최초의 사람이었다. 그러나 케플러의 전기와 그의 과학적 저작에 주목한다면 그가 끊임없이 점성술적인 사고방식과 싸워야 했다는 것이 발견될 것이다. 그는 프라하의 궁정에서는 점성술자로 임명되어 있었고, 만년에는 발렌슈타인의 점성술자가 되었다.

우리는 케플러가 자신을 해방하고 근대 자연 과학의 창시자 중 한 사람이 되기까지의 도정을 한 걸음 한 걸음 더듬어 볼 수 있다. 이러한 지적 도정에 대한 연구는 과학사 속의 가장 중요하고 매력적인 장(章)의 하나이다. 케플러 자신은 점성술이 천문학의 어머니라고 언명하면서, 딸이 그 어머니를 무시하고 경멸한다는 것은 부당하다고 말했다. 연금술에 관해서도 마찬가지였다. 린 손다이크(Lynn Thorndike)의 기념비적 저작 『주술과 실험 과학의 역사(*History of Magic and Experimental Science*)』를[17] 연구한다면 우리는 수천 년에 걸쳐 경험적 사고와 신화적 사고 사이에 엄밀한 경계선이 없었다는 사실에 강렬한 인상을 받을 것이다. 근대적인 의미에서 과학으로서의 화학은 17세기와 18세기에 이르기까지, 즉 로버트 보일(Robert Boyle)과 앙투안 로랑 라부아지에(Antoine Laurent

17) 8 vols. (New York: Macmillan and Columbia University Press, 1923~1958). 또한 이 책 2장 「문화 철학으로서의 비판적 관념론」 참조.

Lavoisier)의 시대까지 나타나지 않았던 것이다.

이러한 사태는 어떻게 변화될 수 있었던 것일까? 엄밀한 경험 과학의 참된 특성에 관해 우리를 새로운 이해로 이끈 제일의 원리는 무엇이었는가? 이 원리를 제시한 가장 훌륭하고도 명쾌한 표현의 하나는 베이컨의 정식에서 발견된다. 베이컨이야말로 근대적인 경험적 사고의 개척자 중 한 사람이었다. "자연은 우리가 복종하는 것에 의해서만 지배될 수 있다(Natura non vincitur nisi parendo.)" 베이컨 이론의 위대한 야망은 지상에서 **인간의 왕국**(regnum hominis)을 건설하는 데에 있었다. 인간은 자연의 노예임을 그치고 자신의 주인이 되지 않으면 안 되었다. 하지만 자연력에 대한 이 기술적 지배는 올바른 방식으로 이해되어야 한다. 우리는 우리 자신의 바람을 자연에 강요할 수 없다. 우리는 **인간의 유추로부터**(ex analogia hominis)가 아니라 **우주의 유추로부터**(ex analogia universi) 사고하는 것을 배우지 않으면 안 된다. 자연을 통제하기 위해서는 자연법칙을 존중하고 그것에 복종해야만 한다. 이 목적에 도달하기 위한 가장 중요한 첫걸음은 모든 종류의 미망, 착오, 편견을 버리고 우리 인간의 변덕이나 공상을 벗어나는 것이다. 『신 기관(*Novum Organum*)』에서 베이컨은 이들 인간적 편견에 대한 체계적 개관을 하려고 시도했다. 그는 여러 종류의 우상의 일람표, 즉 종족의 우상(idola tribus), 동굴의 우상(idola specus), 시장의 우상(idola fori) 및 극장의 우상(idola theatri)을 제시하고, 최종적으로 참된 경험 과학에 이르는 길을 밝히기 위해 어떻게 이들 우상을 극복하는가를 알려주고자 했다.

이들 네 우상 가운데 가장 위험하고 집요한 것은 시장의 우상이다. 시장의 우상은 정치 안에 그 본성적인 자리를 갖고 있음이 분명하다. 다른 인간 지식 부문들과 비교하여 정치학은 언제까지나 '안정되지 않는 대지

(instabilis tellus)', '항해하기 어려운 바다(innabilis unda)'로 남아 있을 것이다. 플라톤 시대 이래 정치의 합리적 방법을 발견하는 것은 철학의 최고 과제 중 하나였다. 19세기 사상가들은 그때까지 셀 수 없을 만큼의 시도가 허사가 되었긴 했지만 마침내 올바른 길을 발견했다고 확신했다. 1830년에 오귀스트 콩트는 『실증철학 강의』(*Cours de philosophie positive*)를 간행하기 시작했는데, 이 책에서 그는 과학의 세계를 하나의 명확한 단계적 질서로 구축하고자 시도했다. 그는 우선 수학과 여러 자연 과학의 구조를 분석하는 일부터 시작하였으며, 천문학에서 물리학으로, 물리학에서 화학으로, 화학에서 생물학으로 나아갔다. 그러나 그에게 자연 과학은 보다 높은 목적에로 이끌어져야 하는 첫걸음에 지나지 않았다. 콩트는 이 저작의 서론에서 다음과 같이 썼다. "신학적 방법 및 형이상학적 방법은—다른 분야들 내에서는 논파되지만—사회적인 문제들의 탐구와 논의에 있어, 그리고 그 문제들의 온갖 취급에 있어 아직껏 한결같이 적용되고 있다.……이는 중대하고도 명백히 유일한 간극으로서, 견고하고 완전하게 실증 철학을 구축하기 위해서는 이 간극은 메워지지 않으면 안 된다. 인간의 정신이 지금까지 천체 물리학과 지구 물리학을 물리학적 화학적 방식으로 파악해 왔고, 또한 유기 물리학을 식물적 동물적 두 분야에서 파악해 온 이상, 이제 그것에 남아 있는 것은 이들 일련의 관찰적 과학들을 완성해야 하는 유일한 과학, 즉 사회적 자연 과학이다. 이것이야말로 인간이 이제 가장 필요로 하는 것이다. 그리고 이것이 이 강의가 확립하고자 하는 주요 목표이다."[18)]

18) 영역본(*The Positive Philosophy*, trans. Harriet Martineau, 3 vols., London: George Bell, 1896), I, 7~8쪽.

20세기에 있어서 정치적 신화의 돌연한 부상은, 콩트 및 19세기 실증주의자들의 이러한 희망이 시기상조였음을 나타냈다. 정치학은 엄밀과학인 것은 고사하고 실증 과학이 되기에도 아직 거리가 매우 멀다. 그것은 많은 점에서 여전히 하나의 신비 과학이다. 생각하건대 흡사 현대의 천문학자가 점성술을 연구하거나 현대의 화학자가 연금술을 연구하는 것과 똑같은 감정을 가지고, 후대 사람들은 우리의 많은 정치 이론에 눈을 돌릴 것이다. 정치의 학문에서는 아직 확고한 지반이 발견되어 있지 않은 것이다. 우리는 자랑스러운 건물을 높이 짓고 있지만 그 기초를 확고히 하는 일을 잊고 있다. 인간의 주술적 의례나 주문을 능숙하게 사용함으로써 자연의 진행을 변화시킬 수 있다는 신념은 인간 역사의 수천년을 지배해 왔다. 명백하고도 불가피한 온갖 좌절과 실망에도 불구하고 인류는 이 신념을 집요하고도 강력하게 그리고 필사적으로 견지했다. 그러므로 신화나 주술이 정치적 사고와 행동 속에서 여전히 그처럼 압도적인 영향을 갖는다는 것에 놀랄 필요는 없다. 반면 작은 집단들이 그들의 바람이나 공상적 관념을 전 국민 내지 전 정치 체제 위에 강요하려고 시도할 것이다. 그들은 당분간은 성공하고 심지어 대승리를 거둘지도 모른다. 그러나 그 승리는 항상 단명하고 말 것이다. 결국에는 물리적 세계의 논리가 있는 것과 마찬가지로 사회적 세계에서도 하나의 논리가 존재하는 것이다. 사회적인 정역학과 동역학의 일정한 법칙이 존재하며 이들 법칙은 결코 위배될 수 없다. 이 영역에서조차도 우리는 베이컨의 격언에 따르지 않으면 안 된다. 우리는 사회적 세계의 지배를 기획하기에 앞서 사회적 세계의 법칙에 복종하는 방법을 배우지 않으면 안 되는 것이다.

정치적 신화에 맞선 이러한 투쟁에서 철학은 무엇을 할 수 있는가? 개개 사상가들에게 부과된 역할이 극히 보잘것없는 것임은 명백하다. 개인으로서의 철학자는 정치적 세계의 개혁에 대한 모든 희망을 오래 전에 포기해 버렸다. 그는 자신이 파우스트 같다고 느낄 것이다.

인간을 좋은 쪽으로 이끌고 개심시키기 위해
뭔가를 가르칠 수 있을 만한 자신도 내게는 없구나.*

그러나 전체로서의 철학은 철학자가 이 감정에 굴복하도록 허용하지 않는다. 문제 해결을 위한 철학의 기여는 분명 직접적인 것이기보다는 항상 간접적인 것에 머무를 것임에 틀림없다. 신화는 논리적 이성적 논증에 의해 타파될 수 없다. 어떤 의미에서 그것은 이러한 논증이 발을 들여놓을 수 없으며 논파될 수 없는 종류의 것이다. 그러나 철학은, 직접적인 정면 공격에 의해 신화를 타파할 수 없다고 할지라도 우리에게 또 다른 공헌을 할 수 있다. 철학은 우리에게 적을 이해시킬 수 있는 것이다. 이 점은 생생한 중요성을 지니고 있다. 적과 싸우기 위해서는 적을 알지 않으면 안 된다. 적을 안다는 것은 적의 약점을 아는 것만이 아니라 적의 강점을 아는 것도 의미한다. 우리 모두에게 있어 정치적 신화의 강력함은 너무 낮게 평가받고 있었던 것이 밝혀졌다. 이 과오를 되풀이해서는 안 된다. 우리는 정면에서 적을 보아야 한다. 우리는 적의 본성을 이해하고 적의 수법을 연구해야 한다. 그것이 매우 매력있는 과제가 아님은 분명하다.

개인으로서는 이것과는 아주 다른 연구 영역에, 보다 추상적 이론적 성질의 연구에 몰두하는 것을 철학자는 훨씬 선호할 것이다. 그러나 만

---

*『파우스트』 제1부, 밤.

일 그가 우연히 칸트 연구자이라면, 그에게는 적어도 하나의 구원이 있다. 칸트의 원칙에 따르면, 우리의 행위가 의무에 순응하는 것만으로는 충분하지 않다. 우리의 행위에 윤리적 가치를 부여하기 위해서는 그 행위가 의무**로부터** 행해지는 것이 확신되지 않으면 안 된다. 행위가 의무에 일치하고 게다가 그 행위의 주체가 의무에의 직접적 경향성을 지니는 경우, 이는 언제나 문제가 된다. 이 경우, 우리는 우리의 행위가 얼마나 의무적 구속에, 또한 얼마나 경향성에 귀속되고 있는가를 결코 알지 못하기 때문이다. 그러나 현대의 정치적 신화에 대처하는 경우 우리는 적어도 하나의 명료한 입장을 지니고 있다. 우리가 각자의 개인적 경향성에 따르고 있는 것이 아님은 거의 확실하다. 그렇다면 우리는 여기에서 우리 자신의 의무를 이행한다는 희망을 품어도 좋을 것이다. 다시 말해서 그것은 철학이 우리의 사회 생활 전체에서 수행해야 하는 기능을 이행하는 것에 다름 아니다.[19)]

19) 이 책 9장 「철학과 정치」에서의 카시러의 견해, 즉 슈펭글러와 하이데거의 철학은 철학을 "더 이상 그 의무를 이행할 수 없는" 상태로 두었다고 하는 견해를 참조.

인식과 지각

12

군(群) 개념과 지각 이론에 관한 고찰

(1945)

이 강의에는 "군(群)의 개념, 철학 클럽, 1945년 4월"이라고 적혀 있고 카시러가 컬럼비아 대학교 객원교수였던 기간(1944~1945), 그가 이 주제에 대해 준비했던 논문에 관한 요약적 주석과 성찰로 구성되어 있다. 이 초고, 즉 MS #214는 MS #163과 연결되어 있다. MS #163은 동일한 주제에 관한 여러 쪽의 노트로 되어 있고, 카시러가 예일 대학교에 있던 기간인 1944년 봄의 철학 클럽 강의임을 나타내고 있다. 카시러 부인은 『에른스트 카시러와의 나의 생애』 308쪽에서 MS #214의 서론은 카시러가 죽은 날(1945년 4월 13일) 아침에 썼다고 전하고 있다. 이 원고를 담은 봉투에는 아래쪽에 그 일자가 적혀 있다.—편자

이 논문의 주제로 들어가기에 앞서 몇 마디 개인적인 사항을 말하는 것을 허락해 주었으면 한다. 우선 첫째로, 이 강의를 위해 나를 초대해 준 철학 클럽에 진심으로 감사하고 싶다. 여러분들의 호의에 찬 초대를

받았을 때 나는 매우 감사한 마음으로 즉각 초대에 응했으며, 또한 나는 이 기회를 통해 오랜 기간 나의 생각을 차지하고 있었던 하나의 문제에 관해 철학자 클럽에서 이야기해 보려고 결심했다. 사실 이 논문의 주제는 나의 철학적 관심을 최초로 불러일으켰던 것 중 하나였다. 나는 철학 학부 학생이던 때부터 그것에 관해 깊이 생각하기 시작했다. 그러나 내가 스스로 이끌었던 결과를 공개할 만한 용기를 얻기까지에는 매우 오랜 시간이 걸렸다. 나는 나의 결론이 출판할 정도로까지는 아직 무르익지 않은 것은 아닐까 하며 항상 두려워했다. 그리고 나는 솔직히, 이 문제에 관해 들인 수년 간의 노고 이후인 지금에도, 이러한 망설임을 결코 극복하지는 못했음을 고백할 수밖에 없다.

그럼에도 불구하고 나는 몇 년 전에 내가 낸 결과를 최초로 예비적으로나마 말해 보고자 했다. 나는 하나의 논문을 썼는데, 그것은 1938년에 《심리학 잡지(*Journal de Psychologie*)》에 발표되었다.[1] 그 후에 같은 논문이 나의 영국과 미국 친구들 몇몇의 요청에 응해 영어판으로도 나왔다. 이 논문은 《철학 및 현상학 연구(*Philosophy and Phenomenological Research*)》라는 잡지의 지난 해 9월 호에 실려 있다.[2] 나는 나의 일반적인 테제를 옹호하기 위해 이 논문에서 주장했던 사실이나 논의 모두를 여기서 다시 반복하지는 않을 것이다. 내가 할 수 있는 것은 단지 이후의 토론에 충분한 여지를 남겨 두기 위해 매우 간결하게 요약된 '진술'을 제공하는 것뿐이다. 나는 난해하고 매우 복잡한 문제를 그처럼 간단하고 개

1) "Le concept de groupe et la théorie de la perception", *Journal de Psychologie* (July~Dec. 1938), 368~414쪽.

2) "The Concept of Group and the theory of Perception", trans. Aron Gurwitsch, *Philosophy and Phenomenological Research* 5, 1944, 1~35쪽.

략적으로 다루는 것이 위험하고도 부적합하다는 것을 잘 알고 있다. 이 짧은 강의의 범위 내에서 나는 결정적인 해답을 제시할 수는 없다.

물음에 대답하는 대신 나는 물음을 제기할 수 있을 뿐이다. 보다 상세하고 포괄적인 분석에 대해서는 앞서 언급한 논문을 참조해야만 한다. 내가 여기에서 말할 수 있는 것은 주제 그 자체를 남김 없이 논하는 것이 아니다. 오히려 내가 할 수 있는 것은 나의 지적 자서전의 한 장(章)—내가 어떻게 해서 현재의 문제에 대한 연구에 몰두하게 되었는가라든가, 어떠한 사고 방향에 의해 내 자신의 결론에 도달했는가라는 점에 관한 짧은 보고—을 제공하는 것이다. 그러한 방식은 철학 잡지에 발표되기로 한 논문이라면 어울리지 않을 것이다.[3] 그러나 이러한 모임에서 그것은 아마도 허용되는 것이자 용납될 수 있을 것이다. 만일 내가 이 클럽의 성격과 목적을 정확히 이해하고 있다면, 이 클럽의 회원 여러분들은 서로의 사상을 교환할 때 개인적이지 않은 방식으로 철학의 문제를 논하는 데 참여하고 있는 것만이 아니다. 여러분들은 개인적인 관심에 의해, 또 일종의 지적인 공감이나 동료 의식에 의해 하나로 결부되어 있기도 하다. 여러분들은 서로를 이해하고자 한다. 객관적으로 말한다면, 현저하게 다른 점들이 많은 서로의 사고방식을 헤아리고 싶어 한다.

나로서는 현대 철학자들의 책을 읽는 것은 물론이고, 그들이 과연 어떠한 지적 동기에 이끌려 특정 문제를 연구하고 또 어떤 이론을 받아들이게 되었는가에 대한 점을 아는 것이 항상 도움이 되고 자극적이라고

3) 출간된 논문 「군 개념과 지각 이론」은 현재의 글보다 훨씬 길고 역사적이고 전문적으로 더욱 상세하게 논점을 전개하고 있다. 그 논점은 모두 극히 '객관적'인 자세에서 전개되어 있고, 적어도 카시러가 여기서 사용하고 있는 지적 자서전의 요소를 포함하고 있지 않다.

생각했다. 현재의 문제에 대해 이와 같이 개인적인 방식으로 접근하는 것이야말로 내가 여기에서 이야기하려고 하는 것이며, 여러분들이 우호적인 관심을 기울여 주기를 바라는 점이다.

내가 이 논문에서 논하고자 하는 군(群, group) 개념은 현대 수학 사상의 초점이 되고 있다. 그것은 19, 20세기의 수학사에서 중요한 역할을 담당해 왔다. 그것은 현대 수학의 가장 추상적인 개념의 하나인 것처럼 여겨지고, 언뜻 보기에 우리가 경험 과학—실험 물리학이나 실험 심리학—에서 연구하고 있는 문제들로부터 멀리 동떨어져 있는 것처럼 생각된다. 헤르만 바일(Hermann Weyl)이 「수학과 자연 과학의 철학」("Philosophie der Mathematik und Naturwissenschaft", in *Handbuch der Philosophie*, Munich and Berlin, 1926, II A, 23.)에서 말하고 있듯이, 군 이론은 "순수하게 지적인 수학"의 가장 현저한 실례인 것이다. 내가 이 논문에서 강조하고 싶은 것은 다음과 같은 사실이다. 즉 이러한 추상적 성격에도 불구하고—혹은 아마도 바로 이러한 추상적 성격 **때문에**—군 개념은 경험적 인식의 이론에 있어 일반적으로 중요하고 중대한 몇 가지 문제를 해명할 수 있다는 사실이다. 그러나 이러한 영역의 탐구에서 군 개념은 내가 생각하기엔 부당하게도 무시되어 왔다. 이 개념이 수학적 또는 물리학적으로 중요할 뿐만 아니라 보편적으로 **인식론적** 중요성을 띠고 있다는 사실이 지금까지 충분히 인정받고 있지 않은 것이다.

내가 아는 한, 현대의 수학자 가운데 이 개념을 논하고 분석하며 이것을 사용하여 인식론상의 문제를 해결한 사람은 아무도 없다. 나 자신은 우리의 수학적 경험적 지식의 현상태에서 그러한 논의가 매우 바람직하고 필수적이기까지 하며, 또한 그러한 논의가 과학 철학에 있어 매우 중요한 귀결을 내포하고 있는 것이 밝혀지리라고 확신한다.

이 주제로 들어가기에 앞서 예비적으로 역사적 언급부터 시작해 보자. 19세기 초에 코시*는 조합이나 대수의 연구에 군 개념을 도입했다. 군 개념은 현저하게 효과적인 것임이 즉각 밝혀졌다. 프랑스의 젊은 수학자 갈르와**—21세에 생을 마감했다—의 손에서 그것은 대수 방정식에 관한 새롭고 매우 독창적인 이론이 되었다.

그러나 이들이 최초로 막 시작한 무렵에 군 개념은 비교적 좁은 한계 내에 머물러 있었고 특수한 연구 영역에 한정되어 있었다. 군 이론이 수학적 지식의 새롭고 보편적인 분야로 확립되었던 것은 19세기 후반에 들어서부터였다. 그것은 대수학뿐만 아니라 기하학에서도 전반적으로 새로운 방향을 제시해 주었다. 이후에 그것은 물리학 내에도 들어갔다. 현대의 양자역학의 발전에서 군 이론은 중요한 역할을 담당했다. 언뜻 보기에는 거의 공통점을 갖고 있지 않을 뿐만 아니라 완전히 다른 종류의 주제를 다루고 있다고까지 생각되는 많은 분야의 탐구에서, 이 개념이 보편적으로 적용 가능하다는 것에는 분명 이유가 있음에 틀림없다.

이 이유를 발견하기 위해서는 우리는 '변환군'이란 무엇인가에 대한 정의부터 시작해야만 한다. 최초의 명확하고 적절한 정의는 노르웨이의 수

* 코시(Augustin-Louis Baron Cauchy, 1789~1857)는 프랑스의 수학자로, 해석학과 치환군(한 집합의 순서 수열들을 원소로 하는 군)을 개척한 근대의 가장 위대한 수학자 중 한 사람이다. 그는 해석학의 필수 개념인 극한과 연속의 개념들을 이용해 미적분학의 원리들을 개발하여 그 기초를 튼튼히 했다. 복소수 변수(−1의 제곱근의 배수들을 포함하는 변수)의 함수론도 같은 시기에 발달시켰으며 이는 오늘날 물리학에서 항공학에 이르는 응용수학에 필수적인 것이다.

** 갈르와(Evariste Galois, 1811~1832)는 수학자이자 프랑스 혁명가로서 군(群) 이론의 창설자이다.

학자 소푸스 리*와 독일의 수학자 펠릭스 클라인**의 연구를 통해 얻어졌다. 여기에서 이 정의의 전문적인 세부 논의로 들어가는 것은 필요하지 않고 가능하지도 않다. 논리적이고 인식론적으로 특별히 중요한 점들을 강조하는 것으로 충분할 것이다. 소푸스 리와 펠릭스 클라인이 지적했듯이 그 정의는 군에 관한 몇 가지 이론을 예시하고 있다. 그러나 우리가 여기에서 연구하고 있는 것은 어떤 일정한 유형의 수학적 **대상** 내지 **요소**—가령 수나 기하학적 도형—가 아니다. 우리가 탐구하고 있는 것은 이들 요소의 성질 내지 특성이 아니라 이들 요소에 대해 **이루어지는 연산** 내지 **조작**이다. 클라인과 리는 군을 정의하기를, 임의의 두 연산 a와 b의 조합으로부터 c가 도출되고, 이 c도 그 연산의 총체에 속하는 그러한 각각의 연산 a, b, c,……의 총체가 군이라고 말한다.

달리 말하자면, 군이란 다음과 같은 특성을 지닌 연산의 집합이다. 즉 두 연산이 계속해서 수행될 때, 그 집합에 속해 있는 단일 연산에 의해 그 연산의 결과가 얻어질 수 있는 그러한 특성을 지닌 연산의 집합이다. 그러한 연산의 집합은 **닫혀진** 집합이라고 불리며, 닫혀 있다는 특성은 '군의 특성'이라고 불린다. 이 집합에 속하는 임의의 두 요소 a와 b의 조합은—보통 일컫는 대로 하자면 곱〔積〕—은, a와 b가 별개의 요소이든 동일한 요소이든 **단 하나뿐인** 요소 c이며, 이 c는 집합 ab = c 의 한 요소

---

* 소푸스 리(Marius Sophus Lie, 1842~1899)는 노르웨이의 수학자로, 베를린으로 가서 F. 클라인(1849~1925)과 공동으로 수학 연구를 했다. 그는 변환 그 자체를 대상으로 하여 해석적인 형태로 이 운동을 추구하여 기하학적 변환 이론에 신기원을 이루어 놓았으며, 변환의 일반 이론의 기초를 확립함으로써 연속군(連續群)의 이론을 창시하였다. 이 연속군은 그의 이름을 따서 리 군(群)이라고도 불린다.

** 펠릭스 크리스티안 클라인(Felix Christian Klein, 1849~1925)은 독일의 수학자로, 특히 수학의 서로 다른 분야인 군론과 기하학을 연결하는 데 공헌하였다.

이다. 군이 충족시켜야만 하는 형식적 법칙이 몇 가지 있다. 예를 들면,

곱셈에 대해 결합 법칙, 즉 (ab) · c = a · (bc) = abc가 성립한다.

곱셈의 **교환** 법칙은 **모든** 군에 대해 성립하는 것은 아니지만, 어떤 일정한 **종류**의 군—유명한 노르웨이의 수학자 아벨*의 이름을 따서 불리는 이른바 아벨 군—에 대해 성립한다.

그러나 수학적인 전문적 논의에 들어가는 대신 인식론의 가장 일반적인 물음의 하나인, 공간이란 무엇인가라는 물음에서 시작해 보자. 과거의 위대한 사상가들—수학자, 철학자, 자연 과학자—은 이 물음에 대해 각자의 대답을 우리에게 제시한바 있다. 하지만 이들 대답은 매우 여러 갈래로 나뉘며 이 문제는 아직도 커다란 논쟁의 여지가 있다. 17세기에는 뉴턴과 라이프니츠 간의 유명한 논쟁이 발견되지만 이 논쟁을 나는 최근 《철학 평론(*Philosophical Review*)》에 발표된 논문에서 다룬바 있다. [「뉴턴과 라이프니츠」("Newton and Leibniz", *Philosophical Review* 52, 1943, 366~391.)] 그러나 이 논쟁은 명확한 결과에는 도달하지 않았다. 철학자들과 수학자들은 각기 매우 다른 각도에서 이 문제에 접근했으며, 공간의 본성, 그 논리적 존재론적 성격에 관한 이론에 있어 의견을 완전히 달리 하고 있었던 것이다. 그리고 이 문제는 19세기 초부터는 한층 더 복잡하고 난감한 것이 되었다. 왜냐하면 당시 철학자들과 수학자들은 돌연 새로운 곤란에 직면했기 때문이다. 로바체프스키**, 보야이*** 또는

---

* 닐스 헨리크 아벨(Niels Henrik Abel, 1802~1829)은 노르웨이의 수학자이다. '아벨의 적분(積分)' '아벨의 정리', '아벨 방정식', '아벨 군(群)' 등 오늘날 사용되고 있는 많은 수학용어가 그의 이름을 따서 불린다.

리만*의 시대 이전에는 '공간이란 무엇인가'라는 철학적인 물음은 매우 단순한 방식으로 대답될 수 있었다. 만일 공간의 구조를 알고 싶다면 기하학을 연구하라는 식이었다.

기하학의 공리들은 가장 엄밀한 방식으로 공간의 성질과 본질을 기술한다. 그러나 비유클리드 기하학의 발견에 의해 상황은 완전히 변화되어 버렸다. 공간은 일의적인 구조를 지닌 유일무이한 대상으로 더 이상 간주될 수 없었다. 서로 다른 기하학들이 있는 것처럼 수많은 유형의 공간들이 있다고 생각되었다. 이들 다양한 기하학 공간들—유클리드, 보야이, 로바체프스키, 리만의 공간—중 어느 것이 '실재의' 공간, 즉 형식적 내지 수학적 진리는 물론 존재론상의 진리도 속할 수 있는 공간인 것인가? 논리적으로는 똑같이 가능하고 똑같이 타당한 다양한 기하학들 중 어느 것이 실재와 일치하는 것인가? 수학자들은 이러한 물음을 거부하는 경향이 항상 있었다. 그들은 일체의 형이상학적 문제나 일체의 존재론적 귀결을 염두에 두지 않고 자신들의 분석적인 작업을 계속했던 것이다. 그러나 철학자들에게 그러한 태도는 허용될 수 있는 것이 아니었다. 그들 대부분에게—그들 모두에게는 아니라고 할지라도—비유클리드 기하학이라는 사실 그 자체가 정말로 충격적인 것이었다. 오랜 기간 그 사

** 로바체프스키(Nikolay Ivanovich Lobachevsky, 1792~1856)는 러시아의 수학자로서 비유클리드 기하학을 창시하였다.

*** 야노시 보야이(Janos Bolyai, 1802~1860)는 헝가리의 수학자이다. 그의 주요 관심사는 평행 공준과 독립이며, 유클리드 기하학과 새로운 기하학 모두에서 성립되는 명제의 집합을 뜻하는, 그가 '공간의 절대적 과학' (the absolute science of space)이라 부르는 것에 관한 것이었다.

* 게오르크 리만(Georg Friedrich Bernhard Riemann, 1826~1866)은 독일의 수학자로서 복소 함수의 기하학적인 이론의 기초를 놓았으며, 리만 적분을 정의하고, 리만 공간의 개념을 도입하여, 리만 공간의 곡률(曲率)을 정의하였다.

실은 19세기의 모든 철학 체계에 있어 장애물이 되었던 것이다.

이상의 사실을 매우 특징적인 사례로 예증해 보자. 1878년에 헤르만 로체(Hermann Lotze)는 자신의 철학 체계를 확립했다. 이 책의 제2권에서 그는 매우 철저하고도 명백하게 **공간**의 문제를 논했다.[4] 이 당시 로체는 독일의 대사상가 중 한 사람이었다. 일반적으로 그는 생존해 있는 가장 중요한 철학자 중 한 사람이었으며, 독일 관념론의 주요한 대표자 중 한 사람이자 그 마지막 계승자라고 간주되고 있었다. 그러나 비유클리드 기하학의 체계들에 관해 로체는 과연 어떠한 판단을 내렸는가? 그는 이들 체계가 철학적, 즉 **형이상학적** 중요성을 전혀 지니지 않는다고 생각한 것만이 아니었다. 그는 훨씬 더 나아갔다. 그는 이들 체계가 마치 의미가 없는 것인양 혹은 무의미한 것인양 말했던 것이다. 로체는 이렇게 단언했다. 철학자라는 사람은 이들 새로운 수학적 사변을 두려워해서는 안 된다. 철학자는 그러한 사변들에 공공연하게 이의를 제기하고 그 사변들에 내재하는 모순이나 부조리를 마땅히 폭로해 보여야 한다. 로체의 형이상학의 한 장(章) 전체는 이 목적을 위해 충당되고 있다. 로체는 말했다.(이하 인용임.) "나는 이 점에서 철학은 수학에 의해 휘말리는 것을 스스로 허용하지 않으리라는 것을 확신한다. 내 자신의 과제를 시작함에 있어 나는 매우 솔직하게 고백하련다. 철학 연구자 동료들 가운데서 새로운 이론들을 환호와 함께 받아들이는 모든 사람들이 내게는 아주 파악 불가능한 사안을, 실로 그처럼 용이하게 이해할 수 있음을 나는 전적으로 납득할 수가 없다. 그들은 지나치게 겸손한 태도로 자신들의 의

4) 헤르만 로체, 『형이상학』(*Metaphysic*, trans. Bernard Bosanquet, 2d ed., 2 vols., Oxford: Clarendon Press, 1887), 제1권 제2편 제2장을 참조.

무를 이행하지 못하는 것은 아닌지, 즉 오늘날의 많은 수학적 사변에 반대하여 그들이 마땅히 철학의 이름으로 제기해야 했던 중대한 의문에 대하여, 수학과 철학 사이의 경계선상에서 자신들의 충분한 중요성을 옹호하고 있지 않는 것은 아닌지, 나는 두려운 마음이다. 나는 이러한 절차를 모방하지 않을 것이며 그와 반대로 분명히 이렇게 말한다. 이러한 사변 전체가 내게는 하나의 거대하게 수미일관된 과오인 것처럼 생각된다고 말이다."[5]

비유클리드 기하학을 논했던 최초의 철학자들의 이러한 태도는 용이하게 이해될 수 있다. 19세기의 철학에 고루 미치고 있었던 공간론에는 두 가지가 있었다. 하나는 실재론적이고, 다른 하나는 관념론적인 공간론이었다. 전자의 경우, 공간은 실재하는 사물—아니 그뿐만 아니라 뉴턴이 말하는 의미에서의 절대적인 사물—이라고 간주되었다. 이 절대적인 사물은 몇 가지 절대적인 성질—균질성, 무한성, 무한분할 가능성 등—을 지니고 있었다. 칸트는 이 절대적인 뉴턴적 공간을 **실재하지 않는 것**(Unding)—영원하고 무한하며 자존하는 비(非)실재물—으로서 부정했다. 공간을 자존하는 절대적인 실재라고 보는 사고방식에 대해 칸트는 자기 자신의 비판적인 공간론을 대립시켰다. 공간이란 사물이 아니라고 칸트는 단언했다. 그것은 경험적 대상도 아니고 형이상학적 대상도 아니다. 그것은 일체의 경험의 선험적(a priori) 조건, 순수 직관의 형식이다. 그러나 칸트의 경우에서도 그러한 선험적 형식이 일의적인 **구조**를 지녀야만 하는 것은 명백하다고 생각되었다. 만일 이 구조가—칸트가 당연하다고 여겼듯이—유클리드 기하학의 공리와 공준으로 표현된

5) 헤르만 로체, 『형이상학』 제1권, 276쪽 참조.

다면, 이 기하학만이 객관적 타당성을 얻을 수 있는 유일한 기하학이 된다. 만일 기하학의 다양한 많은 체계가 있다면 그 중 하나는 참이고 다른 것은 거짓 또는 적어도 경험적 의미를 결여하고 있는 것—우리의 경험적 세계의 문제들에는 적어도 적용 가능하지 않는 것—이지 않으면 안 된다.

이 난문은 어떻게 풀릴 수 있었는가? 명확함과 간결함을 기하기 위해 나는 여기서 개인적인 회상으로 시작하고자 한다. 내가 비유클리드 기하학의 다양한 체계들을 연구하기 시작했을 때 느꼈던 커다란 어려움들을 나는 매우 잘 기억하고 있다. 그 당시에 나는 칸트 철학 연구자였다. 『순수이성비판』을 나는 지극히 깊은 관심과 참된 열정을 가지고 읽고 있었다. 나는 칸트의 테제—공간의 경험적 실재성과 선험론적(transcendental) 관념성이라는 테제—에는 이 문제를 해결하기 위한 실마리가 포함되어 있음을 조금도 의심하지 않았다. 그러나 어떻게 이 테제는 19세기에 이루어진 기하학 사상의 진보와 조화되어야 했는가? 내 자신은 새로운 기하학 체계에서는 어떠한 결함도 어떠한 약점도 발견할 수 없었다. 철학 및 인식론의 관점에서 보더라도 그 체계들에 의해 훨씬 더 커다란 시계(視界)가 열렸고, 그 체계들은 새로운 문제나 새로운 기대를 내포하고 있었다. 로체의 의견에 따르는 것은 내게는 매우 믿을 수 없는 것으로 비쳤다. 철학자라는 사람은 자신이 수학적 사변에 의해 이용당하는 것을 허용해서는 안 된다는 그의 격률을 거의 채택할 수 없다고 나는 생각한다. 나 자신은 가우스나 리만, 헬름홀츠와 같은 사상가들의 생각을 훨씬 더 많이 받아들이고 있었다. 로체 같은 지위의 철학자가 이들 위대한 수학자나 과학자의 업적에 관해 그처럼 경멸적으로 말할 수 있다는 것이 나로서는 이해할 수 없었다. 그러나 로체는 그들의 업적을 하나의 거대하게 수미일관된 오류라고 간주했던 것이다.

나는 펠릭스 클라인(Felix Klein)의 「최근의 기하학 연구에 관한 비교적 고찰("Vergleichende Betrachtungen über neuere geometrische Forschung")」이라는 제목의 짧은 논문을 우연히 숙독하던 때에 이 딜레마로부터 벗어나는 길을 발견했다. 이 논문은 후에 이른바 '에어랑엔 프로그램(Erlanger Programm)'(1872)으로서 보통 인용되었는데, 그 이유는 클라인이 에어랑엔 대학교의 수학 교수에 취임하던 때의 취임강연이었기 때문이다.[6] 매우 기묘하게도 나는 이 시기의 철학 문헌에서 펠릭스 클라인의 이름을 접해 본 적이 한 번도 없었다. 그 논문은 결코 새로운 것이 아니었고 이미 1872년에 발표되어 있었던 것이다. 그러나 그것은 대단히 전문적인 스타일로 쓰여 있었고, 공간의 본성에 관한 형이상학적 또는 인식론적 논의 일반을 모두 자제하고 있었다. 그 때문에 그 논문은 철학자들의 관심을 불러일으키지 못했던 것이다.

클라인의 '에어랑엔 프로그램'을 고찰한 후, 나는 현재의 문제를 전적으로 새로운 빛 속에서 보기 시작했다. 우리가 비유클리드 기하학에서 배운 것은 기하학이란 이전 시대에 생각되고 있었던 것과 같은 단순한 것이 아니라는 점이라고 클라인은 말했다. 우리는 기하학에 관한 전통적인 견해를 버려야만 하며, 기하학적 사고의 방법과 성격에 대해 새롭고도 보다 깊은 통찰을 추구하지 않으면 안 된다. 이 새로운 통찰은 클라인의 이 논문에서 새로운 개념, 즉 군 개념의 도입에 의해 얻어졌다. 기하학의 일반화는 다음과 같은 문제로 이끈다고 클라인은 말했다. "다양

6) 『수학 논문집』(*Gesammelte mathematische Abhandlungen*, Berlin, 1921) 제1권. 「군 개념과 지각 이론」 영역본 6~8쪽을 참조.

함(Mannigfaltigkeit)과 그것을 지시하는 변환군이 주어지는 것, 문제는 이 다양함을 이루는 요소들을, 군의 변형의 의해서도 불변하는 특성들과 관련지어 연구하는 데에 있다."[7]

이 정의를 이해하기 위해 가장 단순한 경우부터 시작해 보자. 우리는 유클리드 기하학에서 무엇을 연구하고 있는가? 명백한 대답은, 거기에서 우리는 '공간'이라 불리는 어떤 사물의 특성들과 관계하고 있다는 식이 될 법하다. 그러나 이 대답은 만족할 만한 것은 아니다. 공간적 대상이나 공간적 관계를 다루면서도 기하학과는 아무런 관계도 없는 많은 방식들이 있다. 예술가 또는 자연 과학자가 공간적 형태의 연구에 종사하고 있다고 해서 기하학자가 되지는 않는 경우가 있다. 화가나 조각가 또는 건축가가 공간적 형태에 의해 자신의 의도를 표현하는 경우가 있다. 해부학자가 인체의 구조를 기술하는 경우도 있고, 지리학자가 지구의 어떤 부분을 기술하려고 하는 경우도 있으며, 천문학자가 태양계를 기술하려고 하는 경우도 있다. 그러나 이것들 모두가 기하학은 아니다. 우리는 기하학의 주제를 정의하기 위해 새로운 규준을 발견해야만 한다. 그 증거로, 공간적 대상을 파악하거나 기술하는 것 모두가 기하학적 일반화라고는 할 수 없는 것이다. 만일 우리가 그러한 대상을 단순히 **지금 이곳**(hic et nunc)이라는 방식으로만 고찰하고 그것을 단지 특정의 개체로서만 본다면 그러한 개체성은 대상이 지닌 기하학적인 성격이나 의의를 드러내지 않는다. 공간적 형태를 그러한 것으로서 특수성과 구체성에서 기술함으로써 다다르는 것은 기껏해야 그 형태가 지닌 지리학적 내지 '지형학적' 개념일 뿐 그 기하학적 개념은 아닌 것이다.

7) 『수학 논문집』 제1권, 461쪽.

실로 이러한 '지형학적' 기술과 기하학적인 기술 간의 구별을 이루는 것은 무엇인가라고 클라인은 묻는다. 그 대답은 군 개념에 의해 주어진다. 우리는 일정한 공간적 변형에 의해서도 불변한 채로 있는, 그러한 특성만을 기하학적이라고 간주한다. 그러므로 기하학의 새로운 정의는 다음과 같이 되는데, "기하학이 지형학과 구별되는 것은 일정한 연산군 아래에서 불변한 채로 있는 공간의 특성만이 기하학적이라고 불린다는 사실에 의거한다." 각각의 기하학에서는 다양함이 일정한 변환군과 관련되어 연구된다. 일반적인 문제는 그 군에 적용 가능한 불변식 이론을 전개하는 것이다. 유클리드 기하학에 관한 한 그것을 특징짓는 것, 그리고 논리적으로는 그것과 똑같이 가능하고 똑같이 정당한 다른 기하학으로부터 그것을 구별하는 것은, 그것이 공간적 관계의 어떤 특별한 군을 고찰의 대상으로 하고 이 군에 관해 불변하는 특성을 탐구한다는 사실이다. 문제의 군을 클라인은 **주요 군**(Hauptgruppe)이라고 부른다. 그것은 여섯 겹의 무한한 운동, 유사성에 의한 단일 차원에서의 무한한 변환, 평면에서의 반전에 의한 변환으로부터 이루어진다. 유클리드 기하학은 공간 도형의 특성들 내에서 도형의 위치라든가 그 절대적인 크기와는 독립되는 특성들만을 다룬다. 그것은 물체의 특성과 거울에 비친 상(像)의 특성을 구별하지 않는 것이다.

만일 기하학의 지식에 관한 이러한 이론이 받아들여진다면, 고전 기하학, 즉 유클리드 기하학 이외에 전적으로 정합적인 여타 기하학 체계가 있다는 사실은 이해할 수 있는 것이 될 뿐만 아니라 필연적인 것으로까지 된다. 사실 기하학이란 무엇인가? 그것은 '공간'이라고 불리는 어떤 형이상학적 또는 경험적인 사물을 기술하는 것이 아니다. 그것이 지니고 있는 것은 **존재론적인** 의미나 의도가 아니라 인식론적인 의미나 의도이다. 그것은 우리가 공간적 형태에 관한 우리 자신의 경험을 조직화하기 위한 사고방식이나 논증 방식의 한 양상(mode)이다.[8] 이러한 조직화 과정에서 우리의 정신은 완전히 자유롭다. 정신은 자기 자신에 내재하는 논리 법칙을 연구할 뿐 외부의 실재를 모방하거나 모사하는 것은 아니다. 유클리드 기하학에서 우리가 연구하고 있는 것은 일정한 변환군에 관한 다양함이며, 우리는 이 군에 적용 가능한 불변식 이론을 전개하고 있는 것이다. 그러나 분명한 것은 **군 그 자체의 선택에 관해서는** 우리가 전적으로 자유롭다는 사실이다. 우리는 몇 가지 실제상의 이유 때문에 또는 단순성이라는 이유 때문에 다른 군보다는 특정한 이 군을 선택하도록 유도되는 경우가 있다. 그러나 논리적으로 말하면, 우리는 어떤 군으로부터 다른 군으로 자유롭게 옮겨갈 수 있다. 그리고 후자의 군에 대응하는 불변식 이론을 자유롭게 전개할 수 있는 것이다.

이 경우에 우리는 새로운 기준틀을 도입해 왔다. 그리고 이 새로운 기준틀, 새로운 변환군에 대응하여, 새로운 불변식 이론, 즉 새로운 기하학이 존재한다. 그러나 여기에서 우리는 인식론적으로 말해 극히 중요한 결정을 새롭게 덧붙이지 않으면 안 된다. 즉 어떠한 기하학 체계도 다른 것에 비해 '더 참된' 것이라고 말할 수 없는 것이다. 그럼에도 불구하고 다양한 체계들이 모두 동일한 수준에 있는 것은 아니다. 두 체계를 비교할 때, 둘 중 한 쪽이 다른 쪽보다 더 **일반적**—즉 한 쪽이 다른 쪽을 특수한 경우로서 포함하는—이라고 밝혀지는 경우가 있다. 수학의 관점에서

8) 『아인슈타인의 상대성이론』 영역본(*Einstein's Theory of Relativity*, trans. W.C. Swabey and M.C. Swabey, pub. with *Substance and Function*, Chicago, 1923; orig. German ed. 1921) 제6장에서의 유클리드 기하학과 비유클리드 기하학에 관한 카시러의 논의도 참조.

는 이 일반성은 명백히 커다란 이점이다. 이 점을 분명히 하기 위해 통상적인 계량 기하학의 체계—우리가 학교에서 배운 적이 있는 체계—를, 18, 19세기 이래로 퐁슬레,* 케일리,** 슈타우트,*** 뫼비우스**** 같은 위대한 수학자들에 의해 전개되었던 사영 기하학(射影幾何學)의 체계들과 비교해 보자.

케일리는 화법 기하학(畵法幾何學, descriptive geometry)에 관한 자신의 체계를 도입했을 때, 그것이 참된 논리적 우월성을 지닌다고 주장했다. 물론 그는 통상적인 계량 기하학의 진리를 부정할 생각은 결코 없었으며—그러한 생각은 어리석은 것이었을 것이다—그는 단지 자신의 체계가 보다 포괄적이고 보다 보편적이라고 말한 것이다. "계량 기하학은 화법 기하학의 일부이며, 거꾸로 말하면 화법 기하학만이 기하학이다."[9]라고 케일리는 말했다. 이러한 결과는 용이하게 이해할 수 있을 뿐만 아니

* 장 빅토르 퐁슬레(Jean-Victor Poncelet, 1788~1867)는 기하학적 이정표를 이루는 「도형의 사영적 성질에 관하여」를 1822년 파리에서 발행하였다. 그것은 사영 기하학 연구에 커다란 자극을 주었고 이 분야 역사에 있어서 이른바 '위대한 시기'를 열었다.

** 아서 케일리(Arthur Cayley, 1821~1895)는 영국의 수학자로서 1858년에 발표한 행렬론(行列論)은 선형 대수의 기원으로 평가받고 있으며, 19세기 기하학의 총화라고 할 수 있는 1859년의 논문이 유명하다.

*** 칼 슈타우트(Karl Georg Christian von Staudt, 1798~1867)는 독일의 수학자이다. 사영 기하학의 일면을 발전시켰고, 도형의 사영적인 성질은 그 어떤 계량과도 관계없이 논할 수 있다는 것을 지적하였으며, 계량을 포함하지 않은 위치관계만을 끌어낸 위치 기하학을 창설하였다.

**** 아우구스트 뫼비우스(August Möbius, 1790~1868)는 독일의 수학자이자 천문학자이다. 사영 기하학의 기초를 굳혔으며, 직선 기하학 연구의 선구적인 역할을 하였다. 면(面)의 표리(表裏)의 구별이 없는 '뫼비우스의 띠'에 대한 연구로 널리 알려져 있다.

9) 「군 개념과 지각 이론」 영역본, 7쪽을 참조.

라 새로운 견지—군 이론의 견지 —에서 필연적이기까지 하다. 왜냐하면 사영 기하학을 토대로 한 군은 유클리드적인 계량 기하학을 기초로 한 군보다도 더 광범한 것이기 때문이다. 후자에서 전자로 변하는 경우, 우리는 유클리드 기하학을 특징짓는 '주요 군'을 확장하지 않으면 안 된다. 통상적인 의미에서의 유사성에 의한 변환에 덧붙여, 여섯 개의 평행사영(parallel projection)과 중심 사영(central projection), 그리고 이것들로부터 파생되는 모든 변환들이 있게 된다.(H. Weyl, 59쪽 참조.)

클라인은 이렇게 말한다. "원형과, 본질적으로 그것과 동일한 것으로서 사영에 의해 원형으로부터 결과한 모든 형태들이 고찰되기 시작했을 때, 그리고 사영에 의해 이행된 특성들이 사영과 연관된 변화와는 독립된다는 것이 밝혀지도록 정식화되었을 때, 그때에 비로소 사영 기하학이 발전했다."[10] 따라서 기하학적인 의미에서 무엇이 '동일'하고 무엇이 '다르다'라고 간주되어야 하는가는 결코 시초에 미리 결정되어 있는 것이 아니다. 오히려 그것을 결정하는 것은 기하학 연구의 본성, 즉 한정된 변환군의 선택인 것이다.

기하학의 개념이라는 우주를 구축하면서 이루어진 진보는 다른 측면에서도 예증될 수 있을 것이다. 단지 '지형학적'인 특성으로부터 진정 기하학적인 특성으로의 이행은 단지 **장소적인** 한정으로부터 진정 **공간적인** 한정으로의 진보로서 특징지어도 좋을 것이다. '지시함(pointing),' 즉 아리스토텔레스의 의미에서의 **이 것**(τόδε τι)에 의해서만 주어질 수 있는 일체의 한정은 '장소적'이다. 이들 한정은 지시의 대상이 될 수 있을 만한 단순한 **지금 여기**(hic et nunc)에 대해 언급하며, 그 한정의 의미는 직

10) 「군 개념과 지각 이론」 영역본, 7쪽을 참조.

관의 대상이 되는 구체적인 상황에서 나오는 것이다. 통상적인 감각 지각의 시점에서 보자면, 도형들 간의 개개의 온갖 차이는 가치와 중요성 면에서 동일하다. 모든 개개의 삼각형, 모든 개개의 원은 그 자체에서의, 그리고 그 자체만의 무엇으로서 간주되어야 한다. 공간에서의 위치라든가 삼각형의 변의 길이라든가 반경의 길이 등등은 개개 도형의 '본성'에 속하는 것이며, 이것은 특정한 장소적 상황을 지시하지 않고서는 정의될 수 없는 것이다. 우리의 기하학 개념은 이러한 개개의 차이를 무시하며, 또는 보통 말하듯이 그러한 차이를 추상한다. 그러나 '추상'이라는 말 자체는 매우 명확한 것은 아니다. 그것은 보다 뚜렷하고 보다 정확하게 한정될 필요가 있다.

변환군이라는 사고방식에 기초한 클라인의 기하학 이론에 눈을 돌린다면, 이러한 한정은 용이하게 발견될 수 있다. 거기에서 즉각 발견되는 것은 우리를 계속해서 한층 더 고차의 보편성으로 이끄는 다양한 **정도**(degrees)의 추상이 있다는 사실이다. 유클리드 기하학에 포함되어 있는 것 같은 최초의 추상화로부터 시작하여, 우리는 보다 자유롭고, 보다 광범하며, 보다 포괄적인 시야로 상승할 수 있다. 새로운 변환군의 도입은 공간적 형태들 간의 관계를 완전히 새롭게 방향 짓고 해석하는 것을 항상 포함하고 있다. 그리고 이들 다양한 해석 양상이 다양한 유형의 기하학에 의해 표현되는 것이다. 따라서 현대의 군 이론은 어떠한 기하학 체계의 진리를 부정하는 것이 결코 아니다. 그러나 그것은 어떤 하나의 체계도 최종적인 것이라는 주장을 지니지 않는다고 단언한다. 가능한 기하학 체계의 **총체**만이 진정으로 최종적인 것이다.

각각의 기하학은 일정한 군의 불변식 이론으로서 간주되어야 한다. 그리고 이들 군 자체는 일반성을 증대시키는 정도에 의해 분류될 수 있다. 유클리드 기하학의 기저에 있는 주 변환군에 의해 우리는 당면 변환에 관해 불변적인 많은 특성을 확립할 수 있게 된다. 그러나 우리가 이러한 주요 군으로부터, 예를 들면 변환이나 사영 변환을 포함함으로써 다른 주요 군으로 옮겨갈 경우, 지금까지 우리가 확립했던 모든 것, 그리고 유클리드 기하학의 시점에서 보자면 최종적인 결과이자 확고한 성과인 듯 보였던 모든 것이 다시금 동요하게 된다. 주요 군의 모든 확장과 더불어, 지금까지 불변으로 여겨져 온 특성들 중 몇몇이 없어지게 된다. 우리는 계층적으로 배열되어 있을 수 있는 다른 특성들에 이른다. 통상의 계량기하학 내부에서는 본질적이라고 간주되는 많은 차이들이 이러한 특권을 잃기도 한다. 새로운 주요 군에 관계지어 보면, 그 차이들은 부수적인 변양들같이 보이는 것이다. 따라서 우리가 통상의 기하학에서 아핀 기하학(affinitive geometry)으로 옮겨갈 때, 원과 타원 간의 차이는 소멸한다. 원과 타원이란 하나의 도형으로 여겨진다. 왜냐하면 아핀 변환*에 의해 원은 타원으로 변환되기 때문이다.

한 걸음 더 나아가 사영 기하학으로 옮겨갈 때 우리는 '본질적'인 기하학적 특성이라고 간주될 수 있는 것에 대한 한층 더 나아간 제한과 만난다. 이제 원과 다른 모든 원추 곡선 간의 차이도 포기되지 않으면 안 된다. 사영 기하학에서는 단지 하나의 원추 곡선밖에 없다. 왜냐하면 어떤 두 원추 곡선도 원으로 변환 가능하며, 때문에 또한 상호 변환 가능하기 때문이다. 이러한 관점에서 보자면 타원, 방사선, 쌍곡선 간의 차이는 더 이상 절대적인 것이 아니다. 그 차이는 '무한'이라고 간주되는 어떤 선에 대한 부수적인 위치에만 관계되어 있는 것이다. 다른 기하학, 이른바 역

* 아핀 변환은 n차원 공간이 1차식으로 표현되는 점(點) 대응 (x,y) → (x′, y′)을 말한다.

반경의 기하학에서는 유클리드 기하학에 있어 기본적인 선 또는 면이라는 개념은 더 이상 독립된 의미를 갖지 않는다. 선은 원에 그 특별한 경우로서 종속되며 면은 구(球)에 그 특별한 경우로서 종속되는 것이다. 기하학의 가장 보편적인 형식의 하나, 즉 라이프니츠나 오일러에 의해 최초로 도입된 이른바 **위상 해석**(位相解釋, Analysis situs)에서 동일한 사실이 한층 더 철저하게 드러난다. **위상 해석**에서는 '형태의 동일성'이라는 말로 보통 의미되는 그러한 것이 존재하지 않는다. 주어져 있는 하나의 형태는 그것이 겪을 수 있는 온갖 종류의 왜곡에도 불구하고 여기에서는 '동일한' 것으로서 간주된다—다만 이들 왜곡이 연속적일 경우에서이지만. 주어져 있는 선이 '똑바른'가 그렇지 않으면 '구부러져 있는'가라는 문제라든가, 주어져 있는 길이가 다른 길이와 동일한 것인가 그렇지 않으면 그 두 배인가라는 문제는 더 이상 제기되지 않는다. 따라서 주어져 있는 기하학의 본질은 한정된 군을 지시함으로써 정의된다.

클라인은 이상의 절차에 관해 다음과 같은 주석을 가하고 있다. "아핀 기하학이나 사영 기하학을 계량 기하학으로부터 점진적으로 분리하는 것은 화학자의 다음과 같은 절차와 비교될 수 있을 것이다. 즉 그는 더욱 더 강력한 분해 작용을 지니는 것을 적용함으로써 하나의 물질로부터 더욱 더 귀중한 요소를 분리해 나간다. 우리들의 경우에 분해 작용을 지니는 것은 처음에는 아핀 변환이며 그 다음에는 사영 변환이다."[11] 후자의 종류의 변환에 의해 분리되는 것은, 가능한 변화들의 보다 광범한 군에 관해 그것이 불변한다고 밝혀지는 한에서 보다 '귀중한' 것이 된다. 아핀 기하학과 사영 기하학에서는 유클리드 기하학에서 인정되고 있는 주요

11) 「군 개념과 지각 이론」 영역본, 30쪽.

변환군에 평행 사영과 중심 사영이 부가된다. 위상 해석은 우리를 이 방향으로 한층 더 이끄는 것이다. 현대의 시점에서 고찰한다면, 위상 해석은 가장 보편적인 종류의 기하학이며, 계량적인 관계들과는 전적으로 독립된 순수하게 위상적인(topological) 관계들을 다루는 이론이다. 클라인의 표현으로는, 그것은 "이른바 가장 강력한 부식 작용의 결과로 생긴 것이다." 그것은 "일체의 가능한 일대일의 연속적 변환에 관해 불변하는 특성들의 총체"를 고찰하는 것이다.

현대 기하학의 체계화라는 관점에서 볼 때 기하학에서의 판단은, 그 자체로는 '참'이라고 해도 모든 것이 똑같이 '본질적'이고 필연적인 것은 아니다. 현대 기하학은 공간적 한정의 더욱 더 기본적인 층(層)들에 점진적으로 도달하려고 노력하고 있다. 이 층들의 깊이는 군 개념의 포괄성에 의해 결정되며, 그것은 기하학의 대상에 관한 보편적인 요청인 불변성에 의해 충족되어야만 하는 조건들의 엄밀성에 비례하고 있다. 따라서 공간에 관한 객관적 진리와 공간의 구조는 단번의 고찰로 이해될 수 있는 것이 아니라 점진적으로 발견되고 확립되지 않으면 안 된다. 만일 기하학 사상이 이러한 발견을 이루어야 한다면 그것이 사용하는 개별적 도구는 더욱 더 보편적인 것이 되어야만 한다.

그러나 이제는 언뜻 보기에 매우 다른 연구 영역에 속하는 듯 보이는 우리의 두 번째 문제—감각 지각의 문제—로 나아가기로 하자. 우리의 기하학 이론은 물론이고, 감각 지각에 관한 우리의 이론도 이 10년 간에 본질적인 변화를 겪었다. 이들 두 현상 간에는 어떠한 연관이 있는 것일까? 심리학자들은 대체로 수학적 사변에 특별히 관심이 있었던 것은 아니며, 수학자들은 심리학의 문제에 관심을 두지 않았다. 이는 건전한 분업으로 여겨질지도 모른다. 그러나 인식론의 관점에서 보자면 그러한 분리가 지닌 가치는 의심스러운 것이다. 물론 우리는 이 두 연구 영역을 뒤죽박죽으로 만들 수는 없다. 우리는 공간에 관한 수학의 문제와 심리학의 문제를 명확히 구별해야만 한다. 그러나 그 때문에 우리가 두 문제를 연결시키는 매듭을 찾는 일이 방해받아서는 안 된다. 그리고 군 개념이 그러한 연결 매듭이라고 간주되어도 좋다고 나는 생각한다. 감각 지각이란 무엇인가? 그리고 그것은 인간의 인식 과정 일반에서 어떠한 의미를 지니는 것일까?

우리는 모두 이 문제에 대해 영국 경험론이 제공한 대답, 그리고 버클리와 흄 이래 19세기 심리학 전체를 지배하고 있었던 대답을 알고 있다. 감각 지각이란 서로 다른 감각 소여들의 집단 내지 집합—색, 음, 촉각이나 근(筋) 감각의 소여가 연합의 법칙, 즉 공간과 시간에서의 유사성이나 근접에 의한 연합의 법칙에 의해 하나로 합쳐진 것—에 다름 아니다. 그러한 테제는 예를 들면 19세기의 위대한 물리학자 에른스트 마흐(Ernst Mach)에 의해 1886년에 출간된 저서 『감각의 분석(*Die Analyse der Empfindungen*)』에서 전개되었다.[12] 그러나 이러한 테제 전체가 오늘날 게슈탈트 심리학이라 불리는 새로운 경향의 사상에 의해 돌연 의문시되고 공공연히 이의를 제기받고 있다. 역사적으로 게슈탈트 심리학은 단순한 사실로부터 출발했다. 크리스티안 폰 에렌펠스*는 그의 최초의 출판물 중 하나에서 게슈탈트의 성질이라는 자신의 개념을 명확히 하기 위해 선율에 관해, 그리고 공간 도형들의 유사성에 관해 언급했다. “선율은, 그

12) 카시러가 여기서 언급하고 있는 것은 마흐의 저작의 제1판 『감각의 분석에 대한 고찰』(*Beiträge zur Analyse der Empfindungen*, Jena, 1886)이지만 사용되고 있는 제목은 이후 판본의 것이다. 『감각의 분석』(*Die Analyse der Empfindungen*, 5th ed. enlarged, Jena, 1906).

것을 구성하는 음들이 모두 동일한 상관관계를 갖도록 바뀐다면 실질적으로는 변화가 없게 된다. 또 공간 도형은 다른 장소나 다른 척도에서 제시되어도 동일한 비율로 제시된다면 광학적으로는 대체로 동일한 채로 있다."[13]

이것은 매우 단순하고 심지어 평범하다고 말해도 좋을 정도의 관찰이었다. 그러나 그것은 중요한 귀결들을 내포하고 있었다. 그것은 심리학 **방법**의 근본적인 변화를 이끌었던 것이다. 나는 여기서 이들 잘 알려진 방법론상의 문제에 들어갈 필요는 없다. 그 문제들은 과거 10년간의 심리학 문헌에서 열심히 그리고 철저하게 논의되어 왔다. 에렌펠스의 관찰을 내가 이 논문의 전반부에서 다룬 문제와 결부시켜 본다면 선율은 일정한 불변식이라고 말해도 좋을 것이다. 그것은 그 구성 요소가 모두 변한다고 해도 동일한 채로 있다. 그러므로 그것을 그러한 요소들의 단순한 집단으로서 또는 베르트하이머(Max Wertheimer)가 일찍이 말한 것처럼 단순한 추가 결합(Und-Verbindung)으로서 기술할 수 없는 것이다. 그러나 게슈탈트 심리학의 발전보다 훨씬 이전에—베르트하이머, 쾰러

* 에렌펠스(Christian von Ehrenfels, 1859~1932)는 게슈탈트라는 용어를 심리학에 도입하고 가치론에 이바지한 것으로 유명한 독일의 철학자이다. 1890년 「게슈탈트 성질에 관하여(Über Gestaltqualitäten)」라는 논문으로 형태 심리학(게슈탈트 심리학)의 문을 열었다. 에렌펠스는 선율의 예를 들어 게슈탈트라는 용어를 설명했다. 소리에 대한 직접적 감각 경험이 청취자가 듣는 선율을 뜻한다고 볼 수는 없고, 이해에는 기억이 필요하며 때로는 다른 구성 요소도 필요하다고 주장했다. 즉 모든 구성 요소들이 함께 모여 하나의 게슈탈트 구조 또는 전체 구조를 형성한다고 보았는데, 이러한 게슈탈트는 직접적 감각 경험 이상의 것이 있어야 지각될 수 있는 복합 자료를 설명하는 개념이 되었다.

13) 「군 개념과 지각 이론」 영역본, 25쪽을 참조.

(Wolfgang Köhler), 뷜러(Karl Bühler), 코프카(Kurt Koffka)의 연구보다 훨씬 이전에—심리학자들은 다른 문제에 직면해 있었다. 그것은 우리 현재 문제의 관점에서 볼 때, 한층 더 중요하고 흥미로운 문제이다. 그것은 지각의 항상성이라고 불리는 문제였다.

지각의 항상성이란 무엇을 의미하는 것인가? 그것은 물리적인 조건들이 상당한 정도까지 변화해도 우리는 우리 자신의 주변 대상들을 거의 동일한 크기, 동일한 형태, 동일한 색으로 지각한다는 것을 의미한다. 만일 내가 어떤 대상을 어떤 일정한 거리 a에서 보고 그 후에 두 배의 거리 b에서 그것을 본다면, 본다는 작용의 생리학적 조건이 변한다. 망막 위의 상(像)은 그 크기가 상당히 감소한다. 그것은 단지 두 배가 아니라 네 배 더 작아진다. 그러나 나는 거의 이 차이를 눈치채지 못한다. 통상의 조건 아래에서 나는 대상을 이전과 같은 크기로 생각하는 것이다. 색의 지각에 관해서도 동일한 현상이 성립한다. 이 점에서 매우 흥미로운 관찰과 실험이 탁월한 생리학자 에발트 헤링(Ewald Hering)에 의해 이루어졌다.[14] 헤링이 지적했듯이, 초보적인 감각 지각에서조차 인간의 정신은 아무것도 쓰여 있지 않은 석판(tabula rasa)으로서 또는 외부의 자극을 단순히 수용하거나 재생할 뿐인 사진기로서 작용하는 것이 아니다. 그 과정은 훨씬 더 복잡한 것이다. 그리고 '아무것도 쓰여 있지 않은 석판'이라는 비유는 이 복잡함을 간파하지 않은 것이다.

우리는 우리 주변에 있는 대상들에 어떤 비교적 일관된 성질들이 속한다고 생각한다. 우리는 그 대상들에 일정한 크기, 일정한 형태, 일정한 색을 귀속시킨다. 그리고 우리는 감각 지각의 작용이 의존하는 물리적 조

14) 「군 개념과 지각 이론」 영역본 10~12쪽, 15~16쪽, 34~35쪽 참조.

건들이 상당히 변화한 경우에도 동일한 형태, 동일한 크기, 동일한 색에 관해 계속 말하는 것이다. 한 장의 종이가 통상의 햇빛 아래에서 '하얗게' 보일 때, 우리는 그것이 가령 보름달의 빛에서처럼 매우 어스름한 빛 속에서도 '하얗'다고 주저하지 않고 인정한다. 또한 구름 낀 하늘 아래서 '검게' 보이는 한 덩어리의 석탄은 햇빛이 가득한 아래에서도 우리에게는 검게 보인다. 조도상의 상당한 변화도, 어떤 일정한 한계 내에서의 조명의 색의 변화도 뚜렷한 정도의 변화를 우리의 통상의 색채 지각에 주지는 않는 것이다. 한 장의 종이는 녹색을 띤 그림자에서도, 또는 그 모든 것이 다소간 색이 있는 빛을 방사하는 통상의 인공적인 광원의 광선 아래에서도 하얗게 보인다. 예를 들어 햇빛 아래에서 파랗게 보이는 한 장의 종이는 가스 불꽃의 적황색 빛 아래에서도 파랗게 보이는 것이다.

헬름홀츠(Hermann von Helmholtz) 같은 물리학자들, 헤링(Ewald Hering)과 요하네스 폰 크리스(Johannes von Kries) 같은 생리학자들, 뷜러, 카츠(David Katz), 제임스(William James) 등과 같은 심리학자들은 다양한 이론을 전개하여 이 현상을 설명하려고 해 왔다. 그러나 이 문제는 여전히 커다란 논의의 여지가 있는 듯 생각되며 이들 이론은 모두 의구심을 면할 수 없는 것이다. 그러나 명확한 것은, 그리고 그 현상의 연구에 종사한 거의 모든 학자들에 의해 강조되어 온 것은 이들 관찰이 심리학적으로는 물론이고 인식론적으로도 대단히 중요하다는 사실이다.

예컨대 헤링은 지각의 항상성이라는 사실이 '객관적 세계'라는 개념의 파악에서 가장 중요하고, 실제로 불가결한 요소들 중 하나라고 단언했다. 이러한 사실이 없다면 생성 변화라는 흐름으로부터 '사물'이나 '성질'을 분리하는 것은 불가능할 것이다. 헤라클레이토스의 비유를 사용해 말한다면 우리는 '같은 강에 두 번 발을 담글' 수 없을 것이다. 헤링이 지적했듯이 흐린 날에 분필 한 자루는, 맑은 날의 석탄 한 덩어리 같은 색을 나타내 보일 것이다. 그리고 하루 동안 그것은 흑과 백 중간의 모든 가능한 색채를 보일 것이다. "녹색 잎이 무성한 나무 아래에서 드러난 흰 꽃은 야외의 녹색 잎과 같은 색을 보일 것이며, 햇빛 아래서 희게 보이는 실 한 뭉치는 가스 불빛에서는 오렌지 색을 띠게 됨에 틀림없다."

통상의 감각 지각에서조차 만일 그것이 각각의 감각 소여를 일정한 군 아래에 포괄할 수 없다면, 그리고 이 군에 관해 '불변식'을 정할 수 없다면, 그 과제—객관적 세계를 만들어 낸다는 과제—를 실제로 달성할 수 없을 것이다. 이 점에서 감각 지각은 과학에서와 기하학의 지식에서 정점에 이르면서 완성되는 일반적인 과정의 기초적인 첫 단계이다. 이 둘 어느 경우에서도, 규모는 다르지만 동일하게 특징적인 연산 내지 조작이 발견되는 것이다.

헬름홀츠가 자신의 중요한 저작 『생리학적 광학(*Physiological Optics*)』에서 지적했듯이 우리는 통상적이지 않은 조명 아래에서 드러나는 색을 보정하는 능력을 갖고 있다. 우리는 색을 마치 정상적인 조명 상태에서 보이는 것처럼 '보는' 것이며 지각하는 것이다. 동일한 점은 공간 지각에 관해서도 성립한다. 망막의 주변부에 의해 받아들여진 인상은 망막 중심부의 도움으로 대상이 직접 지각된 결과 생겨나게 될 인상으로 번역된다. '객관적' 세계의 인식이 의존하는 것은 그러한 번역이요 변환이다. 전형적인 형태에의 준거는 공간적 대상화 과정의 본질적인 조건 중 하나이다. 윌리엄 제임스가 능란한 표현으로 말하고 있듯이, "우리는 대상들을 다룸에 있어 언제나 그 대상들이 일으키는 시각 이미지들 중 하나를 골라내어 그 참된 형태나 크기를 만들어 낸다."〔『심리학의 원리』(*The Principle of Psychology*, 2 vols., New York: Henry Holt, 1890)〕

제임스는 '시각적 실재의 선택'에 관해 말할 때 동일한 생각을 표명한 것이다. 일정한 변환군의 자유로운 선택이 현대의 기하학 사상의 현저한 특징 중 하나임이 밝혀졌다. 그리고 이 자유로운 선택이 다양한 기하학 체계의 가능성을 설명했던 것이다. 그러나 동일한 자유로운 선택은 비록 뚜렷하게는 아니지만 감각 지각의 작용에 이미 나타나고 있다. 여기에서도 우리는 전혀 이질적인 감각 소여들로 이루어진 광대한 다양함 속으로부터 항상 선별을 행하고 있는 것이다. 우리는 일정한 현상을 우세하게 만든다. 그 때문에 이 현상은 특권적인 위치를 점하게 된다. 이들 현상—예를 들면 정규 시각에 나타나는, 망막의 중심 부분에 의한 공간적 형태—은 전형적인 것으로 평가된다. 그 현상들은 좌표상의 중심이 되며, 이 중심은 일종의 규범, 즉 우리의 감각 인상의 '객관적'인 의미와 그 진리를 결정하는 기준을 규정짓는다. 감각 지각은 분명히 단지 수동적 내지 수용적인 것이 아니다. 그것은 능동적이며 선택 능력을 지닌 건설적인 과정인 것이다.

결론을 말하기 앞서 나는 이러한 짧은 논문의 좁은 범위 내에서는 다룰 수 없었던 또 하나의 문제를 적어도 언급하지 않을 수 없다. 앞서의 고찰에서 나는 수학이나 심리학의 연구 영역에서의 군 개념의 중요성에 관해서만 말했다. 그러나 이 개념의 영향이 훨씬 더 넓은 영역에까지 미치고 있는 것은 명백하다. 최근 10년 간 군 개념은 현대 물리학의 발전에서 더욱 더 주도적인 것이 되고 있다. 막스 플랑크(Max Planck)가 1900년에 양자역학의 초석이 된 생각을 처음 도입했을 때 그는 고전 이론으로는 설명될 수 없었던 몇 가지 실험 자료의 예리한 분석 위에 자신의 이론적 기초를 마련했다. 플랑크도 닐스도 자신들의 견해를 군 일반 이론과 연결시키려고는 하지 않았다. 내가 아는 한, 이 첫걸음을 최초로 내디딘 것은 헤르만 바일(Hermann Weyl)의 저서 『군 이론과 양자역학(*Gruppentheorie und Quantenmechanik*)』에서였다. 이 책의 첫 독일어판은 1929년에 출판되었고 영어판 출간은 3년 후였다.[15]

나는 이 새로운 전개를 민감한 관심을 가지고 지켜보았다. 왜냐하면 여기에서 나는, 군 개념이 보편적으로 적용 가능하고 인간 지식의 영역 전체에 미치고 있다는 나의 일반적인 확신의 새로운 확인을 발견했기 때문이다. 수학의 군 이론과 양자역학—현저하게 분리되어 있다고 이제까지 간주되어 온 지식의 두 분야—간의 이러한 종합이 우리 시대 가장 빼어난 수학자 중 한 사람일 뿐 아니라 철학의 문제에도 깊은 이해를 지니고 있는 사람—『철학 논집』(*Handbuch der Philosophie*)에 「수학과 자연과학의 철학」[16]을 발표한 사람—에 의해 이루어진 것은 아마도 우연은 아닐 것이다.

오늘날 수학의 군 이론과 양자역학의 문제들 간의 밀접한 연관은 일반적으로 인정되고 확고하게 확립된 사실인 것 같다. 예를 하나만 들어본다면, 에딩턴(Arthur Stanley Eddington)은 그의 최후 저서 중 하나인, 1939년에 출판된 『물리학의 철학(*The Philosophy of Physical Science*)』에서 자신의 생각으로는 현대 물리학의 기본 개념인 구조라는 사고방식이 물리학의 기초와 수학의 군 이론이 연관됨으로써 훨씬 더 정확한 것이 되었다고 단언했다. 에딩턴은 이렇게 말한다. "구조에 관한 우리의 지식이 전달 가능한 것인 데 반해, 우리 지식의 대다수는 전달 불가능하다. 물리

15) trans. H.P. Robertson, *The Theory of Groups and Quantum Mechanics*, New York, 1932.

16) "Philosophie der Mathematik und Naturwissenschaft", in *Handbuch der Philosophie*, Munich and Berlin, 1926.

학은 순수하게 구조에만 관계되는 지식으로 되어 있다.……이는 물리학의 지식의 본성에 관한 추측이 아니다. 그것은 오늘날의 이론에서 정식화된 물리학의 지식이 스스로 그렇다라고 말하고 있는 것과 다름 없다. 기본적인 연구에서는 군-구조라는 사고방식이 지극히 분명하게 나타나며, 그것에 계속되는 전개의 어디에서도 군-구조로부터 파생되지 않는 소재는 발견되지 않는 것이다."(Cambridge: Cambridge University Press, 1939, 142~143쪽.) 여기에서도 우리는 군 개념이 물리적 우주에 관한 우리의 지식에서 수행하고 있는 근본적인 역할의 또 다른 현저한 예를 발견하는 셈이다.

이제까지의 언급에서 나는 논의를 특수한 연구 영역의 범위 내에 한정할 수 없었다. 나는 다양한 과학들—수학, 물리학, 심리학, 인식론—간의 경계 영역 속을 옮겨 다녀야만 했다. 이러한 경계영역 내에서는 다른 영역의 경우와 같은 확실성을 지니고 전진할 수 없다는 사실을 나는 잘 알고 있다. 새로운 걸음을 내디딜 때마다 우리는 새로운 어려움과 마주친다. 우리는 이미 밟은 길을 뒤쫓기만 할 수 없다. 우리는 어떤 의미에서 자신의 길을 암중모색하지 않으면 안 되며, 많은 오류를 범하는 것을 피할 수 없다. 그러나 설령 그러한 경계 영역을 가로지르는 도정이 위험한 것이라 할지라도, 그것은 다른 한편 과학 철학이라는 관점에서는 매우 흥미롭고 매력적인 것이다. 우리가 직면해야만 하는 어려움이나 불확실함에도 불구하고 우리는 우리 앞에 열려 있는 광대한 지평에 의해 풍부하게 보상을 받는다. 우리는 새로운 문제를 발견한다. 우리는 과학이나 철학에 관해 보다 명확한 전망을 주는 보다 넓은 시야를 발견하는 것이다. 현재의 문제를 결정적으로 해결하는 일은 개개의 사상가의 힘을 넘어서 있다. 어쩌면 그것은 철학이나 인식론 연구 일반이 지니는 힘을 넘어서 있을지도 모른다. 그것은 수학, 물리학, 심리학, 철학이라는 다양한 연구 영역 간의 긴밀한 협력에 의해서만 얻어질 수 있을 것이다.

부록

카시러의 유고에 관한 설명

아래의 설명은 카시러의 미간행 유고(遺稿)들을 전체로서 고려하여 커다란 윤곽을 제시하기 위한 것이다. 물론 개개 유고의 내용에 관심이 있는 연구자는 스스로 각 원고들을 검토해 보지 않으면 안 된다.

이 책을 통해 사용되고 있는 초고의 번호는 예일 대학교 출판부가 유고를 취득한 후에 이들 유고의 성격과 내용을 시작 단계에서 개관하려는 목적으로 준비했던 정리 카드표의 번호이다. 따라서 통상적인 의미에서 유고들이 분류되어 있지는 않다. 작업을 진행하기 위한 이 표에는 오류가 없지 않지만, 분별있게 사용된다면, 그리고 카시러의 출간된 저작 및 그의 전기를 숙지한 가운데 사용된다면 기본적으로는 유용하다. 이 표에는 모두 219항목이 있다. 조반니 피코 델라 미란돌라(Giovanni Pico della Mirandola)에 관한 논문의 타이핑 원고가 있는데, 이것은 보통의 손글씨 원고 MS #79와 연관되어 있지만 작업을 진행하기 위한 표에는 기재되어 있지 않다. 따라서 그 논문 원고의 번호는 220번이라고 생각하는 편이 좋을지도 모른다. 그러나 작업을 진행하기 위한 이 표에 있는 번호들 대부분은 단일 번호로 하나 이상의 초고를 지시하고 있다. 만일 초고 하나 하나에 각각의 번호를 붙인다면 표는 상당히 늘어났을 것이다.

이들 초고는 바이네케(Beinecke) 희귀 도서 및 수고 도서관에 보존되어 있다. 그 초고들은 예일 대학교 출판부의 소유로서, 바이네케 도서관의 카드 목록에는 올라와 있지 않다. 그러나 카시러의 초고 하나는 바이네케 도서관의 소유로 되어 있어 그곳 카드 목록에 기재되어 있다. 이것은 독일어로 된 『계몽주의의 철학』의 손글씨 원고이다. 이것은 예일 대학교 출판부가 준비한, 작업을 진행하기 위한 표에는 실려 있지 않다.

대부분의 초고는 커다란 마닐라지(紙) 봉투 속에 들어 있으며, 그 봉투 대다수는 이전에 우송용으로 사용된 적이 있는 것들이다. 봉투들 다수에는 그 내용을 나타내는 표시가 있다. 이들 내용 표시는 분명히 카시러 부인에 의해 붙여진 것이든가 아니면 아마도 몇몇 경우는 카시러 자신이 붙였을 것이다. 작업을 진행하기 위한 표에 있는 번호는 초고의 작성 연대순이나 그 주제별 분류를 나타내는 것이 아니라 초고를 무작위로, 아마도 그것이 보관되어 있던 상자에서 맨처음 꺼냈던 순서대로 붙여진 것이다. 예를 들어 『인간에 관하여』와 『국가의 신화』 양쪽에 관계되어 있는 원고와 자료의 부분들이 넓은 범위의 초고 번호에 걸쳐 분산되어 있다. 대부분의 초고는 독일어로 쓰였고 타이핑 원고가 아니라 보통의 손글씨 원고이다. 카시러가 쓴 로마자는 잘 알기 쉬운 필적의 것이었다. 상당한 수의 초고는 영어로 쓰여 있다. 카시러는 옥스퍼드 체재중이나 미국에서의 몇 년간은 영어로 쓰고 있었기 때문이다.

나는 목록 작성자의 자격으로 초고에 대한 연구에 착수한 것은 아니었지만 여러 차례 바이네케 도서관을 방문한 중에 그 초고들에 정통하는 기회를 얻었으며, 나아가 그것들을 체계적으로 상세히 검토하고 노트를 만들면서 각 초고를 조사했다. 나는 특정한 초고에 관심을 가지게 되었기 때문에 모든 초고에 똑같이 주목한 것은 아니었다. 따라서 아래의 의견은 엄밀한 서지학적 분석이 아니라 유고의 일반적 성격에 관한 몇 가지 예비적인 물음에 대해 대답을 줄 수 있는 소견으로서 작성된 것이다.

유고를 크게 둘로 구분한다면 출간된 저작의 원고인 것과, 출간된 자료와는 특별한 관계가 없는 것으로 나뉠 수 있다.

1. 유고의 대략 3분의 2는 출간된 논문이나 저작과 관계되어 있는 원고나 그 일부 또는 노트류이다. 이것들은 타이핑 원고인 것도 있고 손글씨로 쓰였던 것도 있으며, 카시러 경력의 전 영역에 미치고 있다. 카시러의 많은 논문들의 초고가 있으며, 많은 주요 저작들의 육필 초고가 있다. 예를 들어 『인식의 문제』 세 권, 『상징형식의 철학』의 제2권과 제3권, 『칸트의 생애와 학설』, 『자유와 형식』, 『실체개념과 함수개념』, 『인간에 관하여』, 『국가의 신화』 등의 육필 초고가 그것이다. 『인간에 관하여』와 관계된 초고는 그것이 그 이전에 한 번 또는 그 이상 개고(改稿)를 거쳤음을 보여 주고 있다.

2. 유고의 나머지 3분의 1은 두 번째 주요한 부류를 이룬다. 즉 출간된 특정 저작들과 명확한 관계를 지니지는 않은 유고이다. (a) 이 부류에 속하는 것 중 절반 가량은 대학에서의 교과용 강의원고와 노트류이다. (b) 다른 절반은 보다 독립된 지위를 갖는 자료들이다. 즉 논문, 강연 및 저작을 위한 원고들이나 그 일부 또는 그 개요를 나타내는 노트들이다. (c) 여기에 더해 잡문으로 분류될 수 있는 약간의 것이 있다. 그 중에는 카시러의 학생 시절의 노트들, 아마도 카시러가 편집한 『라이프니츠 저작집』

에서 나온 듯한 몇 장의 교정쇄, 몇 쪽이 부족한 메모, 대학에서의 시험 답안용 청표지본에 쓰여 있는 몇 장의 서적 목록, 그리고 일상적인 사안에 관한 카시러의 편지들이 몇 통 포함되어 있다.

(a). 대학에서의 교과용 강의 원고와 노트류의 범위는 카시러의 교수 이력 전체에 미치고 있다. 카시러의 베를린 시대에 사용된 몇몇 강의 원고에는 1908년에서 1911년까지의 기간 내의 각각 다른 여름학기나 겨울학기용이라고 표기되어 있는 것(MS #101)이 있으며, 이것들은 인식론(Erkenntnistheorie), 자연 철학(Naturphilosophie) 및 논리학의 근본 문제(Grundfragen der Logik)라는 주제와 관련되어 있다. 또한 그리스 철학의 교과에 관한 장문의 초고(MS #112)도 있다. 어떤 자료에는 반듯한 글씨로 '문화 철학의 기본 문제(Grundproblem der Kulturphilosophie)'라고 표시되어 있는데, 이것(MS #131)에는 카시러의 함부르크 시대인 1927년과 1929년 여름학기의 일자가 적혀 있다. 카시러가 영국에 체재하던 무렵의 것으로는, 라이프니츠에 대한 세미나를 위한 최초의 강의 원고(MS #45)가 있으며 '1933~1934'라고 표시되어 있다. 이 교과는 독일어로 가르쳤지만 이 초고는 영어로 정서되어 있다. 또한 '옥스퍼드 1934'라고 표시된 헤겔에 관한 연속강의 원고(MS #46) 및 '옥스퍼드 1935'라고 표시된 플라톤에 관한 장문의 강의 초고(MS #50)가 있다.

'철학적 인간학의 역사(Geschichte der philosophischen Anthropologie)'라는 연속강의를 위한 체계적인 노트(MS #139)가 있는데, 일자는 1939년 9월 1일에서 1940년 1월 15일까지로 되어 있다. 이것은 카시러가 스웨덴에 있던 시기의 것이다. 또한 카시러가 예일 대학교에서 가르쳤던 세미나 대부분의 교과 또는 그 일부를 위한 강의 원고가 있다. 이것들은 이 책의 서문에서 논해진바 있으며 그 일부는 이 책에 수록되어 있다. 또한 아마도 학부 학생용으로 예일에서 가르친 그리스 철학의 교과를 위한 일련의 긴 강의 원고(MS #8)도 있으며, 카시러가 컬럼비아에서 가르친 것 중에는 정치적 신화의 기원과 본질에 관한, 1944~1945년 겨울학기에 행한 그의 교과와 관련되어 있는 듯한 자료(가령 MS #171)가 있다. 이상 언급한 것은 대학에서의 교과 자료의 부류에 속하는 것 가운데 몇 가지 대표적인 것들이다.

(b) 대학에서의 교과 자료의 일부도 아니고 이 책에 수록되지도 않은 초고들 중에는, 두 가지 것이 특히 주목할 만하다. 즉 하나는 다보스 대학 제2기 강좌에서의 강연 노트(MS #94)로서, 카시러는 이 강좌에 하이데거와 함께 1929년에 참가했다. 다른 하나는 카시러가 『상징형식의 철학』의 제3권 머리말에서 언급하고 있는 이 책에 대한 원고의 일부와 노트(MS #184)이다. 그는 이 책에 대해 '생명과 정신—현대 철학 비판'이라는 제목을 제시하고 있다. 다보스 학회를 위한 카시러의 노트는 그렇게 길지는 않다. 습자 교본 정도 크기로 43쪽과 그에 덧붙여 약간의 접혀진 종이로 10쪽이다. 이들 노트는 대체로 공간, 언어 및 죽음의 문제, 특히 공간과 죽음의 문제라는 주제와 내용적으로 일치한다. 《다보스 평론(Davoser Revue)》에는 바로 이들 문제가 서문에서 내가 논한바 있는 학회에서의 세 차례 연속강연을 이루고 있다는 설명이 들어 있다.

MS #184는 『상징형식의 철학』 제4권과 동일한 것이 되었다. 확실히 이 원고는, 카시러가 정신(Geist)의 철학으로서의 상징형식의 철학이라는 철학적 입장을 다른 철학, 주로 '생명의 철학'과 비판적으로 관련시키게 될 것이라고 하면서 제3권에 후속할 것이라고 말한, 그 연구에 대한 원고인 것으로 생각된다. 이 초고의 처음 부분은 284쪽 분량의 손글씨 원고로서 소책자 크기의 면에 쓰여 있으며, 1928년 6월 16일이라는 날짜가 적혀 있다. 그 제목은 「상징형식의 형이상학을 위하여」로 되어 있고 두 장(章)으로 이루어져 있다. 제1장은 '정신'과 '생명'에 관계되며 제2장은 철학적 인간학의 근본 문제로서의 상징의 문제와 관계되어 있다. 이 뒤를 잇는 한 묶음의 노트류들은 카시러가 그리스 이래 '정신'과 '생명'의 구별을 역사적으로 추적하고자 했음을 나타내고 있다. 또한 베르그송에 대한 비판을 보여 주는 자료도 몇 가지 있는데, 카시러는 베르그송을 '생의 철학(life-philosophy)'이라는 그의 일반적인 범주와 연결시켜 생각하고 있었다. 그리고 「자료: 셸러-강의, 빈(Wien), 1928」이라고 표시된 몇몇 노트가 있다.(아마도 이것은 카시러가 다보스에서 셸러에 관해 행한 강연과, 이후 1930년에 하나의 논문으로서 발표된 것과 관련이 있을 것이다. 이 책의 서문을 볼 것.) 한 장의 종이에는 하이데거의 이름이 클라게스, 셸러, 파스칼, 헤겔, 키르케고르와 함께 거명되어 있다. 이 뒤를 이어, 「역사적 부문」이라는 제목이 붙여진 자료가 있다. 이것은 카시러가 '정신'과 '생명'의 문제를 데카르트부터 근대의 관념론을 거쳐 추적하고자 했음을 말해 준다. 이 자료에서 카시러가 다루고 있는 문제들은 카시러의 다음 논문 속에서 발견될 수 있다. 이것은 주로 셸러를 다루고 있지만 「현대 철학에서의 '정신'과 '생명'」이라는 제목이 붙어 있으며, 1930년의 『신평론(*Die Neue Rundschau*)』에 게재되었다.('현존 철학자 총서' 중 카시러에 관한 책에 영역되어 실려 있다.) 그러나 이 초고는 검토할 여지를 안고 있다.

하나의 의문은 카시러가 왜 이 자료를 결코 발표하지 않았는가라는 점, 또는 그 점에 있어 왜 그가 실제로 다 쓰지 않고 종결지었는가라는 점이다. 한 가지 대답은 다음과 같은 것일 수 있다. 즉 카시러는 『상징형식의 철학』의 제3권에서 자신이 간행하기로 약속한 책과 거의 동일한 제목을 지닌 단일 논문(즉 「현대철학에서의 '정신'과 '생명'」)만으로 충분하다고 느꼈기 때문일 것이다. 또 하나의 대답은 이러할 수 있다. 카시러는 『상징형식의 철학』이 적극적으로 이론을 전개하는 철학의 저작을 이룬다고 결정한 터라, 비판을 행하는 제4권은 그가 실제로 그 해답을 마련했을 때, 앞의 세 저작의 일부로서는 적절하지 않게 보였을 것이다.

대학에서의 교과와는 관계 없는 자료라는, 이 부류에 속하는 다른 저술이나 초고는 다양하며 그 정리 상태도 여러 가지이다. 이들 중에는 예컨대 역사상의 인물이나 화제에 관한 몇몇 특별강연이나 저술, 정치에 관한 몇 가지 짧은 강연, 인식론을 주제로 한 몇몇 논의가 포함되어 있다.

(c) 유고에는 서한은 포함되어 있지 않다. 하지만 특별한 때에 쓴 잡다한 편지들이 있다. 예를 들면 1944년 코네티컷 컬리지의 카시러 강연 원고를 타이핑해 준 데 대해 한나 하프크스브링크에게 카시러가 쓴 편지라든가, 『테오리아(*Theoria*)』의 편집자 아케 펫첼트로부터의 편지 등이 그것이다. 카시러 서한의 주요한 출처는 토니 카시러(1883~1961)가 『에른스트 카시러와의 나의 생애』(1950)에서 인용하고 있는 편지 및 편지의 일부와, '현존 철학자들 총서' 중 카시러 사상에 관한 책의 계획에 대한, 〔편집자인〕 폴 쉴프에게 쓴 카시러의 편지이다. 후자는 카번데일에 있는 서던일리노이 대학교 도서관의 특별 장서관에 있다.

유고 그 자체의 성격과는 관계없지만 다음과 같은 점을 아는 것은 카시러 사상에 관계하는 연구자들에게 흥미로운 일일 것이다. 즉 카시러의 개인 장서는 그의 사후 몇 년간은 예일 대학교의 스털링 기념도서관 세미나실에 수장되어 있었지만, 1966년 봄에 시카고 서클의 일리노이 대학교에 의해 구입되었다. 그 당시 카시러의 장서는 대략 2500권이었다. 카시러의 장서 중 초판본이나 희귀본은 상당수에 이르며, 여백에 그의 친필이 쓰여 있는 몇몇 권은 서클 캠퍼스 도서관의 특별장서 및 희귀본 수장고에 보존되어 있다. 다른 것들은 일반 장서 서고 여기저기에 놓여 있다.

옮긴이 후기

에른스트 카시러(Ernst Cassirer, 1874~1945)의 이 책은 그의 생애 말년 기간인 1935~1945년 사이에 실제 청중을 염두에 두고 쓰여진 글들을 묶은 것이다. 스웨덴 예테보리 대학교 교수취임 강의인 첫 번째 논문을 제외하곤 나머지 11편의 글들은 모두 미국의 여러 대학에서의 대학원생 세미나 또는 학술 콜로키움 강의를 위해 직접 영어로 쓴 초고(草稿)들로서, 이 시기 그의 많은 미발표 논고들 가운데서 1979년 도널드 필립 붜린 교수가 선별 편찬한 것이다. (참고로, 카시러의 「전집」은 총 26권으로 2009년에 와서 처음 완간되었다. 443쪽 「카시러 전집 목록」 참조.)

잘 알려져 있듯이 히틀러가 정권을 잡은 해인 1933년, 카시러는 함부르크 대학교 교수직(1919~33)을 사임하고 독일 땅을 떠난다. 이후 영국 옥스퍼드 대학교 초빙교수(1933~35), 스웨덴 예테보리 대학교 철학과 정교수(1935~41)로 재직하다가 전쟁의 위협이 고조되자 다시 미국으로 건너가 예일(1941~44)과 뉴욕 컬럼비아(1944~45) 대학교 교수로서 강의와 저작활동을 이어나간다. 파시즘의 대두와 세계사적 격변의 와중에서 그의 철학적 관심은 문화 철학에서 사회윤리학으로, 더 나아가 인간학적, 사회철학적 비판으로 확장 심화되고 있다. 여기에 수록된 글들은 이러한 시대적 파국과 철학의 무기력함의 본성을 정확히 꿰뚫어 보면서 인류와 그 문화가 어떠한 이념과 정신 위에 서야 하는가에 대한 깊은 통찰과 철학적 해법을 제시하고 있다. 문제의 현안을 일깨우려는 카시러의 육성은 당시 유럽철학에 생소했던 미국의 대학생 및 독자에게 평이하고도 비전문적인 용어로 다가가고 있지만, 철학, 역사, 국가, '정치적 신화', 예술, 문화에 대한 자신의 논점을 압축적이고도 선명하게 드러내고 있다.

뷔린 교수가 쓴 편자 '서문'은 여기 실린 글들에 대한 낱낱의 소개로서만이 아니라 카시러의 후기 사상 전반의 개관을 위한 훌륭한 해설의 의의를 지닌다. 적지 않은 분량의 이 '서문'은 당시까지도 카시러를 신칸트학파의 대표자로만 여기던 학계 일각의 좁은 시각을 바로잡는 데 기여함은 물론, 그의 사상의 내용과 추이를 저작과 생애를 중심으로 매우 충실히 서술하고 있다.

한국연구재단의 '명저번역지원' 선정이 계기가 되어 이 책을 꼼꼼히 읽고 번역할 수 있게 된 데 대해 감사한다. 문장을 보다 유려하게 다듬고 멋진 장정으로 책을 꾸며준 아카넷 김일수 팀장 외 편집부 선생님들께 깊은 감사의 인사를 드린다. 아울러 번역의 소임과 고통을 늘 함께 나누는 이신철 박사에게 고마움을 전하며, 올해 팔순을 맞이하신 아버님께 작은 기쁨이 되었으면 하는 마음이다.

끝으로 현대 철학의 행로 위에서 카시러가 제시하는 학문적 기여의 면모를 좀더 가까이서 들여다보고자 하는 독자들을 위해, 최근 완간된 카시러의 전집 목록을 이 책에 수록했다.

카시러 전집 목록

Cassirer, *Gesammelte Werke*, 총 26권, Hamburg: Felix Meiner, 1998~2009.
〔책명 뒤에 붙은 *표시는 우리말로 번역되어 있음을 뜻함〕

제1권: **라이프니츠 체계의 학적 토대 Leibniz' System in seinen wissenschaftlichen Grundlagen** 〔1902〕

제2권: **근대의 철학과 과학에서의 인식 문제.** 제1권 **Das Erkenntnisproblem in der Philosophie und Wissenschaft der neueren Zeit.** Erster Band 〔1906; 1911; 1922〕

제3권: **근대의 철학과 과학에서의 인식 문제.** 제2권 **Das Erkenntnisproblem in der Philosophie und Wissenschaft der neueren Zeit.** Zweiter Band 〔1907; 1911; 1922〕

제4권: **근대의 철학과 과학에서의 인식 문제.** 제3권 **Das Erkenntnisproblem in der Philosophie und Wissenschaft der neueren Zeit.** Dritter Band: Die nachkantischen Systeme 〔1920; 1923〕

제5권: **근대의 철학과 과학에서의 인식 문제.** 제4권 **Das Erkenntnisproblem in der Philosophie und Wissenschaft der neueren Zeit.** Vierter Band: Von Hegels Tod bis zur Gegenwart (1832~1932) 〔1957〕

제6권: **실체개념과 함수개념.** 인식비판의 근본물음에 대한 연구 **Substanzbegriff und Funktionsbegriff.** Untersuchungen über die Grundfragen der Erkenntniskritik 〔1910; 1923〕

제7권: **자유와 형식.** 독일 정신사 연구 **Freiheit und Form.** Studien zur deutschen Geistesgeschichte 〔1916; 1918; 1922〕

제8권: **칸트의 생애와 학설 Kants Leben und Lehre** 〔1918〕

제9권: **논문과 저술(1902~1921) Aufsätze und kleine Schriften (1902~1921)**

비판적 관념론과 건전한 인간지성의 철학 Der kritische Idealismus und die Philosophie des gesunden Menschenverstandes [1906]; 칸트와 근대 수학 Kant und die moderne Mathematik [1907]; 라이프니츠 Leibniz [1911]; 아리스토텔레스와 칸트 Aristoteles und Kant [1912]; 헤르만 코헨과 칸트 철학의 갱신 Hermann Cohen und die Erneuerung der Kantischen Philosophie [1912]; 무한자의 문제와 르누비에의 「수의 법칙」 Das Problem des Unendlichen und Renouviers "Gesetz der Zahl" [1912]; 논리학의 한계물음을 포함한 인식론 Erkenntnistheorie nebst den Grenzfragen der Logik [1913]; 칸트 방법론의 근본문제와 칸트 이후의 사변과의 관계 Die Grundprobleme der Kantischen Methodik und ihr Verhältnis zur nachkantischen Spekulation [1914]; 횔덜린과 독일 관념론 Hölderlin und der deutsche Idealismus [1917]; 헤르만 코헨의 학설 Zur Lehre Hermann Cohens [1918]; 괴테의 판도라 Goethes Pandora [1918]; 하인리히 폰 클라이스트와 칸트 철학 Heinrich von Kleist und die Kantische Philosophie [1919]; 헤르만 코헨 Hermann Cohen [1920]; 상대성 이론의 철학적 문제 Philosophische Probleme der Relativitätstheorie [1921]; 괴테와 수학적 물리학 Goethe und die mathematische Physik [1921]; 쉴러의 철학적 저작에서의 관념론의 방법론Die Methodik des Idealismus in Schillers philosophischen Schriften [1921]; 이념과 형상. 다섯 편의 논문 Idee und Gestalt. Fünf Aufsätze [1921].

제10권: **아인슈타인의 상대성 이론**. 인식론적 고찰 **Zur Einsteinschen Relativitätstheorie**. Erkenntnistheoretische Betrachtungen [1921]

제11권: **상징형식의 철학**. 제1부: 언어* **Philosophie der symbolischen Formen**. Erster Teil: Die Sprache

제12권: **상징형식의 철학**. 제2부: 신화적 사고 **Philosophie der symbolischen Formen**. Zweiter Teil: Das mythische Denken [1925]

제13권: **상징형식의 철학**. 제3부: 인식의 현상학 **Philosophie der symbolischen Formen**. Dritter Teil: Phänomenologie der Erkenntnis [1929]

제14권: **르네상스의 철학에서의 개체와 우주* Individuum und Kosmos in der**

Philosophie der Renaissance 〔1927〕. **영국의 플라톤 르네상스와 케임브리지학파의 사상조류 Die Platonische Renaissance in England und die Schule von Cambridge** 〔1932〕

제15권: **계몽주의의 철학* Die Philosophie der Aufklärung** [1932]

제16권: **논문과 저술 (1922~1926) Aufsätze und kleine Schriften (1922~1926)**
신화적 사고에서의 개념형식 Die Begriffsform im mythischen Denken 〔1922〕; 괴테와 플라톤 Goethe und Platon 〔1922〕; 정신과학의 구축에서의 상징형식 개념* Der Begriff der symbolischen Form im Aufbau der Geisteswissenschaften 〔1923〕; 빌헬름 폰 훔볼트의 언어철학에서 칸트적 요소 Die Kantischen Elemente in Wilhelm von Humboldts Sprachphilosophie 〔1923〕; 에이도스와 에이돌론. 플라톤의 대화편에서 미와 예술의 문제 Eidos und Eidolon. Das Problem des Schönen und der Kunst in Platons Dialogen 〔1924〕; 「신화철학」에 대하여 Zur “Philosophe der Mythologie” 〔1924〕; 칸트와 괴테 Kant und Goethe 〔1924〕; 언어와 신화. 신들의 이름에 대한 논고 Sprache und Mythos. Ein Beitrag zum Problem der Götternamen 〔1925〕; 그 시원에서 플라톤까지의 그리스 철학 Die Philosophie der Griechen von den Anfängen bis Platon 〔1925〕; 파울 나토르프 Paul Natorp 〔1925〕; 헤르만 코헨의 정신적 유산 Von Hermann Cohens geistigem Erbe 〔1926〕.

제17권: **논문과 저술 (1927~1931) Aufsätze und kleine Schriften (1927~1931)**
논리학과 사유심리학의 한계문제를 포함한 인식론 Erkenntnistheorie nebst Grenzfragen der Logik und Denkpsychologie 〔1927〕; 철학의 체계에서의 상징 문제과 그 위치 Das Symbolproblem und seine Stellung im System der Philosophie 〔1927〕; 근대 철학의 성립에 대한 언어문제의 의미 Die Bedeutung des Sprachproblems für die Entstehung der neueren Philosophie 〔1927〕; 공화주의적 체제의 이념 Die Idee der republikanischen Verfassung: Rede zur Verfassungsfeier am 11. August 1928 〔1928〕; 개념의 이론을 위하여 Zur Theorie des Begriffs 〔1929〕; 철학적 진리개념의 형성과 형식변동 Formen und Formwandlungen

des philosophischen Wahrheitsbegriffs 〔1929〕; 레싱과 모제스 멘델스존에게서 종교의 이념 Die Idee der Religion bei Lessing und Moses Mendelssohn 〔1929〕; 모제스 멘델스존의 철학 Die Philosophie Moses Mendelssohns 〔1929〕; 라이프니츠와 융기우스 Leibniz und Jungius 〔1929〕; 상징적 의식의 병리학에 대한 연구 Etudes sur la Pathologie de la Conscience Symbolique 〔1929〕; 케플러의 철학적 업적 Keplers philosophische Tat 〔1930〕; 현대 철학에서의 '정신'과 '생명' 'Geist' und 'Leben' in der Philosophie der Gegenwart 〔1930〕; 형식과 기술 Form und Technik 〔1930〕; 유럽의 정신사에서의 케플러의 위치 Keplers Stellung in der europäischen Geistesgeschichte 〔1930〕; 정신사로 본 독일과 서유럽 Deutschland und Westeuropa im Spiegel der Geistesgeschichte 〔1931〕; 계몽주의 시대 Enlightenment 〔1931〕; 칸트와 형이상학의 문제. 마르틴 하이데거의 칸트 해석에 대한 소견 Kant und das Problem der Metaphysik. Bemerkungen zu Martin Heideggers Kantinterpretation 〔1931〕; 신화적 공간, 미적 공간, 이론적 공간 Mythischer, ästhetischer und theoretischer Raum 〔1931〕.

제18권: **논문과 저술 (1932~1935) Aufsätze und kleine Schriften (1932~1935)** 괴테와 역사적 세계 Goethe und die geschichtliche Welt 〔1932〕; 괴테와 18세기 Goethe und das achtzehnte Jahrhundert 〔1932〕; 자연연구자 괴테 Der Naturforscher Goethe 〔1932〕; 괴테의 도야 이념과 교육 Goethes Idee der Bildung und Erziehung 〔1932〕; 칸트 Kant 〔1932〕; 장 자크 루소의 문제 Das Problem Jean-Jacques Rousseau 〔1932〕; 보편적 정신사에서의 스피노자의 위치 Spinozas Stellung in der allgemeinen Geistesgeschichte 〔1932〕; 샤프츠베리와 영국에서의 플라톤주의의 르네상스 Shaftsbury und die Renaissance des Platonismus in England 〔1932〕; 언어 그리고 대상세계의 구축 Die Sprache und der Aufbau der Gegenstandswelt 〔1932〕; 고대와 정밀 자연과학의 성립 Die Antike und die Entstehung der exakten Naturwissenschaften 〔1932〕; 자연권의 본질과 생성 Vom Wesen und Werden des Naturrechts 〔1932〕; 심리학

과 철학 Psychologie und Philosophie [1932]; 헤르만 코헨의 종교 철학과 유대교와의 관계 Hermann Cohens Philosophie der Religion und ihr Verhältnis zum Judentum [1933]; 앙리 베르그송의 윤리학과 종교 철학 Henri Bergsons Ethik und Religionsphilosophie [1933]; J. J. 루소 작품의 통일성 L'Unité dans l'OEuvre de J. J. Rousseau [1933]; 쉴러와 샤프츠베리 Schiller und Shaftsbury [1935].

제19권: **현대 물리학에서의 결정론과 비결정론 Determinismus und Indeterminismus in der modernen Physik** [1937]

제20권: **데카르트. 그의 학설, 인격, 영향 Descartes: Lehre—Persönlichkeit—Wirkung** [1939]

제21권: **악셀 헤거스트룀**. 현대 스웨덴철학 연구 **Axel Hägerström**. Eine Studie zur schwedischen Philosophie der Gegenwart [1939]. **18세기 정신사에서 토릴드의 위치 Thorilds Stellung in der Geistesgeschichte des 18. Jahrhunderts** [1941].

제22권: **논문과 저술 (1936~1940) Aufsätze und kleine Schriften (1936~1940)**
개념의 내용과 범위. 콘라드 마르크보가우의 동명의 저작에 대한 소견 Inhalt und Umfang des Begriffs. Bemerkungen zu Konrad Marc-Wogaus gleichnamiger Schrift [1936]; 갈릴레이에게서 진리개념과 진리문제 Wahrheitsbegriff und Wahrheitsproblem bei Galilei [1937]; 상징개념의 논리학을 위하여 Zur Logik des Symbolbegriffs [1938]; 군 개념과 지각 이론 Le Concept de Groupe et la Théorie de la Perception [1938]; 데카르트의 「자연의 빛에 의한 진리의 탐구」의 의의와 작성 시기에 관하여 Über Bedeutung und Abfassungszeit von Descartes' "Recherche de la Vérité par la Lumière Naturelle" [1938]; 문화철학의 자연주의적 정초와 인문주의적 정초* Naturallistische und humanistische Begründung der Kulturphilosophie [1939]; '주관주의'란 무엇인가? Was ist 'Subjekivismus'? [1939]; 루소 Rousseau [1939]; 17, 18세기의 철학 Die Philosophie im 17. und 18. Jahrhundert [1939]; 수학적 신비주의와 수학적 자연과학 Mathematische Mystik und mathematische

Naturwissenschaft. 정밀 과학의 성립사에 대한 고찰 Betrachtungen zur Entstehungsgeschichte der exakten Wissenschaft [1940].

제23권: **인간에 관하여**. 인간 문화의 철학에 대한 서설* **An Essay on Man**. An Introduction to a Philosophy of Human Culture [1944].

제24권: **논문과 저술 (1941~1946) Aufsätze und kleine Schriften (1941~1946)** 그리스철학의 전개에서 로고스, 디케, 우주 Logos, Dike, Kosmos in der Entwicklung der Griechischen Philosophie [1941]; 토릴드와 헤르더 Thorbild und Herder [1941]; 빌리암 슈테른. 그의 기일(忌日)에 부쳐 William Stern. Zur Wiederkehr seines Todestages [1941]; 문화과학의 논리* Zur Logik der Kulturwissenschaften [1942]; 과학적 사고의 발전에 미친 언어의 영향 The Influence of Language upon the Development of Scientific Thought [1942]; 조반니 피코 델라 미란돌라. 르네상스 이념사의 한 연구 Giovanni Pico della Mirandola. A Study in the History of Renaissance Ideas [1942]; 갈릴레오. 새로운 과학 새로운 정신 Galileo. A new Sciece an a new Spirit [1942]; 르네상스 문화에서 베살리우스의 위치 The Place of Vesalius in the Culture of the Renaissance [1943]; 뉴턴과 라이프니츠 Newton und Leibniz [1943]; 헤르만 코헨 1842~1918 Hermann Cohen, 1842~1918 [1943]; 르네상스 시대 독창성의 문제에 대한 몇 가지 소견 Some Remarks on the Question of the Originality of the Renaissance [1943]; 군 개념과 지각 이론 The Concept of Group and the Theory of Perception [1944]; 유대교와 현대의 정치적 신화 Judaism and the Modern Political Myths [1944]; 힘과 자유. 야콥 부르크하르트의 「역사에 대한 성찰」 영역본에 대한 견해 Force and Freedom. Remarks on the English Edition of Jacob Burckhardt's "Reflection on History" [1944]; 현대 언어학에서의 구조주의 Structuralism in Modern Linguistics [1945]; 토마스 만의 괴테 상(像). 「바이마르의 로테」에 대한 한 연구 Thomas Manns Goethe-Bild. Eine Studie über 'Lotte in Weimar' [1945]; 지성사에서의 피치노의 위치 Ficino's Place in Intellectual History [1945]; 루소 칸트 괴테. 두 편의 에세이* Rousseau, Kant and Goethe. Two

Essays 〔1945〕; 19세기 윤리학의 비판자로서의 알베르트 슈바이처 Albert Schweizer as Critic of Nineteenth-Century Ethics 〔1946〕; 갈릴레오의 플라톤주의 Galileo's Platonism 〔1946〕.

제25권: **국가의 신화* The Myth of the State** 〔1946〕.

제26권: **찾아보기 Register**

찾아보기

ㄱ

가드너(Gardiner, A. H.) 225, 271
갈르와(Galois, Évariste) 405
감각론(Sensationalism) 240, 281
감관 지각: '지각'을 볼 것. 5, 7, 18, 32, 58, 60, 67, 112, 122, 126, 205, 210, 218, 223, 228~240, 249, 254, 257~259, 274~276, 281, 286, 325, 399, 401, 403, 412, 416~418, 420~427
객관화 251~254, 261; 신화적 사고에서의 — 260~265; 언어에서의— 272~273
결정론: 슈펭글러의— 388~392; 문화 연구에서의— 133~134
『계몽주의의 철학』(카시러) 43, 155, 188, 331, 432
고정화(Fixation) 228, 274
공간: -에 적용된 군(群) 개념 425~427; -을 규정하는 문제 406~410, 414~415, 421~422
과학: 카시러의 -철학 43~46; -의 분류화 115~116, 188~192; -에 대한 데카르트의 접근 185~186; 칸트의 -관 94~95, 187~188; -의 언어 122~124, 231~232, 278~280; -의 진보에서의 신화적 사고 138~139; -과의 연관에서의 신비 과학 392~394; 역사와의 관계 187~188, 191~195, 197~199, 208~211; -의 상징화 56~58, 62, 121~124
관념론: 버클리의- 111~113; 비판적— 141~143; 윤리학에서의— 35~36; -의 성장 78~80; 헤겔의— 128~130, 141~141, 168~170, 174, 340; 인간 활동에서의- 20~21; 칸트의— 112~114, 137~140; 문화 철학으로서의- 107~109; 플라톤의— 90~91, 108~112; 실재론과의 관계 88~89
괴테: 고전적 철학자들에 관해 86~88; 카시러에 미친 영향 42, 53~54; 서정 시인으로서의- 316~319
권력: 헤겔의 국가론에서 179~182
국가: -의 변증법적 과정 183; 헤겔의 국가론 80~82, 171~183, 337~340; -의 신화 81~82; 자연주의적- 179~180; -의 자연권 이론 332~338; 플라톤의 국가론 298~301: 또한 정치적 신화를 볼 것.
『국가의 신화』(카시러) 5, 9, 13, 19, 22, 31, 35~38, 48~50, 63, 81, 103~104, 132, 168, 171, 327, 339, 342, 344, 350, 352, 363~364, 370, 374, 380, 387, 432, 433
군(群), -의 개념: 지각의 항상성에 적용된-426~427; 인식론에 적용된- 404, 406, 421~429; 수학에서의 401~406, 412~422
『근대의 철학과 과학에서의 인식의 문제』(카시러) 40, 110

기능-개념 20~24
기하학: -에 적용된 군(群) 개념, 412~421; -에서 공간을 규정하는 문제 407~410, 413

ㄴ
나토르프(Natorp, Paul) 18, 24
논리학: 그리스의 —분류 116; 역사의— 198~199; 언어에서의— 287~288; -에 대한 라이프니츠의 견해 156
뉴턴(Newton, Issac) 94, 122, 192, 204, 331, 393, 407, 410

ㄷ
다신론 448
다윈(Darwin, Charles) 189, 193, 237, 262, 315~316
대응(Correspondence), -의 원리 124
『데카르트』(카시러) 4, 21, 24, 32~33, 38, 40, 46, 50, 56, 78~80, 109, 114~115, 122, 149, 150~154, 156, 160, 167, 174, 185~186, 393, 436
데카르트(Descartes, René): -에게서 역사에 대한 접근 150~154; -에 대한 카시러의 연구 24~25, 32~33, 45~46; -에 의한 물질의 정의 122; 학의 일원론 185~186
도덕성(Morality): 문화의 기초로서의- 135~136; -에 대한 칸트의 견해 135~137; 예술과의 관계 138~140; 철학과의 관계 97~100
동물: -의 경험 254~256, 258~259, 260; -의 언어 225~226, 270~272
두떼(Doutté, E.) 356, 376~377
드 라구너(De Laguna, Grace) 268
디드로(Diderot, Denis) 188~189
딜타이(Dilthey, Wilhelm) 41

ㄹ
라이프니츠(Leibniz, Gottfried Wilhelm von) 4, 24, 32, 40~41, 45, 50, 78, 149~150, 153~154, 156~160, 167, 174, 185, 258, 407, 420, 434
람프레이트(Lamprecht, Karl) 202
랭거(Langer, Susanne) 28, 51~52
레비 브륄(Lévy-Bruhl, Lucien) 45, 366, 373
로마 문화: -에서의 주술적 실천 386
로젠베르크(Rosenberg, Alfred) 391
로크(Locke, John) 200, 257, 331
로체(Lotze, Rudolf Hermann) 234~236, 238, 241~242, 287, 289, 290, 306, 312~314, 316, 318, 322, 409~411
루소(Rousseau, Jean-Jacques) 97~98, 205, 311~312, 333, 370, 383
『르네상스 철학에서의 개체와 우주』(카시러) 127, 144
리(Lie, Sophus) 406
리더십: 전체주의적 377, 385~386

ㅁ
마키아벨리(Machiavelli, Niccolò) 174~175
마흐(Mach, Ernst) 422
말리노프스키(Malinowski, Bronislaw) 355, 373~374
말브랑슈(Malebranche, Nicolas de) 154
마르크스, 칼(Marx, Karl) 121, 177, 190, 193~194, 201~202, 233, 273, 287, 334, 354, 373, 416, 436
모나드: 라이프니츠의 모나드론 158
몽테스키외(Montesquieu, Baron de) 171, 193, 333
무한성 71~73, 410
문명: 비코의 문명 철학 163
문화: -의 목적 118~119; 카시러의 -이론 29~30; —연구에서의 인과성 133~134,

194~196, 199~203; -를 규정하는 조건들 193~195, 200~202, 254~255; 언어와의 대응 119~122, 165~166; 상징들에 대한 의존 33~35; -의 역동적 본성 165 각주 참조, 207~209; -의 연구에서의 윤리학 131~136; -에 대한 철학으로서의 관념론 107~109, 116~117, 129~131; -의 토대로서의 도덕성 135~136; -에서의 신화적 사고 137~139, 352~353, 364~369; 경험의 객관화로서의- 253; -에 적용된 역사 철학 132~134; 자유와의 관계 30~35, 133~134, 140~143; 철학과 -의 관계 30~34, 62~63; -에 대한 슈바이처의 견해 100~101; -의 중요성 97~98, 118; -의 상징적 본성 207~208
문화 발전의 원리 164
물리학: -에서의 인식의 분류 190~191; -의 그리스적 분류 115~116
물질 108, 111, 113~115, 118, 121~123, 162, 190, 193, 199, 206~208, 210, 241, 262, 284~285, 291, 295, 325, 350, 359, 420
뮐러(Müller, Max) 268, 335
미: 예술과 자연에서의- 321~324; 실재에 대한 직관적 접근으로서의- 233; -에 대한 칸트적 정의 281, 288
미학: -의 형식 319~325; 칸트의 접근 137~139; -에서의 상징형식의 역할 51~52: 또한 예술을 보라.
민족 사회주의 운동(독일) 344; -의 반유대주의 354~361; -의 언어 379~382
민족주의: -에 대한 슈바이처의 견해 346~347
밀레니엄:-의 이념 357, 387

ㅂ
바르부르크(Warburg, Aby) 14, 42, 45, 49, 54~55, 78~79, 107, 125~127, 143~145, 150, 264
바르부르크 연구소 도서관: -에서의 도서 분류 125 각주; 카시러에 끼친 영향 41~42, 126~127, 143~145, 143 각주
바이마르 공화국 354
바일(Weyl, Hermann) 404, 428
바퇴(Batteaux, Charles) 310~311
반(反)유대주의 359
버크(Burke, Edmund) 336
버클리(Berkeley, George) 108~110, 112~115, 118, 422
베이컨(Bacon, Francis) 230~231, 278~279, 394, 396
변증법적 방법 174, 177
변환군(Transformation groups) 405, 413~415, 417~419, 421, 427
보어(Bohr, Niels) 107, 123~124
비극: 아리스토텔레스의 비극론 301, 319~320
비코(Vico, Giambattista): 카시러에 끼친 영향 24, 35~36; 문명의 철학 159~166
비판적 관념론 14, 42, 107, 113, 116, 130, 139, 142~143, 150, 339, 342, 346, 387, 393
빈델반트(Windelband, Wilhelm) 187, 194
빙(Bing, Gertrude) 105, 126, 152, 178, 329

ㅅ
산타야나(Santayana, George) 306
상대성, - 이론 123
상상력, -에 대한 스피노자의 정의 155~156
상징적 함축 60~61
상징 형식들: 카시러의 -의 전개 41~42, 53~60; -에 의한 인간의 구별 34~35; 예술에 대한 영향 51~53, 58, 61; 언어의 - 119~122 ; -에 대한 기초로서의

지각 58~61; 과학에서의 – 56, 57~58, 62, 122~123, 231~232, 279 ; –의 통일 117
상징형식의 철학(카시러) 13~14, 20~22, 27, 35, 37, 41~42, 49, 51~54, 56~62, 64~68, 78~80, 109, 121, 126, 138, 144, 164, 205, 223, 252, 260, 262, 266, 286, 351, 433, 435~437
샤프츠베리(Shaftesbury, Anthony Ashley) 144, 159, 284
생기론(Vitalism), 근대– 189
생물발생(Biogenesis) 190
생물학: –의 과정의 표현 237~238; –의 논리적 구조 189~191
서구의 몰락 (슈펭글러) 63, 103, 132, 339, 387~392
서정성(Lyricism): 287, 311~312, 317~318: 크로체의 – 이론 312~314
선험론적 관념론 114~117, 129~131, 141~143
선험론적 방법, 칸트의 –의 사용 93~94
선험적(a priori) 인식, –의 칸트의 이론 90~91
성서, –에 대한 스피노자의 연구 155
세계개념(세계와 관련된 철학 개념, Conceptus cosmicus) 30, 98~99
셸링, 프리드리히 폰 25, 36, 54, 66, 164, 233, 335, 351, 365
소쉬르, 페르디낭 드 229, 276~277, 286
소피스트들 219~221
손다이크(Thorndike, Lynn) 138, 393
쇼펜하우어, 아르투어 113
수학: –에서의 군(群) 개념 404~407, 412~413, 415~422, 428~429; –에 대한 비코의 견해 159~163
숙명론: 하이데거의 – 342~344; 슈펭글러의 – 339~342, 391~392
슈바이처, 알베르트 35, 45, 63, 77, 100~102, 344~347
슈펭글러, 오스발트: –에 대한 카시러의 반대 63, 75~77, 103; –의 역사관 339~344, 388~392
슐라이어마허 266
스피노자(Spinoza, Baruch) 155, 157
시: 241~246, 278, –의 교육적 가치 298~301; –의 언어 284~286
시간 39, 49, 63~67, 69, 76, 86, 102, 113, 121~122, 125, 129, 131, 144, 150~152, 155~158, 164~165, 191, 233, 269, 308, 330, 338, 342~343, 357, 402, 422
신칸트학파 18~24, 30
신칸트학파의 마르부르크학파 18, 21~24
신화: –에 대한 카시러의 접근 31, 35~36; –의 집단적 정신 384~385 ; –의 위험 350~356, 366~367, 395~397; 정치에 대한 영향 395~397 ; 학문의 진화에서의 138; 인간의 문화적 활동에서의 137~138, 337, 364~369;–에서의 조직화 260~265; –의 현상학적 문제들 63~67; –의 목적 355; 예술과의 관계 284, 288~289; 언어와의 관계 266~268, 367~368; 철학과의 관계 396~398; 미개사회에서의 역할 370~376; 또한 정치적 신화를 보라
실어증 223
실재: –에 대한 예술의 접근 231~233; 과정으로서의 –292~293; 인식과의 동일성 111
실재론 89
실존: –을 규정하는 문제 130~132; 과정으로서의 – 293
『실체개념과 함수개념』(카시러) 12, 23~24, 41~44, 50, 433
실체개념들 20~23, 157~158 ,170

ㅇ
아리스토텔레스: 물질의 정의 122; -에 대한 괴테의 성격규정 86~88: 모방에 관해 310; 카타르시스의 이론 301~302, 319
『아인슈타인의 상대성 이론』(카시러) 24, 55, 415
양자 역학: -에 적용된 군(群) 개념 27~429; 물리학적 개념들에서의 결과 126~127
언어(들): -의 목적 275, 276, 279~280; 동물의- 225~227; 상이한 -의 비교 275~276; 문화적 발전과의 대응 119~121, 165~166; 언어의 학문적 본성 124~125; -의 진화 230; -를 통한 고정화 228, 274~275; -의 기원에 관한 헤르더의 견해 259; -에 적용된 칸트의 이론들 221~222; -에서의 서정성 287 ; 민족 사회주의자들의 - 380~383; -의 필연성 217~223; -에 대한 플라톤의 견해 219~221; 시적 - 284~285; 명제적 대 정서적 224~226, 273~274 ; 예술과의 관계 237~239, 241~246; 신화와의 관계 266~268; 종교적- 124~125 ; 과학적- 123~124, 231, 278~279; -의 상징적 기능 270~273, 276~277, 279~280; -의 이론적 기원 259~260, 270~272
언어의 간투사 이론 244, 268
언어의 의성어 이론 268
언어학, 훔볼트의- 연구 95
에딩턴(Eddington, Arthur Stanley) 428
에렌펠스(Ehrenfels, Christian von) 422~423
에우튀미아(Euthymia) 302
역사, -의 철학: -에 대한 카시러의 접근 31, 47~48; -에서의 인과성 133, 194~196, 198~204; -에 대한 데카르트의 접근 150~154; -에서의 결정론 388~392; -의 해석 196~198, 204~211; -에 대한 칸트의 접근 134~147; -에 대한 라이프니츠의 접근 156~159; 과학과의 관계 185~187, 191~195; -에서의 시간 감각 129~130; 문화 연구에서의 - 32~133; -에 대한 비코의 접근 160~165
연금술 243, 393, 396
염려 118, 197
영(Young, Edward) 248
예술: -의 카타르시스 효과 301~302, 319; -의 관조 321; 상징형식들과의 상호관계 50~53, 57~58, 61~62; -을 통한 창조적 표현 315~317; -의 교육적 가치 305~306, 310, 318, 325~326; -의 감상주의 290, 314~315; -을 통한 실재의 해석 291; -에서의 직관 280~282, 284~285 ; -에 대한 칸트의 접근 137~140; -의 언어 124~125, 137; -에서의 서정주의 318; -에서의 정념 245~248; -의 지각적 접근 281~282; 문화에서의 위치 217~219, 244~246, 249; -에 대한 플라톤의 견해 220, 246, 298~301, 305; -의 목적 303~305; 언어와의 관계 237~239, 288; 도덕과의 관계 138~140; 신화와의 관계 284, 288~289; -의 가치 231~235, 240, 303~304, 319
예술의 관조 321
예스베르슨(Jespersen, Otto) 269~272
예일 대학교, -에서의 카시러의 교수직 48
옐리넥(Jellinek, Georg) 333
옥스퍼드 대학교, 카시러의 - 임명 45
왹스퀼(Uexküll, Johannes von) 189, 254
워즈워드 238, 284, 291, 304, 318
위상해석(Analysis situs) 420~421
우제너(Usener, Hermann) 263~264
운동(Motion), -의 상징적 본성 121~122
유대교, -에 맞선 독일의 캠페인 356~361
윤리학: 상징들에의 의존 33~34; -에 대한 피히테의 주관적 접근 173; -에 대한 그리

스인들의 분류 116; 종교적- 124~125; -에 대한 슈바이처의 견해 100~101; 문화의 연구에서의- 130~131, 133~136
의례(Rites) 86, 126, 267, 355~356, 371~373, 375~376, 382~383, 385, 396
의식 20~22, 62
이데아들, 플라톤의 이데아론 109~111
이성: 역사의 목적으로서의 256~259; -의 자율성 135~136; -의 역동적 본성 104; -에 대한 스피노자의 정의 155; 실체로서의- 170
인간 및 시민의 권리선언 332~334
『인간에 관하여』(카시러) 9, 13, 18, 22, 33, 35, 37~38, 48, 50, 52~54, 62, 432~433
인간의 권리 332~337: -와 관련된 헤겔의 국가 337~339; 철학의 필연성으로서의 - 96~98
인과성, 역사적 133, 95~196, 199~204
인식: -에 적용된 군(群) 개념 404, 407, 421~428; -을 위한 토대로서의 의식 20~22; 과학적 -의 연속성 187~189; -으로서의 문화 30; -에 대한 데카르트의 접근 150~151, 152~153; -의 역사적 형식 198~199; -에서의 객관화 252~254; -에 적용된 철학 55; 실재와의 관계 111~112; 스피노자의 -론 155

ㅈ

자유: 역사의 목적으로서의 135~136; 철학의 목적으로서의 30, 140; -에 대한 카시러의 견해 30, 73, 74~75; -의 윤리적 성격 384; 헤겔적 관념론과 - 174~176, 340; -에 대한 하이데거의 견해 70~71; 문화와의 관계 30~36, 133~135, 140~142; 자연권의 체계에서의 - 171~172
자유와 형식(카시러) 30, 41, 43~44, 57, 168, 218, 317, 433
작슬, 프리츠 107, 125, 143~144
잭슨, 존 H. 224, 273
절대적 관념론. 헤겔, -의 관념론을 보라
점성학 390~391
정신과학, -의 창설자로서의 비코 78~79, 160
정신 병리학 223
정치적 신화: 351~356, 368~370, 385~387 -의 집단적 정신 384~385; -의 위험 351~356, 366~370, 395~396; -에 의한 이데올로기적 투쟁 351, 377; -의 주술적 요소 395~396; -의 정념 356; -와 관련해서 본 철학 394~397
제임스, 윌리엄 260, 282, 425~427
존재, 과정으로서의 293
종교: -의 윤리적 진전 360~361; -의 언어 125; -에 대한 칸트의 접근 137~138; -에서의 신화적 사고의 조직화 266
주술적 사고 267, 374~375, 395~397
지각: 421~423; 예술에 대한 접근으로서의 281~282; 진리에 대한 기초로서의 112; 군 개념과의 연관 425~427 ; -의 항상성 422~425; 기본적인 상징형식들 58~61
직관: 예술에서의- 280~281, 282, 284~285; -에 대한 스피노자의 정의 155
진리: -에 대한 데카르트의 접근 152~ 153, 156; -에 적용된 헤겔의 관념론 170; -에 대한 라이프니츠의 접근 156; -를 위한 기초로서의 지각 112; 플라톤의 -론 111~112; -에 관련된 정치적 신화 355

ㅊ

천재(Genius) 288~289
철학: 카시러의 -관 30, 43~44, 55, 91~93, 97 문화- 108~109, 115~120, 129~ 134; -의 윤리적 차원 ; 그리스의 -분류 116; 하이데거와 슈바이처의 상

이한 철학관 63~65; 사회에 대한 -의 중요성 31~32; 칸트 - 90~95; -의 도덕적 책임 45~348; 철학에서의 대립요소 86~88; 문화에 대한 관계 97~104; 자유와의 관계 73, 74~76; 신화와의 관계 396~398; -의 역할 329~331, 338~339, 344; -의 학술적 개념 99; 형식의 연구로서의- 130

ㅋ

카시러, 에른스트: -의 전기(傳記) 39~51; 독일로부터의 이주 22, 26, 45~46; -에게 끼친 칸트의 영향 20~22, 24~25, 29, 38~39, 40~41: -의 신칸트학파적 기원 22~23, 39
카시러, H. W. 45
카타르시스 247~452
칸트, 임마누엘: 예술에 관해 137~139; 자유에 관해 384; -의 관념론 113~114, 137~139; 카시러에 미친 영향 20~22, 24, 30; 도덕법칙에 관해 98~99; 버클리에 대한 반대 112~114; -의 철학적 방법 90~94; -의 역사철학 134~137; 종교에 관해 137~138; 학문에 관해 188; 공간에 관해 410
칸트의 생애와 학설(카시러) 20, 41, 71, 93, 98, 169, 433
컬럼비아 대학교, -에서의 교수로서의 카시러 49
케일리(Cayley, Arthur) 416
케플러, 요하네스 254, 393, 425
코시(Cauchy, Augustin Louis) 405
코헨, 헤르만 18, 20, 24, 40, 177, 263~264, 404, 409~410, 428
콜링우드, R. G. 236, 290, 316
콩도르세(Condorcet, Marquis de) (M. de Caritat) 171, 332
쾌락주의, 미적 305~309
크로너, 리하르트 168
크로체, 베네데토 234~236, 238, 241~242, 287, 289~290, 306, 312~314, 316, 318, 322
크리스티나, 스웨덴의 여왕 32, 46, 152
클라인(Klein, Felix) 406, 412, 414, 417~418, 420~421
클리반스키(Klibansky, Raymond) 19, 45
키르케고르, 쇠렌 77, 266, 436
키르코프(Kirchoff, Gustav Robert) 191~192
키케로 350, 386, 387

ㅌ

톨스토이(Tolstoi, Leo) 246, 302~306, 318~319
텐느(Taine, H.A) 201~203, 211, 213

ㅍ

판단, 칸트에서 - 능력을 통한 예술에의 접근 137~138
페이튼(Paton, H.J.) 453
포슬러(Vossler, Karl) 287
표현기능 21, 23, 61
표현: -으로서의 예술 286~290; 생물학적 과정에서의- 287, 315~316
프랑스 혁명 333~336; -에 대한 헤겔의 비판 178
프랭클린, 벤자민 335
플라톤: 예술에 관해 221, 246, 298~301, 305; 카시러의 플라톤관 89; 괴테에 의한 플라톤의 성격규정 89; 언어에 관해 219~221; 종교에 관해 264~265
플랑크, 막스 427
플로티누스 233, 241
피셔(Vischer, Friedrich Theodor) 25, 54~56
피어슨(Pearson, Karl) 121~122

피투성(被投性, Geworfenheit) 74, 76, 343~344
피히테, 요한 고트리프 173, 335, 453

ㅎ
하만, 게오르크 159, 165, 278, 333, 361, 408
하이데거, 마틴: 카시러와의 논쟁 67~72; −의 숙명론 343~344; 카시러의 문화관에 대한 영향 21, 62~63, 67~70; 『상징형식의 철학』에 대한 −의 논평 65~67; 자유에 관해 343~344
하임, 루돌프 49, 176
학교개념(철학의 '학술적' 개념) 30
합리론 89, 156~157, 161, 165
헥켈, 에른스트 하인리히 190
해거스트룀, 악셀 46
헤겔, 게오르크 빌헬름 프리드리히: 예술에 관해 233~234; −에 대한 카시러의 평가 79~81; 자유에 관해 176; −의 관념론 129~130, 140~142, 168~170, 175, 340; 카시러에 대한 영향 24; 이성에 관해 104; −의 국가론 174~183, 337~340
헤르더, 요한 고트프리트 폰 25, 149, 159, 165, 259~260, 278, 453
헤링(Hering, Ewald) 424~425
헤르츠(Hertz, Henrich) 56
헬러, 헤르만 177
헨델, 찰스 7, 13, 17~18, 47~48, 105, 149, 174, 197, 336, 363
『현대 물리학에서 결정론과 비결정론』(카시러) 23~24, 44, 46, 124, 199
현존재(Dasein), −에 대한 카시러와 하이데거의 논쟁들 66~70, 74~75
형식과 내용, 카시러의 −에 대한 해석 26
형이상학 15, 32, 64, 69~70, 72, 90, 92~93, 104, 112~115, 117~118, 122, 129, 134, 142, 151, 155, 157~159, 168~169, 179, 188, 191, 194~195, 199, 221, 233, 252~253, 258, 294, 337, 352, 365, 384, 395, 408~410, 412, 414, 435
형태 심리학 423
후설, 에드문트 18, 64, 67, 342~343
훔볼트, 빌헬름 폰 25, 95~96, 119, 121, 286
히틀러, 아돌프 44, 75, 102, 358, 360

지은이

에른스트 카시러 Ernst Cassirer (1874-1945)

카시러는 현대의 가장 빼어난 철학적 지성 중 한 사람으로, 그의 사상 및 학문적 성과는 철학과 인문학 전반에 걸쳐 심대한 위치를 차지한다.
유복한 유대계 독일인 가정에서 태어나 베를린, 라이프치히, 하이델베르크대학교에서 공부하고, 마르부르크대학교에서 데카르트에 대한 연구로 1899년 학위를 취득했다. 1906년 베를린대학교에서 사강사 직을 얻은 이후 활발한 저작 활동을 병행하였으며, 1919년부터는 새로 설립된 함부르크대학교 정교수로 초빙 받아 1933년까지 철학을 가르쳤다. 그러나 히틀러가 정권을 잡은 1933년부터 그는 나치스의 박해를 피해 망명의 길을 걷는다. 영국 옥스퍼드대학교 초빙교수(1933~35), 스웨덴 예테보리대학교 철학과 정교수(1935~41)로 재직하다가 전쟁의 위협이 고조되자 다시 미국으로 건너가 예일(1941~44)과 컬럼비아(1944~45) 대학교에서 사망한 날 아침까지 강의와 연구활동을 계속해나갔다.
카시러의 저작은 대단히 폭넓고 방대한 편인데, 최근 총 26권의 규모로 그의 전집이 완간되었다. 그중 주저로는 『근대의 철학 및 과학에서의 인식문제』(전 4권), 『실체개념과 함수개념』(1910), 『칸트의 생애와 학설』(1918), 『상징형식의 철학』(전 3권, 1923~29), 『계몽주의의 철학』(1932), 『현대 물리학에서의 결정론과 비결정론』(1936), 『인간에 관하여』(1944) 등이 있다.

편자

도널드 필립 붜린 Donald Phillip Verene (1937-)

미국 에모리대학교 철학부 교수(Charles Howard Candler Professor)이자 비코(Vico) 연구소장이다. 미국 헤겔학회 회장(1992~94), 미국 형이상학회 회장(2008~09) 등을 역임하였다.
주 연구영역은 독일 관념론, 형이상학, 문화 철학, 헤겔 · 카시러 · 비코의 사상 등이다. 주요 저작으로는 『헤겔의 절대자: 정신현상학 독해 입문』(2007), 『인간 교육의 기술』(2002), 『철학과 자기인식의 회귀』(1997), 『비코의 상상력의 학문』(1992), 『성애적 사랑과 서구의 도덕성: 철학적 인간학』(1972) 등이 있다.

옮긴이

심철민

연세대학교 철학과를 졸업하고 서울대학교 대학원 미학과에서 석사 및 박사학위를 받았다. 독일 트리어대학교 등에서 수학했으며, 현재 서울대학교에서 강의하고 있다.
역서로는 『상징형식으로서의 원근법』, 『상징형식의 철학 II. 신화적 사고』, 『독일 낭만주의의 예술비평 개념』, 『신화철학 1,2』(공역), 『조형미술과 자연의 관계』가 있으며, 논문으로는 「셸링 『예술철학』에 나타난 예술 개념의 분석 – 자연, 역사, 예술의 관계를 중심으로」, 「칸트의 주관성미학에서 셸링의 예술철학으로」 등이 있다.

한국연구재단총서 학술명저번역 서양편 508

상징 신화 문화

1판 1쇄 펴냄 | 2012년 3월 30일
1판 2쇄 펴냄 | 2015년 1월 23일

지은이 | 에른스트 카시러
편자 | 도널드 필립 붜린
옮긴이 | 심철민
펴낸이 | 김정호
펴낸곳 | 아카넷

출판등록 2000년 1월 24일(제2-3009호)
413-120 경기도 파주시 회동길 445-3
대표전화 | 031-955-9511(편집) · 031-955-9514(주문)
팩시밀리 | 031-955-9519
책임편집 | 김일수
www.acanet.co.kr

Printed in Seoul, Korea.

ISBN 978-89-5733-235-1 94160
ISBN 978-89-5733-214-6 (세트)